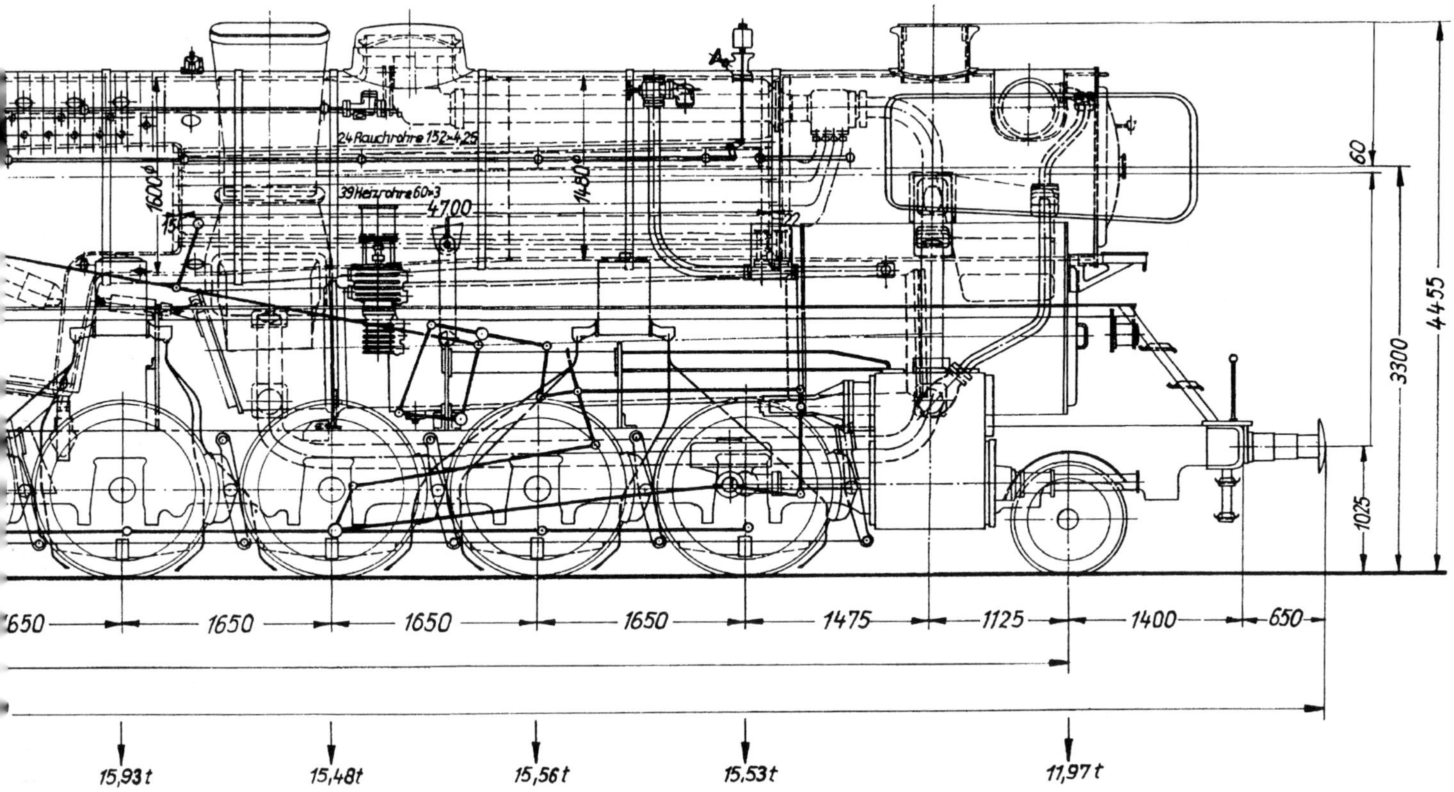


# Lokomotive

## Hauptabmessungen

| | | | | |
|---|---|---|---|---|
| ________600 mm | Heizfläche der Heizrohre_____Fb. | __________31,1 | m² |
| ________660 mm | Gesamt-Heizfläche__________Fb. | __________99,25 | m² |
| _______1400 mm | Heizfläche des Überhitzers | __________________52,1 | m² |
| _______850 mm | Wasserrauminhalt des Vorwärmers | ________1,93 | m³ |
| _______3300 mm | Heizfläche des Vorwärmers, gasberührt | ____93,0 | m² |
| _______9200 mm | Leergewicht | ________________________80370 | kg |
| ________16 kg/cm² | Dienstgewicht | ________________________90350 | kg |
| _________3,05 m² | Reibungsgewicht | ______________________78380 | kg |
| Fb.______17,3 m² | Kleinster Krümmungshalbmesser | ________140 | m |
| Fb.______50,85 m² | Zulässige Höchstgeschwindigkeit | __________80 | km/h |

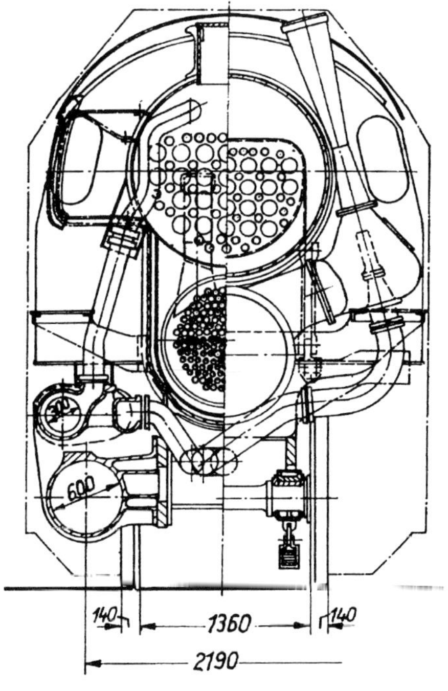


| | |
|---|---|
| Deutsche Bundesbahn<br>esbahn-Zentralamt Minden, den 1. 12. 1954 | Henschel u. Sohn Gm.b.H. Kassel<br>Abt: T.L. 1 |
| wurf einer<br>-zuglokomotive<br>rosti-Abgasvorwärmer<br>) der Baureihe 50 | Fld 1.01 Bl. 032<br>1. / 12.54 — Ausgabe / Datum<br>Ersatz für: — Ersetzt durch: |

Jürgen-Ulrich Ebel
Rüdiger Gänsfuß

# Franco-Crosti

## Die Baureihen $42^{90}$ und $50^{40}$

EISENBAHN KURIER
VORBILD UND MODELL

EK-VERLAG

**Titelbild**
Am 27. April 1966 steht 50 4005 (Bw Kirchweyhe) nach ihrer letzten L 0-Ausbesserung vor dem Anheizschuppen des AW Schwerte. Anschließend soll sie von Rahden aus eingesetzt werden. Bei der Ausbesserung erhielt sie für Nebenbahndienste eine Druckluftglocke auf dem Umlauf, auch die Abdeckklappen des Kohlenkastens sind noch einmal gangbar gemacht worden. AUFNAHME: KLAUS D. HOLZBORN

**Rückseite**
Die unverwechselbare Gestalt der Baureihe $42^{90}$, aufgenommen am 25. Juli 1951 in Hamm. Fahrgestell und Tender stammen von der BR 52, unter dem Hauptkessel befinden sich die beiden Vorwärmerkessel. AUFNAHME: CARL BELLINGRODT, EK-VERLAG

**Vorsatz**
Ansichten der 50 1412 im Ursprungszustand nach Zeichnung Fld 1.01 Bl.032 vom 1. Dezember 1954 ABBILDUNG: SAMMLUNG JÜRGEN-ULRICH EBEL

**Nachsatz**
Ansichten der Baureihe $42^{90}$ nach Zeichnung Fld 1.01 Bl. 045 vom 29. Dezember 1950. ABBILDUNG: SAMMLUNG JÜRGEN-ULRICH EBEL

ISBN 3-88255-150-X

**EK-Verlag GmbH – Postfach 500 111 – 79027 Freiburg**
**www.eisenbahn-kurier.de**

Bearbeitung/Gestaltung: Silvia Teutul

# Inhaltsverzeichnis

# Zum Geleit

Vor mehr als 20 Jahren erschien die erste Auflage dieses Buches, das als erstes Baureihenbuch überhaupt im zukunftsweisenden Großformat hergestellt wurde. Die Quellenlage war noch wesentlich dünner, Fotoauswahl und Druck waren bescheidener. Die in der Zwischenzeit weitergeführten Forschungen haben nun Eingang in diese völlige Neubearbeitung gefunden. So war es durch Auswertung der z. T. erhalten gebliebenen Aktenbestände möglich zu belegen, daß man sich bei der DB keineswegs einig war, ob überhaupt Lokomotiven nach dem Vorschlag von Dr. Crosti umgebaut werden sollten. Treibende Kraft war die Hauptverwaltung, die in den späten vierziger Jahren alle Anstrengungen unternehmen mußte, die Kostensituation der Bahn zu verbessern. Die Techniker um Friedrich Witte sahen vor allem eine unerwünschte Komplizierung der Bauart. Deshalb war der Konflikt vorgezeichnet, den die HVB löste, indem sie die Bedenkenträger einfach überging.

Immerhin war die Brennstoffersparnis vor allem bei der ersten Maschine der endgültigen Bauform 50 1412 mit 22 Prozent anfänglich so unglaublich, daß man zunächst an Meßfehler glaubte. Scheinbar hatte man endlich die Energieverschwendung der Dampflok besiegt, und für kurze Zeit brach ein regelrechtes Franco-Crosti-Fieber aus. Es entstanden Umbaupläne für die Baureihen $03^{10}$, 41, 44 und 50. Bei der BR 50, aus der über 1.000 Maschinen noch mit einem nicht alterungsbeständigen Kessel aus St 47 K ausgerüstet waren, hieß es sogar: Neubaukessel normaler Bauart oder Franco-Crosti-Kessel? Hier kam es zu einem serienmäßigen Umbau, und anfänglich bewährten sich die Maschinen auch hervorragend. Sie erreichten auf der Rollbahn zwischen Hamburg und dem Ruhrgebiet und der Rechten Rheinstrecke sehr hohe Laufleistungen, die zu den höchsten im Güterzugdienst der DB überhaupt gehörten. Weitere 50er-Umbauten unterblieben, weil alsbald die Franco-Crosti-Loks durch unschöne Korrosionsprobleme in den Vorwärmerkesseln von sich reden machten, sicher aber auch, weil inzwischen etliche Loks einen altbrauchbaren 52er-Kessel erhalten hatten.

Deshalb stellt die Beschreibung der kurzen Episode „Franco-Crosti" weniger eine Erinnerung an eine technisch etwas skurril erscheinende Sonderbauart dar als eine der Facetten, die beleuchtet werden müssen, wenn es um die Abkehr der DB von der Dampflok in diesen Jahren geht. Dieses Buch steht deshalb in einer Reihe mit den Bänden über die Baureihe 10 und denjenigen über die Baureihen 23, 65, 66 und 82 (in Bearbeitung).

Natürlich spielt bei diesem Thema auch persönliche Nostalgie eine Rolle. In den frühen sechziger Jahren gehörten zwischen Osnabrück und Hamm die so eigentümlichen Maschinen mit dem Seitenschornstein und blechern peitschendem Auspuffschlag zum Alltagsbild. Durch ihr Anderssein unterschieden sie sich von allen anderen Dampfloks und forderten früh dazu heraus, ihr Anderssein auch durch erste Box-Fotos zu dokumentieren. Leider sind diese faszinierenden Sonderlinge alle seit mehr als 33 Jahren verschrottet. Vielleicht fühlt sich irgendwann ein Verein dazu herausgefordert, ihnen durch den Umbau einer der überreichlich vorhandenen Reko-50er ein betriebsfähiges Denkmal zu setzen. Zeichnungen gäbe es genug ...

Wie in dieser Buchreihe üblich werden die zeitgenössischen Maße und Bezeichnungen benutzt, schon um keine Brüche zwischen Zitaten zeitgenössischer Schriftstücke und heutigem Text entstehen zu lassen.

Die Franco-Crosti-Lokomotiven fuhren zwar in sehr weitläufigen Einsatzrevieren, das aber nur in einem Zeitraum von durchschnittlich rund acht Jahren, wirklich eine Fußnote der Eisenbahngeschichte. Dennoch sind von ihnen erstaunlich viele Bilddokumente erhalten geblieben. Jedem einzelnen der im Buch namentlich genannten Fotografen sei hier für die Überlassung seiner Bilder für diese Arbeit gedankt.

Dank gebührt auch denjenigen Eisenbahnfreunden, die durch Quellenmaterial mitarbeiteten oder Betriebsbücher ausliehen: Helmut Bürger, Dipl.-Ing. Theodor Düring (†), Peter Große, Manfred van Kampen, Steffen Lüdecke, Peter Scheffler, Heinz Skrzypnik, Hansjürgen Wenzel und dem Verkehrsarchiv im Verkehrsmuseum Nürnberg.

Telgte (Westf) im März 2002

Jürgen-Ulrich Ebel, Rüdiger Gänsfuß

# Die Entwicklung des Franco-Crosti-Vorwärmers

## Einleitung

Die Entwicklung der Dampflokomotive und des Eisenbahnwesens allgemein verlief in den ersten Jahrzehnten stürmisch, und fast alle wichtigen Erfindungen waren bis zum Ausbruch des Ersten Weltkrieges gemacht oder bereits umgesetzt. Gleichzeitig waren bereits die ersten Großlokomotiven der heute bekannten Bauformen im Einsatz. Einstweilen gab es zur Dampflokomotive herkömmlicher Bauart nur in wenigen Teilbereichen Alternativen. Nach dem großen Krieg kam es allenthalben noch zu einem regelrechten Schub an Neuentwicklungen, und gegen Ende der zwanziger Jahre stellte sich der „Stand der Technik" ungefähr so dar:

Die Anwendung überhitzten Dampfes war selbstverständlich und nur noch in untergeordneten Bereichen wie dem Rangierdienst umstritten. Ebenso selbstverständlich war die Nutzung eines Teiles des Abdampfes für die Vorwärmung des Speisewassers.

Allen Bauarten der normalen Kolben-Dampflokomotive gemein war der verhältnismäßig geringe Anschaffungspreis. Dampflokomotiven waren vor allem noch konkurrenzfähig, weil die zu ihrer Wartung und Erhaltung notwendigen Anlagen altbrauchbar vorhanden waren und die Betriebsstoffe ohne Weiterverarbeitung, besondere Ansprüche beim Transport oder trockene Lagerung verfügbar waren.

Auf Steigungsstrecken wurde bei großen Lokomotivleistungen vor allem in Deutschland die dreizylindrige Lokomotive vorgezogen, da sie gleichmäßig anzog und Triebwerk und Rahmen wegen der geringeren Kolbenkräfte mehr schonte als ein starker Zwilling. Die Dreizylinderlok benötigte mehr Brennstoff als der Zwilling, war wegen des Innentriebwerks aufwendiger zu warten und verursachte in den Ausbesserungswerken höhere Kosten. Ihres betrieblichen Nutzens wegen nahm man diese Nachteile in Kauf.

In noch stärkerem Maße galt das für die Vierzylinderverbundlokomotive. Verbundloks mit nur zwei Zylindern oder für den Güterzugdienst galten als veraltet. Die Verbundlok mit vier Zylindern besaß die gleichen Vor- und Nachteile wie der Drilling, war aber in bestimmten Bauformen als Schnelläufer und auch auf Steigungsstrecken unschlagbar. Dem stark steigenden Bau- und Unterhaltungsaufwand stand nur bei sehr gelungenen Konstruktionen und bei besonders qualifiziertem Personal ein geringerer Brennstoffverbrauch gegenüber.

Mitteldrucklokomotiven mit normalen Dampfmaschinen bewährten sich bis zu einem Kesseldruck von ungefähr 25 atü. Es gab allerdings erst geringe Erfahrungen mit Spezialstählen für den Kesselbau, so daß solche Maschinen bereits nach kurzer Zeit eine hohe Schadanfälligkeit aufwiesen. Der niedrige Dampfverbrauch und der hohe Energieinhalt des Dampfes konnten diese Schwierigkeiten nicht aufwiegen.

Hochdrucklokomotiven kamen nicht über das Versuchsstadium hinaus. Die im stationären Einsatz durchaus bewährten komplizierten Kesselanlagen waren durchwegs dem rauhen Eisenbahnbetrieb nicht gewachsen. Überdies waren die Anschaffungskosten sehr hoch. Eine Weiterverfolgung der Versuche erschien bereits damals als unwirtschaftlich gegenüber den Perspektiven des elektrischen und Dieselbetriebes.

In der Brennkraft-Technologie waren innerhalb weniger Jahre alltagstaugliche und zweckmäßig ausgebildete Triebwagen unterschiedlichster Bauart vom leichten Schienenbus bis zum 160 km/h schnellen „Fliegenden Hamburger" entstanden. Triebwagen waren ihrer komplizierten Technik wegen und weil bei ihnen alles, was zu einem normalen Reisezugwagen gehörte, auch vorhanden sein mußte, teuer in Herstellung und Unterhaltung. Dennoch schnitten sie, u. a. weil sie einmännig zu besetzen waren, in der Gesamtwirtschaftlichkeit bereits deutlich günstiger als ein vergleichbarer Dampfzug ab.

Der elektrische Betrieb beschränkte sich einstweilen auf die Bereiche, wo billige Braunkohle zur Verstromung oder Wasserkraft zur Energiegewinnung zur Verfügung standen. In ihrer Technologie waren elektrische Lokomotiven aufwendig und teuer, lohnten aber den Aufwand durch hohe Laufleistungen und geringe Schadanfälligkeit. Eine bereits bewährte Nebenbauart stellten die elektrischen Triebwagen für Oberleitungsbetrieb und vor allem für Gleichstrombetrieb mit Stromschiene dar. Vor allem durch ihre Spurtstärke und geringen Personalaufwand für Betrieb und Wartung stellten sie eine zukunftsweisende Entwicklungslinie dar. Nicht ohne Grund waren damals beschaffte S-Bahn-Triebwagen bis in die Jetztzeit im Einsatz.

So gab es bereits damals für jeden Betriebszweck maßgeschneiderte Lösungen. Die Dynamik der Entwicklung allerdings lag nicht bei der Dampftechnologie, und seit ungefähr 1930 gab es bei ihr keine wesentlichen Neuerungen mehr. Das System galt bereits als ausgereizt, und es galt nur noch die schlichte Kostenrechnung. Verschoben sich die Koordinaten (Anschaffungskosten, Infrastrukturaufwand, Instandhaltungsaufwand, Brennstoffkosten, Personalkosten) weiter, mußte die Dampflok völlig ins Hintertreffen geraten.

Jede Lokomotive, jeder Triebwagen wird in seiner Gesamtwirtschaftlichkeit entscheidend durch diese drei Faktoren bestimmt:

1. Leistungsfähigkeit
2. Energieverbrauch
3. Störungsfreiheit und Zuverlässigkeit im Betrieb

Gerade im Bereich des Energieverbrauches war die konventionelle Dampflokomotive recht ungünstig – ihr Gesamtwirkungsgrad, d. h. die Umsetzung der im Brennstoff enthaltenen Energie in Leistung am Zughaken, lag nur bei etwa 7 bis 9 Prozent, bei besonders ausgereiften Konstruktionen im Dauerbetrieb im Bestpunkt bei höchstens 12 Prozent. (Zum Vergleich: Ellok bis zu 20, Diesellok deutlich über 20 Prozent). Von diesem sehr großen Verlust an Energie des Brennstoffes entfielen etwa 5 Prozent auf den Eigenbedarf (Speisepumpe, Lichtmaschine usw.), 28 Prozent auf Verluste im Kessel und 67 Prozent auf Verluste in der Dampfmaschine (unvollständige Dampfdehnung, mechanischer Verlust usw.). Seit es die Dampflokomotive gab, unternahm man stets Versuche, diese Energieverschwendung einzudämmen. Besonders wichtig war dies in Ländern, die nicht über eigene große Vorkommen an geeignetem Brennstoff (Öl und Steinkohle) verfügen, z.B. in der Schweiz oder Italien.

Eine Möglichkeit zur Verbesserung der Energiebilanz der Dampflok war die Vorwärmung des Speisewassers. Seit alters her wurden Dampflokomotiven mit Injektoren gespeist, die mit Frischdampf aus dem Kessel beaufschlagt wurden und das kalte Speisewasser durch ein System von drucksteigernden Düsen mit in den Kessel förderten. Auf diese Weise speiste man Wasser von rund 60 °C ein. Die Temperatursteigerung gegenüber der Außentemperatur wurde durch Einsatz von Kesselwärme erkauft. Höhere Temperaturen waren mit Injektoren weder möglich noch von energetischem Vorteil.

Eine Brennstoffeinsparung war nur möglich, indem etwas von der viel zu reichlichen Abwärme für die Vorwärmung des Speise-

In klarer Übersichtlichkeit zeigt 58 010 (Bw Soest, um 1930) Elemente und Funktion des Knorr-Oberflächenvorwärmers: Von vorne wird Abdampf in den zylindrischen Vorwärmer geleitet. Die Speisepumpe saugt kaltes Wasser aus dem Tender, drückt des durch die Vorwärmerrohre und anschließend über das Kesselspeiseventil in den Kessel.

AUFNAHME: CARL BELLINGRODT, SAMMLUNG JÜRGEN-ULRICH EBEL

wassers genutzt wurde, die bislang nutzlos verpuffte. Wurde dem Kessel das Wasser nicht mehr mit Injektortemperatur zugeführt, sondern mit annähernder Siedetemperatur (ca. 100 °C), so verdampfte es schneller. Vorgewärmtes Wasser versprach also eine höhere Kesselleistung und gleichzeitig Brennstoffersparnis.

Es boten sich zwei verschiedene Möglichkeiten an:
1. Ausnutzung des Abdampfes von den Zylindern und Hilfseinrichtungen (z.B. Speisepumpe, Lichtmaschine) und
2. Ausnutzung der aus dem Kessel kommenden Abgase (Rauchgase).

# Nutzen und Geschichte der Speisewasservorwärmung

Erste Versuche mit der Vorwärmung gab es bereits Mitte des 19. Jahrhunderts. Bei der Kirchweger-Abdampfkondensation wurde Zylinderabdampf in den Tender geleitet. Dort kondensierte der Dampf und erwärmte dadurch das Tenderwasser. Dieses Verfahren war gewissermaßen eine primitive Vorform der späteren Mischvorwärmer. Schwierigkeiten gab es mit dem im Abdampf enthaltenen Öl und der an heißen Tagen zu hoch ansteigenden Wassertemperatur im Tender, so daß die Injektoren nicht mehr förderten.

Zu Anfang des 20. Jahrhunderts gab es dann von der Firma Pielock in Berlin einen „Patent-Speisewasservorwärmer und Reiniger für Lokomotiven". Dieser Vorwärmer bestand aus zwei miteinander verbundenen Kammern, die innen an der Außenwand des Kessels lagen. Hier wurde das unter Kesseldruck stehende Speisewasser bis auf 150 °C vorgewärmt. Weil dieser Vorwärmer im Kessel lag und weder Abdampf noch Abgase verwendete, war seine Energiebilanz neutral, er brachte jedenfalls keine Brennstoffeinsparung. Der Sinn dieses Vorwärmers lag vielmehr darin, daß die meisten Kesselstein bildenden Salze bereits im Vorwärmer, der leicht zu reinigen war, ausfielen und dadurch die Kesselsteinbildung im Lokomotivkessel vermindert wurde.

Ab 1910 waren dann die ersten brauchbaren Abdampfvorwärmer bekannt, die sehr große Verbreitung fanden. Auch viele Länderbahnloks wurden noch nachträglich damit ausgerüstet. 1914 wurden erstmals Pläne für einen Abgasvorwärmer gezeichnet, 1926 ließ sich der Italiener Attilio Franco seinen Abgasvorwärmer patentieren, und 1932 wurde nach seinen Plänen die erste Dampflok mit Abgasvorwärmer für Belgien gebaut. In den zwanziger Jahren wurde auch der Mischvorwärmer (ein Abdampfvorwärmer) konstruiert, der dann in Deutschland serienreif entwikkelt wurde.

Bei der Vorwärmung des Speisewassers durch Abdampf oder Rauchgase ergeben sich hauptsächlich folgende Vorteile:
1. größere Wirtschaftlichkeit durch Verwendung sonst ungenutzter Wärme (im Abdampf bzw. in den Rauchgasen),
2. starke Abnahme der Kesselsteinbildung im Lokomotivkessel, da die meisten Kesselsteinbildner bereits im Vorwärmer ausfallen und
3. weniger starke Materialbeanspruchung des Kessels, weil durch das vorgewärmte Speisewasser die Temperaturunterschiede (und damit verbunden die Wärmespannung des Metalls durch unterschiedliche Temperaturen) im Kessel abnehmen.

Bei der Abdampfvorwärmung im Mischvorwärmer kommt ausserdem noch eine Wasserersparnis von ca. 15 Prozent durch Kondensation des Abdampfes hinzu. Man unterscheidet bei der Speisewasservorwärmung wie schon erwähnt grundsätzlich Abdampfvorwärmer und Abgasvorwärmer. Die Abdampfvorwärmer kann man wiederum in Oberflächenvorwärmer und Mischvorwärmer unterteilen, die knapp erläutert werden sollen.

## Der Oberflächenvorwärmer

Ein sehr großer Teil der bei der Reichsbahn eingesetzten Dampfloks (fast alle Schlepptenderloks) hatte Oberflächenvorwärmer. Bis auf die „Bullis" (Baureihen 80, 81, 87 und $89^0$) und Kriegsloks (42, 50 ÜK, 52) hatten alle „Einheitsloks 1925" einen Oberflächenvorwärmer, außerdem noch sehr viele Länderbahnloks, z.B. die preußischen Gattungen S 10, P 8, P 10, $G 8^1$, G 10, G 12, T 12, T 14, $T 16^1$, T 18, T 20 u.v.a. Während des Krieges wurden bei etlichen Loks die Vorwärmer jedoch ausgebaut, etwa dann, wenn Lokomotiven für den Einsatz in den besetzten Ostgebieten frostsicher hergerichtet werden mußten.

Der Oberflächenvorwärmer der Bauart Knorr ist in seiner Konstruktion sehr einfach und steht hier für eine ganze Anzahl fast gleicher Bauarten, die unter anderen Namen in anderen Län-

Im Ausland, bei Privatbahnen und Industriebahnen fand der Mischvorwärmer zwischen 1930 und 1960 viel größere Verbreitung als bei DB und DR. Lok 33 der Westfälischen Landeseisenbahn (Münster, 10. April 1968) erhielt ungefähr 1955 einen Mischvorwärmer der Bauart Henschel MVT. Von der Rauchkammer wird der Abdampf durch ein dick isoliertes Rohr in die Mischkammer geleitet, die in diesem Fall den hinteren Teil des Wasserkastens einnimmt. Ein Entlüftungsrohr vor dem Führerhaus läßt Schwaden abziehen. Die kleine Turbinenpumpe unter dem Wasserkasten drückt das durch den eingeblasenen Dampf erhitzte Speisewasser in den Kessel.

AUFNAHME: JÜRGEN-ULRICH EBEL

dern Verbreitung fanden. Im wesentlichen besteht er aus einer Kolben-Speisepumpe, die im Dampfteil mit der Knorr-Luftpumpe übereinstimmt, und dem eigentlichen Vorwärmer, einem zylindrischen Kessel, in den von einer Seite ein Bündel von Wasserrohren eingeschoben wird. Der frei bleibende Raum dient der Zirkulation des eingeleiteten Abdampfes. Die Speisepumpe saugt das Wasser aus dem Tender an und pumpt es durch den Vorwärmer in den Kessel. Der Vorwärmer wird mit Abdampf aus den Zylindern, der Lichtmaschine und der Speisepumpe gespeist. Durch mehrfaches Umlenken läuft das Wasser insgesamt achtmal mit hoher Geschwindigkeit durch den Vorwärmer und wird so auf 95 °C bis 100 °C vorgewärmt.

Vorteile gegenüber dem Mischvorwärmer sind, daß der Oberflächenvorwärmer sehr einfach gebaut, preiswert und wartungsarm ist, und daß das vorgewärmte Speisewasser kein Öl enthält, weil es nicht direkt mit dem Abdampf in Berührung kommt.

Es überwiegen jedoch zwei große Nachteile. Einerseits verliert der Oberflächenvorwärmer schon nach kurzer Einsatzzeit stark an Wirkung, weil sich in den Rohren des Vorwärmers der dort anfallende Kesselstein festsetzt. Der Wirkungsgrad des Oberflächenvorwärmers beträgt daher im Betriebsmittelwert nur etwa 60 Prozent der Leistung, die er ohne Kesselsteinablagerungen bringen würde. Andererseits kann das Kesselspeisewasser nur vorgewärmt werden, wenn der Regler der Lok geöffnet ist, der Vorwärmer also mit Zylinderdampf versorgt wird. Da kein Speicher für das vorgewärmte Wasser vorhanden ist, würde die Lok bei geschlossenem Regler mit naturkaltem Tenderwasser gespeist, was sehr schädlich für den Kessel ist. Bei geschlossenem Regler ist deshalb grundsätzlich mit dem Injektor zu speisen.

## Der Mischvorwärmer

Bei Mischvorwärmern entstanden bis in die fünfziger Jahre viele verschiedene Bauarten, u.a. Heinl, Worthington, ACFI, Dabeg, Knorr und Henschel. In Deutschland wurden in größerem Maße seit dem Zweiten Weltkrieg verwendet:

- Henschel-Mischvorwärmer der Bauarten MVC, MVR und MVT,
- Heinl-Mischvorwärmer und die vereinfachte Ausführung MV 57
- und in der DDR der aus dem Heinl-MV entwickelte Mischvorwärmer Bauart IfS.

Der Hauptunterschied zwischen Henschel-Mischvorwärmer und MV 57 besteht darin, daß beim Henschel-Vorwärmer der Abdampf durch das Wasser im Mischbehälter geleitet wird und keine weiteren Speicher vorhanden sind, während beim MV 57 das Wasser durch Düsen verstäubt in eine mit Abdampf gefüllte Mischkammer gespritzt wird und Warmwasserspeicher vorhanden sind. Bei der alten Ausführung des Heinl-Mischvorwärmers kam als weiterer Unterschied hinzu, daß dieser Vorwärmer noch in einen Niederdruck- und einen Hochdruckvorwärmer unterteilt war. Die beiden von der DB serienmäßig eingeführten Systeme waren das von Henschel (für Güterzugloks und Tenderloks) und von Heinl (für hochbelastete Lokomotiven).

## Der Henschel-Mischvorwärmer

Vom Henschel-Mischvorwärmer gibt es drei Bauarten:

1. der MVR, der oben in der Rauchkammer liegt,
2. der MVT für Tenderloks, dessen Mischkasten im linken seitlichen Wasserkasten untergebracht ist,
3. der seltenere MVC (u.a. bei 23 024 und 23 025), der in eine Kaltwasser- und eine Heißwasserkammer unterteilt ist, die seitlich unter der Rauchkammer liegen,
4. der nur probeweise realisierte MVS, bei dem der Mischkasten im Tender untergebracht war (50 2207).

Das Wirkungsprinzip des Henschel-Mischvorwärmers ist bei allen drei Bauarten in etwa folgendes: Vom Tender wird das Wasser entweder von einem Wasserheber oder, bei einer zweistufigen Speisepumpe, von Stufe 1 der Pumpe in den großen Mischbehälter, der etwa 1 m$^3$ Wasser faßt, gepumpt. In den mit Wasser gefüllten Mischbehälter wird durch eine Mischdüse, die für gute Umwälzung des Wassers sorgt, ein Teil des Maschinenabdampfes geleitet. Der Mischbehälter ist allerdings nicht völlig gefüllt, denn es muß ein Freiraum für Dampf, Luft und Gase bleiben. Das vorgewärmte Wasser wird von der Speisepumpe bzw. von Stufe 2 bei einer zweistufigen Speisepumpe in den Kessel gespeist. Da stets mehr Kaltwasser in den Mischbehälter gepumpt als Heißwasser für die Kesselspeisung benötigt wird (damit der Mischbehälter nie leergesaugt werden kann), führt eine Überlaufleitung von der oberen Hälfte des Mischbehälters bis vor den Wasserheber (bzw. die zweistufige Speisepumpe) zurück. Als Speisepumpe findet überwiegend eine leichte Turbinenpumpe Verwendung.

In Österreich war der heimische Heinl-Mischvorwärmer die Anlage der Wahl. 95.119 (Vordernberg, 15. Juni 1962) gehörte zu den wenigen Vorwärmerloks ihrer Gattung. Bei ihr ist der Mischkasten vorne im rechten Wasserkasten untergebracht. Die zweistufige Heinl-Pumpe, die in der selben Bauform auch bei der DB geläufig war, fördert mit ihrer ersten Stufe kaltes Wasser in den Vorwärmer und mit der zweiten Stufe erhitztes Wasser durch den Hochdruckvorwärmer und in den Kessel.

AUFNAHME: GERHARD MOLL

## Der Heinl-Mischvorwärmer

Der komplizierteste Mischvorwärmer bei der DB war der Heinl-Mischvorwärmer, der später umgebaut, vereinfacht und als MV 57 (Mischvorwärmeranlage Bauart 1957) bezeichnet wurde. Die Heinl-Anlage funktioniert vereinfacht so: Vom Wasserheber wird das Wasser vom Tender in den Niederdruckvorwärmer gepumpt und in den dort eingeleiteten Abdampf gesprüht. Vom Niederdruckvorwärmer wird das Heißwasser durch die Stufe 1 der zweistufigen Speisepumpe in den Hochdruckvorwärmer gepumpt, während das überschüssige Heißwasser zu einem Mischgefäß vor dem Wasserheber fließt. Im Hochdruckvorwärmer wird das Wasser unter Druck in den Abdampf der Speisepumpe eingespritzt. Durch den Überdruck im Hochdruckvorwärmer wird die Wassertemperatur auf etwa 110 bis 120 °C gesteigert. Die Stufe 2 der Speisepumpe befördert dieses Heißwasser in den Kessel.

Außer dem Niederdruck- und dem Hochdruckvorwärmer verfügt der Heinl-Mischvorwärmer noch über das Mischgefäß, einen Vorwasserspeicher und Druckwindkessel und hat daher große Speicherkapazität für vorgewärmtes Speisewasser. Weil der Heinl-Mischvorwärmer zu kompliziert gebaut und störungsanfällig war, entwickelte die DB aus ihm den vereinfachten MV 57. Der Hauptunterschied ist, daß der Hochdruckvorwärmer wegfällt und nur als zweiter Druckwindkessel genutzt wird. Deshalb hat das Wasser beim Einspeisen in den Kessel auch nicht mehr 110 bis 120 °C wie beim Heinl-Mischvorwärmer, sondern nur ca. 100 °C wie beim Henschel-Mischvorwärmer.

Der Vorteil der Mischvorwärmerbauarten gegenüber dem Oberflächenvorwärmer liegt im Wegfall der Wirkungsverluste durch Kesselsteinablagerungen, in der Vergrößerung des Aktionsradius durch Speisewasserrückgewinnung und in der Möglichkeit, durch die Speicherkapazität auch dann vorgewärmtes Wasser in den Kessel zu speisen, wenn der Regler geschlossen ist.

Mit Mischvorwärmern waren bei der DB Lokomotiven aus folgenden Baureihen ausgestattet:
**Bauart Henschel MVC:** 23 024 und 025
**Bauart Henschel MVR:**
01 042, 046, 112, 154, 192
42 1034, 1079
44 433, 475, 629, 1174, 1210
50 1420, 2107, 2323, 2399, 2400, 2403, 2417, 2425, 2689, 2707, 2714, 2717, 2720, 2742, 2743, 2745, 2749, 2759, 2790, 2791,
50 2812, 2816, 2851, 2903, 2915, 2959, 2990, 3024, 3025, 3039
52 129-143, 875-890
**Bauart Henschel MVS:** 50 2207
**Bauart Henschel MVT:**
65 014-018; 66 001, 002; 82 001-016, 023-041
**Bauart Heinl (umgebaut zu MV 57):**
alle 01 NK; alle $01^{10}$ NK; alle $03^{10}$ NK; 10 001 und 10 002; 23 053-105; alle 41 NK; 50 4002-4031; 52 891, 52 892
**Bauart Knorr:**
42 591; 44 1383; 50 1149
**Bauart Krupp:**
45 010 und 45 019; 52 128 (nur kurzzeitig)
**Bauart Tolkien:**
82 010 (nur kurzzeitig)

## Wärmegewinn durch Rauchgase

Außer der Vorwärmung des Speisewassers durch Abdampf ist auch noch die Vorwärmung durch Abgase möglich. Bei der herkömmlichen Dampflok verlassen die Rauchgase den Schornstein mit einer Temperatur von 300° bis 400° C. Es war deshalb naheliegend, diese unausgenutzte Wärmeenergie noch weiterzuverwenden. Man baute daher in Deutschland seit 1918 (sächsische Gattung XX HV) bis in den Zweiten Weltkrieg hinein für große Lokomotiven Kessel mit besonders langen Rauch- und Heizrohren, um die Rauchgase weit abzukühlen (Wagner-Langrohrkessel-Prinzip). Außerdem wählte man die Strahlungsheizfläche, d.h. die Fläche im Hinterkessel, die direkt vom Feuer berührt wird, klein, die Rohrheizfläche im Langkessel dagegen sehr groß. Bei der DB kam man von diesem Prinzip aber wieder ab, u.a. weil

1. die Materialbelastungen bei sehr langen Kesseln beim Anfahren und Abbremsen der Lok wegen der Verformungen (leichtes Durchbiegen) recht groß werden,
2. zusätzliche Materialbelastungen des Kessels eintreten durch Wärmespannungen, wenn die Rauchgase weit abgekühlt werden (kann beim Aufheizen und Abkühlen des Kessels sogar zu Stehbolzenbrüchen führen),
3. die erzeugte Dampfmenge bei den Neubaukesseln besser regulierbar wird, da bei großer Feuerbüchsheizfläche die Dampfbildung schneller erfolgt als bei übergroßer Rohrheizfläche, und
4. bei großer Rohrheizfläche die Bildung von Kesselstein an den Rohren schneller vor sich geht, was mit erheblichen Leistungseinbußen verbunden ist.

Eine weitergehende Ausnutzung der Rauchgase war also in einem normalen Dampfkessel nicht möglich.

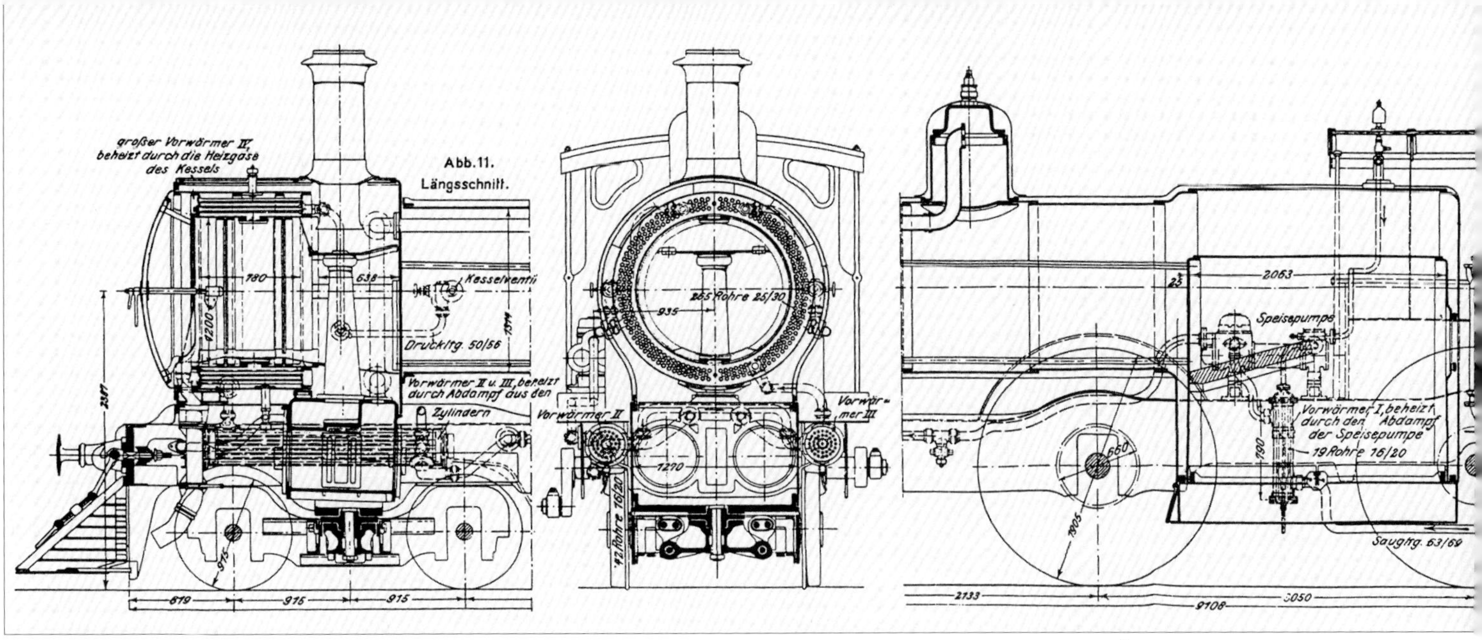


Aus vier hintereinandergeschalteten Wärmetauschern bestand der Vorwärmer, den Trevithick Anfang des zwanzigsten Jahrhunderts auf einer 2'B der Ägyptischen Staatsbahn einbaute. Der Rauchgasvorwärmer befand sich in der Rauchkammer. Die Anlage brachte bereits eine erstaunliche Brennstoffersparnis. ABBILDUNG: SAMMLUNG JÜRGEN-ULRICH EBEL

# Die Entwicklung der Rauchgasvorwärmer

Bei der Ausnutzung der Abgase zur Speisewasservorwärmung stellte sich als erstes die Platzfrage, denn ein leistungsfähiger Abgasvorwärmer mußte wesentlich größer sein als ein Abdampfvorwärmer. So bestanden die frühen Versuche immer aus Kombinationen aus Abdampf- und Abgasvorwärmern. Gaines baute in den USA sechs 1'Dn2-Schlepptenderlok der Zentralbahn von Georgia bereits im Jahr 1912 entsprechend um: Die Loks besaßen zwei Oberflächenvorwärmer links und rechts am Kessel und einen Rauchgasvorwärmer in der Rauchkammer, der links und rechts innen an die Rauchkammerseiten geschmiegt war und jeweils aus oberer und unterer Wassertasche mit Erhitzerrohren dazwischen bestand. Das Wasser durchlief nacheinander alle drei Vorwärmer. Im Bedarfsfall konnte direkt gespeist werden. Es wurden Brennstoff-Einsparungen von 10 bis 12 Prozent erzielt. Als die Bahngesellschaft auf die Verwendung des Heißdampfes überging, ergaben sich deutlich höhere Einsparungen, und man baute die Rauchgasvorwärmer wieder aus.

F. H. Trevithick, Anfang des Jahrhunderts Betriebsdirektor der Ägyptischen Staatsbahn, ließ eine Cn2t und bald darauf eine 2'Bn2 mit Innenzylindern mit kombinierten Abdampf-Rauchgas-Vorwärmern versehen. Die letztgenannte Bauart funktionierte ähnlich wie die von Gaines, allerdings gab es vier hintereinandergeschaltete Vorwärmer: einen Abdampfvorwärmer, der von der Luftpumpe beheizt wurde, zwei, die mit Maschinenabdampf beaufschlagt waren, und der große Rauchgasvorwärmer in der Rauchkammer. Bei ihm waren zwei Wassertaschen ringförmig in die Rauchkammer gestellt, zwischen denen waagerechte Heizrohre der Rauchgaswärme ausgesetzt waren. Das System brachte Speisewassertemperaturen bis 124 °C und Brennstoffeinsparungen bis 19 Prozent.

Das Reichsbahn-Zentralamt Berlin entwickelte in den frühen zwanziger Jahren für die preußische P 10 (Baureihe 39) einen Rauchgasvorwärmer, dessen Prinzip ähnlich wie der Überhitzer funktionierte: Der Rauchgasvorwärmer des RZA Berlin bestand nun darin, daß in den Rauchrohren, die mit etwas größerem Durchmesser ausgeführt waren als gewöhnlich, im Wechsel mit den Überhitzerelementen Rohre verlegt waren, durch die das vorzuwärmende Speisewasser laufen sollte. Da die meiste Wärme zur Vorwärmung des Speisewassers jedoch bei diesem Prinzip dem Kessel, dem überhitzten Dampf und nicht den Abgasen entzogen wurde, erschien eine Anwendung wenig sinnvoll. Es ist nicht bekannt, ob diese Bauart überhaupt in eine Lok eingebaut worden ist.

1924 trat die Firma Borsig mit einer Eigenentwicklung an. Statt eines normalen Schornsteins wurde in die Rauchkammer ein Kessel hineingesetzt, der vom Speisewasser durchflossen wurde und von Röhren durchzogen war, durch den das Abdampf-Rauch-Gemisch abströmte. Damit ein ausreichender Saugzug erhalten blieb, war unter jeder der 41 Röhren ein Blasrohr angeordnet. Die Heizfläche lag wie beim Oberflächenvorwärmer bei rund 10 m². Derart umgebaute Lokomotiven besaßen ein groteskes Aussehen: Da in der Rauchkammer kein Platz mehr für einen Funkenfänger war, war auf den schon voluminösen Abgasvorwärmer auch noch ein kastenförmiger Funkenfänger aufgesetzt. Das Lichtraumprofil war nur knapp einzuhalten. Neben der preußischen T 12 Altona 7755, die 1925 vom EZA Berlin erprobt wurde (siehe Ebel/Wenzel: Die Baureihe 74, Seite 91), rüstete Borsig eine Reihe von Lokomotiven für die Industrie mit solchen Abgasvorwärmern aus. Die Anlage war durchaus betriebstauglich. Hinter den Abdampfvorwärmer geschaltet, erhöhte sie die Speisewassertemperatur um weitere 20 °C, und die Kohlenersparnis lag bei 8 Prozent. Ungelöst blieb das Platzproblem. Obere Rauchrohre, Dampfsammelkasten und Überhitzerelemente, an denen immer wieder Dichtarbeiten nötig waren, waren durch den Rauchgasvorwärmer

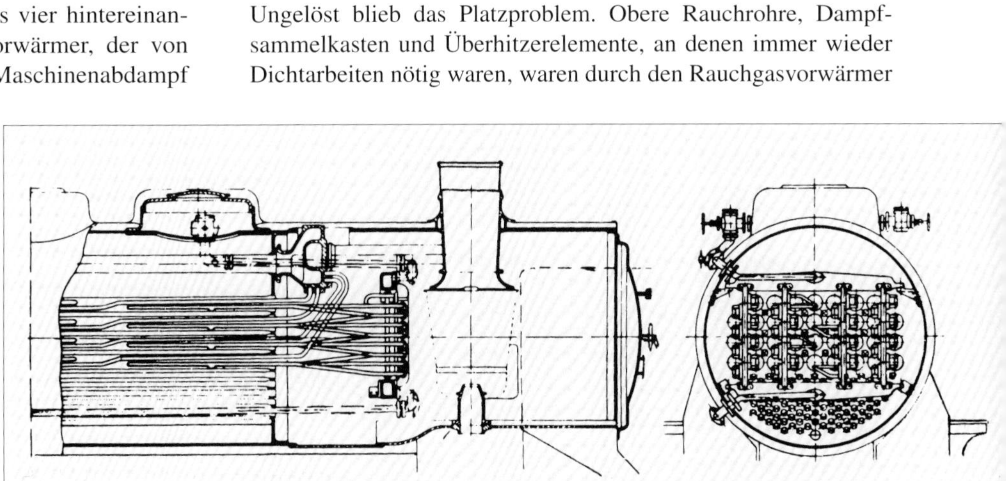

Das Eisenbahnzentralamt in Berlin entwickelte Anfang der zwanziger Jahre für die Gattung P 10 einen Rauchgasvorwärmer, der ähnlich wie ein Rauchrohrüberhitzer aufgebaut war. ABBILDUNG: SAMMLUNG JÜRGEN-ULRICH EBEL

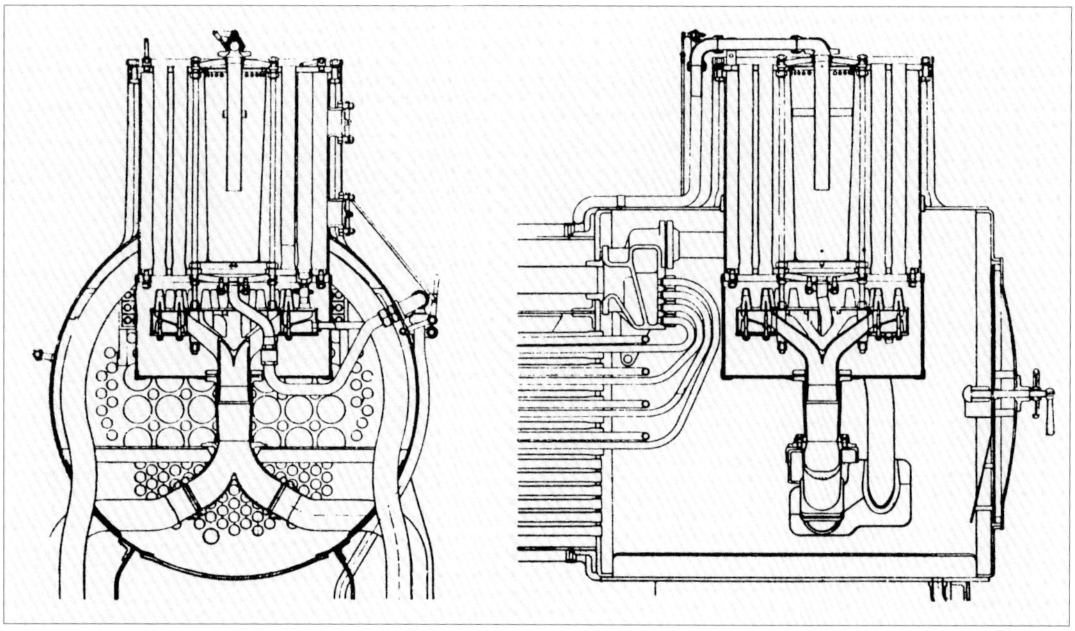

Von der Firma Borsig stammt dieser Rauchgasvorwärmer, der in den zwanziger Jahren auf diversen Borsig-Loks verwendet wurde. U. a. erprobte man ihn 1925 auch auf einer T 12 der Deutschen Reichsbahn (Bild).

ABBILDUNG: SAMMLUNG JÜRGEN-ULRICH EBEL

völlig unzugänglich, so daß die wenigen praktisch erprobten Anlagen alsbald wieder ausgebaut wurden.

In Österreich erprobte Otto Rihosek einen Rauchgasvorwärmer auf einer Lok der Reihe 270, der aus Bündeln dünner Wasserrohre bestand, die an Wassertaschen in der Rauchkammer angeschlossen waren. Einen weiteren Rauchgasvorwärmer, der ähnlich funktionierte wie die Borsig-Anlage, erprobte man auf der Güterzuglok 80.4911. Wegen der respekteinflößenden, kistenförmigen Verbauung der Rauchkammer trug die Lok den Spitznamen „Bauernschreck". Keine Ergebnisse sind bekannt über die Rauchgasvorwärmer-Versuche, die bei der SZD in der Sowjetunion seit 1930 angestellt wurden.

## Die ersten beiden Franco-Loks

Aus der Erkenntnis, daß die bisherigen Abgasvorwärmer wegen der Platzprobleme nur eine unzureichende Energierückgewinnung ermöglichten, zog der italienische Ingenieur Attilio Franco (1873-1936) die Konsequenz, die gesamte Dampferzeugung der Lokomotive zu verändern. Er sah einen verkleinerten Hauptkessel vor, der nur noch der Verdampfung diente, und einen fast gleichgroßen rauchgasdurchzogenen Vorwärmerkessel, der unter vollem Kesseldruck stand. Auf diese Weise konnte er den Rauchgasen viel mehr Wärme entziehen und das Wasser im Vorwärmerkessel bis fast zur Verdampfung erhitzen. 1926 erhielt er ein Patent für seine Erfindung. Bereits 1914 hatte Franco Entwürfe für eine Doppelkessellok der Fairlie-Bauart auf einem (1'C1')(1'C1')-Fahrwerk aufgestellt. Die Lok sollte zwei Röhrenkessel-Vorwärmer erhalten. Wegen des Ersten Weltkrieges kam es nicht zum Bau der Lok. Bei den ersten beiden Lokomotiven mit Franco-Abgasvorwärmer, die im folgenden Text kurz vorgestellt werden sollen, befanden sich aus Platzmangel die Vorwärmer nicht auf dem Lokomotivrahmen, sondern dem Tender. So wollte Franco von vornherein eine ausreichend große Vorwärmerheizfläche auch für größte Maschinenleistungen sicherstellen.

„Le Mastodont" während einer Probefahrt im Jahr 1932 im Bw Schaerbeck.

AUFNAHME: J. F. VAN PUYVELDE, SAMMLUNG MAX DELIE

Mitte der zwanziger Jahre gründete Franco die „Societa Anonima Locomotive a Vapore Franco" in Mailand, die alsbald der Italienischen Staatsbahn den Umbau einer vorhandenen Dampflok nach dem Rauchgasvorwärmer-Prinzip anbot, aber kein Interesse fand. Ab 1928 wurde dann eine rein experimentelle Franco-Lokomotive für die Belgische Staatsbahn (SNCB) in Zusammenarbeit mit dem belgischen Ingenieur George de Wulf konstruiert. Die Maschine wurde in der belgischen Lokomotivfabrik Tubize gebaut und 1932 in Dienst gestellt. Das Ergebnis war ein Lokomotivriese, der nach einer urzeitlichen Elefantenart benannt wurde: „Mastodont". Es handelte sich um eine dreiteilige Gliederlok mit zwei Verdampfungskesseln, zwei Vorwärmkesseln und der Achsfolge (C1')1'B1'B1'(1'C) h8v. Die vier Zylinder des mittleren Fahrgestells waren als Hochdruckzylinder ausgeführt, die an den äußeren Fahrgestellen als Niederdruckzylinder. Diese Bauart wurde gewählt, um schwerste Kohlenzüge auf Steigungsstrecken zu schleppen, ohne eine zweite Lokomotive zu benötigen. Die notwendige Zugkraft war ohne Überschreitung der zugelassenen Achslast von einer herkömmlichen 1'E- oder 1'F-Lok nicht zu erbringen. Wegen der symmetrischen Bauart konnte man die Lok ohne Rücksicht auf Drehscheiben mit einer Länge von 31 m ausführen.

**Einige Details der Bauart:**
Der Verdampfungskessel auf dem Hauptfahrgestell bestand aus einem breiten Stehkessel mit großer Feuerbüchse mit seitlich angeordneten Feuertüren. Die Feuerbüchse war längs unterteilt durch eine Wasserkammer, so daß jeder der beiden Heizer nur eine Seite feuern mußte. An den Stehkessel schlossen sich in beide Richtungen normale Langkessel an, die mit jeweils 138 Heizrohren

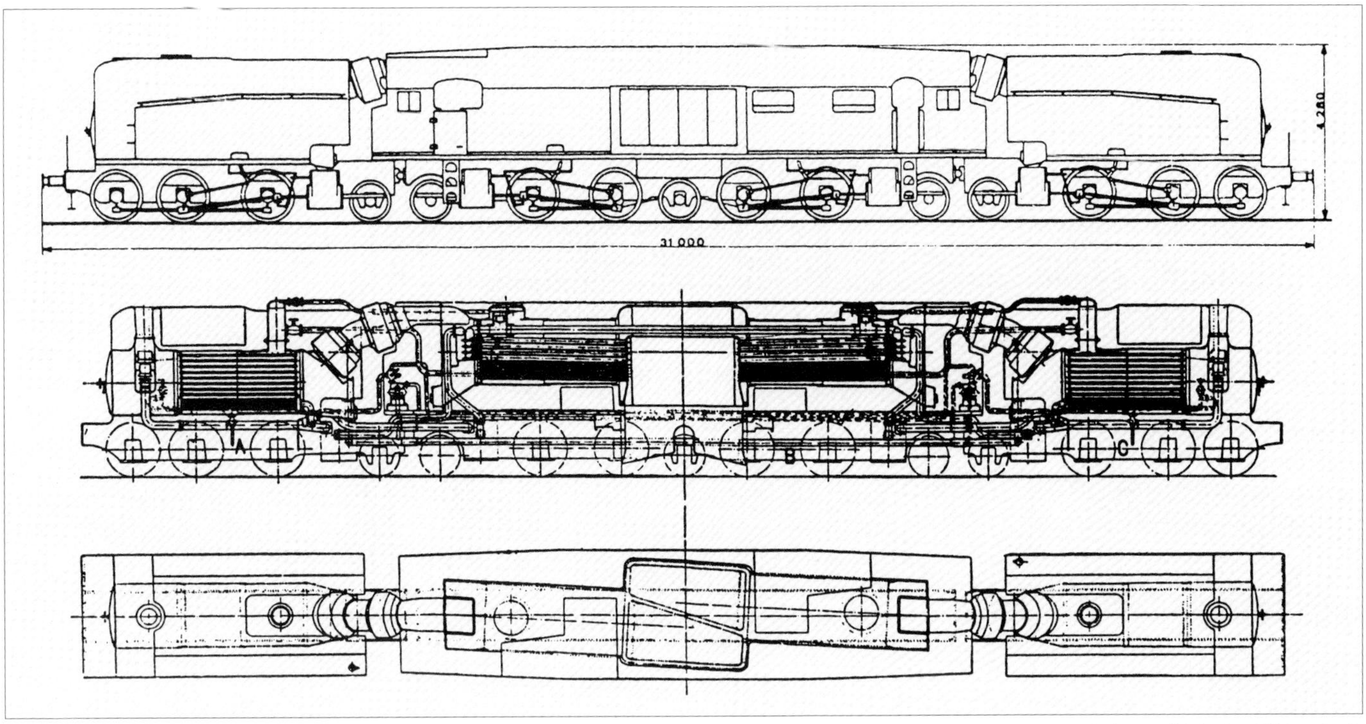


Die erste Franco-Lokomotive (Tubize 1932) sollte ohne Vorspann schwerste Güterzüge auf Steigungsstrecken schleppen. Die Rauchgasvorwärmer befanden sich in den „Triebtendern".
ABBILDUNG: SAMMLUNG JÜRGEN-ULRICH EBEL

und 26 Rauchrohren bestückt waren. Ein Überhitzer war jeweils vorhanden. Oberhalb des Kessels waren zwei Kohlenbunker eingebaut. Der Lokführer verfügte an den beiden Enden dieses Fahrgestells über zwei identische Führerstände mit allen Steuerungselementen. Aufwendig war die Steuerung der vier Triebwerke.

Auf jedem der beiden äußeren Rahmen war zwischen zwei Wasserkästen ein zylindrischer Vorwärmerkessel eingebaut. Dem Kessel strömten aus der benachbarten Rauchkammer des Verdampfungskessels über großvolumige und bewegliche Rohrleitungen die heißen Abgase zu. Der Vorwärmerkessel enthielt normale Heizrohre, war mit dem Hauptkessel durch bewegliche Dampfleitungen verbunden und stand unter dem Druck des Hauptkessels. Durch die tiefe Lage des Vorwärmerkessels war dieser immer bis obenhin mit Wasser gefüllt. Betätigte der Heizer eine der Speisepumpen, wurde in den Vorwärmerkessel gespeist und gleichzeitig von hier vorgewärmtes Wasser in den Hauptkessel gedrückt. Die durchgeleiteten Rauchgase erwärmten das Wasser in beiden Vorwärmerkesseln auf über 100 °C. Rauchkammer, Blasrohr und Schornstein waren jeweils an den zugänglichen Enden der Lok angeordnet.

Ein Blick auf Rauchgasvorwärmer und Führerhaus mit Steuerungshandrädern der ersten Franco-Lok. AUFNAHME: J. F. VAN PUYVELDE, SAMMLUNG MAX DELIE

Neben einer enormen Leistung und durch die großen Vorwärmer errechneten Kohlenersparnis von 15 bis 20 Prozent versprach man sich eine Entsalzung des Hauptkessels, da sich die schädlichen Stoffe bereits in den Vorwärmern niederschlagen sollten.

Nach ersten Probefahrten mußte man die Form der Gasrohre zwischen Hauptkessel und Vorwärmerkesseln verändern und den Durchmesser der Schornsteine vergrößern. Die Rauchkammern wurden stromlinienförmig verkleidet. Anschließend führte man Meßwagenversuche auf der Luxemburger Strecke durch, bei denen sich die Lok als sparsam im Brennstoffverbrauch, sehr leistungsfähig und laufruhig zeigte. Die Kesselleistung erschien allerdings für die beabsichtigten Höchstleistungen zu knapp.

Im Dezember 1932 beförderte die Maschine einen Zug von 45 Wagen und einem Gewicht von 1217 t von Schaarbeck nach Arlon. Die Kupplungen der Wagen erlaubten keine größere Last. Auf den bis 16 Promille reichenden Steigungen schleppte die Lok den Zug mit 24 km/h und erreichte Zugkräfte bis 22 t. Bei einer Probefahrt am 5. Oktober 1933 erreichte man 26 t Zugkraft. Durch ihre übergroße Zugkraft bestand die Gefahr von Zugtrennungen, so daß es keine Möglichkeit gab, die Lok sinnvoll einzusetzen. Überdies begannen sich die Rohre zwischen Haupt- und Vorwärmerkesseln mit Kalk zuzusetzen.

Man zeigte die Maschine noch bei der Brüsseler Weltausstellung 1935 und stellte sie anschließend in Erwartung eines Käufers im Herstellerwerk ab. Ein solcher fand sich aber nur für den Hauptkessel, der also ausgebaut wurde.

Der weitere Weg der ersten Franco-Lok ist interessant. Ende 1943 bestellte die Firma Sänger zwei Lokomotiven, die aus zwei gelenkig verbundenen Einheiten bestehen sollten. Man schnitt das „Mastodont" in der Mitte durch und komplettierte die beiden Hälften des bisherigen Hauptfahrgestells zu 1'C1'-Fahrgestellen. Die C1'-Vorstellfahrgestelle blieben unverändert. Das Hauptfahrgestell erhielt einen normalen Kessel, dem der Franco-Vorwärmer vorgeschaltet wurde. Die so entstanden beiden (C1')(1'C1')h4v-Gelenk-Tenderloks hatten ein Gewicht von 145,3 t, ein Reibungsgewicht von 99 t, eine Verdampfungsheizfläche von 103,37 $m^2$ und Vorwärmerkessel von 134 $m^2$. Der Überhitzer war 42 $m^2$ groß. 18 $m^3$ Wasser und 4 t Kohle konnte jede Lok mitnehmen. Im Sommer 1944 wurden die Maschinen zur Deutschen Werft in Kiel geliefert. Auf ungeklärtem Wege erlebten sie das Kriegsende im besetzten Polen und gingen in den Besitz der PKP über. Die erste Lok erhielt die Nummer 0601 und war in Poznan beheimatet, die zweite hieß 0602 und fuhr in Gdansk. Mitte der fünfziger Jahre sollen sie ausgemustert worden sein.

1926/27 unternahm die Italienische Staatsbahn umfangreiche Versuchsfahrten, um die auf ihre Verhältnisse zugeschnittene Bauart eines Abdampfvorwärmers zu ermitteln. Neben verschiedenen Oberflächenvorwärmern waren auch Mischvorwärmer und der Friedmann-Abdampfinjektor „im Rennen". Alle Vorwärmereinrichtungen waren verhältnismäßig preiswert und verursachten nur geringen Umbauaufwand. Letztlich entschied man sich für die billigste Alternative, den österreichischen Abdampfinjektor. Vielleicht deshalb konnte Franco mit seinen Ideen einstweilen nicht landen, denn er wollte eine Lok mit entsprechendem Aufwand völlig umgestalten.

Dennoch wurden Francos Versuche genau beobachtet, und letztlich erhielt er 1934 die Genehmigung, eine Lok der „Gruppo" 670 umzubauen. Bei dieser handelte es sich um eine etwas skurril wirkende 2'C-Halbtender-Schnellzuglok mit hinten angeordneter Vierzylinderverbund-Dampfmaschine. 1935 wurde die 670030 der Italienischen Staatsbahn (FS) mit einem Franco-Vorwärmer versehen und auf Heißdampf umgebaut. Sie erhielt die neue Nummer 672001. Der Abgasvorwärmer wurde im Tender untergebracht. So konnten die Rauchgase mittels des schon vom „Mastodont" bekannten beweglichen Anschlusses von der Rauchkammer der Lok in den Vorwärmer im Tender geführt werden. Der Schornstein war ganz hinten am Tender. Dem Abgasvorwärmer zur Entgasung des Wassers vorgeschaltet war ein normaler Knorr-Oberflächenvorwärmer. Nach wenigen Monaten erhielt die Maschine eine bereits recht attraktiv aussehende Vollverkleidung, die ihr durch den Umbau noch häßlicheres Aussehen wirkungsvoll kaschierte. Die FS erprobte die Lok eingehend. Die Abgastemperatur lag bei nur noch 200 °C, die Temperatur des Speisewassers beim Eintritt in den Hauptkessel bei bislang unerreichten 160 °C. Vergleichsfahrten mit Schwesterloks im Ausgangszustand zeigten eine Kohleersparnis durch den Franco-Vorwärmer von 14,5 bis 17,8 Prozent. Solche Einsparungen ließen natürlich aufhorchen, da sie niemand in dieser Größenordnung für möglich gehalten hatte. Attilio Franco selbst sah seine Erfindung auf gleichem Rang wie die epochalen Neuerungen Heißdampf und Verbundtechnik. Er erlebte noch die grundsätzliche Bewährung der 672001, starb aber 1936. Die Lok bewährte sich so gut, daß sie in den Schnellzugplandienst Pisa – Florenz eingestellt wurde. Vor solchen Zügen war sie um fast ein Viertel sparsamer als die sonst eingesetzten Maschinen. Neun weitere Maschinen der Reihe 670 wurden nach dem Vorbild der 672001 umgebaut.

## Die Weiterentwicklung: Franco-Crosti-Lokomotiven

Nach Francos Tod wurde das System der Franco-Abgasvorwärmer von seinem Mitarbeiter Dr.-Ing. Piero Crosti weiterentwickelt und vervollkommnet. Bereits 1937 löste dieser das Problem der Unterbringung des Vorwärmers auf der Lokomotive: Er teilte den Vorwärmerkessel in zwei Trommeln, die rechts und links seitlich neben dem Langkessel Platz fanden. Die Rauchgase wurden vorne von der Rauchkammer des Verdampfungskessels in die beiden Vorwärmer geleitet, erhitzten dort auf dem Weg nach hinten das Speisewasser und strömten über zwei Rauchkammern und zwei Schornsteine vor dem Führerhaus nach oben ab. Die Zylinderausströmrohre führten nach hinten und mündeten in die Rauchkammern der Vorwärmerkessel. Mehrdüsenblasrohre und die beiden Flachschornsteine erzeugten dort den für die Überwindung der langen Rauchgaswege erforderlichen starken Saugzug.

Nach diesem Prinzip der von Crosti nun stolz als „Franco-Crosti-Vorwärmer" bezeichneten Anlage ließ die FS von 1938 bis 1942 fünf Loks der Baureihe 685 (1'C1'h4) umbauen und mit einer Stromlinienverkleidung versehen. Unter Beibehaltung der Ordnungsnummern wurden sie in die Gruppo 683 (Nummern 683965, 966, 969, 972, 981) umgezeichnet. Später, nach teilweiser Entfernung der Stromschale, bezeichnete man die Loks wieder als 685er.

Ebenso (jedoch bis auf einige 743 ohne Stromlinienverkleidung) wurden noch 95 Loks der 1'Dh2-Reihe 740 von 1941 bis 1943 mit zwei seitlichen Franco-Crosti-Vorwärmern und Schornsteinen ausgerüstet und als Reihe 743 umgezeichnet.

Der Technik der 743 mit zwei Vorwärmkesseln entsprachen die beiden 1951 in Dienst gestellten $42^{90}$ der DB. Sie entstanden innerhalb eines Großversuches mit 40 fabrikneuen 52ern, die unterschiedliche Vorwärmerbauarten erhielten. Bei ihnen wurde eine praktische Neuerung eingeführt, ein Ruheschornstein auf der vorderen Rauchkammer. So wurden die aggressiven und stark abgekühlten Rauchgase im Ruhefeuer vom Vorwärmer ferngehalten.

In Belgien fanden vom 24. Oktober bis zum 13. Dezember 1951 Vergleichsfahrten mit der italienischen 683981 und der belgischen 2'Ch4v (Bauart de Glehn) 7.069 statt. Die FS-Lok wurde

Nach längerer Abstellzeit wurden aus dem „Mastodont“ zwei 1C1-Tenderloks umgebaut, denen die Vorwärmertender vorgestellt wurden. Die Maschinen wurden nach Deutschland geliefert und waren hierzulande die ersten Lokomotiven nach dem Prinzip Francos. AUFNAHME: SAMMLUNG MAX DELIE

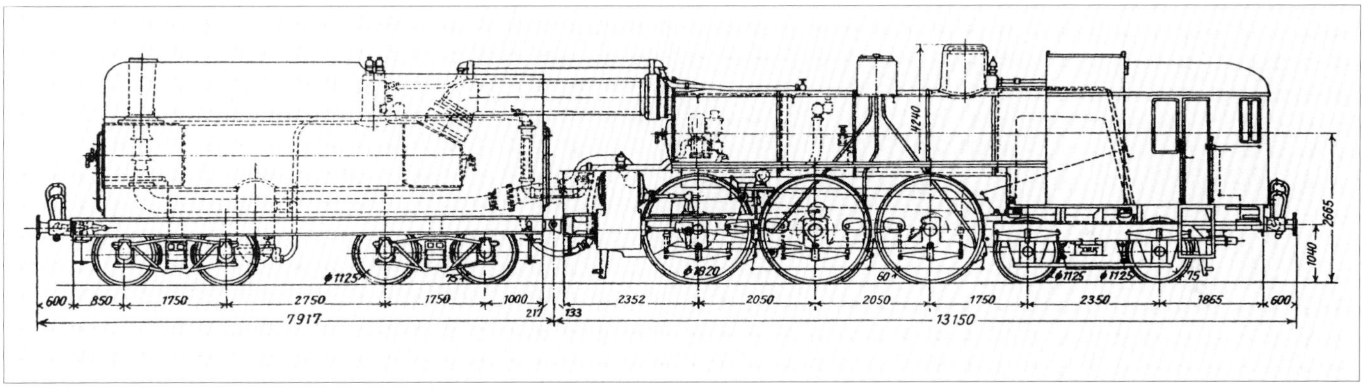


Der Franco-Umbau einer italienischen 2’Cn4v-Schnellzuglok der Reihe 670 mit Zusatz-Wassertender von 1937, zunächst noch ohne Verkleidung. Diese etwas skurrile Lok hatte sich für den Umbau geradezu angeboten. ABBILDUNG: SAMMLUNG JÜRGEN-ULRICH EBEL

Nach kurzer Zeit erhielt die Umbaulok 672 001 eine Stromlinienverkleidung und machte so eine durchaus gute Figur. AUFNAHME: FS, SAMMLUNG JÜRGEN-ULRICH EBEL

Zwischen 1938 und 1942 erhielten fünf italienische 685er (hier Lok 685 972) einen Franco-Crosti-Rauchgasvorwärmer. Hier befanden sich zwei Vorwärmerkessel mit je einem Schornstein auf der Lok und zwar links und rechts vom Verdampfungskessel. Die Stromlinienverkleidung wurde später teilweise entfernt.

Mit der Umbaulok 683 981 fanden 1951 in Belgien Vergleichsfahrten statt, die aber letztlich nicht zu einer Kaufentscheidung der Belgischen Staatsbahn führten.

BEIDE AUFNAHMEN: FS, SAMMLUNG JÜRGEN-ULRICH EBEL

beheimatet in Bruxelles-Midi und von belgischem Personal unter Aufsicht der FS-Begleitmannschaft gefahren. Insgesamt fuhr die FS-Lok 8.748 km auf den Strecken Bruxelles – Oostende und Bruxelles – Libramont, teils in Anwesenheit von Piero Crosti. Insgesamt erwies sich die 683 981 als deutlich sparsamer und leistungsfähiger. Es kam aber zu keinem Umbauauftrag, weil in Belgien noch ausreichend billige Kohle zur Verfügung stand und sich deshalb der teure Umbau nicht rechnete.

Von 1954 bis 1960 wurde ebenfalls aus der Baureihe 740 der FS eine zweite Franco-Crosti-Lokbaureihe umgebaut, die Gruppo 741 mit 81 Exemplaren. Hier wurde eine neue Variante des auf der Lok untergebrachten Franco-Crosti-Vorwärmerkessels verwendet. Der Vorwärmer bestand nur aus einem einzigen Röhrenkessel, der unter dem Langkessel lag. Der Schornstein befand sich auf der rechten Seite (in Italien Heizerseite) der Lok. Hierbei ist zu bemerken, daß Crosti mit dieser Bauart einer Anregung aus Deutschland folgte, denn der DB-Dampflok-Bauartdezernent Friedrich Witte und die Fa. Henschel hatten übereinstimmend für den Umbau einer Lok der BR 50 einen unter dem Verdampfungskessel angeordneten Vorwärmer gefordert. 50 1412 wurde nahezu gleichzeitig mit den ersten 741 fertiggestellt, trug aber wegen des in Deutschland üblichen Rechtsfahrens den Schornstein links. Auch besaß sie einen vorgeschalteten Oberflächenvorwärmer, um das Speisewasser zu entgasen.

Noch 1954 folgten bei der FS 25 Umbauloks der Gruppo 625, die man wiederum mit zwei seitlichen Vorwärmerkesseln ausrüstete und sie als Reihe 623 bezeichnete. Das bei dieser Lok vorhandene Innentriebwerk verhinderte den Einbau des neuartigen FC-Kessels.

Ebenfalls mit nur einem Vorwärmerkessel, aber den Schornstein auf der rechten Lokseite, wurden zehn Loks der Klasse 9 F der Britischen Eisenbahnen (BR) bei ihrem Neubau 1955 ausgerüstet. Technisch entsprach diese Bauart weitgehend der auf 50 1412. Im Gegensatz zu dieser war der Vorwärmerkessel im hinteren Bereich mit einem Dampfmantel umgeben, durch den ein Teil des Abdampfes der rechten Maschinenseite strömte. Die Heizfläche dieses vereinfachten Abdampfvorwärmers lag bei rund 5,3 m$^2$. Die zehn Maschinen gehörten zu einer Serie von schweren 1'Eh2-Güterzuglokomotiven der Klasse 9F. Diese Klasse wurde 1954 und 1955 in 251 Exemplaren (92 000-92 250) gebaut. Äußerlich unterschieden sich die Maschinen vor allem durch das Fehlen von Windleitblechen und den dünneren Langkessel von der Serienbauart. Der Schornstein wurde alsbald mit einem großen Windleitblech verkleidet, da die Rauchgase ins Führerhaus eindrangen. Wie auch bei anderen FC-Typen gab es erhebliche Probleme, die Saugzuganlage so abzustimmen, daß der nötige starke Saugzug nicht zu Gegendruck auf die Dampfmaschine und Leistungseinbußen führte. Die Meßfahrten ergaben nur eine Kohlenersparnis von 3,5 Prozent, was man auf die im Verhältnis bereits sehr ausgereifte und gelungene Konstruktion der Ausgangsbauart zurückführte. Zudem kam es zu den auch sonst überall beobachteten Korrosionen auf der Wasser- und Rauchgasseite der Vorwärmer. So standen den zu erwartenden Unterhaltungskosten nur geringe Verbrauchsvorteile gegenüber, und man baute um 1960 bei den zehn britischen FC-Loks 92 020-92 029 den FC-Vorwärmer wieder aus.

Die DB verfolgte zu dieser Zeit eine ganze Serie von Umbauprojekten: Neben der BR 50 sollten auch die Baureihen $03^{10}$ und 44 (zwei seitliche Vorwärmer) und 41 (wie 50 1412) umgebaut werden. Darüber hinaus gab es für die BR 41 und 50 das Projekt eines längs geteilten Vorwärmers, in dem die Rauchgase erst nach hinten und dann wieder nach vorne geleitet werden sollten. Hier wäre der Schornstein an gewohnter Stelle geblieben.

Auch die 1958/59 gebauten 30 Serien-$50^{40}$ der DB gehörten zu der Franco-Crosti-Type mit einem unter dem Langkessel liegenden Vorwärmerkessel und Schornstein auf der linken Lokseite. Sie besaßen als Vorschaltvorwärmer zur Wasserentgasung einen Mischvorwärmer der DB-Bauart MV 57.

In Spanien gab es bei der RENFE mehrere Projekte für Franco-Crosti-Loks. Es wurde jedoch nur eine einzige spanische Dampflok mit Abgasvorwärmer ausgerüstet: 1959 die 1'Dh2-Lok 140.2438 (ex Spanische Nordbahn, Babcock & Wilcox 1941). Bei ihr wurde das Projekt mit längs geteiltem Vorwärmer und doppelter Rauchgasumkehrung realisiert. Da der Schornstein an der gewöhnlichen Stelle über der Rauchkammer blieb, fiel die Lok nur durch die hohe Kessellage und die groteske Form der Rauchkammertür auf. Der lange Weg der Rauchgase beim dreimaligen Durchgang führten zu erheblichen Schwierigkeiten bei der Abstimmung der Saugzuganlage. Auch unter Einsatz eines Mehrdüsenblasrohres gelang es nicht, Feueranfachung und geringen Gegendruck in der Dampfmaschine zu einem betriebstauglichen Kompromiß zu bringen. Die dem Zylindergegendruck zu schuldende geringe Leistung der Lok führte bereits Anfang der sechziger Jahre zur Ausmusterung.

Lok 740 405, ebenfalls in der Ausführung mit zwei seitlichen Vorwärmerkesseln. Die Lok war mit einer Teilverkleidung ausgerüstet, die aber wohl hauptsächlich die wenig gelungenen Formen der Franco-Crosti-Bauart verbergen sollte.
AUFNAHME: FS, SAMMLUNG JÜRGEN-ULRICH EBEL

Außer den zehn Franco- und 249 Franco-Crosti-Lokomotiven wurden auch noch 31 Heizkesselwagen (bei der FS ab 1941) mit FC-Kesseln ausgerüstet. Als einzige Bahnverwaltung hatte die FS noch Anfang der achtziger Jahre einzelne Franco-Crosti-Loks in ihrem Bestand, die aber bereits abgestellt waren. Es waren dies

Die meisten 743er blieben ohne Verkleidung. Lok 743 283 gehörte zu den letzten betriebsfähigen Dampfloks der FS überhaupt und war noch am 23. April 1977 im Personenzugdienst auf der Strecke Chivasso – Aoste eingesetzt.
AUFNAHME: JOACHIM SPRICH

Ein Blick auf den linksseitigen Vorwärmer an 743 061, aufgenommen in Alessandria am 7. September 1972. Auch die hintere Rauchkammer besitzt aus Reinigungsgründen eine Tür.
AUFNAHME: LUDWIG ROTTHOWE

Die Folgebauart der Gruppo 743 hieß 741 und besaß nur einen Vorwärmerkessel mit rechtsseitigem Schornstein. Die letzten derartigen Lokomotiven fuhren im Südtiroler Pustertal, hier 741 320, 107 und 273 vor dem Heizhaus von Franzensfeste am Brenner.
AUFNAHME: ANDREAS KNIPPING

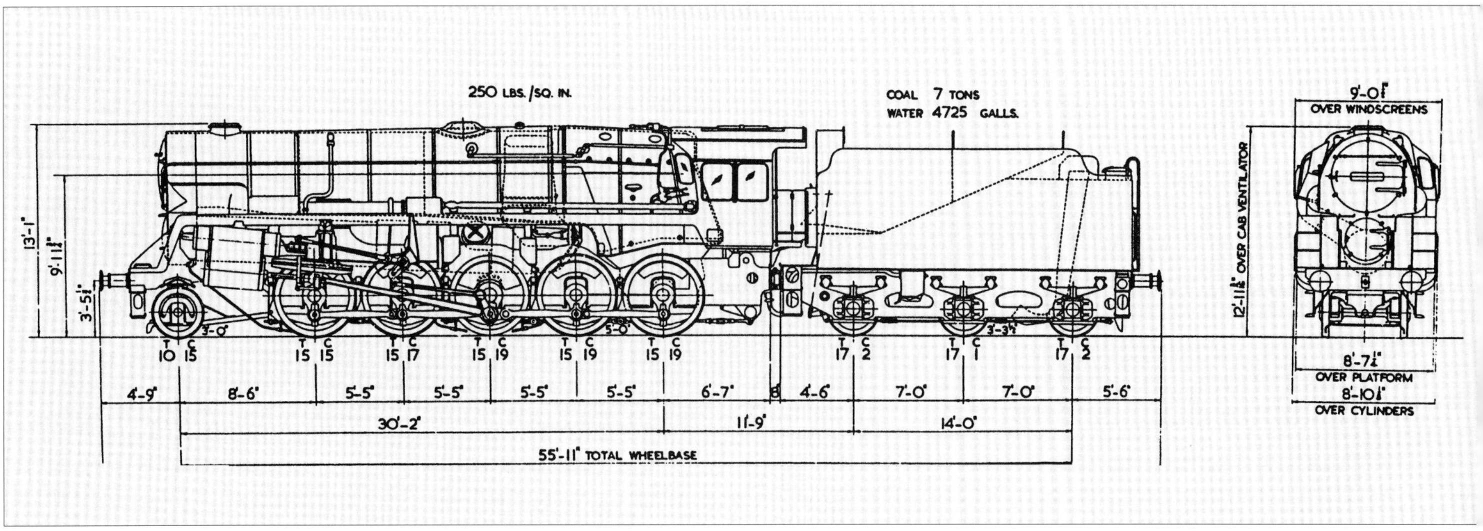


In Großbritannien erhielten zehn Loks der Einheitstype Class 9 F Rauchgasvorwärmer der zweiten Bauform mit einem Vorwärmerkessel und rechtsseitigem Schornstein.
ABBILDUNG: SAMMLUNG JÜRGEN-ULRICH EBEL

allein Loks der modernen FC-Baureihe 741. Seither tauchte immer wieder die Idee auf, eine italienische FC-Lok aufzuarbeiten, bislang blieb es aber dabei.

Allen Franco-Crosti-Loks gemein war das Problem der Korrosion. Durchaus beherrschbar war die rauchgasseitige Korrosion. Es war angesichts der weitgehenden Ausnutzung der Rauchgaswärme nicht zu vermeiden, daß im Vorwärmer oder im Vorwärmerschornstein der Taupunkt der Gase unterschritten wurde und sich ausfallende schweflige Säure niederschlug. Hier brachten widerstandsfähige Materialien (z.B. Schornsteine aus Gußeisen) ausreichend Abhilfe.

Schlimmer war die wasserseitige Korrosion in Dampfkesseln. Bereits 1925 wurde über ihre Ursache berichtet, und diese war auch Franco nicht unbekannt: nicht vollständige Entgasung des Speisewassers, Ansetzen von Sauerstoffbläschen an der Kesselinnenwand oder den Heizrohren und punktförmiger Lochfraß durch elektrochemische Vorgänge. Tückisch wurde der Vorgang, weil die anhaftende Sauerstoffblase meist durch eine Schlammschicht geschützt wurde und die Anfressung schnelle Fortschritte machte. Man versuchte im Laufe der Zeit durch den Einbau der erwähnten Vorschaltvorwärmer oder durch chemische Aufbereitungsmittel das Speisewasser ausreichend zu entgasen, erreichte aber nur mäßige Erfolge. So wurden die aufsehenerregenden Kohleeinsparungen fast überall durch hohe Unterhaltungskosten erkauft, weil Rohre und Vorwärmerkessel nur eine geringe Lebensdauer erreichten.

Insgesamt bewährten sich die Franco-Crosti-Loks am besten in Italien, wo Kohleeinsparungen bis zu 20 Prozent erreicht wurden. Daß hier die Ergebnisse besser waren als in anderen Ländern und sich die Loks in Italien so lange hielten, hatte hauptsächlich folgende Gründe:

- große Stückzahlen und damit verbunden preiswertere Ersatzteilhaltung,
- hohe Kohlenpreise, die auch teure Reparaturen sinnvoll machten,
- langjährige Erfahrungen mit dem Betrieb der FC-Loks,
- überwiegend gute Wasserqualität und
- frühzeitiger Einsatz von Speisewasseraufbereitungsmitteln.

## Die Lokomotiven mit Rauchgasvorwärmer im Vergleich

| Bahnverwaltung | (SNCB) | FS | FS | FS | FS | FS | RENFE | BR | DB | DB |
|---|---|---|---|---|---|---|---|---|---|---|
| Baureihe | - | 672 | 683 | 623 | 743 | 741 | 140 | 9F | $42^{90}$ | $50^{40}$ |
| Anzahl | 1 | 10 | 4 | 25 | 94 | 81 | 1 | 10 | 2 | 31 |
| Indienststellung | 1932 | 1935 | 1938/42 | 1954 | 1941-53 | 1954-60 | 1959 | 1955 | 1951 | 1954-59 |
| Bauart | (C1')B1'B(1'C)h8v | 2'Ch4v | 1'C1'h4 | 1'Ch2 | 1'Dh2 | 1'Dh2 | 1'Dh2 | 1'Eh2 | 1'Eh2 | 1'Eh2 |
| Kuppelraddurchmesser (mm) | 1370 | 1980 | 1850 | | 1340 | 1340 | 1560 | 1524 | 1400 | 1400 |
| Leistung (PSi) | 2200 | 1000 | 1450 | 920 | 1100 | 1100 | 1100 | | 1630 | 1700 |
| Dienstgewicht (t) | 247,6 | 126 | 126,6 | 86,3 | 122,8 | 118,4 | 115,9 | 141,45 | 157,4 | 151,60 |
| Länge über Puffer (mm) | 31.000 | 25.187 | 20.390 | 16.695 | 19.885 | 19.885 | 18.481 | 20.168 | 22.975 | 22.940 |
| Höchstgeschwindigkeit (km/h) | 60 | 110 | 120 | 80 | 65 | 65 | | | 80 | 80 |
| Rostfläche ($m^2$) | 6,50 | 3,0 | 3,50 | 2,38 | 2,80 | 2,80 | 3,0 | 3,90 | 3,90 | 3,05 |
| Dampfdruck ($kg/cm^2$) | 14 | 14 | 12 | 16 | 12 | 12 | 13 | 17,5 | 16 | 16 |
| Strahlungsheizfläche ($m^2$) | | 11,34 | 13,2 | | 12,0 | 12,0 | 14,8 | 14,68 | 15,90 | 17,30 |
| Rohrheizfläche Kessel ($m^2$) | | 88,66 | 111,1 | 108,1 | 89,7 | 88,6 | | 112,35 | 105,32 | 81,95 |
| Verdampfungsheizfläche ($m^2$) | 251,43 | 100,0 | 124,3 | | 101,7 | 100,6 | | 127,3 | 121,22 | 99,25 |
| Verdampfungsheizfl. vor Umbau ($m^2$) | - | 150,3 | 191,8 | | 152,92 | 152,92 | 200,45 | | 177,83 | 177,83 |
| Überhitzerheizfläche ($m^2$) | 77,2 | 48,0 | 55,1 | 43,3 | 43,1 | 44,0 | 52,0 | 38,18 | 63,50 | 48,80 |
| Rauchgasvorwärmer Heizfl.($m^2$) | 268,0 | 110,0 | 109,6 | 87,0 | 109,6 | 81,68 | | 94,85 | 128,96 | 94,22 |
| Umbau aus Baureihe | - | 670 | 685 | 625 | 740 | 740 | 140 | 9F | 52 | 50 |
| Vorwärmkessel (Anzahl) | 2 | 1 | 2 | 2 | 2 | 1 | 1 | 1 | 2 | 1 |

Auch Lokomotiven der 1'Ch2-Type 625 der FS erhielten den Franco-Crosti-Vorwärmer der ersten Bauart und wurden als Reihe 623 bezeichnet. Hier sind die Elemente der Anlage gut zu erkennen: Abdampfleitung von den Innenzylindern zur hinteren Rauchkammer, zwei seitliche Vorwärmerkessel mit ausziehbarem Rohrsatz, Rauchgasumlenkung in der vorderen Rauchkammer, zwei Seitenschornsteine.

Aufnahme: Squarzanti, Sammlung Jürgen-Ulrich Ebel

Ein Blick auf die fabrikneue 92 028 der British Railways während einer Ausstellung. Die schweren Güterzugloks konnten auch „rennen“ und fuhren gelegentlich vor Schnellzügen. Eine erreichte Höchstgeschwindigkeit von 145 km/h ist verbürgt.

Aufnahme: Sammlung Andreas Knipping

Umbaulok 50 4014 der DB, Ausführung wie bei der Reihe 92 der BR, aber mit linksseitigem Schornstein. Das Bild der fabrikneuen Maschine entstand am 3. Februar 1959 im Heimat-Bw Kirchweyhe.

Aufnahme: BD Münster (Quebe), Sammlung Jürgen-Ulrich Ebel

Die spanische 1'D-Lok 140.2438 (Vallodolid, 12. September 1961) erhielt die letzte Bauform des Franco-Crosti-Kessels: Neubaukessel mit untenliegendem Vorwärmerkessel mit Längsteilung, so daß die Rauchgase hinten umgelenkt wurden und den Kessel vorne durch einen normalen Schornstein verließen. Der Vorteil lag vor allem in kurzen Abdampfwegen und nur geringem Gegendruck auf die Dampfmaschine. AUFNAHME: GERHARD LUFT, SAMMLUNG KNIPPING

# Vorwärmerversuchsloks als Vorstufe der DB-Neubaudampfloks

Schon vor und während des Krieges hatte die DR einige Mischvorwärmerbauarten praktisch erprobt. Bekannt sind die Ausrüstung von 50 1149 und 42 591 mit einem Knorr-Mischvorwärmer, 42 1034 und 1079 mit einem Henschel-MVR mit Turbopumpe und 42 2637 mit einem Heinl-Mischvorwärmer neuerer Bauart. Der Heinl-MV war zunächst noch nicht mit einem Wasserspeicher ausgerüstet, so daß nach längerem Stillstand doch wieder (wie beim Oberflächenvorwärmer) kalt gespeist werden mußte. Der Erfolg des Heinl-MV stellte sich erst zehn Jahre später in Form des weiterentwickelten MV 57 ein.

Die noch arbeitsfähigen Lokomotivfabriken (Henschel, Jung, Esslingen, Krauß-Maffei) waren zwar in den ersten Nachkriegsjahren hauptsächlich mit der Lokreparatur ausgelastet, doch wurden, wenn auch in sehr geringem Umfang, bereits angearbeitete Lokomotiven fertiggestellt. Es handelte sich um 52 1797, 1803-1818, 2869, 2871, 2877, 2888-2893 und die Kondensloks 52 2018 -2027, alle gebaut von Henschel. In der französischen Zone durften Jung 52 3321-3331 und Esslingen 42 1592-1606 und 42 003 (eigentlich 1607) fertigstellen. Bereits 1947 suchte die Hauptverwaltung der DR in der Bi-Zone (britisch und amerikanisch) beim Bizonen-Kontrollrat (Bico) um die Genehmigung nach, auch Loks völlig neu bauen zu dürfen. Der Bico stand solchem Ansinnen durchaus freundlich gegenüber, saßen doch dort auch Eisenbahn- und Lokomotiv-Fachleute, denen es um die Übertragung hauptsächlich amerikanischer Erfahrungen ging. Ab dem Frühjahr 1948, als die Einführung der D-Mark und die Bildung eines westdeutschen Separatstaates bereits in Sicht waren, arbeitete die DR auch an einem Dampflok-Neubauprogramm. Um so wichtiger war die Erprobung neuartiger Bauelemente, bevor man sich z. B. auf eine Mischvorwärmerbauart festlegte, die dann in tausendfacher Ausführung auf neuen und auf vorwärmerlosen Maschinen, wie den BR 42 und 52 eingebaut wurde.

Die Zeitumstände stellten die Verantwortlichen aber vor mehrere, fast unlösbare Probleme: So erschwerte die Unklarheit über die zukünftige finanzielle Ausstattung der DR jegliche Planungen. Dabei war das Hauptproblem durch die Kriegswirtschaft der vergangenen Jahre verursacht und kurzfristig kaum zu lösen: Einer großen Zahl recht neuer Güterzuglokomotiven stand ein deutlicher Fehlbestand an Reisezugloks gegenüber.

In dieser Situation wären aber sofort große Investitionen nötig gewesen, um folgende Wünsche des Betriebsmaschinendienstes zu erfüllen:

1. Wiederausrüstung der Dampfloks mit den im Krieg abgebauten Vorwärmeranlagen (von dieser Maßnahme sollten 214 Loks der Baureihe $38^{10}$, 255 der Baureihe $56^{20}$, 148 der Baureihe $57^{10}$, 344 der Baureihe 50 ÜK und alle der Baureihe 42 betroffen sein),
2. Neubau einer Personenzuglok „23 Neu",
3. Überwindung der technischen Stagnation der dreißiger Jahre durch Erarbeitung neuer Baugrundsätze und Schaffung neuer, leistungsfähiger und überlastbarer Dampfloks.

Für wie wichtig auch schon damals die Einsparung von Kohle angesehen wurde, läßt sich aus folgenden Zahlen ablesen: 1949 kostete die Tonne Ruhrkohle frei Tender ungefähr DM 48,00. Bei einer Ausrüstung aller geeigneten Loks mit Vorwärmeranlagen wäre eine Verminderung des Kohlenverbrauchs um ca. 10 Prozent möglich gewesen. Dies hätte eine Einsparung von DM 3.000.000 im Monat (!) ergeben. Diese Zahlen mögen genügen, um das Bemühen der DRw zu erklären, auch zur Zeit einer Null-Motorisierung der Bevölkerung jede mögliche Tonne Kohle einzusparen.

Schon 1948 war man überzeugt, daß für neuzeitliche Dampfloks nur der Mischvorwärmer eingeführt werden sollte, da er neben der Vorwärmung des Speisewassers auch eine Kondensatrückgewinnung (das Kaltwasser wird direkt vom Abdampf durchströmt, der sich teilweise niederschlägt) und somit Wasserersparnis versprach.

Wegen der hohen Anschaffungskosten (der Mischvorwärmer „Henschel MVR“ kostete z. B. DM 13.000) hielt man den Vorwärmer nur auf solchen Loks für geeignet, die mehr als 5.000 km im Monat zu leisten hatten. Bei Maschinen mit geringerer Laufleistung hielt man den Anbau von Abdampfstrahlpumpen für wirtschaftlicher. 1948 begannen deshalb die Vorarbeiten für einen umfangreichen Betriebsversuch, um zu einer serienreifen und einfachen Mischvorwärmeranlage zu kommen. Nicht vergessen werden darf, daß gleichzeitig auch die umfangreichen Versuche mit Umbaukesseln mit Verbrennungskammer, Stokerfeuerung und anderen Neuerungen begannen. Alle diese Versuche sind im erwähnten Zusammenhang zu sehen und waren erst Mitte der fünfziger Jahre abgeschlossen.

Die eigentlichen „Eltern“ der späteren Neubauloks und der Franco-Crosti-Loks waren die letzten 40 Nachbauloks der Baureihe 52. Ihr Bau war bereits 1947 freigegeben und begonnen worden. Mit Verfügung vom 3. Juni 1948 ordnete die Hauptverwaltung der DR an, 70 Loks der Baureihe 42 und 65 Loks der Baureihe 52 mit einem Mischvorwärmer auszurüsten. Die Ausführung wurde nicht festgelegt und erlaubte somit Versuche mit verschiedenen Bauarten. Die Verfügung wurde allerdings mehrmals abgeändert, so daß diese Darstellung sich darauf beschränken muß, die tatsächlich durchgeführten Umbauten und Neubauten aufzuzählen. Was lag näher, als die z. T. bereits angearbeiteten 52 als Mischvorwärmer-Versuchsloks umzugestalten, da die Neuwertigkeit aller Loks eine wichtige Voraussetzung für Vergleiche bot. Hergestellt wurden die Loks ausschließlich von Henschel, und zwar unter den Fabriknummern 28277/48-28316/51. Die 40 Maschinen erhielten die Nummern 52 124-52 143 und 52 875-52 892. Zwei aus der Serie wurden als $42^{90}$ abgeliefert (deshalb auch die nur 38 52-Nummern). Die ersten fünf Loks hatten aus Vergleichsgründen keine Vorwärmer, sondern waren (wie die 52-Serie) mit zwei Strahlpumpen ausgerüstet. Die übrigen erhielten folgende Vorwärmer: 31 Loks Henschel-Vorwärmer in verschiedenen Ausführungen, zwei Loks Heinl-Vorwärmer und zwei Loks Abgasvorwärmer Bauart Franco-Crosti. Die Vorwärmeranlagen verteilten sich wie folgt:

52 133 (Bw Minden) besaß den Henschel-Mischvorwärmer mit Rauchkammeraufbau und war als einzige mit einer normalen Kolbenspeisepumpe ausgerüstet. Das Bild entstand am 23. August 1950 im Bw Hamm.

AUFNAHME: CARL BELLINGRODT, SLG. WENZEL

52 891 (Bw Minden) war eine Schwesterlok von 52 133, was man weder von der Nummer, noch von der Bauausführung annehmen sollte. Sie hatte den österreichischen Heinl-Mischvorwärmer mit zweistufiger Heinl-Pumpe, Mischgefäß und Wasserheber, wie ihn gleichzeitig etliche 42, 52 und 152 der ÖBB erhielten. Als dieses Bild am 25. Juli 1951 im Bw Hamm entstand, war die Maschine zusammen mit Henschel-MVR-52, 52 Kon (im Hintergrund) und $42^{90}$ gerade in einem Vergleichsumlaufplan des Bw Minden eingesetzt.

AUFNAHME: CARL BELLINGRODT, SLG. WENZEL

## Die Neubau-52 der DB

| Fabriknummer, Henschel | Lok | Abnahme | Vorwärmer | Speisepumpe |
|---|---|---|---|---|
| 28277/48 | 52 124 | 09.01.1948 | kein Vorwärmer | Strahlpumpen |
| 28278/48 | 52 125 | 16.01.1948 | “ | “ |
| 28279/48 | 52 126 | 23.01.1948 | “ | “ |
| 28280/48 | 52 127 | 23.01.1948 | “ | “ |
| 28281/48 | 52 128 | 16.08.1948 | zeitweise Krupp-Mischvorwärmer | Kolbenpumpe |
| 28282/48 | 52 129 | 13.08.1948 | Henschel MVR mit Aufbau | Turbopumpe VTP-B 18000 |
| 28283/48 | 52 130 | 18.09.1948 | “ | “ “ “ |
| 28284/48 | 52 131 | 05.10.1948 | “ | “ “ “ |
| 28285/48 | 52 132 | 06.11.1948 | “ | “ “ “ |
| 28286/48 | 52 133 | 09.12.1948 | “ | Kolbenpumpe KT 1 und Heber |
| 28287/48 | 52 134 | 01.01.1949 | Henschel MVR ohne Aufbau | Turbopumpe TPB 18000 + Heber |
| 28288/49 | 52 135 | 02.03.1949 | Henschel MVR mit Aufbau | “ “ “ “ |
| 28289/49 | 52 136 | 04.04.1949 | “ | Turbopumpe VTP-B 18000 |
| 28290/49 | 52 137 | 02.05.1949 | “ | “ “ “ |
| 28291/49 | 52 138 | 24.05.1949 | Henschel-Röhrenvorwärmer | Turbopumpe VTB-B 18000 |
| 28292/49 | 52 139 | 07.07.1949 | Henschel MVR mit Aufbau | “ “ “ |
| 28293/49 | 52 140 | 06.09.1949 | “ | “ “ “ |
| 28294/49 | 52 141 | 06.09.1949 | “ | “ “ “ |
| 28295/49 | 52 142 | 10.10.1949 | Henschel MVR ohne Aufbau | “ “ “ |
| 28296/49 | 52 143 | 09.11.1949 | “ | “ “ “ |
| 28297/49 | 52 875 | 08.12.1949 | “ | “ “ “ |
| 28298/49 | 52 876 | 16.01.1950 | “ | “ “ “ |
| 28299/50 | 52 877 | 27.01.1950 | “ | “ “ “ |
| 28300/50 | 52 878 | 04.04.1950 | “ | “ “ “ |
| 28301/50 | 52 879 | 22.02.1950 | “ | “ “ “ |
| 28302/50 | 52 880 | 20.04.1950 | “ | “ “ “ |
| 28303/50 | 52 881 | 16.05.1950 | “ | “ “ “ |
| 28304/50 | 52 882 | 02.06.1950 | “ | “ “ “ |
| 28305/50 | 52 883 | 23.06.1950 | “ | “ “ “ |
| 28306/50 | 52 884 | 26.07.1950 | “ | “ “ “ |
| 28307/50 | 52 885 | 31.08.1950 | “ | “ “ “ |
| 28308/50 | 52 886 | 17.10.1950 | “ | “ “ “ |
| 28309/50 | 52 887 | 13.11.1950 | “ | “ “ “ |
| 28310/50 | 52 888 | 07.02.1951 | “ | “ “ “ |
| 28311/51 | 52 889 | 21.05.1951 | “ | “ “ “ |
| 28312/51 | 52 890 | 12.03.1951 | “ | “ “ “ |
| 28313/50 | 42 9000 | 03.02.1951 | Franco-Crosti-Vorwärmer | Kolbenpumpe KSV 25 |
| 28314/50 | 42 9001 | 08.02.1951 | “ | “ |
| 28315/51 | 52 891 | 27.04.1951 | Heinl MV | Kolbenpumpe V 10 |
| 28316/51 | 52 892 | 27.04.1951 | “ | “ |

Die ersten Einheitsloks des DB-Neubauprogramms (Baureihen 23, 65 und 82) kamen ab August 1950 in Dienst, bevor die Frage nach der wirtschaftlichsten Vorwärmeranlage beantwortet war. Bekanntlich wurden die ersten Neubauloks mit dem (veralteten) Knorr-Oberflächenvorwärmer oder sogar ohne Vorwärmer (Baureihe 82) abgeliefert, weil die Langzeiterprobung der verschiedenen Vorwärmeranlagen entweder noch im Gange war (Henschel-Mischvorwärmer auf BR 52), noch gar nicht begonnen hatte (Heinl-MV auf BR 52, Franco-Crosti-Abgasvorwärmer auf BR 52), oder Anlagen bereits ausgeschieden waren (Krupp-MV, der eigentlich in die Krupp-Loks der BR 82 eingebaut werden sollte).

Vorwärmerversuche wurden außerdem an folgenden Loks durchgeführt (Einbau jeweils ca. 1950/51):

- 50 1149: Umbau des Knorr-Vorkriegsvorwärmers,
- 50 2207: Henschel-MVS (Tender)
- 44 1383: Knorr-Mischvorwärmer,
- 45 019: Krupp-Mischvorwärmer,
- 82 010: Tolkien-Mischvorwärmer.

Dagegen sind die folgenden, zwischen 1951 und 1955 erfolgten Einbauten des Mischvorwärmers Henschel MVR in jeweils fünf Loks der BR 01 und 44 und 30 der BR 50 bereits als Serienausführung zu bezeichnen.

Grundsätzlich bewährten sich die meisten Bauarten betrieblich, allerdings schieden der Knorr-Vorwärmer aus Preisgründen und die Krupp-Anlage wegen Unzuverlässigkeit aus. Der Heinl-Vorwärmer wurde zunächst wegen seiner komplizierten Bauart abgelehnt, obwohl er eindrucksvolle Kohlesparergebnisse brachte. Beim Henschel-MV machte hauptsächlich die Turbospeisepumpe Schwierigkeiten, da sie unzuverlässig und mit hohem Dampfverbrauch arbeitete.

Eine Vorwärmerbauart fehlte in der Wirtschaftlichkeitsliste der Vorwärmer: Der auf den Loks 42 9000 und 9001 montierte Franco-Crosti-Abgasvorwärmer.

Die Erklärung ist einfach: Die Loks sollten ursprünglich gar nicht gebaut werden.

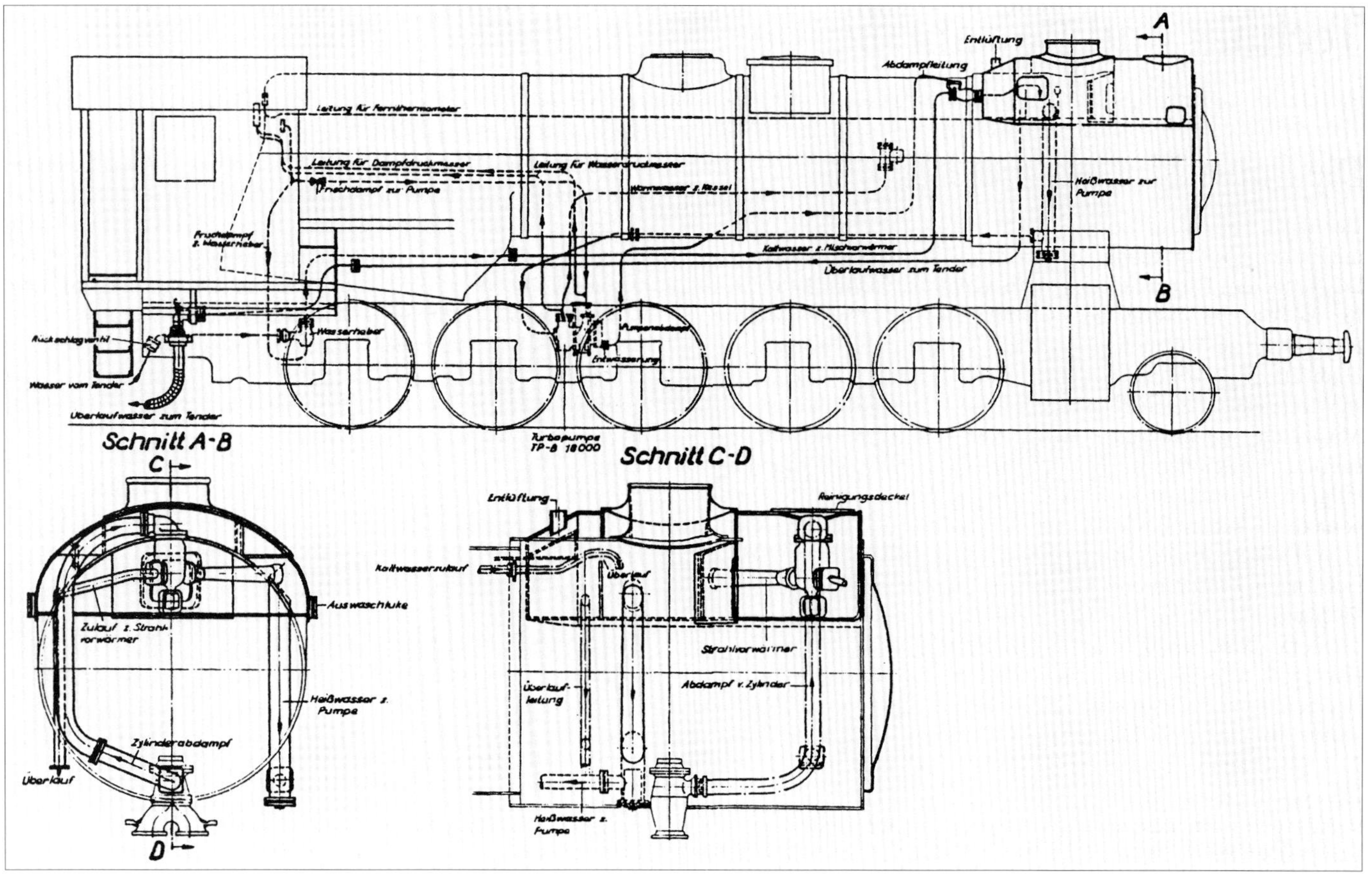


Zwischen 1948 und 1951 ließ die Deutsche Reichsbahn, später DB, 40 Neubau-52 mit Vorwärmern unterschiedlicher Bauart ausrüsten, um aussagekräftige Vergleichszahlen über den Brennstoffverbrauch zu gewinnen. Hier ist die Bauart Henschel MVR mit Rauchkammeraufbau, Turbopumpe und Wasserheber zu sehen, wie sie auf 52 135-137 ausgeführt war.

ABBILDUNG: SAMMLUNG JÜRGEN-ULRICH EBEL

## Wirtschaftlichkeitsübersicht der Speisewasservorwärmer

Anlage 1 zum Bericht des RZA Göttingen 2231 Fklvv 8/48 vom 10. März 1949

| | | | | | | | |
|---|---|---|---|---|---|---|---|
| 1) | Kostenart: Einrichtung | Dampfstrahl-pumpe | Abdampf-strahlpumpe | Knorr-Oberflächen-Vorwärmer | Henschel-Mischvor-wärmer | Knorr-Misch-vorwärmer (Angebot) | Heinl-Mischvor-wärmer |
| 2) | Beschaffungskosten der Pumpe DM | 318 | 1350 +) | 2515 | 2100 | 2700 | 3000 ++) |
| 3) | Beschaffungskosten des Vorwärmers DM | - | - | 1770 | - | - | - |
| 4) | Beschaffungskosten der Rohre, Halterungen pp DM | 600 +) | 1200 +) | 715 +) | 11.000 | 1645 | 2000 ++) |
| 5) | Einbaukosten DM | 1000 +) | 1500 +) | 1500 +) | - | 2500 +) | 2500 ++) |
| 6) | Beschaffungs- und Einbaukosten zus. DM | 1918 | 4050 | 6300 | 13.100 | 6845 | 7500 |
| 7) | Verzinsung 6 % DM | 115 | 243 | 378 | 786 | 412 | 450 |
| 8) | Abschreibung 4 % DM | 77 | 162 | 252 | 525 | 274 | 300 |
| 9) | Bw-Unterhaltung/1000 km DM | 0,50 +) | 0,71 | 1,97 | 2,50 +) | 2,50 +) | 3,00 ++) |
| 10) | Bw-Unterhaltung/Jahr DM | 45 +) | 64 | 177 | 225 +) | 225 +) | 270 ++) |
| 11) | RAW-Kosten/Jahr DM | 72 ++) | 95 ++) | 265 ++) | 337 ++) | 337 ++) | 405 ++) |
| 12) | Ausgaben zusammen/Jahr DM | 309 | 564 | 1072 | 1873 | 1248 | 1425 |
| 13) | Wärmeersparnis q max bei großer Leistung % | 0,0 | 4,46 | 8,75 | 8,38 | Noch keine | 8,36 |
| 14) | Wärmeersparnis q max bei mittlerer Leistung % | 0,0 | 4,76 | 8,70 | 6,25 | Versuchsergebnisse vorhanden | 7,85 |
| 15) | Wärmeersparnis im betrieblichen Durchschnitt q % | 0,0 | 4,05 | 3,30 | 5,90 | " | 7,65 |
| 16) | Kohleersparnis im betrieblichen Durchschnitt q/mk % | 0,0 | 5,33 | 4,34 | 7,76 | " | 10,0 |
| 17) | Kohlekosten/Lok und Jahr DM | 81.700 | 81.700 | 81.700 | 81.700 | 81.700 | 81.700 |
| 18) | Ersparnis an Kohlekosten/Jahr DM | 0 | 4350 | 3540 | 6330 | - | 8170 |
| 19) | Vorteil je Lok und Jahr DM | 0 | 3786 | 2468 | 4457 | - | 6745 |

+) geschätzte Werte

++) auf sehr schwacher Grundlage geschätzte Werte

# Technik und Bewährung der Baureihe $42^{90}$

## Die Entwicklungsgeschichte

Der erste Vorschlag, Lokomotiven der Deutschen Reichsbahn mit Franco-Crosti-Vorwärmern auszurüsten, stammte von Baurat Dr. Metzeltin. Dieser setzte sich in mehreren Fachartikeln 1948 für die Verwirklichung des FC-Konzeptes ein. Der Deutschen Reichsbahn und dem Fachausschuß Lokomotiven legte er ein Umbaukonzept vor, das beweisen sollte, daß auch auf einer grossen Reichsbahn-Schlepptenderlok eine Vorwärmeranlage nach Muster der italienischen Baureihe 743 (mit zwei Vorwärmkesseln) unterzubringen wäre. Metzeltin wurde nicht uneigennützig tätig; der Ruheständler war als Agent für Crostis Firma „S. A. Locomotive a Vapore Franco“ in Mailand tätig.

Auf seiner Sitzung vom 19. bis 21. Oktober 1948 beschäftigte sich, nach Aufforderung durch die DR-Hauptverwaltung, der Fachausschuß für Lokomotiven ausführlich mit dem Vorschlag des inzwischen verstorbenen Dr. Metzeltin. Während der Diskussion ergab sich Einigkeit darüber, daß der Bau eines Franco-Crosti-Vorwärmers konstruktiv tatsächlich keine großen Schwierigkeiten machen würde. Die bei den Versuchen mit der italienischen 685 festgestellten Sparergebnisse führte man aber einerseits auf die verschiedenen Betriebsbedingungen bei den Versuchen zurück, andererseits auf den zusätzlichen Einbau eines Oberflächenvorwärmers bei der FC-Lok. So meinte man, daß der erhebliche bauliche Aufwand und die größeren Unterhaltungskosten beim FC-Vorwärmer wohl einen wirtschaftlichen Erfolg verhindern würden. Es wurde folgender Beschluß gefaßt:

*„Die eingehende Erörterung des Abgasvorwärmers Franco-Crosti ergab Übereinstimmung, daß aus räumlichen und gewichtsmäßigen Gründen sowie im Hinblick auf die gegenüber den italienischen Vergleichslok nach moderneren Gesichtspunkten ausgelegte Heizflächenverteilung der Reichsbahnlok eine Anwendung nicht gerechtfertigt ist.“*

Mit dieser Entscheidung gaben sich die Franco-Gesellschaft und Piero Crosti allerdings nicht zufrieden. Crostis gute Verbindungen zu Henschel führten zu einem Hintergrundgespräch mit fachlich versierten Vertretern der britischen und US-amerikanischen Besatzungsmächte, die damals noch jeden einzelnen Lokomotiv- und Waggonbau förmlich freigeben mußten. Jedenfalls teilte am 26. April der Leiter der Maschinentechnischen Abteilung der Reichsbahn-Hauptverwaltung in Offenbach (Main), Alfons Brill, dem Bauartdezernenten im RZA Göttingen Friedrich Witte mit: *„Auf Veranlassung der Besatzungsbehörden beabsichtigen wir, 2 Loks der Baureihe 52 versuchsweise mit einem Franco-Crosti-Speisewasservorwärmer in Italien ausrüsten zu lassen.“* Brill ersuchte, zwei für den Umbau geeignete, nach dem Krieg gebaute 52er zu benennen und fügte gleich einen Vertragsentwurf bei. In diesem war festgehalten, daß der Umbau zunächst auf Kosten von Crostis Unternehmen durchzuführen sei. Die Leistung müsse der vor dem Umbau entsprechen. Crosti sollte eine Kohlenersparnis im Alltagsbetrieb von 18 Prozent garantieren. Bei Erfüllung der Forderung werde die DR die Loks bezahlen, bei Nichterfüllung müsse Crosti die Maschinen auf eigene Kosten zurückbauen. Immerhin fanden Brill und sein Referent für Maschinenbau und Zugförderung Friedrich Flemming die Angelegenheit so interessant, daß sie beide im Mai 1949 zu Vertragsverhandlungen nach Mailand reisten, nachdem der „S. A. Locomotive a Vapore Franco“ die notwendigen 52er-Zeichnungen übersandt worden waren. Beim Treffen in Mailand legte Crosti bereits die fertigen Umbauzeichnungen vor. Sein Entwurf basierte auf der Ausführung „743“ mit zwei Abgaskesseln links und rechts neben dem Hauptkessel. Dieser blieb äußerlich unverändert, sollte allerdings neue Rohrspiegel mit einer kleineren Zahl von Rauch- und Heizrohren erhalten. Ansonsten bezogen sich die Änderungen vor allem auf die Befestigung von Kessel und Vorwärmer auf dem Rahmen und die dafür nötige Veränderung der Steuerung.

Crosti führte auf seiner Umbauzeichnung folgende von der Ursprungsausführung abweichenden Maße auf (wegen des leicht verständlichen Italienisch im Original wiedergegeben, Original-52 in Klammern):

| | | |
|---|---|---|
| **Caldaia** | | |
| Volume aqua | mc | 8.450 (7.750) |
| Tubi die Fumo piccoli | | 56 (113) |
| Tubi piccoli: Diametro | mm | 57/63 (49/54) |
| Tubi piccoli: Sup. Risc. | mq | 52,8 (90,4) |
| Tubi de fumo grandi | | 24 (35) |
| Tubi grandi: Diametro | | 144/152 (125/133) |
| Tubi grandi: sup. Risc. | mq | 56 (71,3) |
| Elementi surriscaldamenti Schmidt | | 24 (35) |
| Elementi surr. Schmidt: | | |
| Diametro | mm | 32/40 (27/35) |
| Superficie Riscaldata totale | mq | 124,7 (177,6) |
| Surriscaldata surr. Schmidt | mq | 50 (63,7) |
| **Preriscaldatore con Fascio amovibile** | | |
| Lunghezza totale | mm | 6.220 |
| Corpo cilindrico O/ est | mm | 724 |
| Volume aqua | mc | 1.930 |
| Pressione per cmq | kg | 16 |
| Distanza Trale Piastre | mm | 4.600 |
| Tubi de Fumo | | 170 |
| Tubi de Fumo: Diametro | mm | 46/51 |
| Superficie Riscald. dal Gas | mq | 113 |
| Superficie Riscald. dal Vapore | mq | 10,5 |
| Dati generali Locomotiva | | |
| Peso totale Locom. in Servicio | kg | 92.400 (84.802) |
| Peso aderente | kg | 82.700 (75.941) |
| **Caratteristiche Locomitiva** | | |
| Vaporizzione norm. oraria | kg | 11.000 (10.100) |
| Trazione al Gangio 60 km/h (Fm) | kg | 6.200 (5.650) |

Das RZA Göttingen benannte als Umbauloks 52 1817 und 2893, die im November bzw. Juli 1949 zur L 3 anstanden. Am 3. Juni nahm RZA-Bauartdezernent Friedrich Witte auftragsgemäß zu den Umbauzeichnungen Stellung. Sein Urteil fiel recht kritisch aus. Er stellte die Sicherheitsfrage in den Vordergrund, da er eine Verdampfung auch in den Vorwärmerkesseln befürchtete. An der Detailausstattung ließ er kaum ein gutes Haar. So rieb er sich an der vorgesehenen Unterbringung von Luft- und Speisepumpen seitlich am Stehkessel, weil sie dort gar nicht sicher zu befestigen wären und es zu einer Überlastung des Lokhinterteils käme. Das Gewicht werde um rund 7,6 t anwachsen, und die Zylinder seien gar nicht in der Lage, die Dampfmenge von 11 t/h zu verarbeiten. Insgesamt sei die Umbaulok mit der Regel-52 nicht mehr vergleichbar.

Wittes Änderungswünsche übermittelte die Hauptverwaltung am 16. Juli 1949 an die Franco-Crosti-Gesellschaft (Crosti hatte inzwischen seinen Namen mit zugesetzt). Inzwischen war man schon soweit, über den Transport der beider 52er zur Firma „Officine Meccaniche Italiane Reggiane in Reggio d' Emilia" zu sprechen, die den Umbau ausführen sollte. Ihr Kostenvoranschlag lautete auf 8.750.000 Lire (15.200 US-Dollar) je Lok. Bereits im August 1949 sollten beide Maschinen abrollen, und auch der Bizonen-Kontrollrat der Alliierten (Bico) hatte inzwischen den Umbau genehmigt.

Anschließend kam es aber alsbald zu heftigen „atmosphärischen Trübungen", als Crosti am 27. August 1949 noch diverse Forderungen aufmachte, die er auch im Vertrag sehen wollte. Die heftigsten: Die DR sollte sich zum Umbau von mindestens 15 Prozent ihrer Betriebsloks (rund 1.500 Maschinen) verpflichten, von denen ein Fünftel innerhalb eines Jahres fertiggestellt werden sollte. 50 bis 100 Loks seien in Italien umzubauen. Und: Für jede Maschine seien 2.500 US-Dollar Lizenzgebühren fällig!

Die Verhandlungen waren hiermit abrupt beendet. Telefonisch wurde Crosti bedeutet, daß ein Umbau zu seinen Konditionen und in Italien nicht mehr in Frage komme. Erst als Crosti sich zur Zusammenarbeit mit der Fa. Henschel bereiterklärte, kam wieder Bewegung in die Angelegenheit. Am 3. Dezember 1949 forderte Brill (unter Umgehung des Dienstweges über das RZA Göttingen!) Henschel zur Abgabe eines Angebotes über den Umbau von zwei 52ern auf. Henschel betraute den Inlands-Vertriebschef Bruno Riedel mit der Projektleitung. Riedel legte der DB-Hauptverwaltung am 4. Januar 1950 seinen Kostenvoranschlag und auch eine Projektzeichnung (PI 1514) vor. Diese sah nur einen FC-Vorwärmer von 724 mm Durchmesser vor, der links neben dem Kessel liegen sollte. Bei Entnahme der Maschinen aus der laufenden Henschel-Bauserie kam er auf DM 26.250 je Lok, also deutlich weniger als in Italien. Auf eine Garantie von 18 Prozent Brennstoffersparnis wollte sich Riedel mit gutem Grund nicht einlassen. Bei sofortiger Auftragserteilung, so Riedel, wären die in Aussicht genommenen Loks 52 883 und 884 im August 1950 fertig.

Nach einem Gespräch mit Witte reichte Riedel am 10. Februar 1950 ein überarbeitetes Projekt für zwei Neubau-52 nach, nun mit zwei Vorwärmerkesseln von je 724 mm Durchmesser, 4,6 m Länge und 104 Heizrohren 51 x 2,5 mm, alternativ links und rechts neben dem Kessel (29.200 DM je Lok) und unter dem Kessel angeordnet (32.150 DM). Ersteres Projekt orientierte sich noch sehr deutlich an Crostis Ursprungsvorschlag.

Alternativ bot Henschel am 21. Februar 1950 noch den Umbau zweier von der DB gestellter 52er an. Hier lautete das Angebot auf 43.250 DM bei Verwendung zweier seitlich neben dem Kessel angeordneter Vorwärmer (Ausführung wie FS-743) und auf 47.350 DM bei Einbau zweier unter dem Kessel angeordneter Vorwärmer.

Hiermit war die Vorgehensweise vorgezeichnet: Der Umbau vorhandener Loks fiel aus Preisgründen aus, die Variante mit zwei seitlichen Kesseln wurde aus Profil- und Sicherheitsgründen abgelehnt, es blieb die preislich im Mittelfeld angesiedelte Bauart mit zwei Vorwärmerkesseln unter dem Hauptkessel übrig. Friedrich Witte stieß sich noch an den Lizenzforderungen Crostis (2.500 US-Dollar = 10.500 DM) und erinnerte daran, daß 7 % der Umbausumme üblich seien.

Der anschließend mit Crosti geschlossene Vertrag billigte der Bundesbahn das alleinige Lizenzrecht für die Bundesrepublik zu. Der DB stand es frei, beliebig viele Loks selbst umzubauen oder umbauen zu lassen. Crosti mußte 18 Prozent Kohlenersparnis garantieren; die Lizenzsumme von 2.500 US-Dollar je Lok verminderte sich bei geringerer Einsparung um jeweils 500 Dollar pro 2 % Mindereinsparnis. Würden 12 Prozent Ersparnis erreicht, blieben also nur 500 Dollar Lizenz übrig. Ausführlich wurde dargestellt, wie die Ersparnis zweifelsfrei zu ermitteln sei. Mit diesem Ergebnis konnte die DB nun mehr als zufrieden sein.

Am 8. Mai ermächtigte Alfons Brill für die Maschinentechnische Abteilung der HVB das EZA, das inzwischen nach Minden umgezogen war, bei Henschel zwei neue Lokomotiven der BR 52 mit Franco-Crosti-Vorwärmern ausrüsten zu lassen. Er rechnete mit Einbaukosten von zweimal 32.150 DM, zuzüglich 12.000 bis 14.000 DM Konstruktionskosten, und erteilte dafür Bindungs- und Ausgabeermächtigung.

Am 19. Mai 1950 schickte das EZA Minden daraufhin das Bestellschreiben 05.042/23.0044 an die Fa. Henschel heraus. Im Bestellschreiben waren folgende acht Teile als „neu" aufgeführt:

Zwei Franco-Crosti-Vorwärmer für Anordnung unter dem Kessel, Kessel-Rauchkammer in oben abgerundeter Kastenform, Bekleidung des Kesselrauchkammermantels, Bekleidung der Kessel-Rauchkammerstirnwand, Stutzen für die Abführung der Rauchgase aus der Rauchkammer mit Verschluß und Hilfsbläser, Erhöhung des Stehkesselträgers, Änderung des Rauchkammerträgers, Änderung des Domes und Sandkastens, völlig neuer Dampfsammelkasten, Überhitzer mit „abnormalen" Rohren.

Wenige Tage später trafen bei der HVB 47 Umbauzeichnungen der Franco-Crosti-Gesellschaft ein, die Friedrich Flemming sofort an das Bauartdezernat des EZA Minden weiterreichte. Dessen Chef Witte reichte die Zeichnungen an die Fa. Henschel weiter, wo alsbald mit der Arbeit begonnen wurde. Auffällig ist die treibende Rolle der Maschinentechnischen Abteilung der HVB, das diesem Projekt mehr Aufmerksamkeit widmete als den entstehenden Neubaudampfloks. Am 13. Juni 1950 gar ermahnte Referent Friedrich Flemming Witte zu höchster Eile: Die Loks müßten gleichzeitig mit den ersten Neubauloks fertig werden, gegebenenfalls sei „die Auslieferung von Neubaulok der R 23 und 82 hinauszuschieben." Meinungsverschiedenheiten mit Witte wegen „seiner" Neubaudampfloks konnten also nicht ausbleiben. Mehrfach reisten anschließend Witte und Crosti zu Konstruktionsbesprechungen nach Kassel, ohne sich zu begegnen. Erst am 3. August 1950 trafen sie dort zusammen. Die Bauarbeiten waren inzwischen im Gange, und Henschel kündigte die Fertigstellung der Maschinen für Dezember an.

Zwischenzeitlich schaltete sich das Prüfungsamt der DB beim EZA Minden ein, das die Umbau- und Lizenzkosten reichlich hoch fand, die 18 Prozent Kohlenersparnis als zweifelhaft bezeichnete und angesichts des Aufwandes der Anlage auf hohe Folgekosten hinwies, so daß Kostenvorteile durch Minderverbrauch wieder aufgezehrt würden. Ausdrücklich wurde empfohlen, gegenüber der italienischen Firma keine weiteren Verpflichtungen einzugehen. Wie prophetisch!

Die Beschwerde des Prüfungsamtes war Wasser auf die Mühlen von Witte, der seine distanzierte Haltung bestätigt sah. Er antwortete dem Prüfungsamt am 16. August 1950, er habe von Anfang an die gleichen Bedenken geäußert. Und: *„Die HVB hat aber, wie aus dem Vorgang ersichtlich ist, alle Verhandlungen ohne unsere Mitwirkung unmittelbar mit der italienischen Firma geführt und die entsprechenden Entscheidungen ohne Berücksichtigung unserer Bedenken getroffen. Da wir in anderer Form auf die HVB nicht einwirken können, stellen wir Ihnen anheim, die Angelegenheit dem Hauptprüfungsamt zu unterbreiten, welches die HVB zur Stellungnahme über ihre diesbezüglichen Entscheidungen auffordern kann."* Das war deutlich.

Am 19. August erteilte der Bundesminister für Verkehr die Sondergenehmigung für die Anwendung der Begrenzung II nach Anlage F der BO, die wegen der höheren Kessellage nötig geworden war. Am selben Tag verfügte die Maschinentechnische Abteilung der HVB, die Loks seien wegen ihres größeren Gewichtes in die Baureihe 42 aufzunehmen und mit solchen Nummern zu versehen, daß sie leicht von den normalen Loks der BR 42 zu unterscheiden wären. Friedrich Witte war es, der für die Loks die beiden „Schnapsnummern" 42 9000 und 9001 festlegte, vielleicht um

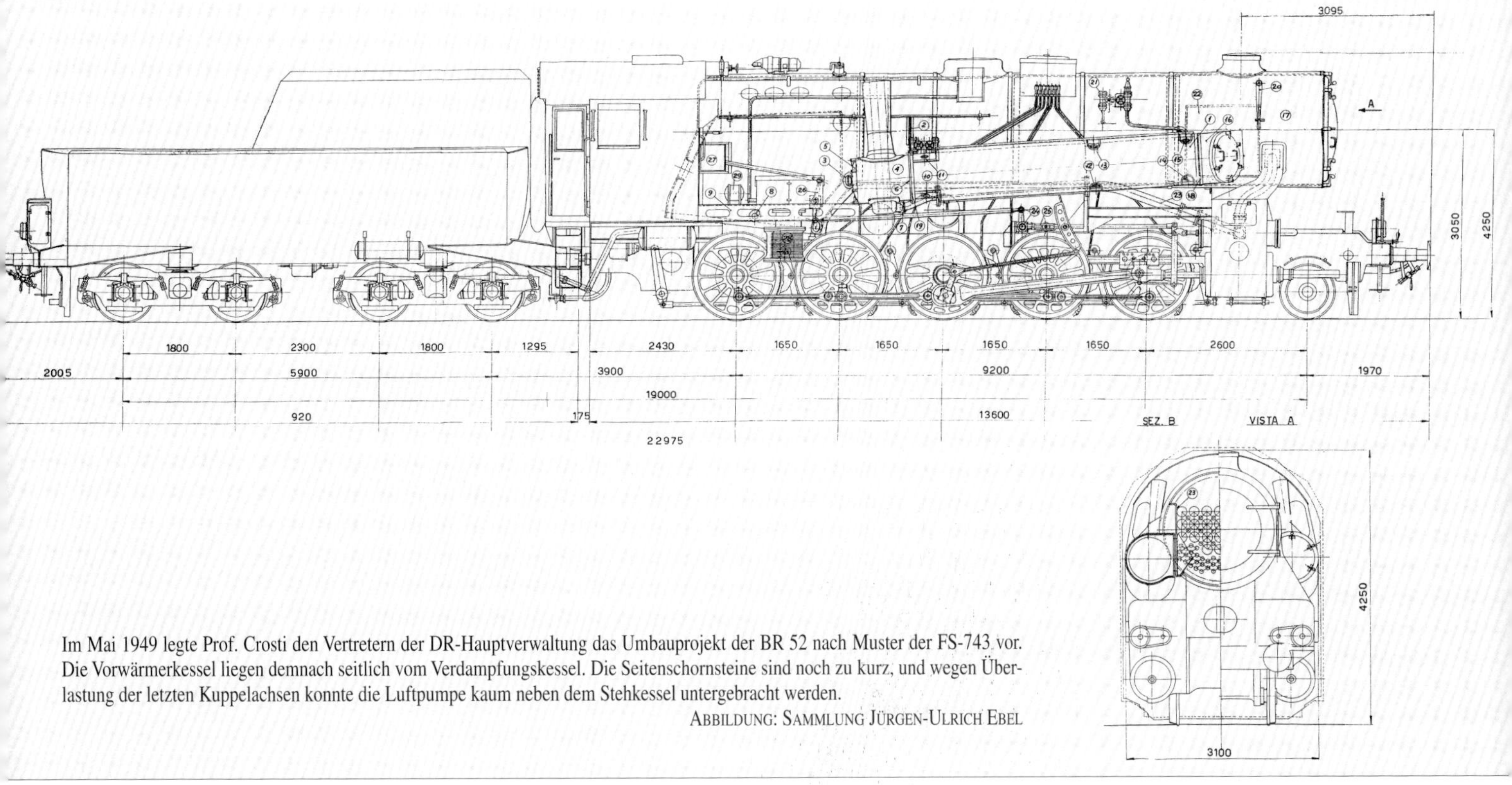


Im Mai 1949 legte Prof. Crosti den Vertretern der DR-Hauptverwaltung das Umbauprojekt der BR 52 nach Muster der FS-743 vor. Die Vorwärmerkessel liegen demnach seitlich vom Verdampfungskessel. Die Seitenschornsteine sind noch zu kurz, und wegen Überlastung der letzten Kuppelachsen konnte die Luftpumpe kaum neben dem Stehkessel untergebracht werden.

ABBILDUNG: SAMMLUNG JÜRGEN-ULRICH EBEL

sich einen leisen Scherz zu erlauben. Am 13. September schickte er eine entsprechende Anweisung an Henschel. Auch sei das Gattungszeichen G 56.17 anzubringen.

Über mehrere Wochen zog sich anschließend ein Disput zwischen Henschel, Witte und der HVB hin, weil Crosti den Mehrkosten auslösenden Einbau einer Kolbenspeisepumpe statt einer zweiten Strahlpumpe veranlaßt hatte.

Zwei Jahre nach dem eigentlich endgültigen „Aus“ waren die beiden 52-Umbauten bei Henschel fertiggestellt und wurden am 30. Dezember 1950 und am 5. Januar 1951 abgeliefert. Kurz vor Heiligabend 1950 kehrte weihnachtlicher Friede ein: Brill, Witte und Crosti trafen im Henschelwerk zusammen, um die ersten Fahrversuche der fertigen 42 9000 zu beobachten.

Eigentlich wäre es richtiger gewesen, die Loks als Umbau aus 52 891 und 892 zu bezeichnen und den letztgebauten 52 die Nummern 52 893 und 894 zu geben. Fabriknummermäßig wäre das angemessen gewesen, nur wollte man wohl eine Lücke in den Nummern vermeiden.

Übrigens wurde die Umgestaltung der beiden 52er bei Henschel deutlich teurer als ursprünglich angeboten: Statt 39.220 DM je Maschine berechnete das Herstellerwerk hauptsächlich wegen aufwendiger Konstruktionsarbeiten 49.273 DM. Dazu kamen noch die 275.000 DM, die im Jahr 1950 für eine neue 52er an Henschel zu bezahlen waren.

Die bereits beschriebenen Meinungsverschiedenheiten und das recht eigenwillige Vorgehen von Brill und Flemming bestätigte 1979 auch Dipl.-Ing. Theodor Düring, der ehemalige Leiter des Lokversuchsamtes Minden, Mitautor Jürgen-Ulrich Ebel:

„Es trifft zu, daß DB-seitig (bzw. damals noch DR in der Bi-Zone) wenig Neigung bestand, sich mit der ausgefallenen Sonderbauart der FC-Lok zu befassen (siehe auch Einstellung des Fachausschusses Lokomotiven). Aber der Erfinder und Patentinhaber Crosti „rannte“ nicht nur der Fa. Henschel, sondern auch dem damaligen Leiter der Maschinentechnischen Abteilung der Hauptverwaltung „das Haus ein“. Ministerialdirektor Alfons Brill, zurückgekehrter Emigrant und wenig erfahren in konstruktiven Dingen (vor dem Kriege war er bis ungefähr 1936 Vorstand des Maschinenamtes Karlsruhe und Reichsbahnrat gewesen), ließ sich schließlich „breitschlagen“ und ordnete – meines Wissens zunächst über den Kopf des Reichsbahnzentralamtes Göttingen und dessen Bauart-Dezernenten Reichsbahndirektor Witte hinweg bzw. gegen dessen Widerstand – die Umgestaltung der beiden letzten Nachbau-52 (52 893 und 894) zu FC-Lokomotiven nach dem Vorschlag Crostis mit je zwei seitlich schräg angeordneten Vorwärmertrommeln und Schornsteinen (wie bei den FC-Lokomotiven der Reihe 740 der FS) an. Witte lehnte die Verantwortung für diese Bauart und sich daraus ergebende betriebliche Erschwernisse ab. Bei der ersten Vorführfahrt der 42 9000 mit unserem Meßzug 1 und Bremslok waren alle möglichen Koryphäen der Lieferfirma und der DB anwesend, auch ich selbst natürlich, aber Witte erschien nicht!

Die Fa. Henschel war damals nicht so notleidend, daß die Umgestaltung der beiden 52 ihr geholfen hätte, es war die Zeit, als die Auslandsaufträge bei den Dampflokomotiven wieder anliefen und die ersten Serien der neuen DB-Einheitslokomotiven Baureihen 23 und 82 im Bau waren, vielmehr lediglich ein Entgegenkommen gegenüber Crosti, der wie ein Künstler auftrat, aber bei der FS wohl keine Aufträge für den Umbau weiterer italienischer Lokomotiven mehr bekommen konnte.“

# Beschreibung der Loks 42 9000 und 9001

## Allgemeines

Die vom EZA Minden im Jahr 1951 erarbeitete Kurzbeschreibung DV 930.86 ist wenig aussagekräftig. Sie wird hier deshalb durch weitere Detailangaben ergänzt.

Die beiden Loks der BR $42^{90}$ stellen eine Umgestaltung der BR 52 für den Einbau des Franco-Crosti-Vorwärmers dar. Von der BR 52 wurde beibehalten: das Fahrgestell mit Dampfmaschine, Trieb- und Laufwerk, Stehkessel und Wannentender 2’2’ T 30.

Im Dezember 1950 wurde 42 9000 im Werkshof von Henschel erstmals mit eigener Kraft bewegt. Die Lok ist zwar schon fertig grau lackiert, doch noch fehlen einige Teile: die Einströmrohr- und Druckausgleicherverkleidung und der Kasten um die Sicherheitsventile im Rohr zum Kesselspeiseventil. AUFNAHME: HENSCHEL, EK-ARCHIV

Der Franco-Crosti-Vorwärmer ist ein Rauchgasvorwärmer, dessen Wirkung durch einen von Abdampf durchströmten Mantel verstärkt wird. Die erforderliche große Vorwärmerheizfläche ist in zwei Heizrohrkesseln untergebracht. Da der Lokomotivkessel mit hoch vorgewärmten Wasser gespeist wird, kann die Verdampfungsheizfläche erheblich verkleinert werden. Ein wesentliches Merkmal des Franco-Crosti-Vorwärmers ist es, daß die Vorwärmer beim Speisen unter Kesseldruck stehen. Außer im Kessel- und Vorwärmersystem unterscheidet sich die Lokomotive nicht von der normalen Bauart, so daß die folgende Beschreibung sich auf die Vorwärmer beschränkt.

## Lokomotivkessel (Aufbau)

Der Lokomotivkessel der Lokomotive Baureihe 52 (42) mit Franco-Crosti-Vorwärmer zeigt im Aufbau keine wesentlichen Abweichungen vom 52-Kessel normaler Bauart. Verringert ist lediglich die Zahl der Heiz- und Rauchrohre, damit die Rauchgase nicht schon im Hauptkessel soweit abgekühlt werden, daß sie in den Vorwärmertrommeln den Taupunkt unterschreiten. Dementsprechend sind auch der Überhitzer und der Dampfsammelkasten geändert sowie die bisherigen Pendelbleche, die durch Pendelstützen ersetzt werden. Der Kessel erhielt ein anderes Rohrbündel mit 28 Rauch- und 42 Heizrohren von 144/152 bzw. 57,5/63,5 mm Durchmesser und dementsprechend anderer Rohrfeldteilung gegenüber 35 Rauch- und 113 Heizrohren von 125/133 bzw. 49/54 mm Durchmesser der R 52 bei gleicher Länge zwischen den Rohrwänden von 5200 mm. Die Verdampfungsheizfläche beträgt daher nur noch 121,1 $m^2$ gegenüber 177,6 $m^2$ der BR 52. Der Überhitzer behielt bei verändertem Rohrdurchmesser mit 63,5 $m^2$ dieselbe Heizfläche wie derjenige der BR 52.

Die Rauchkammer I weicht von der bisherigen Form ab und besitzt kein Blasrohr. Sie erhält eine nach unten gezogene Bauart. In der Rauchkammertür ist ein Umlenkkanal eingebaut, der die Rauchgase ziemlich hoch aus der Kesselrauchkammer übernimmt (damit sich Flugasche absetzen kann und nicht in die Vorwärmkessel mitgerissen wird). Die in der Feuerbüchse erzeugten Heizgase werden, nachdem sie die Rohre im Lokomotivkessel durchzogen haben, durch diesen Umlenkkanal den Vorwärmerkesseln zugeführt.

Nach dem Durchstreichen der Rohrbündel gelangen sie in die Rauchkammer II und werden durch die seitlichen Vorwärmerschornsteine ins Freie geführt. Unterhalb der Kesselrohrwand zieht sich durch die Rohrwand eine waagerechte Scheidewand, die für eine einwandfreie Führung der Rauchgase zur Rauchkammertür sorgt und außerdem als Ablagefläche für Flugasche vorgesehen ist. Der überwiegende Anteil an Lösche lagert sich in Rauchkammer I auf dem Trennblech zwischen oberer und unterer Rauchkammerhälfte ab und kann hier, wie üblich, nach Öffnen der Rauchkammertür entfernt werden.

Der normale Schornstein erhält einen Verschlußdeckel, der durch einen Hebel betätigt werden kann. Er ist während des Betriebes stets geschlossen zu halten und wird während des Anheizens solange geöffnet, bis der Hilfsbläser in den Vorwärmerschornsteinen in Tätigkeit tritt.

## Bekleidung

Um Wärmeverluste zu vermeiden, sind der vordere Teil des Vorwärmerkessels einschließlich der Abdampfmäntel und die Rauchkammer des Langkessels mit einer Bekleidung versehen.

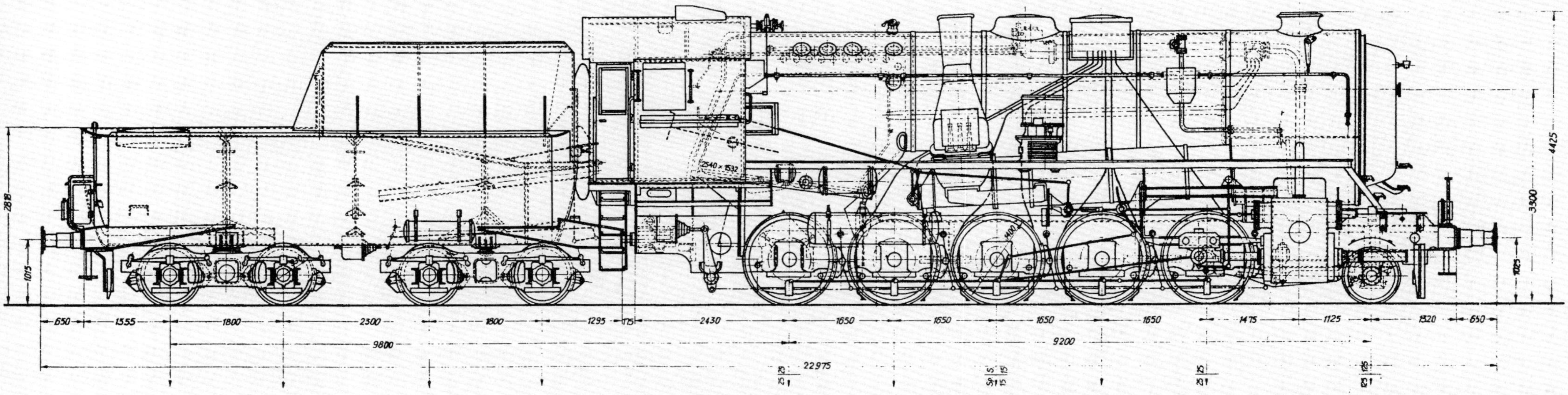


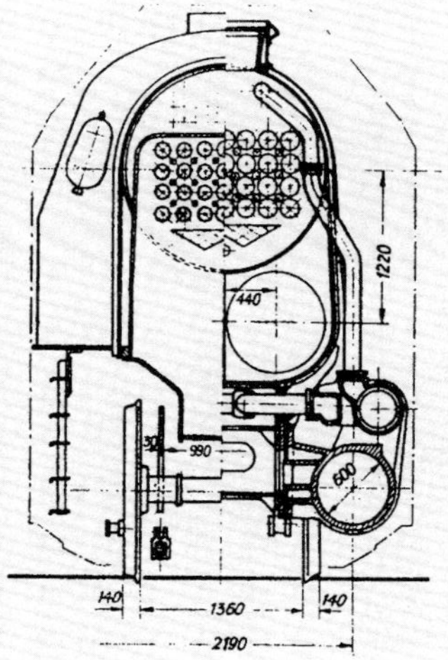


Ansichten der Baureihe $42^{90}$ nach Zeichnung
Fld 1.01 Bl. 045 vom 29. Dezember 1950.
Abbildung: Sammlung Jürgen-Ulrich Ebel

## Vorwärmer

Die beiden Vorwärmer sind seitlich unter dem Langkessel angeordnet. Dafür mußte der Langkessel um 250 mm angehoben werden. Jeder Vorwärmer besteht aus einem zylindrischen Kessel von 800 mm Innendurchmesser, welcher ein Rohrbündel mit je 103 Rohren und 4.600 mm Rohrlänge enthält. Die Rohrbündel der Vorwärmer (Gesamt-Heizfläche: 132 m$^2$) können für Reinigungs- und Reparaturzwecke durch die Rauchkammer I herausgezogen werden. Der Vorwärmermantel besitzt mehrere Waschluken für die laufende Reinigung der Vorwärmer im Betrieb. Der Abdampf beider Dampfmaschinen, der Pumpen und der Lichtmaschine wird durch ein Kreuzrohr auf beide Vorwärmer aufgeteilt, so daß eine gleichmäßige Verteilung auf beide Vorwärmkessel erreicht wird und hierdurch die Dampfschläge in beiden Schornsteinen gleichzeitig erfolgen. Der durchströmende Abdampf gibt in einem die Vorwärmer umgebenden Mantel zusätzlich Wärme an das Speisewasser ab und tritt danach hinter jedem Vorwärmer in die Blasrohre ein.

Der vordere Teil der Vorwärmerkessel ragt in die nach unten gezogene Rauchkammer hinein, während die hinteren Enden der Vorwärmerkessel durch eine gemeinsame Rauchkammer II verbunden sind. Sie übernimmt die Aufgabe der Rauchkammer bei Loks normaler Bauart. In ihr befinden sich die Blasrohre, die aus je drei schlanken Dampfaustrittsdüsen bestehen. Die beiden Rauchkammerteile (rechts und links) verjüngen sich nach oben zu zwei konischen Schornsteinen, die, um sich an den Kessel anzulehnen (Sicht vom Führerhaus), länglichen Querschnitt erhalten haben. Die Abdampfmäntel der Vorwärmerkessel sind mit dem Schornstein durch je einen Abdampfkanal verbunden. Das in den Dampfmänteln sich bildende Kondensat wird durch Entwässerungsrohre laufend abgeführt. In den beiden Schornsteinen befindet sich außer den Blasrohrdüsen auch noch je ein Hilfsbläser.

Auf den Seiten der Rauchkammer II sind Deckel mit Knebelschrauben vorhanden, die die Entfernung von hierher mitgerissener Lösche gestatten.

| Bemaßung der Vorwärmertrommeln: | |
|---|---|
| Heizfläche jeder Trommel | 64,48 m$^2$ |
| Heizrohrabmessungen | 44,5 x 2,5 mm |
| Anzahl der Heizrohre je Trommel | 103 |
| Abstand der Vorwärmerrohrwände | 4.600 mm |
| Vorwärmerleergewicht ohne Ausrüstung | 6.350 kg |
| Vorwärmerleergewicht mit Ausrüstung | 6.600 kg |

## Kesselspeisung

Dadurch, daß die Vorwärmer beim Speisen unter Kesseldruck stehen, kann die Vorwärmung bis dicht an den durch den Druck gegebenen Siedepunkt getrieben werden, also weit über 100 °C. Die Heizgase sind nach P. Crosti bis auf etwa 150 °C abgekühlt, nachdem sie die Vorwärmer durchzogen haben. Dies bedingt, daß die Vorwärmerheizfläche einen beträchtlichen Teil der Gesamtheizfläche ausmacht. Außerdem wird ein Teil der Verdampfungswärme des Abdampfes ebenfalls ausgenutzt.

Die Lok ist wie üblich mit zwei Speiseeinrichtungen (Kolbenspeisepumpe und Strahlpumpe) ausgerüstet. Die Speisung mittels Kolbenspeisepumpe ist nur über die Vorwärmer möglich.

Die Speisung des Kessels geschieht bei dieser Lokomotive normalerweise mit der Speisepumpe. Das Speisewasser wird gleichmäßig über die am Vorwärmer seitlich angeordneten Speiseventile in die Vorwärmerkessel gedrückt. Es tritt hinten am Vorwärmer ein und vorn aus, während die Rauchgase die Rohre von vorn nach hinten durchströmen, so daß die Vorwärmer nach dem Gegenstromprinzip arbeiten. Vor dem Vorwärmer teilen sich die Speiseleitungen in je einem T-Stück auf beide Vorwärmerkessel auf. Durch eine Rohrleitung wird das vorgewärmte

Blick auf die vordere Rauchkammer vor Einbau des Kessels, ungefähr im Oktober 1950 bei Henschel. Die waagerechte Unterteilung in der Rauchkammer und der Umlenkkanal für die Rauchgase in Richtung Vorwärmer sind gut zu erkennen.

Durch Seitenschornstein und Luftpumpe ist dem Lokführer die Streckensicht durchs Frontfenster nahezu völlig verbaut. 42 9000 bei einer Werksprobefahrt bei Kassel im Dezember 1950. BEIDE AUFNAHMEN: HENSCHEL, SAMMLUNG JÜRGEN-ULRICH EBEL

Der probeweise zusammengebaute Rauchgasvorwärmer von der hinteren Rauchkammer aus gesehen. Die Heizrohreinsätze sind bereits eingebaut, links und rechts zeigen die Stutzen der Schornsteine schräg nach oben.

AUFNAHME: HENSCHEL, SAMMLUNG JÜRGEN-ULRICH EBEL

42 9000 und 9001 (im Hintergrund) während der Endmontage bei Henschel im November 1950. Das Fehlen des Umlaufbleches läßt den Vorwärmerkessel noch gut erkennen. Aus Platzgründen muß die Speisepumpe am Kessel befestigt werden, eine ungünstige Lösung.

AUFNAHME: HENSCHEL, SAMMLUNG JÜRGEN-ULRICH EBEL

Wasser über ein weiteres Speiseventil normaler Bauart in den Kessel geleitet.

Mit der Strahlpumpe kann sowohl über die Vorwärmer als auch direkt in den Kessel gespeist werden. Die Umschaltung der Strahlpumpe von Speisung über Vorwärmer auf Direktspeisung ist durch ein Ventil auf dem Umlauf der Lok möglich. Normalerweise ist dieses Ventil plombiert und sollte nur bei schadhaftem Vorwärmer benutzt werden. Da die bei Speisung unter Kesseldruck stehenden Vorwärmer ggf., z. B. wenn bei Fahrt nicht gespeist wird, als Verdampfer wirken können, besitzen die Vorwärmerkessel am Eintritt der Speiseleitungen eigene Kesselspeiseventile, und hinter den Trommeln sind vor den eigentlichen Kesselspeiseventilen außerdem noch besondere Sicherheitsventile angeordnet. Diese Anordnung gestattet auch, z.B. bei Schadhaftwerden eines Vorwärmers, sein vollständiges Abschalten und die Speisung über den anderen.

Die Speiseeinrichtung besteht aus:
1 Kolbenspeisepumpe KSV 15/25 250 l/min,
1 saugenden Strahlpumpe 150 l/min,
2 Vorwärmer-Speiseventilen (Bauart BR 82).
3 Kessel-Speiseventilen,
1 Umschalthahn und
4 Sicherheitsventilen für die Vorwärmer einschließlich der entsprechenden Rohrleitung.

Es kann auf folgende Weise gespeist werden:
1) mittels Speisepumpe,
2) mittels Strahlpumpe,
3) außerdem über den hinter der Strahlpumpe angeordneten, plombierten Umschalthahn der Lokomotivkessel auch direkt.

Die baulichen Änderungen ergaben ein Reibungsgewicht von 87 t, ein Dienstgewicht von 143 t und einen mittleren Kuppelachsdruck von 17 t gegenüber 75,7, 129,7 bzw. 15 t bei der BR 52.

Beide Maschinen wurden im Gegensatz zu den übrigen Neubau-52 auf besonderen Wunsch der HVB mit einer vollständigen Beschilderung aus Metall ausgerüstet. Die Gattungsschilder G $56_{17}$ führte man neu ein. Mangels anderen Auftrages lackierte Henschel die Lokomotiven wie auch die übrigen Neubau-52 einschließlich von Stangen und Radsätzen im Grau der Kriegsloks (RAL 7011).

# Die technischen Daten der FC-Loks und der Vergleichslokomotiven

| Baureihe | Abk. | Dim. | 42 Serie | $42^{90}$ | 52 MVR |
|---|---|---|---|---|---|
| **Lauf- und Triebwerk** | | | | | |
| Fahrgeschwindigkeit vw/rw | V | km/h | 80/80 | 80/80 | 80/80 |
| Zylinderdurchmesser | d | mm | 630 | 600 | 600 |
| Kolbenhub | s | mm | 660 | 660 | 660 |
| Treib- und Kuppelraddurchmesser | D | mm | 1.400 | 1.400 | 1.400 |
| Laufraddurchmesser | $D_v$ | mm | 850 | 850 | 850 |
| Steuerung: Art und Lage | - | - | Ha | Ha | Ha |
| Kolbenschieberdurchmesser | $d_S$ | mm | 300 | 300 | 300 |
| **Verdampfungskessel** | | | | | |
| Kesselüberdruck | $p_K$ | kg/cm | 16 | 16 | 16 |
| Wasserraum des Kessels | $W_K$ | $m^3$ | 9,07 | 8,45 | 7,75 |
| Dampfraum des Kessels | $D_K$ | $m^3$ | 5,00 | 3,00 | 3,00 |
| Verdampfungswasseroberfläche | $O_w$ | $m^2$ | 13,00 | 10,80 | 10,80 |
| Feuerrauminhalt von Feuerbüchse (und Verbrennungskammer) | $F_{fb}+F_{vb}$ | $m^3$ | 7,830 | 6,110 | 6,110 |
| größter Kesselnenndurchmesser | $d_K$ | mm | 1.900 | 1.700 | 1.700 |
| Kesselleergew. ohne Ausrüstung | $G_{klo}$ | t | 22,1 | | |
| Kesselleergew. mit Ausrüstung | $G_{Klm}$ | t | 30,3 | | |
| Anzahl der Heizrohre | $n_{Hr}$ | Stück | 143 | 42 | 113 |
| Heizrohrdurchmesser | $d_{Hr}$ | mm | 51 x 2,5 | 63,5 x 3 | 54 x 2,5 |
| Anzahl der Rauchrohre | $n_{Rr}$ | Stück | 43 | 28 | 35 |
| Rauchrohrdurchmesser | $d_{Rr}$ | mm | 133 x 4 | 152 x 4 | 133 x 4 |
| Rohrlänge zw. den Rohrwänden | $l_r$ | mm | 4.800 | 5.200 | 5.200 |
| Überhitzerrohrdurchmesser | $d_{Ür}$ | mm | 38 x 4 | 40 x 4 | 35 x 4 |
| Rostfläche | R | $m^2$ | 4,70 | 3,90 | 3,89 |
| Länge x Breite | $R_{lb}$ | m x m | 3,07x1,53 | 2,542x1,532 | 2,542x1,532 |
| Strahlungsheizfläche $H_{Fb} + H_{Vk}$ | $H_{vs}$ | $m^2$ | 19,30 | 16,10 | 15,90 |
| Rauchrohrheizfläche | $H_{Rr}$ | $m^2$ | 81,05 | 65,7 | 71,47 |
| Heizrohrfläche | $H_{Hr}$ | $m^2$ | 99,19 | 39,4 | 90,46 |
| Verdampfungsheizfläche | $H_v$ | $m^2$ | 199,54 | 121,2 | 177,83 |
| Überhitzerheizfläche | $H_Ü$ | $m^2$ | 75,68 | 63,50 | 68,94 |
| **Rauchgasvorwärmer** | | | | | |
| Anzahl der Heizrohre | - | - | - | 206 | - |
| Heizrohrdurchmesser | mm | - | - | 45,5 x 2,5 | - |
| Rohrlänge zw. den Rohrwänden | mm | - | - | 4.600 | - |
| Kesselnenndurchmesser | mm | - | - | 800 | - |
| Wasserraum | $m^3$ | - | - | 2,1 | - |
| Heizfläche gasberührt | $m^2$ | - | - | 132,0 | - |
| **Achsstände** | | | | | |
| fester Achssstand | $a_f$ | mm | 3.300 | 3.300 | 3.300 |
| gesamter Achsstand | $a_g$ | mm | 9.200 | 9.200 | 9.200 |
| gesamter Achsstand von L + T | $a_{(L+T)g}$ | mm | 19.000 | 19.000 | 19.000 |
| Länge der Lok | $l_L$ | mm | 13.615 | 13.600 | 13.600 |
| Länge über Puffer | $L_{ü}P$ | mm | 23.000 | 22.975 | 22.975 |
| **Gewichte** | | | | | |
| Lokleergewicht | $G_{Ll}$ | t | 86,4 | 84,252 | 79,7 |
| Lokreibungsgewicht | $G_{Lr}$ | t | 85,5 | 84,662 | 79,1 |
| Lokdienstgewicht | $G_{Ld}$ | t | 96,6 | 94,904 | 88,6 |
| Leergewicht von L + T | $G_{(L+T)l}$ | t | 105,1 | 102,972 | 98,4 |
| Fahrzeuggesamtgewicht L + T mit vollen Vorräten | $G_{(L+T)v}$ | t | 155,3 | 153,624 | 147,3 |
| Wasserkasteninhalt | W | $m^3$ | 30 | 30 | 30 |
| Kohlenkasteninhalt | B | t | 10 | 10 | 10 |
| indizierte Leistung | $N_i$ | PS | V 1.800 | V 1.850 | V 1.625 |
| indizierte Zugkraft (bei 0,8 $p_K$) | $Z_i$ | kg | 23.960 | | 21.720 |
| befahrbarer Bogenlaufhalbmesser | R | m | 140 | 140 | 140 |
| Vorwärmer | - | - | - | AV | MV |
| Heizung | - | - | Hrv | Hrv | Hrv |
| Bremse | - | - | K mit Z | K mit Z | K mit Z |

Nach dem Einachsen:
Nur noch wenige Teile sind anzubringen, dann kann die Lok die Halle verlassen, Dezember 1950.

BEIDE AUFNAHMEN: HENSCHEL, SAMMLUNG ARNOLD HAAS

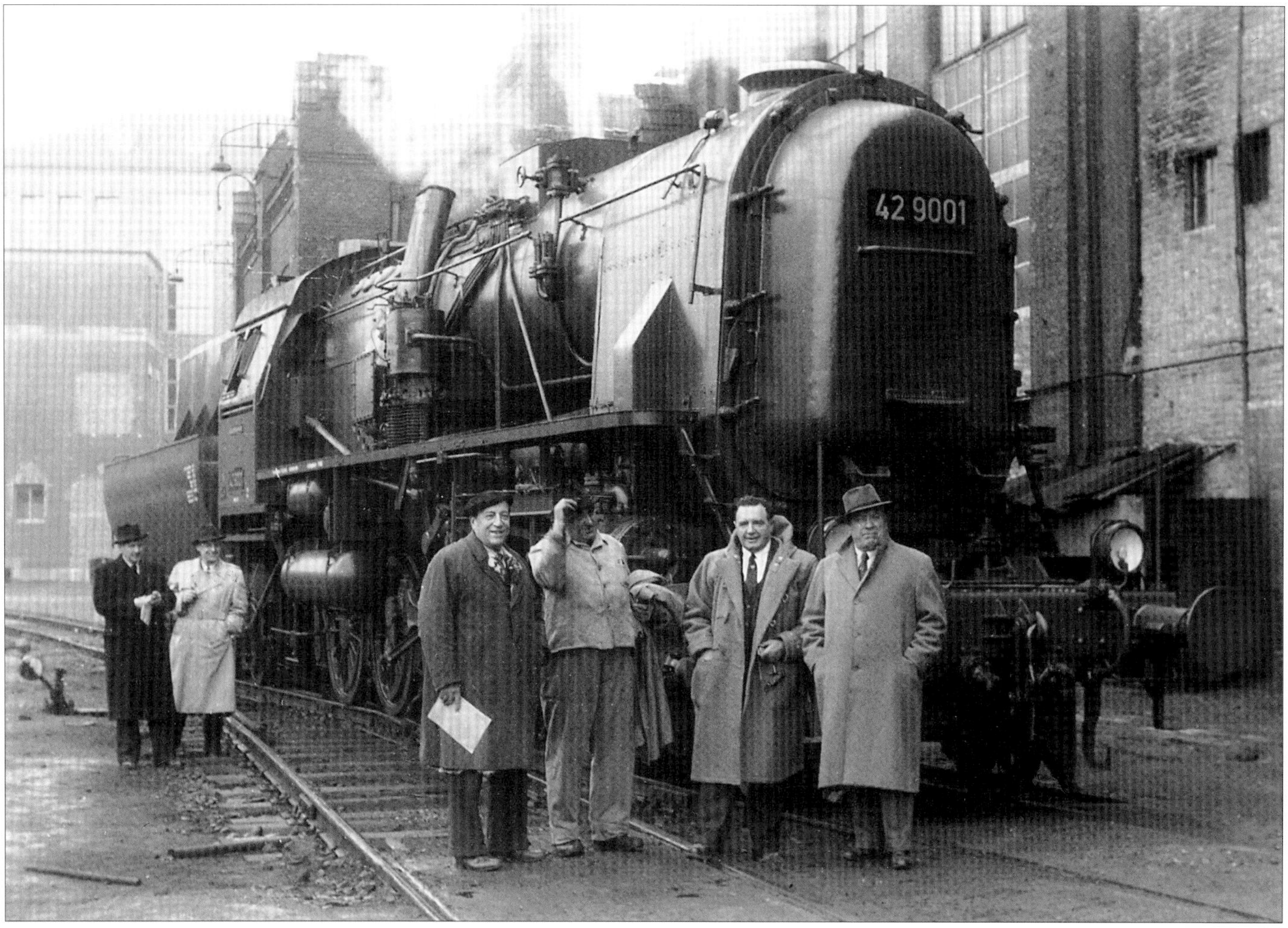


Im Januar 1951 ist auch 42 9001 fertiggestellt. Anläßlich der ersten Werksprobefahrt ist eine Delegation der Franco-Crosti-Gesellschaft, darunter auch Piero Crosti (2.v.r) angereist. Auf der Teilansicht wird gerade der Leiter der Maschinentechnischen Abteilung der HVB Alfons Brill (links) begrüßt, während sich Friedrich Witte (2.v.r.) die Lok sichtlich mißmutig anschaut.
BEIDE AUFNAHMEN: HENSCHEL, SAMMLUNG ARNOLD HAAS

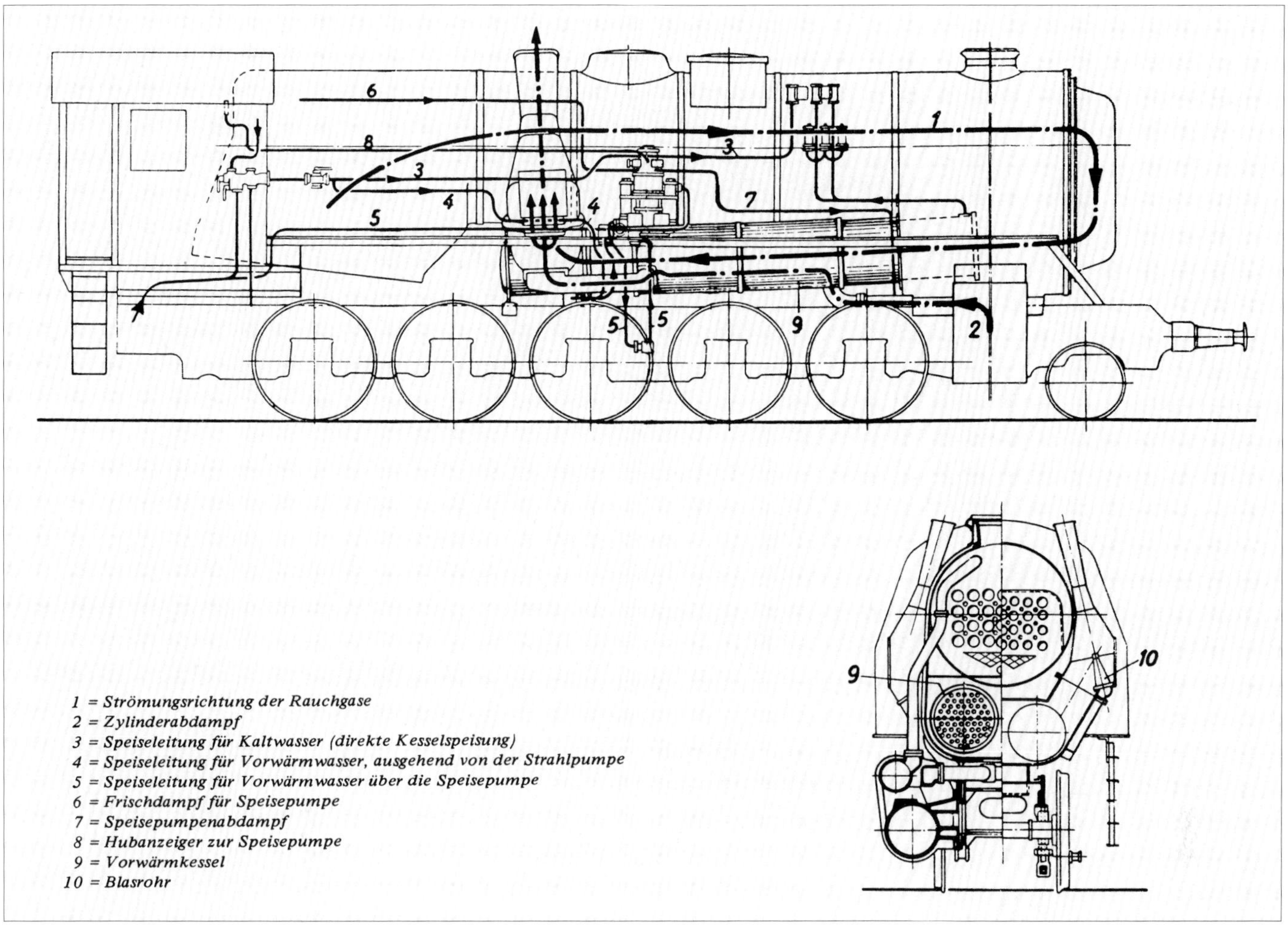


Schematischer Aufbau der BR $42^{90}$ mit Franco-Crosti-Kesselanlage. ABBILDUNG: SAMMLUNG JÜRGEN-ULRICH EBEL

# Erprobung und Betriebsbewährung

Bereits vor der Fertigstellung der Lokomotiven hatte die Hauptverwaltung darauf gedrungen, die neuen Franco-Crosti-Loks vorrangig zu untersuchen. Bei einem ersten, verkürzten Meßzyklus sollte es vor allem um die generelle betriebliche Tauglichkeit der Maschinen gehen. Auf Weisung der HVB wurde deshalb 42 9001 unmittelbar nach der Abnahme zum EZA nach Minden geführt. Die Meßfahrten mit ihr fanden in der Woche vom 28. Januar bis 3. Februar 1951 statt. Dr.-Ing. Crosti, weitere Vertreter der Italienischen Staatsbahn und Ref. 21 Flemming nahmen daran teil, Witte wie gesagt nicht.

Zugkraft und Verdampfungsleistung der 42 9001 lagen weit über den Leistungen der verglichenen Baureihe 52. Beides verwundert nicht, denn Reibungsgewicht und Verdampfungsheizfläche waren durch den Einbau des FC-Vorwärmers wesentlich größer geworden (Verdampfungsheizfläche Baureihe $42^{90}$: 250,18 $m^2$, Baureihe 42: 199,54 $m^2$, Baureihe 52: 177,83 $m^2$).

Außerdem stellte sich heraus, daß die Maschine entgegen den zwei Jahre vorher geäußerten Befürchtungen voll betriebstauglich war. Die betrieblichen Aufwendungen zur Behandlung der Loks waren zunächst nur minimal höher als bei normalen Maschinen: Das Auswaschen dauerte zehn Stunden gegenüber neun bei der Normal-52, für die Rauchkammerreinigung der $42^{90}$ waren alle acht bis zehn Tage zehn Minuten aufzuwenden.

## Die meßtechnische Untersuchung von 42 9000

Auch die gründliche Untersuchung der anderen Lokomotive hatte hohe Dringlichkeit. Am 11. Januar 1951 verfügte der Leiter des Versuchsdezernates des EZA Minden (Dez. 22) Dr.-Ing. Müller die Volluntersuchung von 42 9000. Vor allem ging es bei den Meßfahrten um den Vergleich mit 52 875, die mit dem Henschel-Mischvorwärmer neuester Bauart ausgerüstet und kurz zuvor untersucht worden war. Es wurden insgesamt 58 Meßfahrten durchgeführt. Der erste Meßzyklus dauerte vom 8. Februar bis zum 30. März 1951. Man fuhr mit zwei Meßwagen und Bremslok folgende Meßstrecken:

- Löhne – Rheine – Löhne am 8., 13., 16., 20., 23., 27. und 28. Februar, am 7., 8., 9., 13., 16., 20., 21. und 28. März 1951;
- Löhne – Rheine – Greven am 14. und 21. Februar, 6., 14., und 29. März;
- Bentheim – Rheine – Löhne am 15. und 22. Februar, 7., 15. und 30. März.
- Am 20. und 21. März fuhr die Lok Lz, am 28. März mit einem Meßwagen und ohne Bremslok.

Die Beharrungs-Geschwindigkeiten waren sehr unterschiedlich und lagen zwischen 11,0 und 61,3 km/h. An mehreren Tagen wurde wegen hoher Maschinenleistung mit zwei Bremsloks gefahren: 20. bis 22. Februar, 28. Februar, 6., 7. und 29. März. Es war zwar

Am 28. Januar 1951 ist 42 9001 für einen verkürzten Meßzyklus mit Indiziereinrichtung und wenigen Meßkabeln versehen. Das Bild entstand auf dem Ausziehgleis des Lokversuchsamtes in Minden. AUFNAHME: DB (BUSTORFF), SAMMLUNG ANDREAS KNIPPING

nicht das Anliegen dieser Meßfahrten, die Höchstleistung aus der Maschine „herauszuholen", doch gehörten auch extreme Anstrengungen zum Meßprogramm. Man erreichte folgende hohen Durchschnittsleistungen: am 16. März 1.752 PSi während 83,8 km und mit 60,6 km/h, am 22. Februar 1.788 PSi während 88,5 km und bei 61,2 km/h, am 28. Februar 1.852 PSi während 35,6 km und bei 41,5 km/h, am 7. März 1.810 PSi auf 82,0 km und bei 40,95 km/h.

Der zweite Meßzyklus umfaßte Langstreckenfahrten mit hoher Geschwindigkeit. Auch hier hingen wieder zwei Meßwagen und eine Bremslok am Zughaken.

Die Fahrten:
- Schwetzingen – Freiburg am 3. April,
- Freiburg – Heidelberg – Freiburg am 4., 5. und 6. April,
- Freiburg – Heidelberg am 7. April,
- Heidelberg – Freiburg am 9. April und eine Fahrt allein mit Meßwagen von Freiburg nach Heidelberg am 10. April 1951.

Es wurde wie gesagt durchweg unter sehr hoher Maschinenanstrengung und mit höchsten Durchschnittsgeschwindigkeiten gefahren. So wurde die 148,4 km lange Meßstrecke Schwetzingen – Freiburg mit einer Durchschnittsgeschwindigkeit von 82,0 km/h bewältigt. Am 5. April befuhr man die 148,2 lange Strecke Heidelberg – Freiburg mit durchschnittlich 80,6 km/h und 1.820 PSi, eine Leistung, die sogar der BR 44 gut zu Gesicht gestanden hätte. Während der Rücküberführung der Lok bespannte man zwischen Hanau und Göttingen den Dg 7605 mit 1.036 t, einen planmäßig mit BR 44 bespannten Zug. Erst in Bebra war eine Lokbehandlung nötig. Auf den Rampen Salmünster – Flieden (Grenzlast BR 44 1.200 t) und Bebra – Cornberg (Grenzlast BR 44 1.000 t) wurde mit Plangeschwindigkeit gefahren, ohne daß man den Eindruck hatte, dampfmäßig an der Grenze zu sein.

Der höhere Blasrohrdruck, ein höherer Wirkungsgrad der Saugzuganlage und das große Rauchkammervolumen ermöglichten eine Feueranfachung, die zusammen mit den höheren Speisewassertemperaturen den Kessel zu Verdampfungsleistungen befähigten, die bei einer normalen 52 völlig undenkbar waren. Darüber hinaus war der Saugzug durch die langen Wege sehr gleichmäßig, und der Anteil von unverbrannt mitgerissenen Kohlestückchen sank merklich. In mehrstündigen Beharrungsfahrten wurde die Kesselgrenzleistung der BR 52 bis zu 33 Prozent überschritten, während 15 Minuten um 45 Prozent. Das alles war mit dem normalen Aschkasten der BR 52 möglich. Hingegen hatte man bei der Vergleichslok für eine bessere Luftzufuhr den Aschkasten absenken müssen, ohne aber wesentlich über die Kesselgrenzleistung (57 kg/m$^2$h) hinauszukommen.

Als sehr lästig und betriebsgefährlich empfand man das Niederschlagen des Auspuffdampfes vor dem Führerhaus. Sofort nach den Versuchsfahrten ließ das Lokversuchsamt in der Nebenwerkstatt Minden beide Loks mit großen Windleitblechen ausrüsten, die man von abgestellten Restitutionsloks der BR 50 gewonnen hatte.

Am 8. Oktober 1951 legte Theodor Düring, Vorstand des Eisenbahn-Versuchsamtes für Lokomotiven Minden (Westf), seinen Bericht über die Untersuchung der Lok vor. Auf den folgenden Seiten wird der Bericht mit den wichtigsten Grafiken fast vollständig wiedergegeben. Auslassungen sind kenntlich gemacht und beziehen sich fast immer nur auf die Erwähnung von Anlagen.

Mit 50 975 als „Angstlok" beförderte 42 9001 am 28. Januar 1951 einen leeren Personenzug von Minden nach Hamm, oben vor der Abfahrt im Hof des Lokversuchsamtes Minden, unten bei einem Zwischenhalt in Gütersloh. BEIDE AUFNAHMEN: DB (BUSTORFF), SAMMLUNG WOLFGANG CLÖSSNER

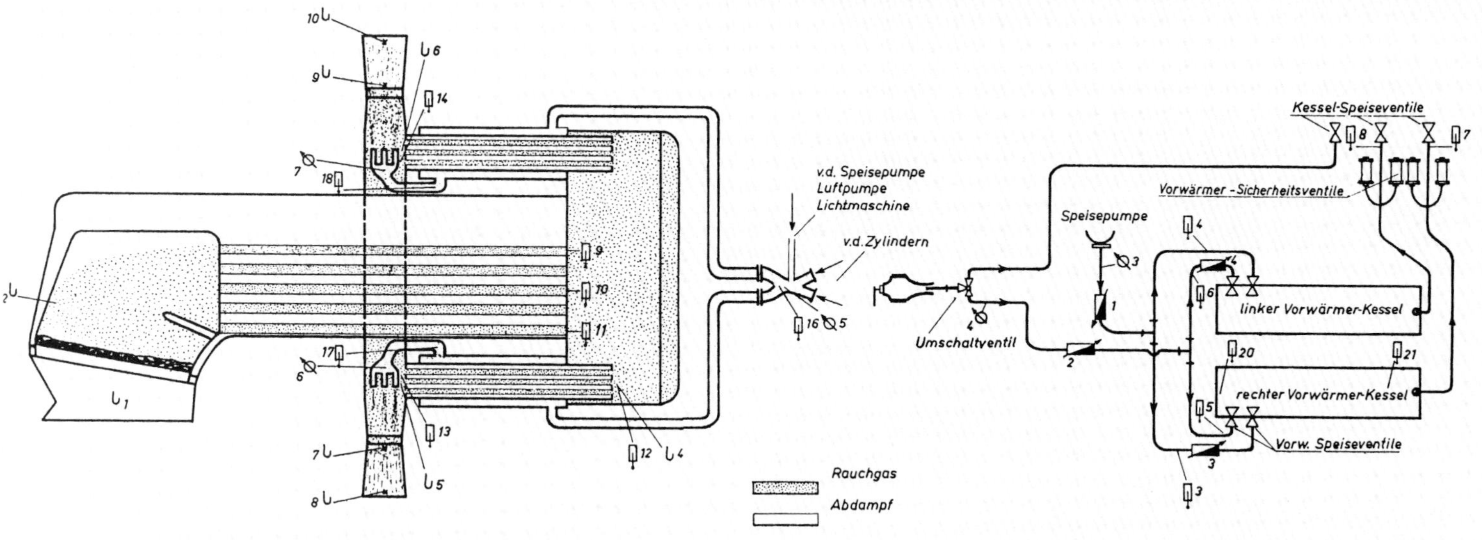


Schema der Rauchgas- u. Abdampfführung

Schema der Speisewasserleitungen

Das Schema von Rauchgasführung und Speisewasserführung, entnommen dem Versuchsbericht von Theodor Düring über die Fahrten mit 42 9000. Dargestellt sind auch die Punkte, an denen Meßfühler angebracht waren.

## Gesamtergebnis der Untersuchung

Die Kesselanlage mit „Franco-Crosti"-Vorwärmer der Lok 42 9000 hat während der Versuchsfahrten zufriedenstellend und störungsfrei gearbeitet. Der im wesentlichen aus der Abgaswärme erzielte Nutzeffekt ergab gegenüber der Vergleichslok 52 875 mit Mischvorwärmer eine größte Brennstoffersparnis von 14 ... 15 %, die jedoch in einem betrieblich kaum benutzten Arbeitsbereich erreicht wird. In dem wichtigen mittleren Leistungsbereich der Lok beträgt die Ersparnis nur 10 bis 11 %.

Die in der Beharrung erreichten Speisewassertemperaturen lagen zwischen 106 und 146 °C, wobei die höheren Werte den höheren Kesselbelastungen zugeordnet sind. Die mit einer Temperatur von 212 ... 425 °C aus dem Langkessel austretenden Rauchgase wurden dabei um 104 ... 245 °auf Austrittstemperaturen hinter dem Vorwärmer von 107 ... 180 °C abgekühlt. Der Anteil der Abdampfwärme an der Vorwärmung ist nicht exakt bestimmbar, aber offensichtlich gering.

Dank der hervorragenden Verdampfungswilligkeit der Kesselanlage konnten mit der Lok trotz höheren Gegendrucks auf die Dampfmaschine ohne Schwierigkeiten Leistungen erzielt werden, die mit der Normallok der R 52 unerreichbar sind. Der günstigste Gesamtwirkungsgrad der Lok liegt etwa im gleichen Leistungs- und Geschwindigkeitsbereich wie bei der 52 875; mit 9,7 % liegt sein Absolutsbetrag um 1,05 % höher als bei der Vergleichslok.

Die Bauart der Lok mit„Franco-Crosti"-Vorwärmer bringt für den Betrieb und die Werkstatt jedoch Erschwernisse mit sich, die zusammen mit den höheren Beschaffungskosten den im praktischen Betriebe und nach längerer Betriebszeit erzielbaren Gewinn fragwürdig erscheinen lassen. (...)

## Meßtechnische Ausrüstung der Lok und Durchführung der Untersuchung

Die Lok wurde mit den für die Leistungsuntersuchungen von Loks üblichen Meßgeräten ausgerüstet, abgestimmt auf die Sonderbauart dieser Lok. (...) Die Meß- und Untersuchungsmethode unterschied sich nicht von dem bisher bei Leistungsuntersuchungen geübten Verfahren (...)

Gegenüber früheren Untersuchungen wurden die Kohlenverbrauchsmessungen jedoch derart verbessert, daß eine größere Genauigkeit der Meßwerte dieser besonders schwierigen Messungen erreicht wurde. Während bisher nur die Gesamtkohlenmenge auf dem Tender vorgewogen wurde, wurde erstmals diese Menge in 4 bis 5 vorher verwogene Teilmengen unterteilt. Jeweils nach Verbrauch der einzelnen Teilmengen wurde für diesen mit Weg und Zeit festgelegten Versuchsabschnitt der zugehörige Wasserverbrauch (= Gesamt-Dampfverbrauch $D_{ges}$) bestimmt. Die Summen von Kohle- und Wasserverbrauch am Ende dieser einzelnen Versuchsabschnitte, aufgetragen im Koordinatensystem $D_{ges} = f(B)$, müssen eine Gerade ergeben, sofern sich der Betriebszustand des Kessels (Feuerführung) und damit die Verdampfung während des Versuches nicht ändert. (...) Der Tangens ihres Neigungswinkels gegen die Abszisse stellt die Verdampfungsziffer dar. Der Abschnitt, der von dieser Geraden auf der Abszisse gegenüber 0 abgeschnitten wird, entspricht dem Fehler bei der Schätzung der Grundfeuermenge zu Versuchsbeginn (ggf. auch zu Versuchsende). Eine Parallele zu dieser Geraden durch den Nullpunkt ergibt die zur insgesamt verdampften Wassermenge gehörige genaue durchschnittliche Kohlenmenge für die betreffende Fahrt. Die hiernach für alle Beharrungsfahrten ermittelten Kohlenmeßpunkte ergeben gegenüber den beim früheren Verfahren meist stärker streuenden Meßpunkten einen eindeutigen, klaren Verlauf der Kohlen-Verbrauchskurve.

Für alle Fahrten der Untersuchung wurde grundsätzlich die Kolbenpumpe als Speiseorgan benutzt; sie reichte mit ihrer Leistung für alle Belastungen aus.

Bei den ersten Versuchsfahrten zeigten sich hinter den beiden Vorwärmerkesseln Unterschiede in den Speisewassertemperaturen von bis zu 50 °C. Da die Möglichkeit bestand, daß die vor dem rechten Vorwärmer eingebaute Wasseruhr (Nr. 3) den Widerstand dieses Speiseweges vergrößerte, dadurch der andere Speiseweg (linker Vorwärmer) von einer größeren Speisewassermenge durchflossen wurde und daher gegenüber dem rechten Vorwärmer eine niedrigere Wassertemperatur zeigte, wurde diese Wasseruhr und ebenfalls Wasseruhr Nr. 4, für die bei Strahlpumpenspeisung die gleiche Gefahr bestand, ausgebaut. Die Änderung hatte eine Annäherung beider Speisewassertemperaturen hinter den Vorwärmern zur Folge, so daß während der ganzen Versuchsfahrten keine größeren Unterschiede als höchstens 20 °C auftraten. Eine Erklärung für diese verbliebenen Unterschiede konnte nicht ermittelt werden; die Ursache liegt u. E. in noch vorhandenen unterschiedlichen Strömungswiderständen der beiden Speisewege einschließlich der Kessel-Speiseventile.

Die zu Beginn der Untersuchung festgestellten, gegenüber den normalen Loks verhältnismäßig hohen Blasrohrdrücke und entsprechend hohen Gegendrücke der Dampfmaschinen ließen es zweckmäßig erscheinen, diesen Verlust an Arbeitsdiagrammfläche durch Erweitern der Blasrohre zu vermindern. Beim Nachmessen der Düsen stellte sich heraus, daß der ursprünglich auf 35 mm festgelegte Durchmesser der Blasrohrdüsen auf Anweisung von Herrn Crosti bereits von Seiten der Lokfabrik mit 45 mm ausgeführt worden war. Da das Material am Düsenkopf keine größere Erweiterung als auf 50 mm zuließ und die Entfernung vom Ursprungsmaß auch nicht zu weit getrieben werden sollte, wurden auf Anweisung des EZA Minden (Dez 22) nach Zustimmung der HVB (Referent 21) alle 2 x 3 Blasrohrdüsen auf 50 mm Austrittsdurchmesser aufgebohrt und in dieser Anordnung alle restlichen Versuchsfahrten durchgeführt.

Zu Beginn der Untersuchung war starker Kondensatauswurf aus den beiden seitlichen Schornsteinen lästig und behinderte besonders die Sicht vom Führerhaus aus. Durch Anbringen einer Kondensatleitung an den tiefsten Stellen der Abdampfkanäle zwischen den Vorwärmern und den Blasrohren wurde diese Erscheinung wenn nicht restlos beseitigt, so doch sehr gemindert.

Starker Dampfaustritt aus den Schieberkastenkondensatrohren infolge des höheren Abdampfdruckes konnte durch Einbau einer 3 mm-Blende am Austritt der Rohre auf ein tragbares Maß gebracht werden.

## Versuchsauswertung und -ergebnisse

Die für die 58 Versuchsfahrten wichtigsten Angaben und die bei den einzelnen Fahrten gewonnenen Meßwerte (Mittelwerte) sind in Anl. 2 (nur fett gedruckte Anlagen sind wiedergegeben) in zeitlicher Reihenfolge tabellarisch zusammengestellt.

Der Versuchsauftrag verlangt einen Vergleich mit Lok 52 875. Die Verkleinerung der Kesselheizfläche bei der Lok R $42^{90}$, gerechtfertigt dadurch, daß ein sehr bedeutender Teil der Wärmeübertragung sich bereits in den Vorwärmern vollzieht, hat zur Folge, daß mit der sonst bei Leistungsuntersuchungen üblichen Bezugsbasis „Heizflächenbelastung“ (kg/m²h) bei dieser Untersuchung nicht gerechnet werden konnte; denn die kleinere Kesselheizfläche der R $42^{90}$ und die für diese Verkleinerung eintretende, auf keinen Fall gleichwertige Heizfläche der Vorwärmer läßt eine Verwendung dieses Begriffes im Vergleich mit der Normal-Lok (52 875) nicht zu. An ihre Stelle trat die vom Kessel erzeugte Gesamtdampfmenge $D_{ges}$ [kg/h] (= Maschinendampfmenge $D_M$ + an die Hilfsbetriebe abgegebene Dampfmengen $D_{SP}$ für die Speisepumpe, $D_{LP}$ für die Luftpumpe und $D_{LM}$ für die Lichtmaschine). Bei der Vergleichslok 52 875 entspricht der bisher üblichen Vergleichsgröße der Heizflächenbelastung $b_H$ = 57 kg/m²h (Kessel-Vollast) eine Gesamtdampfmenge von $D_{ges}$ = 10.120 kg/h; dieser Wert soll daher im Folgenden die Bezugsgröße für die vergleichende Betrachtung der beiden Loks sein. Das Schema der Anlage 3 zeigt nochmals getrennt den Dampf- und Wasserkreislauf bei der Lok 42 9000 mit den für die Untersuchung gewählten Bezeichnungen der Meßgrößen für die Dampf- und Wassermengen.

**Anlage 4** gibt die Zusammenhänge zwischen Rauchgas-, Dampf- und Wassertemperaturen wieder. Die Heißdampftemperatur erreicht dank des stärkerer Saugzuges und der höheren Rauchgastemperatur Werte, die etwa bis zu 30 °C höher liegen als bei der Lok 52 875, z.B. für $D_{ges}$ = 10.120 kg/h 396 °C statt 373 °C. Bei $D_{ges}$ = 13.000 kg/h wird ein Höchstwert von 415 °C bei einer Rauchgastemperatur von 455 °C erreicht.

Der Temperaturverlust der Rauchgase vom Austritt aus dem Rohrbündel des Langkessels in der Rauchkammer I bis zum Eintritt in die Vorwärmer, der im wesentlichen durch die stark abkühlenden Flächen der die Rauchgase umlenkenden Rauchkammertür bedingt ist, beträgt über den gesamten Leistungsbereich gleichbleibend etwa 35 °C. Die Wärmeabgabe der Rauchgase an das Speisewasser erniedrigt deren Temperatur um etwa 104 °C bei kleinen, bis zu etwa 245 °C bei größeren und größten Dampfleistungen auf absolute Werte zwischen 107 und 180 °C. Durch diese Wärmeaufnahme wird das Speisewasser von 106 bei kleinen bis auf 146 °C bei größten Kesselleistungen in der Beharrung vorgewärmt. Es sei hierbei darauf hingewiesen, daß in dieser Anlage die Speisewassertemperatur den quantitativen Mittelwert zwischen der Temperatur hinter dem rechten und linken Vorwärmer darstellt. Der Abdampf hat an dieser Vorwärmung nur einen geringen Anteil; er kühlt sich von 175 °C bei $D_{ges}$ = 13.000 kg/h und 108 °C bei 1.000 kg/h auf 142 bzw. 104 °C ab, so daß er im unteren Leistungsbereich nur noch günstigstenfalls isolierend für den Vorwärmer wirkt. Ein nicht unerheblicher Teil der Abdampfwärme dürfte dabei nach außen verloren gehen. Die erreichten Speisewassertemperaturen, dies sei hier noch einmal besonders betont, sind das Ergebnis gleichmäßiger Speisung in der Beharrung (Versuchsdauer 90 ÷ 180 Minuten je nach Geschwindigkeit). Sie können bei einer Speisewassermenge, die ggf. weit unter der jeweiligen Dampfentnahme liegt, wesentlich höhere Werte erreichen (180 bis etwa 185 °C). Die Rauchgase kühlen sich um ca. 2 bis 35 °C über Speisewassertemperatur ab; im mittleren Leistungsbereich unterschneidet ihre Temperatur die des Speisewassers um etwa 5 °C.

Die bereits bei der Beschreibung der Vorwärmeranlage (...) erwähnten hohen Gegen- und Blasrohrdrücke sind mit den zugehörigen Unterdrücken in den Rauchkammern, in der Feuerbuchse und im Aschkasten in Abhängigkeit von der Maschinendampfmenge in Anlage 5 dargestellt. Die Basis $D_M$ (stdl. Maschinendampfmenge) wurde gewählt, weil bei dieser Lok die gesamte Maschinendampfmenge durch das Blasrohr geht. Die Verbindung zur Vergleichslok 52 875 ist durch die der Heizflächenbelastung von 57 kg/m²h dieser Lok entsprechende Maschinendampfmenge von 9.855 kg/h gegeben. Für diesen Bezugspunkt ergibt die Darstellung einen Gegendruck von 0,49 atü; er ist dreimal so groß wie der der Lok 52 875 (0,16). Der Blasrohrdruck der 42 9000 beträgt hierbei 0,35 atü; die Differenz zum Gegendruck ($P_{abd}$v.V.) mit 0,14 at stellt den Druckabfall durch Strömungsverluste in der Abdampfleitung von der Maschine über Vorwärmermantel zum Blasrohr dar. Dem hohen Blasrohrdruck sind entsprechend hohe Unterdrücke in der Rauchkammer II (290 mm WS) und I (182), in der Feuerbüchse (58) und im Aschkasten (25) zugeordnet. Die Differenz zwischen Rauchkammer II und I mit 108 mm WS stellt den Druckverlust der Rauchgase im Röhrenvorwärmer dar. Der Unterdruck in Rauchkammer I, der mit dem Unterdruck in der Rauchkammer bei normalen Loks zu vergleichen ist, liegt mit 182 mm WS erheblich über dem Vergleichspunkt der 52 875 (99 mm WS). Die Unterdrücke in Feuerbuchse und Aschkasten sind entsprechend hoch. Die erreichten Höchstwerte vom Gegendruck mit 0,9, Blasrohrdruck mit 0,7 atü und den Unterdrücken in Rauchkammer II und I mit 452 bzw. 250 mm WS sind von einer Größenordnung, wie sie bisher bei normalen deutschen Loks völlig unbekannt sind.

In Anlage 6 sind die Unterdrücke in den beiden Rauchkammern in Abhängigkeit vom Blasrohrdruck aufgetragen. Zum Vergleich ist die entsprechende Kurve der Lok 52 875 in das Diagramm eingezeichnet. Eine Vergleichsbasis für den Größtwert des Rauchkammerunterdruckes dieser Lok mit dem Unterdruck der Lok 42 9000 bei gleicher Arbeitslage ist durch die Eintragung etwa gleicher Gesamtdampfmengen (11,35 bzw. 11,58 t/h) gegeben.

Die mit dieser Saugzuganlage erreichten außergewöhnlich hohen Absolutwerte von Drücken und Unterdrücken hätten m. E., ohne daß damit allerdings die Druckverluste durch Strömungs-

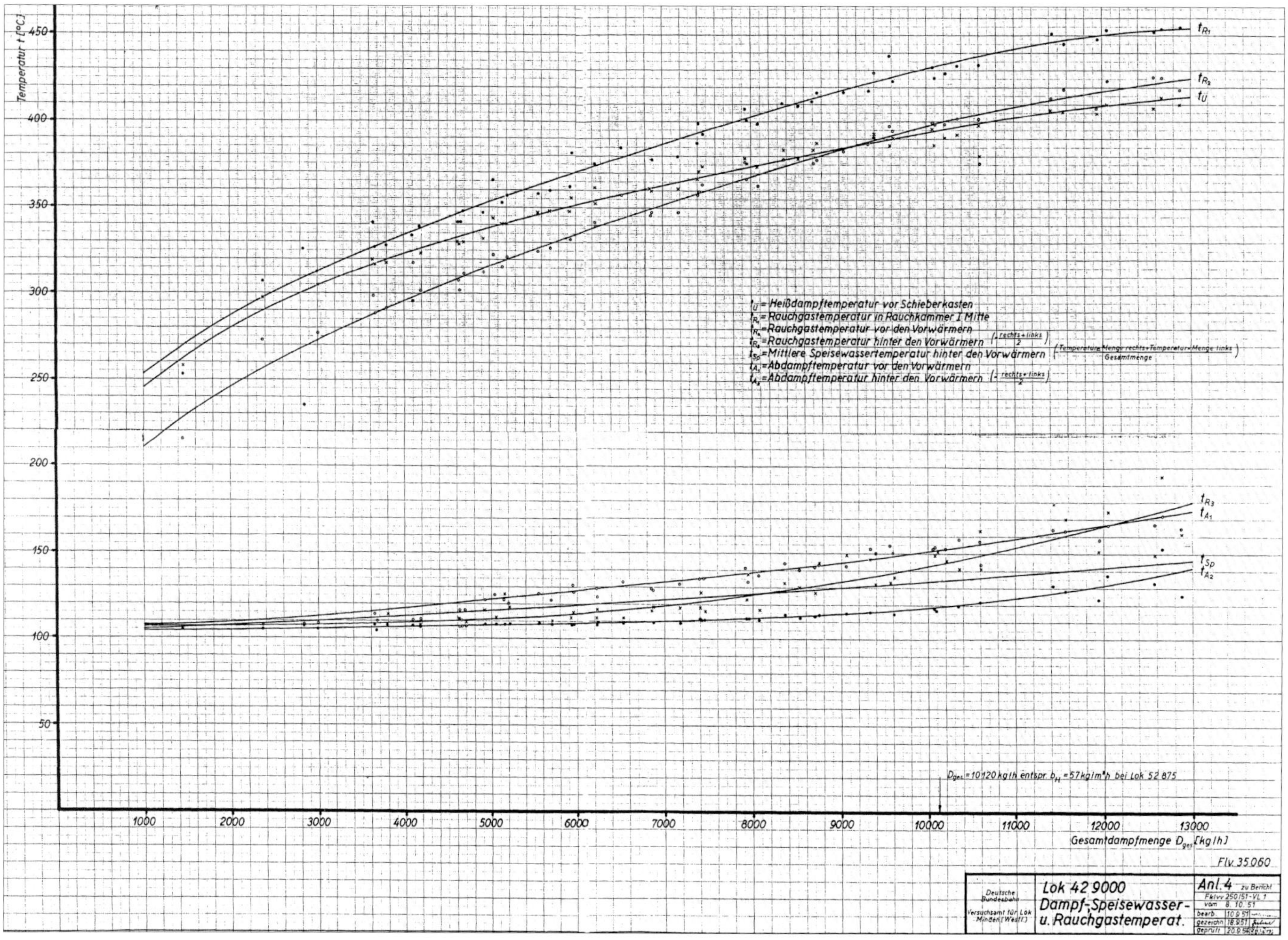


Oben: Anlage 4: Dampf-, Speisewasser- und Rauchgastemperaturen

Unten: Anlage 7: Wärmebilanz des Kessels

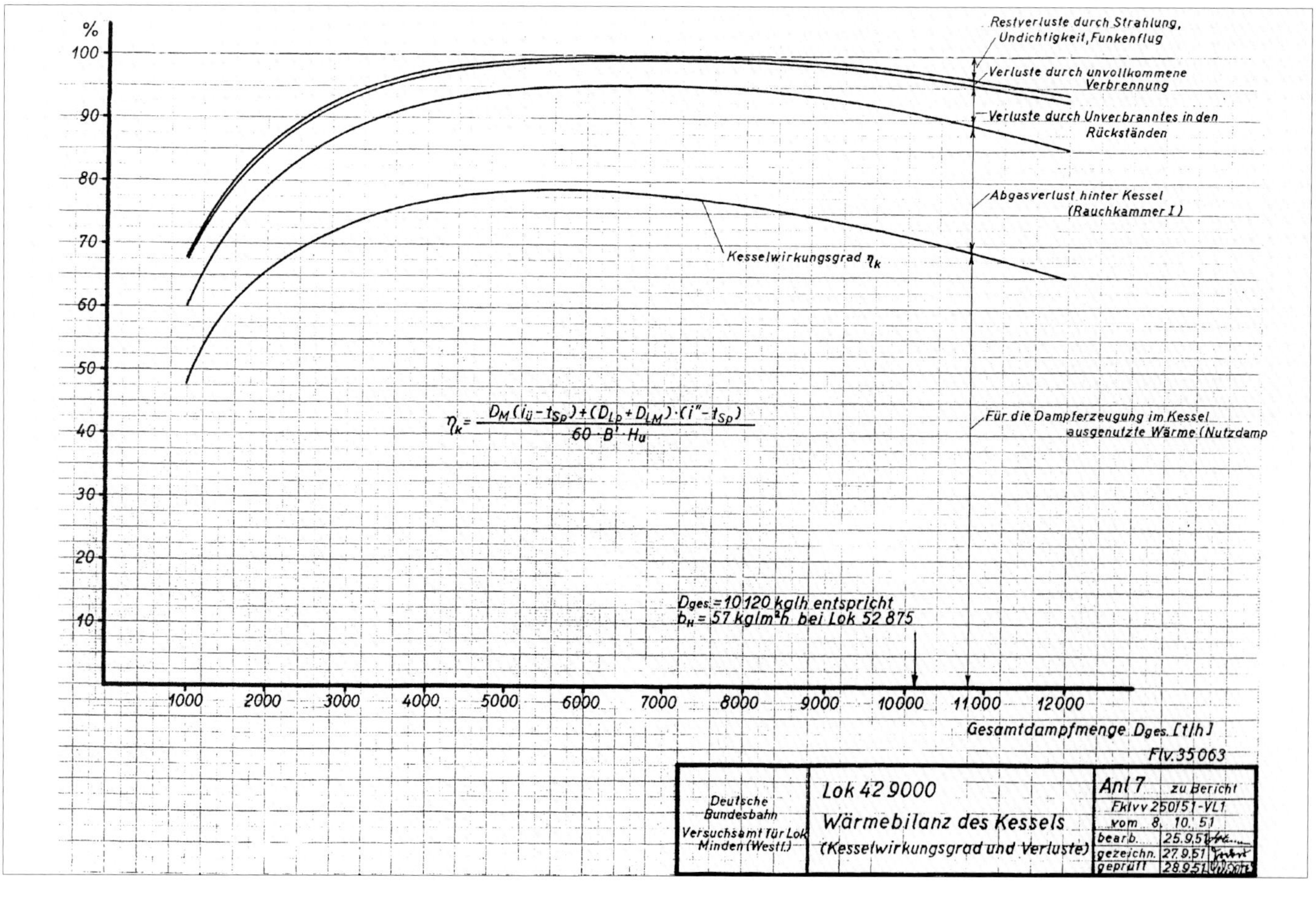

widerstände im Vorwärmer vermindert worden wären, zugunsten eines Gewinns an Indikator-Diagrammfläche verkleinert werden können.

Der Grundsatz, von den gegebenen Konstruktionsdaten nicht zu sehr abzuweichen, verbot die hierzu notwendige, über die bereits erfolgte Änderung hinausgehende Erweiterung der Blasrohrdüsen. Hinsichtlich der Dampferzeugung wirkte sich der starke Saugzug jedoch durchaus günstig aus, zumal die Wirkung der stärkeren Auspuffstöße auf das Feuer durch die großen Widerstände für die Rauchgasströmung stark gemildert wird und auf diese Weise eine verhältnismäßig gleichmäßige Strömung der Verbrennungsluft zum Rost erreicht wird.

**Anlage 7** zeigt die übliche Darstellung der Wärmebilanz des Kessels über der Gesamtdampfmenge. Es ist dabei zu beachten, daß sich diese Bilanz nur auf den eigentlichen Verdampferkessel bezieht, daß also der eingezeichnete Abgasverlust nicht für die Lok gilt, sondern nur für die aus dem Langkessel in die Rauchkammer I eintretenden Rauchgase. Der Wirkungsgrad des Kessels und des Kessels mit Vorwärmer, also der Gesamtkesselanlage, ist in **Anlage 8** nochmals gesondert dargestellt. Der Kessel der Lok 42 9000 erreicht sein Wirkungsgradmaximum mit 78,2 %. Durch Ausnutzung der Abgas- und eines geringen Teiles der Abdampfwärme gelingt es, den Wirkungsgrad der Kesselanlage auf 92 % zu erhöhen.

Bei Berechnung der Wirkungsgrade ist die Wärmeentnahme des Nutzdampfes $D_M + D_H$ (= Dampfverbrauch der Hilfsbetriebe ausschl. Speisepumpe $D_{SP}$) zu der in der Kohle aufgewendeten Wärme ins Verhältnis gesetzt. Der Dampfverbrauch der Speisepumpe bleibt wie üblich mit seinem Wärmeinhalt unberücksichtigt, da die Pumpe zum Kessel gehört; er belastet somit den Kesselwirkungsgrad. Dieser errechnet sich aus

$$\eta_K = \frac{D_M\,(i_ü - t_{sp}) + (D_{LP} + D_{LM})\,.\,(i'' - t_{sp})}{60 \cdot B' \cdot H_u}$$

und der Wirkungsgrad der Anlage aus

$$\eta_{K'} = \frac{D_M\,(i_ü - t_T) + (D_{LP} + G_{LM}) \cdot (i'' - t_T)}{60 \cdot B' \cdot H}$$

Hierin ist $D_M$ der Dampfverbrauch der Lokdampfmaschine in kg/h, $i_ü$ der Wärmeinhalt des überhitzten Dampfes bei der zugehörigen Heißdampftemperatur und Kesseldruck in kcal/kg, $t_{sp}$ die Temperatur des Speisewassers an den Kesselventilen in °C, $D_{LP}$ und $D_{LM}$ der Dampfverbrauch der Luftpumpe bzw. der Lichtmaschine, i'' der Wärmeinhalt des von Luftpumpe und Lichtmaschine verbrauchten Dampfes, B' die verfeuerte Kohlenmenge in kg/Min, bezogen auf einen Normalheizwert von 7.000 kcal/kg, $H_u$ der untere Heizwert der Kohle (= 7.000 kcal/ kg) und $t_T$ die Temperatur des Speisewassers im Tender in °C.

Der Einfluß der Abdampfwärme auf die Vorwärmung ist offenbar zwar gering, doch wird er sichtbar, wenn man den Wirkungsgrad der Kesselanlage **(Anl. 8)** in die Wärmebilanz des Kessels **(Anl. 7)** überträgt. Daß der dann verbleibende Rest bis zum Abgasverlust hinter Kessel (Rauchkammer I) nicht gleich dem Rauchgasverlust in Rauchkammer II, sondern kleiner ist, ist der Ausnutzung der Abdampfwärme zuzuschreiben.

Die Verlustgrößen der Kesselbilanz sind im einzelnen in Anlage 9 und 10 wiedergegeben. Während die Anlage 9 die Feuerungsverluste (unvollständige Verbrennung durch Unverbranntes in Schlacke, Asche und Lösche) enthält, gibt Anlage 10 den Verlust durch unvollkommene Verbrennung ($CO + H_2$) wieder. Diese Anlage enthält darüber hinaus den Gehalt der Abgase an $CO_2$ und $O_2$ und die aus der Gasanalyse ermittelten Luftüberschußwerte in Abhängigkeit von $D_{ges}$ bzw. der Rostbelastung. In Anlage 9 spiegelt sich die stärkere Wirkung der Saugzuganlage schwach in den gegenüber der Lok 52 875 um etwa 2 % niedrigeren Verlusten durch Unverbranntes an Schlacke und Asche wider. Dagegen wirkt sich nach Anlage 10 trotz stärkeren Saugzuges die durch die großen Widerstände in Kessel und Vorwärmer gleichmäßige Luft-

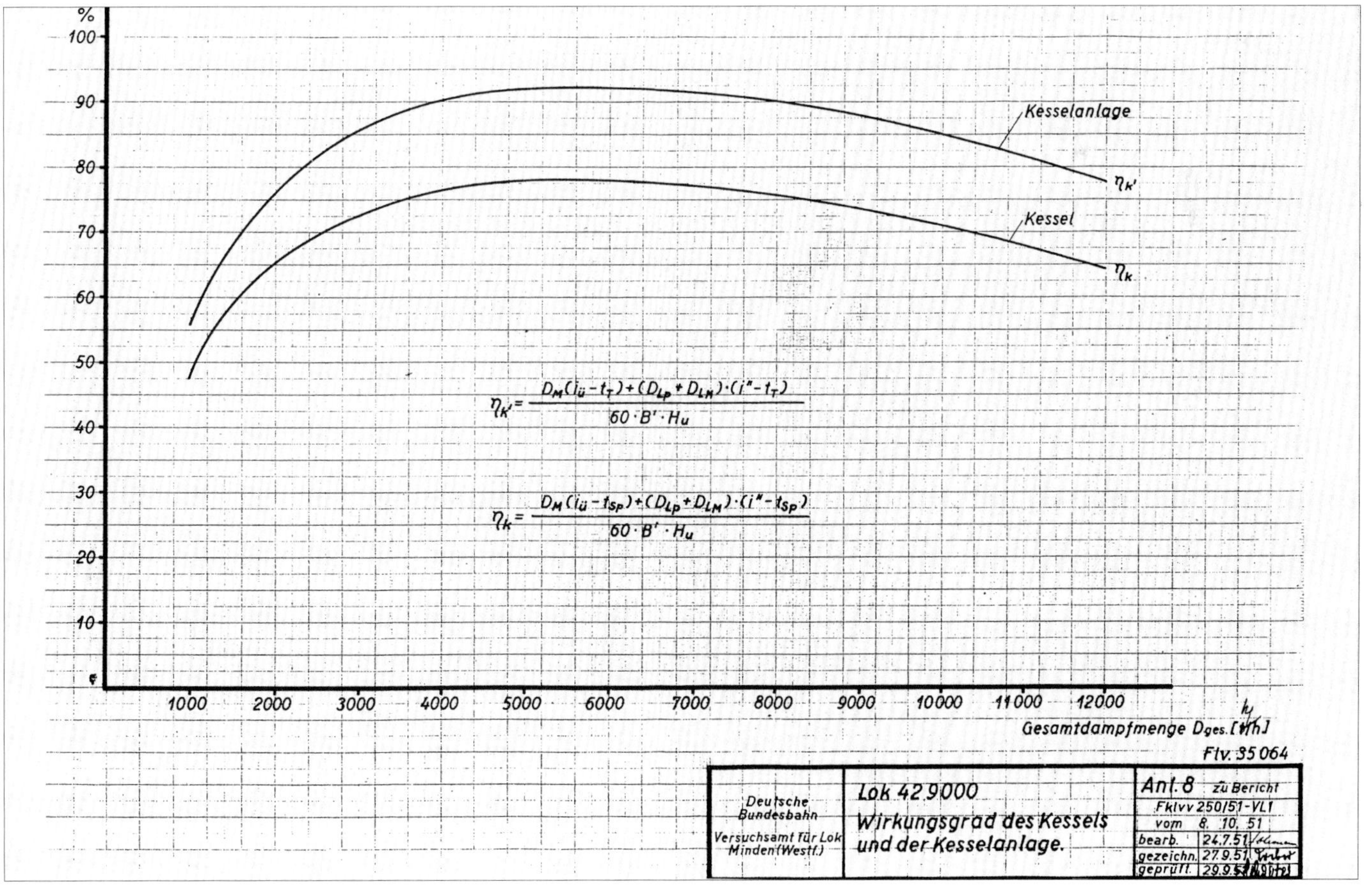


Anlage 8: Wirkungsgrad des Kessels und der Kesselanlage

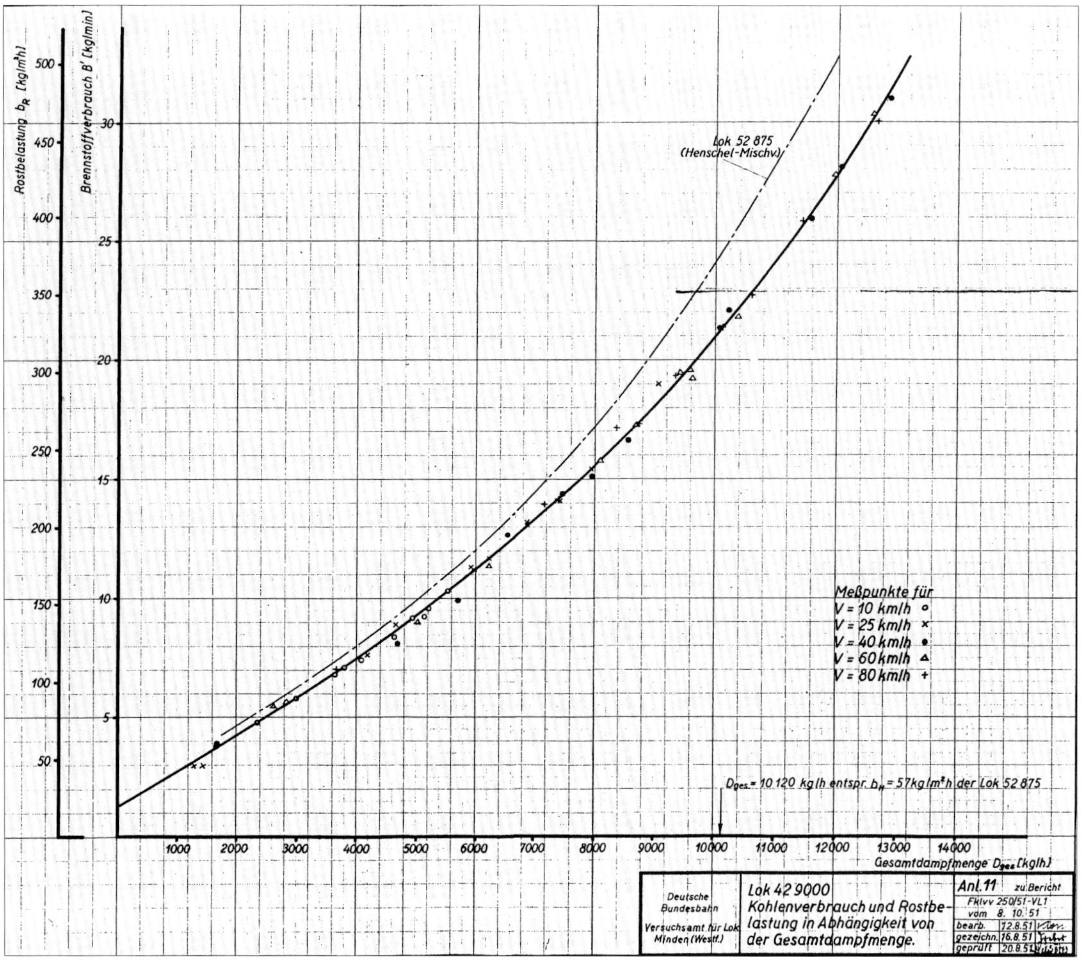


Anlage 11: Kohlenverbrauch und Rostbelastung in Abhängigkeit von der Gesamtdampfmenge

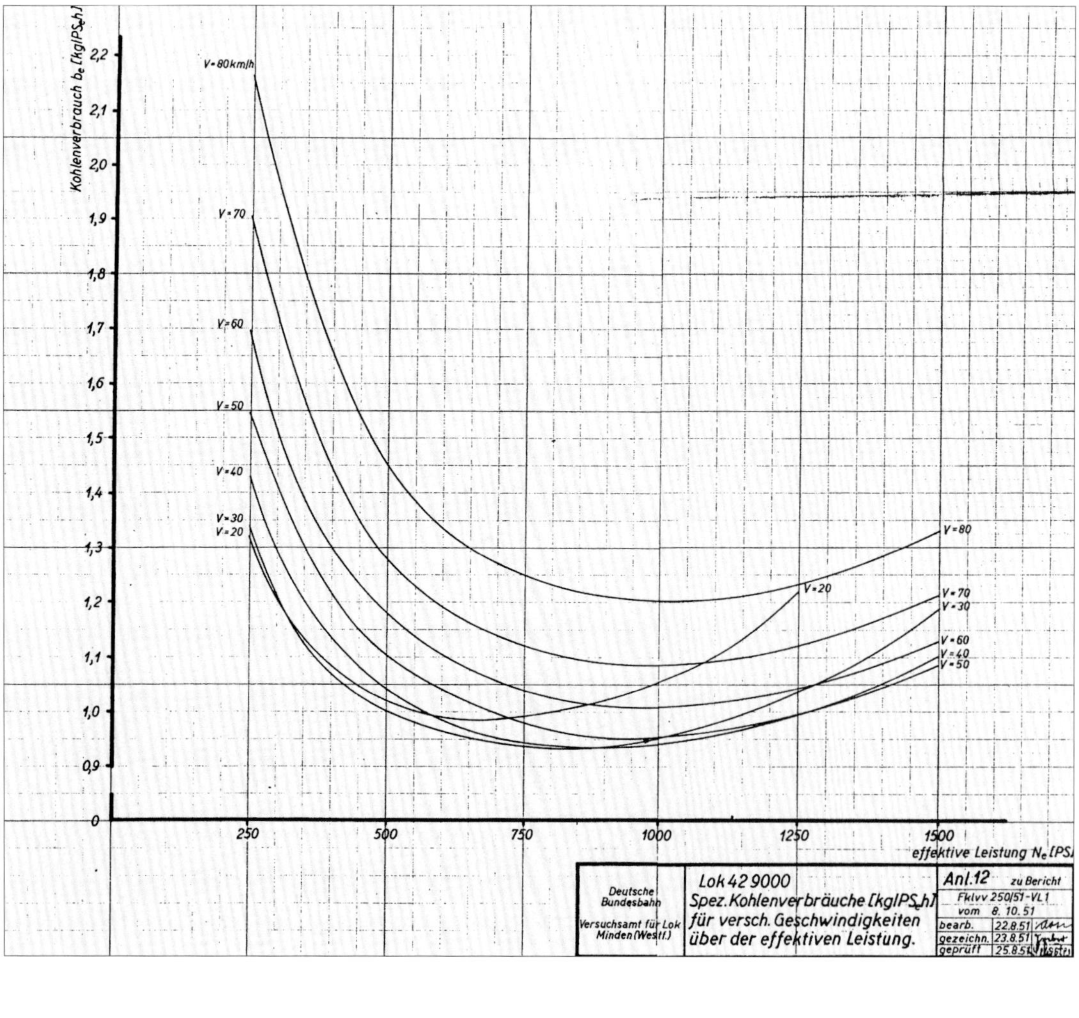


Anlage 12: spezifische Kohlenverbräuche (kg/PSeh) für verschiedene Geschwindigkeiten über der effektiven Leistung

zufuhr zum Rost auf die gleichbleibend niedrige und sichere Lage der CO + $H_2$-Kurve vorteilhaft aus. Es ist damit eine gegenüber der Lok 52875 vollkommenere Verbrennung erreicht (0,15 bis 0,2 % gegen 0,15 bis 1,2 % der 52 875). Die Kurve des Luftüberschusses liegt wohl bei größeren Leistungen um etwa 1/10 höher, verläuft aber über den Gesamtleistungsbereich flach zwischen 1,55 und 1,4 %. Die $CO_2$- und $O_2$-Werte liegen entsprechend.

Der absolute Kohleverbrauch der beiden Vergleichsloks ist in **Anlage 11** über der Gesamtdampfmenge aufgetragen. Die Meßpunkte der Kurve der Lok 42 9000 bestimmen aufgrund der bereits oben erwähnten verbesserten Kohlenmeßmethode die Kurvenlage wesentlich sicherer, als dies bei bisherigen Versuchen der Fall war. Sie zeigt, wie üblich, den von den bisherigen Untersuchungen bekannten Verlauf. Für $D_{ges}$ = 10.120 kg/h entsprechend $b_H$ = 57 kg/m²h der Lok 52 875 beträgt der Brennstoffverbrauch der Lok 42 9000 21,3 kg/min, nach der eingetragenen Vergleichskurve beträgt er für die 52 875 24,5 kg. Diese beiden Brennstoffverbrauchskurven ermöglichen lediglich einen Vergleich zwischen beiden Loks bei gleicher Dampfleistung (Gesamt-Dampferzeugung) der Kessel, ohne daß dabei die unterschiedlichen Verhältnisse bei der Dampfmaschine (höherer Gegendruck bei der Lok 42 9000) berücksichtigt sind. Bezugsgröße für den Vergleich der Kohlenverbrauchswerte zweier Loks kann jedoch nur die gleiche effektive Leistung beider Maschinen bei gleicher Geschwindigkeit sein; der aus den beiden Kurven der **Anlage 11** ablesbare Kohlenminderverbrauch bei gleicher Dampferzeugung ist daher nicht identisch mit der maßgeblichen Kohlenersparnis der Lok 42 9000 gegenüber der 52 875; diese wird weiter unten behandelt.

**Anlage 12** zeigt die spezifischen Werte des Kohlenverbrauches, bezogen auf die effektive Leistung für verschiedene Geschwindigkeiten.

Zur Bestimmung der Maschinendampfmenge wurde in einem Standversuch der Dampfverbrauch der Knorr-KSV-Kolbenspeisepumpe der Lok 42 9000 ermittelt. Die Werte sind in der Anlage 13 wiedergegeben. Lage und Verlauf der Kurven des absoluten und prozentualen Dampfverbrauches zeigen das für diese Art von Pumpen übliche Bild.

Der spezifische Dampfverbrauch der Lokomotiv-Dampfmaschine, bezogen auf die indizierte Leistung, wurde ermittelt aus der Gesamtdampfmenge abzüglich des Dampfverbrauches für die Hilfsbetriebe (Luftpumpe, Speisepumpe, Lichtmaschine).

Die so aus der Maschinendampfmenge und der indizierten Leistung gewonnenen Werte sind in Abhängigkeit von der indizierten Leistung in einer Kurvenschar mit der Geschwindigkeit V als Parameter in **Anlage 14** dargestellt. Punkte gleicher Dampferzeugung ($D_{ges}$) dieser Kurven wurden miteinander verbunden und zeigen damit einen Zusammenhang zwischen diesen Verbrauchswerten und der jeweiligen Kesselleistung. Das Minimum des spezifischen Dampfverbrauches verschiebt sich von kleiner Leistung bei kleiner Geschwindigkeit (525 PSi bei V = 15 km/h) in den Bereich großer Leistung bei großer Geschwindigkeit (1.250 PSi bei V = 80 km/h). Diese Minimalwerte, von denen der zu V = 15 gehörige bei $N_i$ = 525 PSi 8,1 kg/PSi beträgt, gehen mit zunehmender Geschwindigkeit bis auf di = 5,98 bei 1.250 PSi und V = 80 zurück. Dieses Optimum von 5,98 kg/PSih stellt für eine 2-Zylinderlok einen recht günstigen Wert dar. Die Vegleichslok erreichte bei 57 kg/m²h ($D_{ges}$ = 10.120 kg/h) 6,0 kg/PSih, liegt also unter dem Wert 6,05, den Anlage 14 für Lok 42 9000 hierfür ausweist. Dieser erhöhte Verbrauch ist durch die hohen Gegendrücke der Versuchslok begründet. Nachfolgend sind daher die Werte für verschiedene Geschwindigkeiten beider Loks gegenübergestellt.

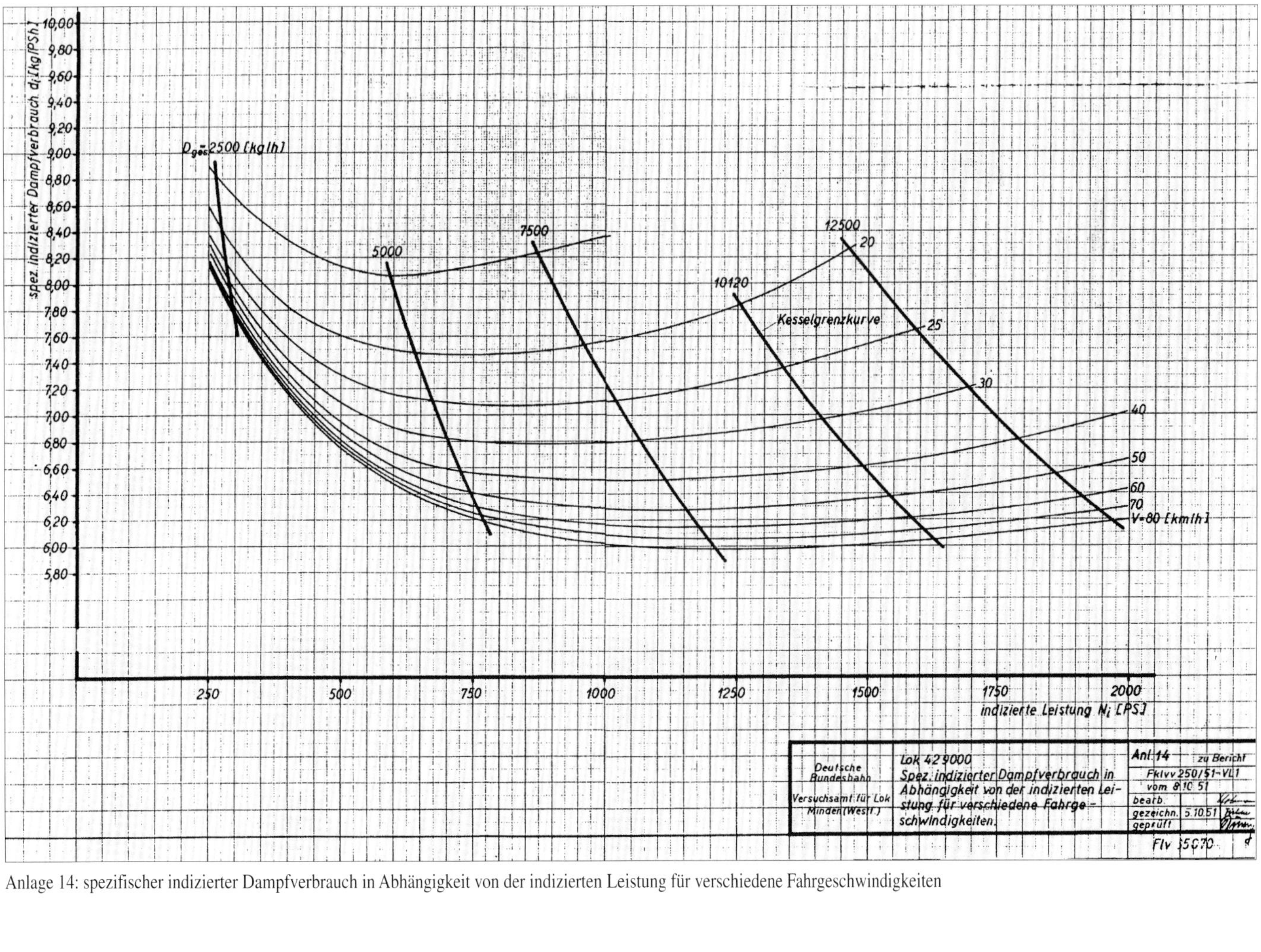

Anlage 14: spezifischer indizierter Dampfverbrauch in Abhängigkeit von der indizierten Leistung für verschiedene Fahrgeschwindigkeiten

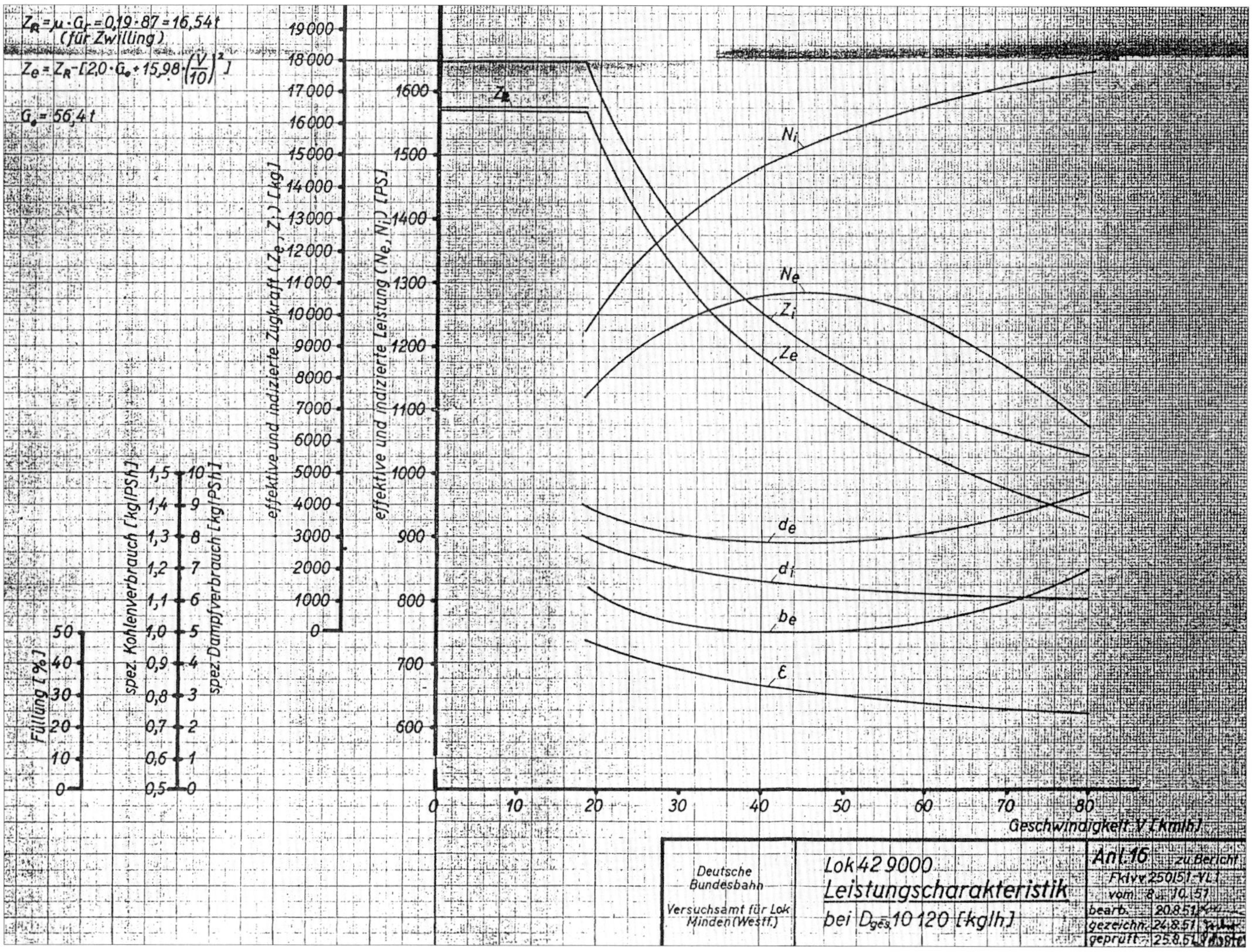


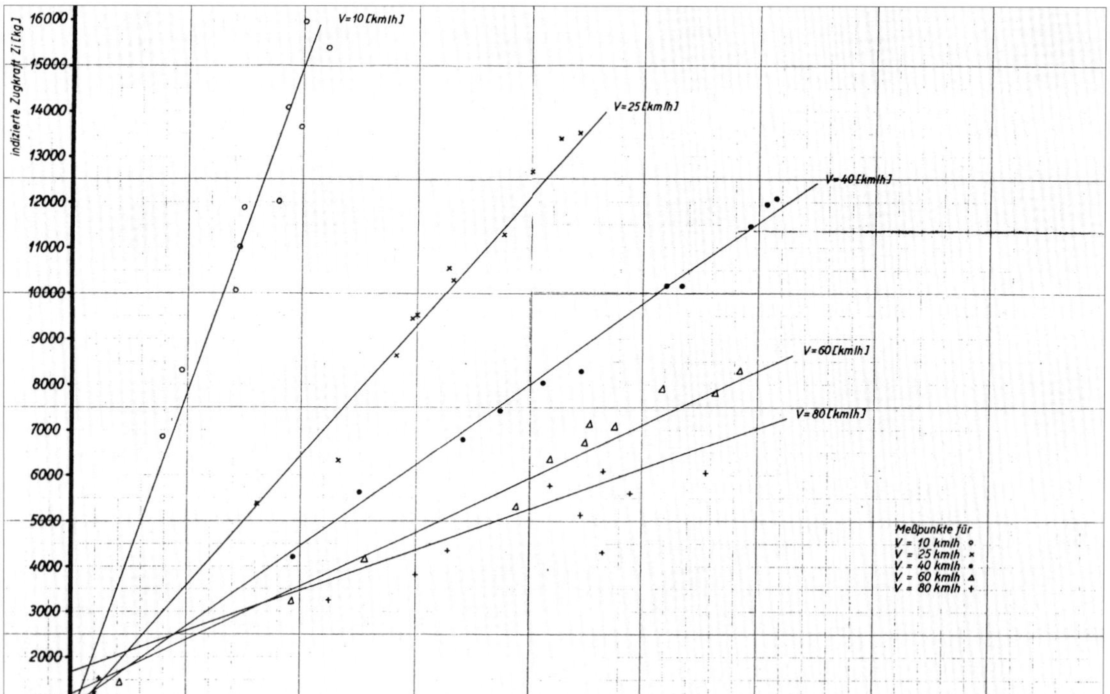


Anlage 16: Leistungscharakteristik bei $D_{ges}$ 10.120 (kg/h)

Anlage 18: Indizierte Zugkraft bei verschiedenen Geschwindigkeiten über der effektiven Leistung

| Lok | 42 9000 | 52 875 |
|---|---|---|
| V (km/h) | $d_i$ (kg/PSih) | |
| 20 | 7,84 | 7,8 |
| 30 | 7,02 | 7,0 |
| 40 | 6,6 | 6,5 |
| 50 | 6,36 | 6,2 |
| 60 | 6,23 | 6,0 |
| 70 | 6,11 | 6,0 |
| 80 | 6,05 | 6,0 |

Bei Vergleich mit $d_i$-Werten anderer Loks ist zu beachten, daß ein schlüssiger Vergleich nur möglich ist, wenn auch diese Werte aus der Maschinendampfmenge ermittelt wurden.

Zur thermischen Beurteilung der Dampfmaschine ist in Anl. 15 der spezifische Wärmeverbrauch für die indizierte Leistung in einer Kurvenschar mit wi als Parameter über der Geschwindigkeit dargestellt.

$$w_i = \frac{D_M \cdot i_ü}{N_i} \text{ (kcal/PSih)}$$

Der thermische Wirkungsgrad $\eta_{th} = \frac{632}{w_i} = \frac{632 \cdot N_i}{D_M \cdot i_ü} \cdot 100\ \%$

ist über die Ablese-Hyperbel für die jeweils gefragte indizierte Leistung zu bestimmen. Er erreicht sein Maximum bei V = 80 km/h und $N_i$ = 1.500 PS mit 13,7 % und liegt für V = 10 und $N_i$ = 250 PS bei etwa 9 %.

**Anlage 16** zeigt die übliche Leistungscharakteristik für $D_{ges}$ = 10.120 kg/h entsprechend $b_H$ = 57 kg/m$^2$h bei der 52 875.

Infolge des höheren Reibungsgewichtes (von 87 gegen 75,7 t) erhöht sich die Zugkraft am Radumfang im Reibungsbereich von 14,35 bei der 52 875 auf 16,54 t bei der Versuchslok. Die Reibungsgeschwindigkeit verschiebt sich dadurch für $D_{ges}$ = 10.120 kg/h von V = 24 auf 18 km/h.

Der spezifische Kohlenverbrauch $b_e$ erreicht sein Minimum mit 1,8 kg/PSh und liegt bei V = 80 bei 1,2; hier benötigt die Vergleichslok 1,4 kg/PSh. Die übrigen Kurven entsprechen einander unter Berücksichtigung dessen, was zuvor schon über Dampfverbrauch und Leistung gesagt wurde.

Die bei einzelnen effektiven Leistungen und verschiedenen Geschwindigkeiten angewandten Füllungen und Schieberkastendrücke sind in Anlage 17 festgehalten.

Die Kennlinienfelder für die Lok 42 9000:
**Anlage 18** zeigt das Ausgangsdiagramm für die Kennlinienfelder. In ihm sind die indizierten Zugkräfte über der effektiven Leistung für verschiedene Geschwindigkeiten als Parameter aufgetragen. Die Geraden für verschiedene Geschwindigkeiten schneiden auf der Ordinaten ($N_e = 0$) die indizierten Zugkräfte ab, die zum Bewegen der leeren Lok bei diesen Geschwindigkeiten notwendig sind ($Z_i$). Der tg ihrer Neigungswinkel muß konstant sein und beträgt im vorliegenden Fall

$$t_g\alpha = \frac{Z_i - Z_{i0}}{Z_e} = 1{,}056.$$

Die Geraden für verschiedene Geschwindigkeiten schneiden auf der negativen Abszissenseite die Leistung ab, die für das Schieben der Lok bei der betreffenden Geschwindigkeit aufgebracht werden muß, und zwar ist der Laufwiderstand der Lok

$$W_L = \frac{Z_{i0}}{t_g\alpha}$$

Die Werte für $Z_{i0}$ und $w_L$ sind in einem besonderen Diagramm (Anl.19) über $\frac{V_2}{10}$ aufgetragen und erbringen als Endergebnis die Strahl'sche Formel für die Versuchslok, und zwar mit Hilfe des Neigungswinkels β der $W_L$-Linie, dessen $t_g$ dem Luftwiderstandsbeiwert in der Strahl'schen Formel entspricht

$$t_g\beta = \alpha \cdot F = \frac{W_L - W_{L0}}{(V/10)^2} = 15{,}98$$

Dieser Luftwiderstandsbeiwert ist etwas günstiger als der der 52 875 mit 20,3. Die Gleichung für den gesamten Laufwiderstands der Lok lautet
$W_L = c_1 G_0 + c_2 G_R + a.F.\ (V/10)^2$.

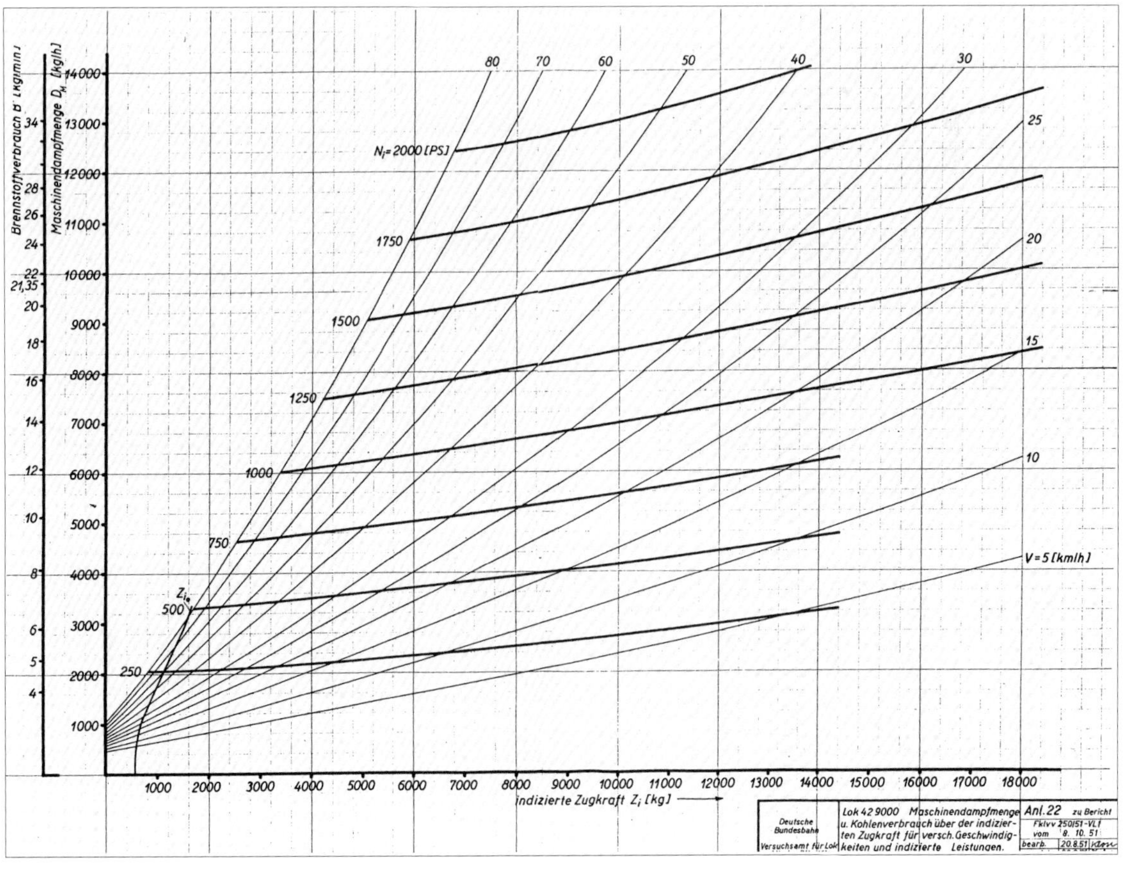


Anlage 22: Maschinendampfmenge und Kohlenverbrauch über der indizierten Zugkraft für verschiedene Geschwindigkeiten und indizierte Leistungen

Für die Lok 42 9000 ergibt sich aus Anlage 19 für den Rollwiderstand $W_R = c_1G_0 + c_2G_R = 587$ kg, und ihre Laufwiderstandsgleichung lautet somit
$W_L = 587 + 15{,}98\ (V/10)^2$.
Der Beiwert für Zi in der allgemeinen Zugkraftformel ergibt sich zu

$$c_3 = \frac{\text{tg}\,\alpha - 1}{\text{tg}\,\alpha} = 0{,}053.$$

Damit lautet die allgemeine Zugkraftformel für die Lok 42 9000
$Z_i = Z_e + 587 + 15{,}98\ (V/10)^2 + 0{,}053\ Z_i$.

Mit Hilfe der weiteren Hilfsdiagramme Anl. 20, 21 und 22 kommen dann die Kennlinienfelder für die Lok 42 9000 zustande.

Die **Anlagen** 23 und **24** zeigen die Kennlinienfelder für indizierte Zugkräfte und innere Wirkungsgrade bzw. effektive Zugkräfte und Gesamtwirkungsgrade mit den Linien konstanten Brennstoffverbrauches (B' in kg/min bzw. $B_{km}$ in kg/km). In den vergleichbaren Kennlinienfeldern der beiden Loks 42 9000 und 52 875 weichen die einzelnen Kurvenzüge außer in ihrer Größenordnung kaum voneinander ab. Das Maximum des inneren Wirkungsgrades erreichte die Lok 52 875 mit einem $\eta_i = 12{,}65$ (%). Bei 72 km/h gegen 11,4 % oberhalb 69 km/h bei der 42 9000 bei einer praktisch gleichen Zugkraft von 3700 ... 3800 kg. Im Kennlinienfeld für die effektiven Zugkräfte beträgt der höchste Gesamtwirkungsgrad 9,7 %. Er liegt damit absolut um 1,05 % über dem der Lok 52 875. Die Lage beider Wirkungsgradmaxima bei V = 36 bzw. 38 km/h ist praktisch gleich. Die zugehörige Zugkraft liegt bei der 42 9000 bei etwa 7000 und bei der 52 875 bei etwa 6.200 kg. Im Kennlinienfeld stellen die Brennstoffverbrauchskurven B' (kg/min) Zugkraftlinien gleichen Brennstoffverbrauches dar. Die Verbrauchslinie, die der Zugkraft bei $D_{ges} = 10.120$ kg/h (= 57 kg/m²h bei der Lok 52 875) zugeordnet ist (B' = 21,35 kg/h), ist im Anschluß an die Linie der Reibungsgrenze durch größere Strichstärke hervorgehoben. Die Verbindung der Maxima der Brennstoffverbrauchskurven $B_{km}$ (kg/km) ergibt die strichpunktierte Linie günstigsten Brennstoffverbrauches. Da bei der Darstellungsweise der Kennlinienfelder die bei einer beliebigen Arbeitslage mit der Lok 42 9000 bei Versuchsfahrten erzielte Kohlenersparnis gegenüber Lok 52 875 nicht für alle Punkte eindeutig herausgelesen werden kann, war es notwendig, ein Diagramm aufzuzeichnen, das die Zugkraftlinien gleicher Kohlenersparnis enthält. Hierzu wurde für die beiden zu vergleichenden Loks je 1 Hilfsdiagramm aufgezeichnet, in dem für verschiedene Geschwindigkeiten (V = 10 ... V = 80 km/h) der Kohlenverbrauch B' (kg/min) über den effektiven Zugkräften für gleiche Leistungen eingetragen wurde.

Die Punkte des Brennstoffverbrauches bei gleicher Leistung auf den verschiedenen V = const.-Linien wurden durch die stark ausgezogenen Linienzüge verbunden; sie stellen somit Brennstoffverbrauchskurven für gleiche Leistungen bei verschiedenen Zugkräften dar. In diesen beiden Verbrauchsdiagrammen sind auf den Abszissen die Reibungsgrenzen der beiden Loks und auf den Ordinaten die Brennstoffverbrauchswerte entsprechend der Vergleichsgröße $b_H = 57$ kg/m²h durch strichpunktierte Linien ge-

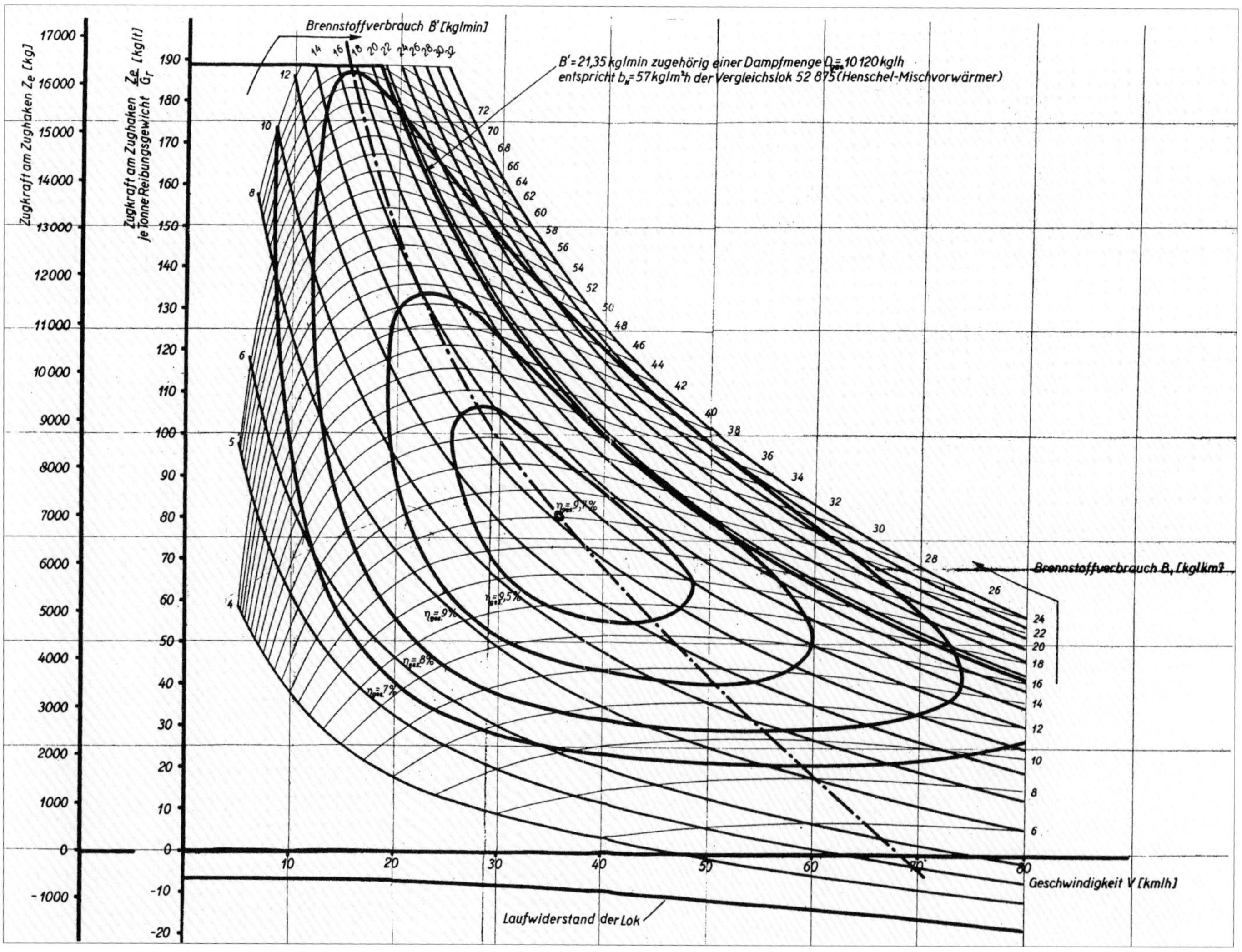


Anlage 24: Kennlinienfeld für effektive Leistungen und Wirkungsgrade bei $D_{ges}$ = 10.120 kg/h, entsprechend Nennleistung von 52 875. Immerhin 9,7 % Brennstoffausnutzung werden erreicht, besser als fast alles, was bislang in Deutschland gebaut wurde.

kennzeichnet. (s. Anl. 25 und 26, nicht abgedruckt). Aus diesen beiden Anlagen entstand das in Anlage 27 dargestellte Kohlenersparnisdiagramm: Auf Zugkraftlinien gleicher effektiver Leistung im ZV-Diagramm sind Punkte gleicher Kohlenersparnis miteinander verbunden; sie wurden gefunden, indem für gleiche Leistungen und Geschwindigkeiten der Loks 52 875 und 42 9000 der Brennstoffverbrauch aus Anlage 25 und 26 ermittelt und die prozentuale Ersparnis, bezogen auf Lok 52 875, errechnet wurde.

Das Ergebnis ist ein Ersparnisgebirge mit einer hohen Randzone von 14 bis 15 %, die jedoch in dem am wenigsten gebräuchlichen Arbeitsbereich der Lok liegt. Von dieser Randzone fällt die Ersparnis nach dem mittleren Arbeitsbereich der Lok hin ab, sie beträgt im hauptsächlichen Arbeitsgebiet zwischen 30 ... 60 km/h und mittleren Zugkräften zwischen etwa 2,2 und 6,5 t nur 10 bis 11 %. Es darf hieraus nicht geschlossen werden, daß die Lok 42 9000 in diesem Bereich besonders unwirtschaftlich arbeitet, sie weist hier lediglich die geringsten Unterschiede gegenüber der am günstigsten arbeitenden Mischvorwärmerlok 52 875 auf. In diesem dreidimensionalen Diagramm wurde noch die Widerstandslinie für einen Güterzug von 800 t Last für eine Steigung von 2 ‰ eingezeichnet.

Der 800-t-Zug wurde gewählt, weil dieser Wert als Durchschnittszuglast desjenigen Dienstplanes des Bw Minden ermittelt wurde, in dem die R 52 mit Henschel-Mischvorwärmer läuft und in den nunmehr auch beide Franco-Crosti-Loks für den betrieblichen Vergleich eingereiht wurden.

Sie zeigt, in welchen Leistungsbereichen die Lok überwiegend arbeitet, und bestätigt damit, daß bei den im Güterzugdienst üblichen Geschwindigkeiten zwischen 30 und 60 km/h die Ersparnisse höchstens zwischen 10 ... 13 % liegen können.

## Beurteilung der Lok mit Franco-Crosti-Vorwärmer:

Wie die Versuchsergebnisse zeigen, sind die mit der „Franco-Crosti"-Lok gegenüber Loks der Regelbauart der R 52 mit Mischvorwärmer „Bauart Henschel" erzielten Ersparniswerte zweifellos bemerkenswert.

Dabei ist zu berücksichtigen, daß der Mischvorwärmer im Falle der Lok 52 875 schon eine beachtliche Verringerung des Kohlenverbrauches gegenüber der Lok mit Strahlpumpenspeisung gebracht hat. Das Maximum des Gesamtwirkungsgrades von

$\eta_{ges}$ = 8,6 im Bereich
von V = 30 ... 50 km/h
und $Z_e/G_R$ = 60 ... 150 kg/t

bei Lok 52 875 erhöht sich nur auf etwa 9,5 ... 9,7 % bei gleicher Arbeitslage der Lok 42 9000. Dieser geringe Unterschied zwischen den Maxima der Gesamtwirkungsgrade beider Maschinen zeigt nochmals die Tatsache der gerade in diesem Bereich besonders gering ausgefallenen Brennstoffersparnis.

Dafür, daß die Brennstoffersparnis insgesamt gesehen nicht größer ist als anhand der Meßergebnisse nachgewiesen, dürften mehrere Gründe maßgebend sein. Bei den Versuchsfahrten zeigte es sich bereits, daß die Verdampfungsleistung der Kesselanlage, selbst bei größter Maschinenleistung, nicht zu erschöpfen war. Als Ursache hierfür ist vor allem der wesentlich stärkere Saugzug anzusehen. Da anzunehmen ist, daß bei der Konstruktion der Lok R $42^{90}$ die Heizflächen von Kessel und Vorwärmer auf Grund der italienischen Erfahrungen bereits in günstigster Weise aufeinander abgestimmt sind, dürfte durch Änderungen dieser Abstimmung ein noch besserer Gesamtwirkungsgrad nicht erreichbar sein; durch Änderung der absoluten Größen der Heizflächen von

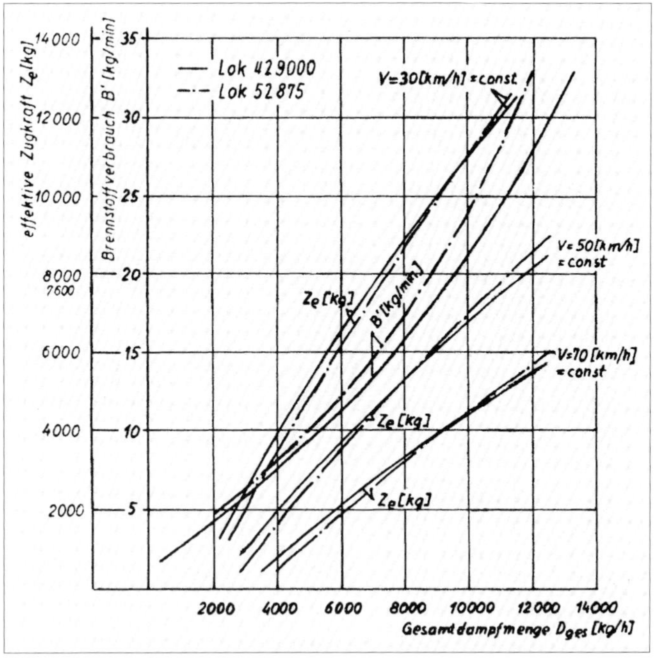


Der unmittelbare Vergleich zwischen 52 875 und 42 9000 macht deutlich, daß nur bei hohen effektiven Zugkräften und hohen Geschwindigkeiten eine Aussicht auf wirtschaftliche Überlegenheit der Franco-Crosti-Lok bestand.

Kessel und Vorwärmer wäre allenfalls eine Verschiebung des Wirkungsgradmaximums im ZV-Diagramm denkbar.

Eine weitere Ursache ist der höhere Gegendruck der Maschine und der dadurch bedingte Leistungsverlust. Es wäre anzustreben, annähernd gleiche Wirkung der Saugzuganlage mit einem niedrigeren Blasrohrdruck zu erreichen und gleichzeitig den Druckabfall des Abdampfes zwischen Maschine und Blasrohr im Vorwärmermantel durch strömungsgünstigere Ausbildung der Dampfführung zu vermindern.

Hierbei läßt die spürbar geringe Wirkung des Abdampfes auf die Vorwärmung die Frage aufkommen, ob es zweckmäßig ist, den gesamten Abdampf der Maschine auf diesem Wege zum Blasrohr zu bringen, oder ob es nicht ratsamer wäre, nur einen Teil des Abdampfes diesen Weg gehen zu lassen und den anderen, ggf. überwiegenderen Teil direkt den Blasrohren zuzuführen. Die Wärmeabgabe des Abdampfes erfolgt im Gegensatz zum Rauchgas offenbar nur zum Teil an das Speisewasser; denn ein Teil, sehr wahrscheinlich nicht der geringste, geht nach außen durch Wärmeableitung und Strahlung verloren (s. Anl. 4).

Schließlich hat die durch den Franco-Crosti-Vorwärmer bedingte Gewichtszunahme der Lok R $42^{90}$ gegenüber der Normaltype (R 52) von 13,3 t (= 10,3 % des Dienstgewichtes der BR 52) ebenfalls Anteil an der geringeren Brennstoffersparnis, weil sie den Eigenleistungsverbrauch der Maschine erhöht (Laufwiderstand der $42^{90}$ nach Anl. 19 = 587 kg gegenüber 502 kg der 52 875).

Hinsichtlich des baulichen Mehraufwands und der höheren Beschaffungskosten für die Lok R $42^{90}$ läßt die Höhe der bei den Versuchsfahrten erzielten Kohlenersparnis die Frage berechtigt erscheinen, ob diese nicht zu teuer erkauft ist, dies um so mehr, wenn man bedenkt, daß diese erreichten Ersparniswerte erfahrungsgemäß im praktischen Betriebe aus betrieblichen Gründen nur zum Teil realisierbar sind.

Hinsichtlich Bauart und Wirkungsweise haben sich während der Versuchsfahrten keine Störungen ergeben. Vor allem in Bezug auf die Dampferzeugung hat die Lok ein recht befriedigendes Verhalten gezeigt. Als sehr störend und nachteilig während der Fahrten haben sich lediglich die seitliche Anordnung der Schornsteine, die Höhenlage der Pumpen und die Vorwärmer-Sicherheitsventilverkleidungen erwiesen. Die Sicht nach vorn und die

Streckenbeobachtung werden dem Lokpersonal sehr erschwert, so daß der Lokführer sehr oft gezwungen ist, sich aus dem seitlichen Führerhausfenster hinauszulehnen. Die weit zurückliegenden Schornsteine hatten andererseits zur Folge, daß insbesondere bei leichtem Fahren (schwachem Auspuff) Rauch und Abdampf vor den Führerhausfenstern niederschlugen und bei nicht vollem Tender-Kohlenkasten vom Tender aus derart stark in das Führerhaus hineinströmten, daß der Führerstand völlig vernebelt war; ein Übelstand, der sich also nicht nur betriebsgefährdend, sondern auch für das Lokpersonal höchst gesundheitsschädigend auswirken kann. Durch nachträgliche Anbringung großer Windleitbleche neben der Rauchkammer einerseits und Abflachung der Sicherheitsventil-Verkleidung andererseits wurden die Verhältnisse gegenüber dem Zustand bei den Versuchsfahrten verbessert; sie sind jedoch noch so unbefriedigend, daß sie für den normalen Betrieb nicht tragbar sind.

Die Reinigung der Rauchkammern bereitete keine Schwierigkeiten; Rauchkammer I wurde wie bei anderen Loks üblich nach jeder Fahrt gereinigt. Der Löscheanfall in der zurückliegenden Rauchkammer II war so gering, daß eine Reinigung erst nach etwa 1.000 km Laufweg erforderlich war; das Ausnehmen der Lösche aus dieser Rauchkammer muß durch die beiden unter dem Langkessel befindlichen mannlochgroßen Öffnungen von der Grube aus vorgenommen werden.

Die gasseitige Reinigung der Vorwärmer selbst ist leicht von der Rauchkammer I aus möglich (Rohrblasen wie beim Langkessel); wasserseitig werden sie dagegen durch Auswaschen gereinigt, wofür eine Anzahl Waschluken im Vorwärmermantel vorgesehen ist. Die Rohrbündel der Vorwärmer lassen sich nach der Rauchkammer I hin ausbauen; die Notwendigkeit hierfür kann außer bei Rohrschäden durch die trotz des regelmäßigen Auswaschens nach gewisser Betriebszeit eventuell eintretende Kesselsteinverkrustung auf der Wasserseite entstehen. Dieser Nachteil des wasserumspülten Rohrbündels wird, sofern die Loks nicht mit gutem oder chemisch behandeltem Speisewasser betrieben werden, ähnlich wie beim Oberflächenvorwärmer Bauart Knorr die Wirtschaftlichkeit der Anlage nach längerer Betriebszeit wahrscheinlich mehr oder weniger beeinflussen; ein gegenüber dem Mischvorwärmer nicht zu übersehender Nachteil, von den zusätzlich dadurch bedingten Unterhaltungskosten ganz zu schweigen.

Wegen der Eigenart ihrer Bauart und der damit zusammenhängenden Besonderheiten für Betrieb und Werkstatt wird wahrscheinlich die Franco-Crosti-Lok im Lokomotivpark der DB immer mehr oder weniger einen Fremdkörper bilden.

Es hatte sich also herausgestellt, daß der Umbau die beiden Maschinen in ihrer Leistungsfähigkeit enorm gesteigert hatte, und zwar soweit, daß sie 44er-Leistungen erbringen konnten. Für das mit BR 50 und 52 beförderte Zugsegment waren sie deshalb unnötig stark geworden, so daß ihr ungewollt erreichter Hauptvorteil, extreme Leistungen mit besonders günstigem Kohlenverbrauch zu ermöglichen, nur in geringem Umfang nutzbar war. Die systematische Vorgehensweise bei den Versuchsfahrten allerdings ist nicht über jeden Zweifel erhaben. Während die 52er mit unterschiedlichen Mischvorwärmerbauarten im Vergleich zur Ausgangstype, der vorwärmerlosen 52 und der oberflächenvorwärmer-bestückten 50er untersucht wurden, mußte sich die Franco-Crosti-Lok im Vergleich zur verbrauchsmäßig schon günstigen Henschel-MVR-52 bewähren (was Düring immerhin am Rand erwähnt). Im Versuchsbericht nicht ausgesprochen, aber in der HVB durchaus erkannt wurde der große Verbrauchsvorteil von Franco-Crosti-Maschinen im Vergleich zur Gesamtflotte von 50 und 52 – von denen nur der allergeringste Teil mit einem Mischvorwärmer und höchstens die Hälfte überhaupt mit einem Vorwärmer ausgerüstet war.

## Erprobung im betrieblichen Einsatz

Nach der meßtechnischen Erprobung setzte das Bw Minden die Maschinen zunächst im Umlauf der Mischvorwärmer-52 hauptsächlich zwischen Hannover und Hamm ein. Im Mai 1952 kamen sie zum Bw Bingerbrück. Dort sollten sie in einer Dauerversuchsgruppe mit Lokomotiven der Baureihen 42, 50 und 52 eingesetzt werden. Im Grunde blieb der Versuchsbetrieb bis zum Ende der Beheimatung in Bingerbrück 1958 bestehen, das aber nicht, weil man noch keine ausreichende Datenmenge gefunden hatte. Die Entscheidung über die Vorwärmerwahl fiel schon 1953. Vielmehr ging es um die diversen technischen Probleme mit der BR $42^{90}$. Vor allem die DB-Hauptverwaltung war angesichts der anhaltend schlechten finanziellen Lage der DB regelrecht elektrisiert von den Einsparungspotentialen, die offensichtlich durch das FC-Prinzip möglich waren. So diente der weitere Alltagseinsatz vor allem der Überwindung von Problemen, die vor einem Serienbau von FC-Maschinen unbedingt gelöst werden mußten.

Schwierigkeiten gab es von Anfang an mit dem Schließmechanismus des Anheizschornsteins. Häufig saß er fest und konnte dann nur mit roher Gewalt geschlossen werden. Ein geöffneter Anheizschornstein ließ die Blasrohre der Seitenschornsteine bloß „Fremdluft“ ansaugen, und die Feueranfachung blieb auf der Strecke. Gerade Franco-Crosti-Loks mit ihren langen Rauchgaswegen wurden durch einen offenstehenden Anheizschornstein fast betriebsuntauglich. Im Gegenzug mußte vor dem Abstellen der Loks im Lokschuppen der vordere Schornstein geöffnet werden, sonst strömten die Rauchgase aus den Seitenschornsteinen in den Raum.

Vorausschauend hatte man zwar auf dem Führerhausdach Rauchleitbleche angebracht, die aber wegen ihrer geringen Größe nutzlos waren und bald wieder abgebaut wurden. Auch die 50er-Windleitbleche erfüllten ihren Zweck nicht. Während der Einsatzzeit in Minden klagten mehrere Personale, die ansonsten mit den Maschinen gut zufrieden waren, über dauernde Übelkeit und Kopfschmerzen und wünschten sich, nicht planmäßig auf den FC-Loks fahren zu müssen. Ab 1953 wurden deshalb auch an den beiden Seitenschornsteinen kleine Windleitbleche angebracht, die bei beiden Loks noch 1959 gegen größere getauscht wurden. Außerdem erhielt das Führerhausdach zusätzliche Lüftungsöffnungen mit aufstellbaren Klappen. Alle diese Maßnahmen brachten aber nur geringen Erfolg. Übelriechender Dunst im Führerhaus ärgerte Lokführer und Heizer bis zur Ausmusterung.

Ansonsten war das Personal mit den Loks recht zufrieden, waren sie doch bekannt als sehr gute „Dampfkocher“. Gegenüber dem Dienst auf den Baureihen 50 oder 52 war die Arbeit auf der 42.90 rein handwerklich um einiges leichter, da sie wegen ihres leistungsfähigeren Kessels und des größeren Reibungsgewichtes erhebliche Leistungsreserven bei recht geringem Kohleverbrauch hatten. Ihr Spitzname „Osterhase“, der auf die beiden Seitenschornsteine anspielt, spricht sogar für eine gewisse Beliebtheit.

Aus dem Mai und Juni 1951 sind Verbrauchszahlen des Bw Minden bekannt, das seine Mischvorwärmer-52 und die beiden $42^{90}$ in einem Dienstplan einsetzte.

| **Mai 1951:** | **Betr.-Tage** | **Monats-km** | **t Kohle/1000 km** | **Lastwert** |
|---|---|---|---|---|
| FC-Loks | | | | |
| 42 9000 | 24 | 4.954 | 17,82 | 815 t |
| 42 9001 | 28 | 7.223 | 18,83 | 1.002 t |
| Heinl-Mischorwärmer | | | | |
| 52 891 | 10 | 3.164 | 17,01 | 1.087 t |
| 52 892 | 11 | 3.262 | 17,57 | 1.035 t |
| Henschel-Mischvorwärmer | | | | |
| 52 134 | 21 | 3.784 | 21,34 | 772 t |
| 52 890 | 27 | 7.440 | 17,47 | 975 t |

Unmittelbar im Anschluß an die Meßfahrten von 42 9000 erhielten beide Lokomotiven große Windleitbleche, die man von abgestellten 50ern gewann und in der Nebenwerkstatt Minden anbrachte. Am 25. Juli 1951 wurde 42 9001 für den angereisten Fotografen in Minden in Positur gefahren. Die besonders hohe Lage von Kessel und Führerhaus wird in der Seitenansicht deutlich.
AUFNAHMEN: CARL BELLINGRODT/EK-VERLAG

| **Juni 1951:** | **Betr.-Tage** | **Monats-km** | **t Kohle/1000 km** | **Lastwert** |
|---|---|---|---|---|
| FC-Loks | | | | |
| 42 9000 | 28 | 8.419 | 16,64 | 1.048 t |
| 42 9001 | 30 | 9.599 | 17,23 | 1.082 t |
| Heinl-Mischvorwärmer | | | | |
| 52 891 | 29 | 9.335 | 16,10 | 1.020 t |
| 52 892 | 29 | 8.740 | 16,74 | 1.070 t |
| Henschel-Mischvorwärmer | | | | |
| 52 134 | 18 | 4.654 | 19,78 | 1.070 t |
| 52 890 | 29 | 8.909 | 16,32 | 988 t |

Auf einen Lastwert von einheitlich 1.000 t umgerechnet ergaben sich für

| | **Mai** | **Juni 1951** |
|---|---|---|
| FC-Maschinen | 19,55 t/1000 km | 16,07 t |
| Heinl-MV-52 | 16,75 t | 15,68 t |
| Henschel-MV-52 | 20,10 t | 17,30 t |

Gegenüber den Loks mit Henschel-MV ergaben sich im Mai 1951 2,7 % und im Juni 1951 7,1 % Brennstoffersparnis. Crostis Annahme, daß die Loks sich im Betrieb günstiger stellen würden als vor dem Meßwagen, wurden also enttäuscht. Bemerkenswert waren die guten Ergebnisse mit dem zweistufigen Heinl-Mischvorwärmer. Auch dieses österreichische Fabrikat verursachte Devisenausgaben, war aber viel preiswerter als der FC-Umbau. Auch die Verbrauchsangaben des Folgemonats seien erwähnt. Nun fuhren noch zwei Kondensloks mit.

| **Juli 1951:** | **Betr.-Tage** | **Monats-km** | **t Kohle/1000 km** | **Lastwert** |
|---|---|---|---|---|
| FC-Loks | | | | |
| 42 9000 | 28 | 8.836 | 15,49 | 893 t |
| 42 9001 | 30 | 9.694 | 17,32 | 939 t |
| Heinl-Mischorwärmer | | | | |
| 52 891 | 28 | 9.116 | 15,33 | 877 t |
| 52 892 | 31 | 10.138 | 15,77 | 918 t |
| Henschel-Mischvorwärmer | | | | |
| 52 139 | 28 | 8.357 | 16,16 | 823 t |
| 52 890 | 30 | 9.811 | 16,12 | 948 t |
| Kondens-52 | | | | |
| 52 1916 | 27 | 8.550 | 20,60 | 908 t |
| 52 2023 | 30 | 9.706 | 16,65 | 870 t |

Weiterhin verbrauchten die Heinl-Maschinen am wenigsten Brennstoff (17,04 t/1.000 km) vor den FC-Loks mit 17,75, den Henschel-MV-Loks mit 17,75 und den Kondensloks mit 20,12 t.

Ab August 1951 fuhren im Mindener Dienstplan außer den erwähnten Maschinen noch 52 138, 139 und 142. Weiterhin wurden monatlich die Ergebnisse ausgewertet, mit dem Resultat, daß sich die Personale nach kurzer Zeit gut auf die neuartigen Maschinen eingestellt hatten, daß aber langsam bei allen Vergleichsloks der Verbrauch anstieg, eine Folge des beginnenden Verschleißes. Auch stellte sich heraus, daß der Flachlandbetrieb zwischen

Hannover und Hamm die Franco-Crosti-Loks zu wenig auslastete. Im Mai 1952 beheimatete man sie deshalb nach Bingerbrück um.

Der in Bingerbrück überprüfte Alltagseinsatz bestätigte das schon bei den Meßfahrten und im Einsatz von Minden aus gewonnene, zwiespältige Bild. Daß gegenüber der wenig gelungenen BR 42 ein deutlicher Verbrauchsvorteil bestand, war selbstverständlich. Daß die 50er mit Oberflächenvorwärmer die $42^{90}$ allerdings deklassierte, war enttäuschend und wieder eine Bestätigung für den nur theoretischen Wert von Meßfahrten. Denn im Alltagsbetrieb mit seinen wechselnden Anforderungen konnte sich eine vor dem Meßwagen schlecht beurteilte Lokomotive durchaus bewähren. Und umgekehrt war das Personal häufig mit Lokomotiven unzufrieden, die das Versuchsamt besonders gut beurteilt hatte. Bestes Beispiel ist die DB-23.

Am 19. Januar 1953 berichtete Betriebsmaschinenkontrolleur 1 Schmidt an das BZA Minden ausführlich über die Bewährung der BR $42^{90}$: *Bei meinem letzten Besuch beim Bw Bingerbrück am 7.1.53, bei dem ich auch auf Lok 42 9000 den Eg 5034 Bingerbrück – Ludwigshafen – Heidelberg begleitete, stellte ich hinsichtlich Bewährung der beiden Lok mit Franco-Crosti-Rauchgasvorwärmer seit der letzten L 2 (August/September 52) folgendes fest: (...) Die beiden Loks haben sich weiterhin als sehr leistungsfähig erwiesen. Dampfmangel ist trotz der bis 1.200 t schweren Güterzüge und trotz der starken Steigungen bisher nicht aufgetreten. Die gleichmäßige Feueranfachung wirkt sich günstig auf die Verbrennung auf dem Rost aus. Die Lokpersonale loben die Lok Reihe $42^{90}$ allgemein und ziehen sie sogar den Lok der R 44 vor. Die Speisewassertemperatur steigt bei schweren Zügen in der Steigung bis auf rund 200 °C an. In der Regel liegt sie bei 170 °C.*

Bei der ersten L 2 hatten die Maschinen größere Strahlpumpen (250 l/min statt 150 l/min) erhalten. Schmidt lobte, daß es nun nicht mehr zum Abblasen der Kesselsicherheitsventile trotz speisenden Injektors komme. Die Schornsteine waren bereits wieder durchgefressen. Die Sichtverhältnisse nach vorne, das Spucken von Wasser aus den Schornsteinen und das Eindringen von Gasen in den Führerstand kommentierte er ausführlich und kritisch. Abhilfe war bisher nicht möglich.

In diesem Zeitraum fuhren die beiden Maschinen in einem Dienstplan mit der BR 42. Dementsprechend günstig stellten sich ihre Verbräuche dar:

| **1952** | **Sept.** | **Okt.** | **Nov.** | **Dez.** | |
|---|---|---|---|---|---|
| 42 9000 | 16,1 | 14,3 | 16,0 | 15,4 | Kohle t/1.000 km |
| | 9.190 | 12.175 | 9.027 | 10.258 | km/Monat |
| | 826 | 815 | 827 | ? | Lastwert t |

| **1952** | **Sept.** | **Okt.** | **Nov.** | **Dez.** | |
|---|---|---|---|---|---|
| 42 9001 | - | 17,5 | 15,2 | 15,6 | Kohle t/1.000 km |
| | - | 10.195 | 11.352 | 8.499 | km/Monat |
| | - | 804 | 801 | ? | Lastwert t |
| BR 42 | 19,95 | 20,49 | 20,69 | 21,00 | Kohle t/1.000 km |

Der Verbrauch lag also im Schnitt um 20 % unter dem der injektorgespeisten 42, ein Ergebnis, das natürlich auf große Aufmerksamkeit in Minden und Frankfurt stieß. Insgesamt kam Schmidt zu dem Ergebnis, daß sich die Umbeheimatung der beiden Maschinen gelohnt habe und sie nun in einem für sie wirtschaftlich günstigen Arbeitsbereich eingesetzt würden. An den günstigen Verbrauchsergebnissen hatten natürlich die bemerkenswert hohen Laufleistungen einen gewissen Anteil. Als die beiden FC-Maschinen alsbald wegen Vorwärmerschäden auf höhere Stand- und Reparaturzeiten, aber geringere Laufleistungen kamen, wie weiter unten besprochen wird, sank der Verbrauchsvorteil deutlich ab.

Frühzeitig machten die Versuche deutlich, daß die Baureihe $42^{90}$ weder mit der im Triebwerk großzügiger dimensionierten Baureihe 42 noch mit den leichteren Baureihen 50 und 52 wirklich verglichen werden konnte, daß somit die Wirtschaftlichkeit des FC-Vorwärmers nicht schlüssig festgestellt werden konnte.

Bei der Konstruktion der $42^{90}$ war man davon ausgegangen, einen möglichst großen Vorwärmer auf der Lok unterzubringen und somit die Wärmeenergie der Rauchgase möglichst weitgehend auszunutzen. Außer den Baureihen 06 und 45 hatte die $42^{90}$ die größte Gesamtheizfläche aller deutschen Einheitsdampfloks! Was Friedrich Witte anfänglich unangenehm aufgefallen war: Der Einbau einer möglichst großen Gesamtheizfläche und damit natürlich der Einsatz eines größeren Maschinengewichtes stellte im Grunde nur eine erfolgversprechende Verbesserung des gerade überwundenen Wagnerschen Kesselprinzips dar. Insofern war die BR $42^{90}$ ein Fremdkörper gegenüber den „neuen Baugrundsätzen" der DB, für die Witte jahrelang gefochten hatte. Nach ihnen sollte ja eine hohe spezifische Kesselleistung den Bau von möglichst kleinen Lokomotiven erlauben.

Nun war, wie schon festgestellt, der Kessel der $42^{90}$ durch die großen Vorwärmerheizflächen wesentlich verdampfungsfreudiger geworden als der Ursprungskessel der Baureihe 52. Die $42^{90}$ war im Leistungsbereich der vergleichbaren (?) Güterzugsloks (charakteristisch waren Geschwindigkeiten von 30 bis 60 km/h bei einer Zugkraft von 2.200 bis 6.500 kg) fast dauernd unterfordert. Die größere Vorwärmung des Speisewassers im FC-Vorwärmer konnte in diesem Arbeitsbereich nur teilweise wirksam

**Kohlenverbrauch bei Vergleichslokomotiven, Jahresdurchschnitt 1954**

| | **t/1000 Lok-km** | **t/1 Mio Lltkm** | **Ersparnis %** | **t/Mio koord. Brt.-km** | **Ersparnis %** | **Bw** |
|---|---|---|---|---|---|---|
| BR 52 mit Heinl-Vorwärmer | 18,28 | 22,11 | - 8,5 | 26,27 | - 9,6 | Minden |
| Vergleichslok (2 Strahlpumpen) | 19,85 | 24,16 | | 28,80 | | |
| BR $42^{90}$ | 18,51 | 21,54 | -15,3 | 26,70 | - 12,9 | Bingerbrück (Jan.-Mai) |
| Vergleichslok BR 42 (zwei Strahlpumpen) | 21,04 | 25,43 | | 30,66 | | |
| BR $42^{90}$ | 15,48 | 22,88 | + 4,4 | 29,00 | + 5,5 | |
| Vergleichslok BR 50 (Oberflächenv.) | 14,34 | 21,92 | | 27,62 | | Bingerbrück (Juni-Sept.) |

**Kohlenverbrauch bei Vergleichslokomotiven, Jahresdurchschnitt 1955**

| | | | | | | |
|---|---|---|---|---|---|---|
| BR $42^{90}$ | 15,20 | 23,78 | - 1,3 | 30,64 | + 0,5 | Bingerbrück |
| Vergleichslok BR 50 (Oberflächenv.) | 15,52 | 24,10 | | 30,49 | | |

## c) Güterzuglokomotiven

| km/h | | 15 | 20 | 25 | 30 | 35 | 40 | 45 | 50 | 55 | 60 | 65 | 70 | 80 |
|---|---|---|---|---|---|---|---|---|---|---|---|---|---|---|
| Steigung | | Wagengewicht in t (**Eilgüterzug**) *) | | | | | | | | | | | | |
| 0 | 1:∞ | — | — | — | — | — | — | 2600 | 2080 | 1830 | 1535 | 1285 | 1070 | 715 |
| 1‰ | 1:1000 | — | — | — | — | — | 2270 | 1910 | 1625 | 1385 | 1180 | 1000 | 845 | 575 |
| 2‰ | 1:500 | — | — | — | — | 2080 | 1760 | 1495 | 1285 | 1105 | 955 | 815 | 685 | 475 |
| 3‰ | 1:333 | — | — | — | 2000 | 1690 | 1430 | 1225 | 1055 | 915 | 790 | 680 | 575 | 400 |
| 4‰ | 1:250 | 2270 | 2240 | 2020 | 1675 | 1410 | 1200 | 1030 | 890 | 775 | 670 | 575 | 490 | 340 |
| 5‰ | 1:200 | 1930 | 1910 | 1725 | 1435 | 1205 | 1030 | 885 | 765 | 665 | 575 | 495 | 425 | 290 |
| 6‰ | 1:166 | 1680 | 1660 | 1500 | 1245 | 1050 | 895 | 770 | 670 | 580 | 505 | 435 | 370 | 250 |
| 7‰ | 1:140 | 1480 | 1460 | 1325 | 1100 | 935 | 790 | 680 | 590 | 515 | 445 | 385 | 325 | 220 |
| 8‰ | 1:125 | 1320 | 1305 | 1185 | 980 | 830 | 705 | 605 | 525 | 445 | 395 | 340 | 275 | 195 |
| 10‰ | 1:100 | 1080 | 1070 | 970 | 805 | 675 | 575 | 490 | 425 | 370 | 320 | 270 | 230 | 150 |
| 14‰ | 1:70 | 780 | 775 | 700 | 575 | 480 | 405 | 345 | 295 | 255 | 215 | 180 | 150 | — |
| 20‰ | 1:50 | 530 | 530 | 475 | 385 | 320 | 265 | 220 | 185 | 155 | 130 | 105 | — | — |
| 25‰ | 1:40 | 410 | 410 | 365 | 290 | 235 | 195 | 155 | 130 | 105 | — | — | — | — |

Einheitslokomotive, Baureihe 52

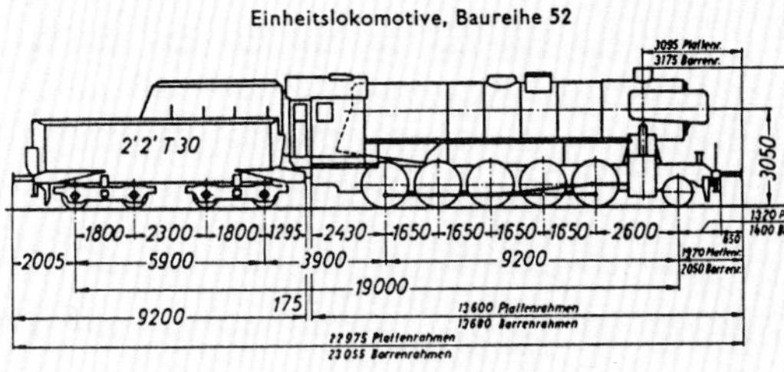


| km/h | | 15 | 20 | 25 | 30 | 35 | 40 | 45 | 50 | 55 | 60 | 65 | 70 | 80 |
|---|---|---|---|---|---|---|---|---|---|---|---|---|---|---|
| Steigung | | Wagengewicht in t (**Güterzug**) *) | | | | | | | | | | | | |
| 0 | 1:∞ | — | — | — | — | — | — | — | 2000 | 1680 | 1400 | 1160 | 960 | 635 |
| 1‰ | 1:1000 | — | — | — | — | — | 2175 | 1820 | 1535 | 1300 | 1095 | 925 | 770 | 520 |
| 2‰ | 1:500 | — | — | — | 2440 | 1990 | 1705 | 1440 | 1225 | 1050 | 895 | 760 | 635 | 435 |
| 3‰ | 1:333 | — | — | — | 1975 | 1650 | 1395 | 1185 | 1015 | 870 | 750 | 640 | 540 | 370 |
| 4‰ | 1:250 | 2260 | 2225 | 2000 | 1650 | 1385 | 1175 | 1000 | 865 | 745 | 640 | 545 | 465 | 315 |
| 5‰ | 1:200 | 1925 | 1900 | 1710 | 1425 | 1185 | 1010 | 860 | 745 | 640 | 555 | 475 | 405 | 275 |
| 6‰ | 1:166 | 1675 | 1650 | 1490 | 1285 | 1035 | 880 | 755 | 650 | 565 | 485 | 415 | 355 | 240 |
| 7‰ | 1:140 | 1475 | 1460 | 1315 | 1090 | 915 | 770 | 665 | 575 | 500 | 430 | 370 | 315 | 210 |
| 8‰ | 1:125 | 1315 | 1305 | 1175 | 975 | 820 | 695 | 595 | 515 | 445 | 385 | 330 | 270 | 185 |
| 10‰ | 1:100 | 1075 | 1070 | 960 | 795 | 670 | 565 | 485 | 415 | 360 | 310 | 265 | 225 | 145 |
| 14‰ | 1:70 | 780 | 775 | 695 | 570 | 475 | 400 | 340 | 290 | 250 | 215 | 180 | 155 | — |
| 20‰ | 1:50 | 530 | 530 | 475 | 385 | 315 | 260 | 220 | 185 | 155 | 130 | 105 | — | — |
| 25‰ | 1:40 | 410 | 410 | 365 | 290 | 235 | 190 | 155 | 130 | 105 | — | — | — | — |

*) Leistungstafel auf Grund von Versuchsfahrten aufgestellt.

## c) Güterzuglokomotiven

| km/h | | 20 | 25 | 30 | 35 | 40 | 45 | 50 | 55 | 60 | 65 | 70 | 75 | 80 |
|---|---|---|---|---|---|---|---|---|---|---|---|---|---|---|
| Steigung | | Wagengewicht in t (**Eilgüterzug**) | | | | | | | | | | | | |
| 0 | 1:∞ | — | — | — | — | — | — | 2570 | 2150 | 1810 | 1510 | 1275 | 1055 | 880 |
| 1‰ | 1:1000 | — | — | — | — | — | 2260 | 1920 | 1630 | 1395 | 1180 | 1000 | 840 | 710 |
| 2‰ | 1:500 | — | — | — | 2460 | 2080 | 1780 | 1520 | 1305 | 1125 | 955 | 825 | 695 | 585 |
| 3‰ | 1:333 | — | — | 2370 | 1995 | 1695 | 1455 | 1250 | 1080 | 935 | 800 | 690 | 585 | 495 |
| 4‰ | 1:250 | — | — | 1975 | 1670 | 1420 | 1225 | 1055 | 915 | 795 | 680 | 590 | 500 | 425 |
| 5‰ | 1:200 | 2145 | 2055 | 1685 | 1430 | 1220 | 1055 | 910 | 785 | 685 | 590 | 510 | 430 | 365 |
| 6‰ | 1:166 | 1865 | 1790 | 1480 | 1245 | 1065 | 920 | 795 | 690 | 600 | 515 | 445 | 380 | 320 |
| 7‰ | 1:140 | 1650 | 1580 | 1300 | 1100 | 940 | 810 | 700 | 610 | 530 | 455 | 395 | 335 | 280 |
| 8‰ | 1:125 | 1470 | 1410 | 1160 | 980 | 835 | 725 | 625 | 540 | 470 | 405 | 350 | 295 | 250 |
| 10‰ | 1:100 | 1205 | 1160 | 950 | 800 | 685 | 590 | 510 | 440 | 395 | 325 | 280 | 235 | 195 |
| 14‰ | 1:70 | 870 | 840 | 685 | 575 | 485 | 415 | 355 | 310 | 265 | 220 | 190 | 155 | 125 |
| 20‰ | 1:50 | 595 | 570 | 460 | 380 | 320 | 270 | 225 | 190 | 160 | 130 | 105 | — | — |
| 25‰ | 1:40 | 460 | 440 | 350 | 285 | 235 | 195 | 160 | 130 | — | — | — | — | — |

Einheitslokomotive, Baureihe $42^{90}$
Sonderbauart

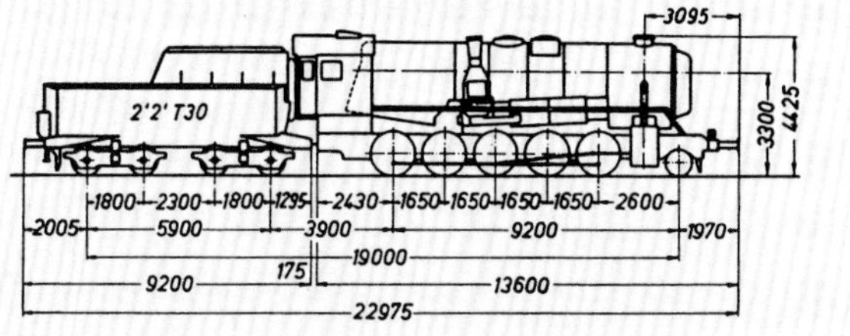


| km/h | | 20 | 25 | 30 | 35 | 40 | 45 | 50 | 55 | 60 | 65 | 70 | 75 | 80 |
|---|---|---|---|---|---|---|---|---|---|---|---|---|---|---|
| Steigung | | Wagengewicht in t (**Güterzug**) | | | | | | | | | | | | |
| 0 | 1:∞ | — | — | — | — | — | — | 2380 | 1980 | 1650 | 1370 | 1140 | 940 | 780 |
| 1‰ | 1:1000 | — | — | — | — | — | 2160 | 1810 | 1530 | 1295 | 1085 | 925 | 765 | 640 |
| 2‰ | 1:500 | — | — | — | 2400 | 2010 | 1710 | 1450 | 1235 | 1060 | 895 | 765 | 640 | 540 |
| 3‰ | 1:333 | — | — | 2330 | 1950 | 1650 | 1405 | 1200 | 1030 | 890 | 755 | 650 | 545 | 460 |
| 4‰ | 1:250 | — | — | 1950 | 1640 | 1390 | 1190 | 1020 | 880 | 760 | 645 | 560 | 470 | 395 |
| 5‰ | 1:200 | 2125 | 2035 | 1660 | 1400 | 1195 | 1030 | 880 | 760 | 660 | 565 | 485 | 410 | 345 |
| 6‰ | 1:166 | 1855 | 1775 | 1455 | 1230 | 1045 | 900 | 775 | 665 | 580 | 495 | 430 | 360 | 305 |
| 7‰ | 1:140 | 1640 | 1570 | 1285 | 1085 | 925 | 795 | 685 | 590 | 515 | 435 | 380 | 320 | 270 |
| 8‰ | 1:125 | 1465 | 1400 | 1150 | 970 | 825 | 710 | 610 | 530 | 460 | 390 | 340 | 285 | 240 |
| 10‰ | 1:100 | 1200 | 1150 | 945 | 795 | 675 | 580 | 500 | 430 | 385 | 315 | 270 | 225 | 190 |
| 14‰ | 1:70 | 870 | 835 | 680 | 570 | 480 | 410 | 350 | 305 | 260 | 215 | 185 | 150 | 120 |
| 20‰ | 1:50 | 595 | 570 | 460 | 380 | 320 | 270 | 225 | 190 | 155 | 125 | 105 | — | — |
| 25‰ | 1:40 | 460 | 440 | 350 | 285 | 235 | 195 | 160 | 130 | — | — | — | — | — |

Aus dem Merkbuch 1953 stammen die beiden Seiten mit den aus Meßfahrten ermittelten und für die Fahrplanberechnung zugrundezulegenden Zuglasten für die BR 52 (links) und die BR $42^{90}$ (rechts). Die Überlegenheit der schweren Maschine ist deutlich erkennbar – war aber betrieblich kaum einsetzbar.

werden, so daß eine Kohleeinsparung von höchstens 10% gegenüber der Normal-52 möglich schien. Diese Einsparung hätte aber sicher nicht den Konstruktionsaufwand und den erhöhten Unterhaltungsaufwand gerechtfertigt. Somit stand schon frühzeitig fest, daß nur ein wesentlich kleinerer FC-Kessel, der in seiner Gesamtheizfläche kaum über dem vergleichbaren Normalkessel zu liegen brauchte, große Sparerfolge gegenüber der Vergleichslok bringen konnte.

Auch stellte sich die Heizflächenverteilung des $42^{90}$-Kessels als ungünstig heraus. Der Hauptkessel war ja von der Baureihe 52 übernommen worden und nur nach den speziellen Bedingungen des FC-Vorwärmers umgebaut worden (durch geänderte Rohrteilung wurde die Heizfläche verkleinert, damit die Rauchgase eine höhere Austrittstemperatur hatten).

Schon am 20. April 1953 vereinbarte deshalb die DB im Vertrag 22.042/23 0066 mit der Fa. Henschel, eine Lok der Baureihe 50 mit einem Franco-Crosti-Vorwärmer auszurüsten. Die Lok sollte mit einem eigens neu konstruierten Hauptkessel nach den Witteschen „neuen Baugrundsätzen“ und einem zusätzlichen „Vor“-Vorwärmer ausgerüstet werden. Diese Entscheidung war auch durch das Auftreten von Schäden an den Kesseln der Baureihe $42^{90}$ nötig geworden, die als bauartbedingt angesehen wurden.

Die weitgehende Abkühlung der Rauchgase im Vorwärmer ließ ihre Temperatur häufig auf weniger als 150 °C absinken. Bei derart niedrigen Temperaturen schlugen sich die Abgase aus der verbrannten Kohle durch „Taupunktunterschreitung“ in den Vorwärmerheizrohren und in den hinteren Rauchkammern nieder. Dieses Phänomen läßt sich natürlich nicht nur bei den FC-Loks beobachten. Jeder Bauherr (oder sein Architekt), der sein Haus mit einer eigenen Heizquelle ausstatten will, hat seinen Schornstein so zu bauen, daß der Taupunkt der Abgase nicht unterschritten wird. Anderenfalls muß er nach wenigen Jahren den Handwerker holen, der ihm seine „Schornsteinversottung“ beseitigt.

Der Taupunkt ist für verschiedene Brennstoffe unterschiedlich, liegt aber jeweils fest und kann technisch nicht beeinflußt werden. Bei den $42^{90}$ betrugen die Gastemperaturen am Vorwärmerende häufig nur 105 °C bei Schwachlast und 145 °C bei Kesselnennlast, lagen also unter dem Taupunkt für Verbrennungsgase aus Kohle. Beim Niederschlagen der Abgase wurde das aus der verbrannten Kohle stammende, gasförmige Schwefeldioxyd zu $H_2SO_3$ (schweflige Säure) oder bei Sauerstoffaufnahme sogar zu $H_2SO_4$ (Schwefelsäure). Die Säure richtete in den hinteren Rauchkammern und den Schornsteinen starke Zerstörungen an. Bei beiden $42^{90}$ mußten deshalb 1956 bzw. 1958 diese Teile erneuert werden.

Noch schwerwiegender allerdings waren die Probleme durch wasserseitige Korrosion in den Vorwärmern. Diese Korrosion entsteht, wenn der natürlich vorhandene Sauerstoff nicht vollständig aus dem Speisewasser ausgeschieden wird. Allgemein macht der freie Sauerstoff im Speisewasser bei normalen Dampfloks keine Schwierigkeiten, da nach dem Einspeisen in den Langkessel das Wasser ständig bewegt wird und sich Sauerstoffperlen kaum absetzen können. Zusätzlich werden Dosierungsmittel zur Sauerstoffausscheidung ins Tenderwasser gegeben. Nicht so einfach war es bei den FC-Loks: Das Wasser in den Vorwärmerkesseln wurde verhältnismäßig wenig bewegt, und zusätzlich war die Aggressivität der abgesetzten Sauerstoffbläschen bei einer Wassertemperatur von ungefähr 80 °C besonders groß. Diese Temperatur

Gerade zum Bw Bingerbrück umbeheimatet präsentiert sich im Mai 1952 die 42 9000 im neuen Heimat-Bw. AUFNAHME: SAMMLUNG WOLFGANG LÖCKEL

fand sich in den FC-Vorwärmer-Kesseln besonders im unteren, hinteren Bereich, weil dort das kalte Speisewasser eingespeist wurde. So war dort die Korrosion am stärksten. Die Erklärung für die Korrosion ist einfach: Korrosion in wässerigen Lösungen (also auch Speisewasser) entsteht elektrochemisch. Es entstehen Lokalelemente (z. B. bestehend aus Kesselstein oder Gasbläschen), an deren Anoden der Stahl schnell in Lösung geht. Die übrige Oberfläche wirkt als Kathode und wird wenig oder gar nicht angegriffen. Meist bildet sich über der Reaktionsstelle noch eine Schutzschicht aus Schlamm, so daß auch durch gründliches Auswaschen die Reaktionsstelle selbst nicht beschädigt wird. Die Folge ist ein beschleunigter Lochfraß an einzelnen Stellen. Das im Speisewasser vorhandene Salz verstärkt diesen Vorgang noch. Diese Umstände waren während der Betriebszeit der BR $42^{90}$ keine Neuigkeiten. Mit solchen Problemen schlug man sich im stationären Kesselbetrieb seit Jahrzehnten herum und hatte sie auch einigermaßen im Griff, wenn auch nur durch eine verhältnismäßig teure chemische Behandlung des Speisewassers.

Bei einer Versuchsreihe mit 42 9000 im Jahr 1957 entstanden in nur einem Monat Anfressungen von ca. einem mm Tiefe an den Rohren. Diese Schäden zeigten sich später bei allen FC-Loks der DB. In den Kapiteln über 50 1412 und die Serienbauart wird deshalb auf Versuche, den Lochfraß zu vermindern, weiter eingegangen. Die $42^{90}$ spielte in diesem Zusammenhang keine allzu große Rolle mehr, da schon Ende 1954 das Baumuster einer modernen FC-Kesselbauart mit 50 1412 bereitstand. Bei der $42^{90}$ konnte man die Korrosion nie unter Kontrolle bringen. Die Loks wurden deshalb zwar manchmal in die Versuche mit einbezogen, insgesamt war man aber froh, die Loks 1959 bzw. 1960 abstellen zu können, als die Serien-$50^{40}$ ausgeliefert waren. Bezeichnend ist es, daß 42 9000 nur ein Jahr nach ihrer letzten L 2-Ausbesserung und achtundzwanzig Monate nach ihrer letzten Hauptuntersuchung abgestellt wurde. Wie die folgende Aufstellung zeigt, waren die Laufleistungen der Loks nicht hoch, und wegen der Korrosionsprobleme konnte man niemals die möglichen Fristen für L 2 und L 3 auch ausnutzen. In den späteren Jahren sank die Laufleistung bei beiden sogar noch ab. Über die ganze Einsatzzeit gerechnet kamen sie auf 42.000 (42 9000) bzw. 37.000 durchschnittliche Jahreskilometer, also wenig mehr als die Hälfte wie die in gleichen Diensten fahrenden 50er.

Bei 42 9000 und 9001 mußte man die Vorwärmer-Heizrohre je sechsmal vollständig wechseln, weil zu viele Rohre durchgefressen waren. Die zusätzlich durchgeführten Arbeiten, die in Zusammenhang mit den Korrosionsschäden stehen, sind ebenfalls aufgezählt.

| | | | | | |
|---|---|---|---|---|---|
| **42 9000** | | | | | |
| am | 04.07.1952 | nach | 84.531 km Laufleistung bei | L 2 | 1. Wechsel des Rohrsatzes |
| | 19.01.1953 | | 74.000 km | L 3 | 2. Wechsel |
| | 05.10.1953 | | 54.000 km | L 2 | 3. Wechsel |
| | 31.01.1955 | | 84.000 km | L 3 | 4. Wechsel |
| | 15.11.1956 | | 82.000 km | L 4 | 5. Wechsel |
| | 10.04.1958 | | 99.000 km | L 2 | 6. Wechsel |
| **42 9001** | | | | | |
| am | 29.09.1952 | nach | 122.528 km Laufleistung bei | L 2 | 1. Wechsel des Rohrsatzes |
| | 20.05.1953 | | 46.253 km | L 0 | 2. Wechsel |
| | 27.01.1955 | | 89.201 km | L 3 | 3. Wechsel |
| | 11.12.1956 | | 144.181 km | L 2 | 4. Wechsel |
| | 27.04.1958 | | 68.246 km | L 2 | 5. Wechsel |
| | 25.01.199 | | 59.119 km | L 0 | 6. Wechsel |

Im Mai 1952 wird im Bw Bingerbrück die Funktion der Franco-Crosti-Lok demonstriert. Zur Demonstration werden vordere und hintere Rauchkammer geöffnet, was auch einen Blick auf die drei Blasrohrdüsen erlaubt. BEIDE AUFNAHMEN: SAMMLUNG WOLFGANG LÖCKEL

Außerdem wurden bei 1. die Rohrwände und Befestigungsschrauben der Vorwärmer gewechselt. Bei 4. erneuerte und verstärkte man die Druckringe. Bei 5. wurden beide Vorwärmermäntel, die hintere Rauchkammer und beide Seitenschornsteine erneuert. Außerdem wurde hierbei eine besondere Wasser-Enthärtungseinrichtung mit automatischer Nalco-AS- und BS-Kugeldosierung eingebaut (Mittel zur Reinigung von Kessel und Vorwärmer, scheiden Sauerstoff aus).

Rund zwei Monate später stellte man sie ab. Bei 5. wurden die beiden Vorwärmermäntel, die hintere Rauchkammer und beide Schornsteine erneuert. Der rechte Vorwärmermantel wurde versuchsweise aus Chromstahl 4713 gefertigt. Bei 6. wurden Chromstahlrohre eingebaut.

Alle Wechsel der kompletten Rohrsätze führte das AW Schwerte durch. Neben den Stoffkosten von 2.500 DM waren jeweils Lohnkosten von 700 DM aufzubringen.

Die Ausbesserungskosten der beiden Loks waren dementsprechend außerordentlich hoch. So mußten bei 42 9000 von der Ablieferung bis zum November 1955 folgende Summen aufgewendet werden:

| | |
|---|---|
| 106.960 DM | Unterhaltungskosten im AW |
| 81.126 DM | Unterhaltungskosten im Bw |
| 188.086 DM | Unterhaltungskosten bei einer Laufleistung von 378.141 km. |

Bei 42 9001 fielen von der Ablieferung bis zum April 1956 folgende Kosten an:

| | |
|---|---|
| 135.803 DM | Unterhaltungskosten im AW |
| 78.105 DM | Unterhaltungskosten im Bw |
| 213.908 DM | Unterhaltungskosten bei einer Laufleistung von 369.135 km. |

Bereits 1955 war man mit den beiden Loks an einem Punkt angelangt, an dem man meinte, daß es mit ihnen nun nicht mehr

Als 42 9000 am 26. Juni 1955 im Bahnhof Boppard über die linke Rheinstrecke nach Norden rollte, besaß sie an den Schornsteinen schon kleine Rauchleitbleche und auf dem zusätzliche Lüfter. Doch wie man an der flach aufliegenden Dampffahne sieht, nutzte das alles nichts. AUFNAHME: CARL BELLINGRODT/EK-VERLAG

weiterging. 42 9000 mußte mit schweren Vorwärmerschäden im November dem AW Schwerte zugeführt werden. Nach Schadensaufnahme begann man die Reparatur dort nicht und stellte sie am 8. März 1956 sogar z. Die für das Bw Bingerbrück zuständige OBL Süd in Stuttgart beantragte daraufhin die Ausmusterung beider Loks. Doch noch hatte die Maschinentechnische Abteilung der HVB die Lust an den beiden Maschinen nicht ganz verloren. Sie beauftragte das BZA Minden, die Fa. Henschel einen Umbau der beiden Maschinen projektieren zu lassen.

So legte Henschel Ende Mai 1956 verschiedene Umbauzeichnungen vor:

- Umbau auf die Ausführung 50 1412 mit Neubaukessel und einem Vorwärmerkessel,
- Umbau auf einen Vorwärmerkessel unter Belassung des Hauptkessels,
- Umbau wie vor, allerdings mit neuer Rauchkammer (wie 50 1412).

Zu einem Umbau kam es allerdings nicht mehr. Zwischenzeitlich mußte auch 42 9001 wegen fälliger L 2 abgestellt werden. Ihren Ausmusterungsantrag erneuerte die OBL Süd am 19. Juni 1956 und fügte auch eindrucksvolle Zahlen über die durchschnittlichen AW-Kosten von Loks verschiedener Baureihen in DM (a) und die Ausfalltage für AW-Arbeiten (b) bei:

Die Ausfallzeiten lagen für die BR $42^{90}$ im Jahr 1952 bei 17,8 %, 1953 bei 24,9 %, 1954 bei 11,8 % und 1955 bei 53,0 %. Nach Erhebungen der OBL Süd war im Laufe der Alterung beider Maschinen der Verbrauchsvorteil gegenüber den Baureihen 50 und 44 inzwischen auf Null zurückgegangen. Angesichts der langen Ausfallzeiten hielt man eine Ausmusterung ohne Ersatzlokgestellung für möglich. Doch die Fürsorge der HVB hielt an – erst 1959 und 1960, als die Franco-Crosti-Serienloks schon liefen und bei ihnen ebenfalls die altbekannten Schäden auftraten – landeten beide $42^{90}$ auf dem Abstellgleis.

Zusammenfassend kann die kurze Betriebsgeschichte der Baureihe $42^{90}$ so zusammengefaßt werden:

- Es wurde bewiesen, daß durch das FC-Konzept prinzipiell eine erhebliche Kohleersparnis gegenüber vergleichbaren Normallokomotiven möglich ist.
- Die $42^{90}$ erreichte einen Gesamtwirkungsgrad (im mittleren Zugkraftbereich) von immerhin 9,6 bis 9,7 %, das heißt nur ein Wirkungsgradprozent weniger als die $50^{40}$. Thermisch war die $42^{90}$ besser als alle anderen bis dahin gebauten DB-Normaldampfloks.
- Es wurde festgestellt, daß das FC-Konzept bei der $42^{90}$ nur teilweise richtig angewendet worden war, was mit stark erhöhten Werkstattkosten bezahlt werden mußte.

| **BR** | | **1952** | **1953** | **1954** | **1955** | **Durchschnitt** |
|---|---|---|---|---|---|---|
| $42^{90}$ | a) | 20.741 | 38.692 | 15.745 | 52.999 | 32.044 |
| | b) | 65 | 91 | 43 | 194 | 98 |
| 44 | a) | 26.972 | 21.535 | 24.898 | 34.758 | 27.041 |
| | b) | 77 | 36 | 48 | 68 | 57 |
| 50 | a) | 20.179 | 20.340 | 19.799 | 22.473 | 20.698 |
| | b) | 44 | 35 | 41 | 43 | 41 |

Am Ende ihrer Laufbahn stand 42 9001 (Bw Oberlahnstein), als sie am 9. Mai 1959 nach einer Zugleistung auf der rechten Rheinstrecke im Bw Gremberg pausierte. Dreilicht-Spitzensignal mit kleinen Reflexlampen und große Leitbleche an den Schornsteinen zeigen den letzten Bauzustand an. Der Zufall wollte es, daß sie neben 50 1857 zu stehen kam, die auch 52-Kessel und Wannentender besaß. Der Blick von schräg hinten zeigt noch besser die letzte Bauform des Führerhauses mit zusätzlichem Fenster und 50er-Dachlüfter und die großen Leitbleche an den Schornsteinen.

AUFNAHMEN: HANS SCHMIDT UND HANS DE HERDER

Unten: Ein erster Versuch, den Dampf besser nach oben abzuleiten: ein schräggestelltes Blech auf dem Kesselscheitel; 42 9000 im Bw Mainz im Februar 1953.

AUFNAHME: SAMMLUNG WOLFGANG LÖCKEL

Im Frühjahr 1960 entstand eines der letzten Betriebsbilder von 42 9001 im Bw Bingerbrück, wohin sie weiterhin planmäßig kam. AUFNAHME: JÜRGEN MUNZAR

- Nach den Erfahrungen mit der 42[90] war es möglich, eine neuzeitliche FC-Lok zu konstruieren, die dann eine erstaunliche, fast sensationelle Kohleersparnis brachte.
- Die hohen Werkstattkosten und der Charakter als reine Versuchslok bedingten die frühzeitige Ausmusterung.

Einige wenige äußerliche Umbauten, die aber nichts mit der FC-Technik zu tun haben, müssen noch erwähnt werden: Vermutlich bei der ersten L 2 im Jahr 1952 lackierte man die Lokomotiven neu in der üblichen rot-schwarzen Farbgebung. 1953 versetzte man die Nummernschilder an der Rauchkammertür nach unterhalb der Griffstange und brachte an ihrer bisherigen Stelle einen Laternenhalter und ein Blitzpfeilschild an. 1958, bei ihren letzten L 2-Ausbesserungen, erhielten die Loks das dritte Spitzenlicht, DB-Embleme und zur besseren Belichtung das zweite Führerhausseitenfenster. Wie bei den meisten anderen Streckenloks wurde im Laufe der Zeit die Doppelverbundluftpumpe durch eine zweistufige Luftpumpe ersetzt.

Vor der Verschrottung bei der Firma Schuy. 42 9001 in Limburg (Lahn) am 18. November 1961. Vermutlich weinte ihr niemand eine Träne nach.

AUFNAHME: WOLFGANG KÖLSCH (†), SAMMLUNG WENZEL

# Technik und Bewährung der Umbaulok 50 1412

## Ideengeber Baureihe 10

Bereits wenige Monate nach Beginn des $42^{90}$-Einsatzes warf Friedrich Flemming, Ref. 21 Dampfloks bei der Maschinentechnischen Abteilung der HVB, die Frage auf, ob nicht auch die kommende Baureihe 10 mit einem Kessel der Franco-Crosti-Bauart ausgerüstet werden könnte. Am Werdegang der BR 10 hatte Flemming höchstes Interesse und investierte in ihn wesentlich mehr Aufwand als der eigentlich zuständige Bauartdezernent Witte. 1951 sollte die BR 10 noch als 1'C1'h2-Lok, sozusagen als vergrößerte BR 23 gebaut werden. Flemming wünschte sich vom EZA Minden die Aufstellung eines Vorprojektes, und zwar alternativ für die Bauart mit einem und mit zwei Vorwärmerkesseln.

1. Ausführung mit zwei Vorwärmerkesseln:
   Lage der Vorwärmerkessel wie bei $42^{90}$ unterhalb des Verdampfungskessels, Verdampfungsleistung 15 t/h, Durchmesser der Vorwärmer rund 780 mm, Durchmesser des Kessels 1.600 mm, Rohrlänge 6.000 mm, Kesselmitte über SO rund 3.600 mm, Verdampfungsheizfläche der Rauch- und Heizrohre 124,2 $m^2$, der Feuerbüchse 18 $m^2$, Rostfläche 4 $m^2$, Heizfläche des Vorwärmers 126,5 $m^2$.
2. Ausführung mit einem Vorwärmerkessel:
   Durchmesser des Vorwärmerkessels 1.070 mm, Kesselmitte über SO 3.450 mm, Heizfläche des Vorwärmers 131,5 $m^2$, sonst wie vorher.

Flemming erschien die Bauart mit einem Vorwärmerkessel als zweckmäßiger.

Friedrich Witte ließ daraufhin einen Vorentwurf erstellen (Fld 1.01 Sk 12 vom 12. Mai 1951). Er stieß sich etwas an der im Verhältnis zur großen Rohrheizfläche nur kleinen Strahlungsheizfläche und befürchtete Kesselschäden, hielt die Bauart aber für durchaus realisierbar.

Im Juli 1951 reichte Witte noch ergänzende Entwürfe an Flemming nach. Die äußerst plumpe Rauchkammertür der BR $42^{90}$ hielt er bei einer Schnellzuglok für nicht akzeptabel, sah hingegen eine normale Rauchkammertür vor und die Ausbildung des Rauchkammerträgers als Rauchgas-Umleitung in den Vorwärmer. Der oder die Vorwärmerkessel sollten vorne eigene Türen erhalten. Die Seitenschornsteine ließ Witte in Kesselnischen verschwinden, favorisierte auch die Bauart mit nur einem Vorwärmer und Schornstein links.

Das Projekt wurde nicht mehr weiterverfolgt, als sich im Herbst 1951 die Entwicklung der BR 10 als Pazific-Schnellzugloks in Dreizylinder- oder sogar Vierzylinderverbundbauart abzeichnete. Immerhin hatte Witte bereits entscheidende Ideen zur Weiterentwicklung eingebracht, technisch wie ästhetisch. Und nur kurze Zeit später fanden diese Ideen Eingang in das Projekt des Umbaues einer 50er nach dem Franco-Crosti-Prinzip.

## Warum ein Umbau der BR 50?

Der Einsatz der $42^{90}$ hatte bewiesen, daß durch FC-Vorwärmer eine erhebliche Kohleersparnis möglich war. Deshalb ordnete 1953 die Hauptverwaltung der DB die Neukonstruktion eines Kessels mit FC-Vorwärmer nach den aus dem $42^{90}$-Einsatz gewonnenen Erfahrungen an. Dieser neu konstruierte Kessel sollte in eine Lok der BR 50 eingebaut werden. Die BR 50 wurde als Umbauobjekt gewählt, weil ohnehin an einen Ersatz der noch rund 1.000 nicht alterungsbeständigen 50-Kessel aus St 47 K gedacht werden mußte. Der neue FC-Kessel sollte erste Erfahrungen bringen, ob in Zukunft an die Beschaffung eines modifizierten 23-Kessels mit verlängerter Rauchkammer oder eines FC-Kessels gedacht werden sollte.

Für den neuen Kessel wurden folgende Forderungen aufgestellt:

1. Hauptkessel als Neubaukessel nach den neuen Baugrundsätzen, d.h. vollständig geschweißt, durch eine Verbrennungskammer mit großem Anteil hochwertiger Strahlungsheizfläche und mit sehr großem Überhitzer.
2. Heizfläche gegenüber der $42^{90}$ reduziert, da die $42^{90}$ im Schwachlastbereich unwirtschaftlich war. Ursache: zu große Kesselheizfläche, die bei schwacher Lok-Leistung den Rauchgasen schon so viel Wärme entzog, daß das Speisewasser in den Vorwärmkesseln nur noch wenig vorgewärmt wurde. Höhere Temperatur der Rauchgase im Vorwärmer sollte auch die Gefahr von Taupunktunterschreitungen und damit rauchgasseitigen Korrosionen vermeiden helfen.
3. Verkleinerte Verdampfungskessel-Heizfläche sollte einen Kessel mit kleinerem Durchmesser ermöglichen. Damit sollte die Sicht nach vorn verbessert werden. Schlot des Vorwärmers auf der Heizerseite.
4. Heizfläche des Vorwärmers nach den neuen Vorschlägen Dr. Crostis in nur einem Vorwärmerkessel untergebracht. FC-Kesselanlage so klein dimensioniert, daß das Eigengewicht der Lok nicht größer würde als das der Ursprungslok.
5. Dem Abgasvorwärmer vorgeschaltet ein Abdampfvorwärmer herkömmlicher Bauart (Knorr), damit eine Reduzierung des Sauerstoffs im Speisewasser. Die wasserseitige Korrosion im Vorwärmerkessel sollte hierdurch vermieden werden. Einspeisung von Warmwasser von ca. 95 °C in den FC-Vorwärmer erlaubte eine weitere Verkleinerung der Kesselanlage. Außerdem sollte die Speisung von Warmwasser die beim Kaltspeisen auftretenden schädlichen Wärmespannungen vermeiden.
6. Tender der Lok mit beweglichen Abdeckklappen, um das Eindringen von Rauchgasen in den Führerstand zu verhindern.
7. Der Zylinderabdampf sollte nicht mehr durch den Vorwärmermantel geleitet werden und diesen beheizen. Bei der $42^{90}$ war hierdurch ein zu großer Gegendruck in den Zylindern erzeugt worden.

Der Kessel wurde von der Abteilung TL1 der Firma Henschel in enger Zusammenarbeit mit dem Bauartdezernenten beim BZA Minden, Witte entwickelt. Dieser hatte in den vergangenen drei Jahren seine Vorbehalte gegen den FC-Kessel soweit abgebaut, daß er im FC-Kessel eine denkbare Alternative zum üblichen DB-Neubaukessel sah. Die gesamte Kesselanlage sollte 42.590 DM kosten. Wie üblich begannen die Entwurfsarbeiten mit dem Kessel, dessen Komponenten bis ungefähr Mai 1954 durchgezeichnet waren.

Als Umbaulok bestimmte das BZA Minden die Lok 50 1412 (WLF Floridsdorf 9213/41), die bisher beim Bw Landau beheimatet gewesen war. Sie erhielt vom 9. Juni bis zum 11. Juli 1954 im AW Eßlingen eine Aufarbeitung nach Schadgruppe L 4 einschließlich des kompletten Zusammenbaues, wurde danach aber nicht in Betrieb genommen, sondern zur Fa. Henschel nach Kassel überführt. Dort waren seit dem 8. Juni 1954 bereits die Bauarbeiten an Kessel und Vorwärmer im Gange. Wie üblich bei Baumustern liefen die Konstruktionsarbeiten dem Bau nur wenig

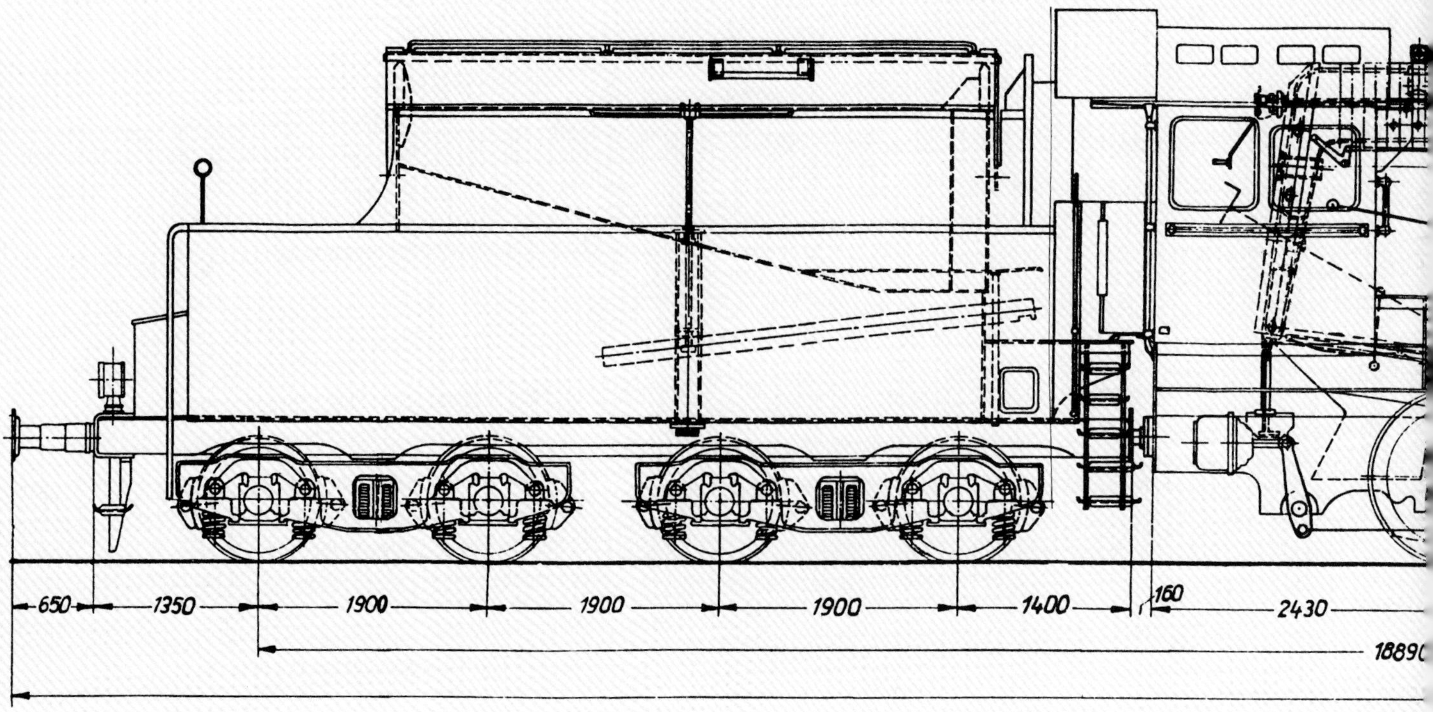


versetzt voran, so daß z. B. die Zeichnungen für den Tenderumbau erst im August 1954 von Friedrich Witte abgesegnet wurden. Gewissen Aufwand verursachte die Umkonstruktion der Steuerung, da die Steuerwelle tiefer gelegt werden mußte, um unter dem Vorwärmerkessel durchzupassen. Nur mit Kompromissen waren die versetzten Kesselstützen und Pendelbleche unterzubringen, wie sich später herausstellen sollte, nicht ohne Folgen: Die Franco-Crosti-Umbauloks erlitten häufig Rahmenbrüche an den nun überbelasteten Stellen.

Anders als sonst üblich setzte man im September 1954 erst den Kessel samt Abgasvorwärmer auf den Rahmen, danach erst erfolgten Komplettierung und Wasserdruckprobe. Letztere bestand der Kessel am 18. September 1954 ohne Anstände. Danach beendete man den Zusammenbau sehr schnell, und bereits am 25. Oktober 1954 unternahm die Maschine ihre erste Werksprobefahrt mit eigener Kraft, und am 3. November 1954 lieferte Henschel die Lok an die DB ab. Das für Henschel zuständige Abnahme-AW Göttingen inspizierte die Lok genau und setzte sie als Abnahmeprobefahrt am 9. November 1954 vor einem planmäßigen Güterzug von Göttingen nach Bebra ein. Am 11. November 1954 bescheinigte das AW Göttingen die Abnahme. Danach wurde sie zunächst dem Versuchsamt Minden zur Verfügung gestellt. Im Anschluß begann im Januar 1955 der Betriebsversuch im Regeleinsatz zusammen mit den $42^{90}$ beim Bw Bingerbrück.

# Beschreibung der 50 1412 (nach DV 930.86)

Die Lok 50 1412 mit Franco-Crosti-Abgasvorwärmer ist in Anlehnung an die Lok BR $42^{90}$ für eine Dampferzeugung von 10 t/h – die Nennleistung der Lokomotiven BR 50 – bei gleichzeitiger Verkleinerung der Rostfläche entwickelt. Sie unterscheidet sich von der normalen Lokomotive durch den Kessel, den Abgasvorwärmer, die geänderte Steuerung und die Tenderabdeckung. Die folgende Beschreibung beschränkt sich daher auf die Bauartabweichungen gegenüber der normalen Lokomotive BR 50.

## Der Kessel

Der Kessel ist aus St 34 (Kesselblechgüte) gefertigt und vollständig geschweißt. Er ist nach den neuen Baugrundsätzen der Einheitslokomotiven 1950 der Deutschen Bundesbahn entwickelt.

Der Stehkessel hat eine Feuerbüchse mit Verbrennungskammer. Die Feuerbüchse aus IZ II-Stahl ist über den gepreßten U-förmigen Bodenring und den gekümpelten Feuerlochring mit dem Stehkessel verbunden.

Der Langkessel besteht aus drei Kesselschüssen, von denen der mittlere kegelig ist. In dem Oberteil des mittleren Kesselschusses ist der aus 40 mm dickem Blech gepreßte Domfuß eingeschweißt.

Die Rauchkammerrohrwand ist als ebene Platte in einen Sonderprofilring (Klöcknerprofil W 53/15a) eingeschweißt.

Der Kessel hat 24 Rauchrohre 152 x 4,25 mm und 39 Heizrohre 60 x 3 mm. Die Heiz- und Rauchrohre sind in die Rauchkammerrohrwand eingewalzt, in der Feuerbüchsrohrwand nur angewalzt und verschweißt.

Sämtliche Stehbolzen und Deckenstehbolzen sind mit Spiel eingeschweißt. In den Randzonen und im Bereich der Verbrennungskammer sind bewegliche Stehbolzen mit Ausgleichring angeordnet.

Die Rauchkammer 1 ist mit dem Langkessel verschweißt und trägt mit ihrem unteren Teil die Rauchkammer 2 zum Abgasvorwärmer. Die Rauchgase werden durch zwei hoch angesetzte Umlenkkanäle von der Rauchkammer 1 in die Rauchkammer 2 umgeleitet, damit Flugasche nicht mit in den Vorwärmer gerissen wird.

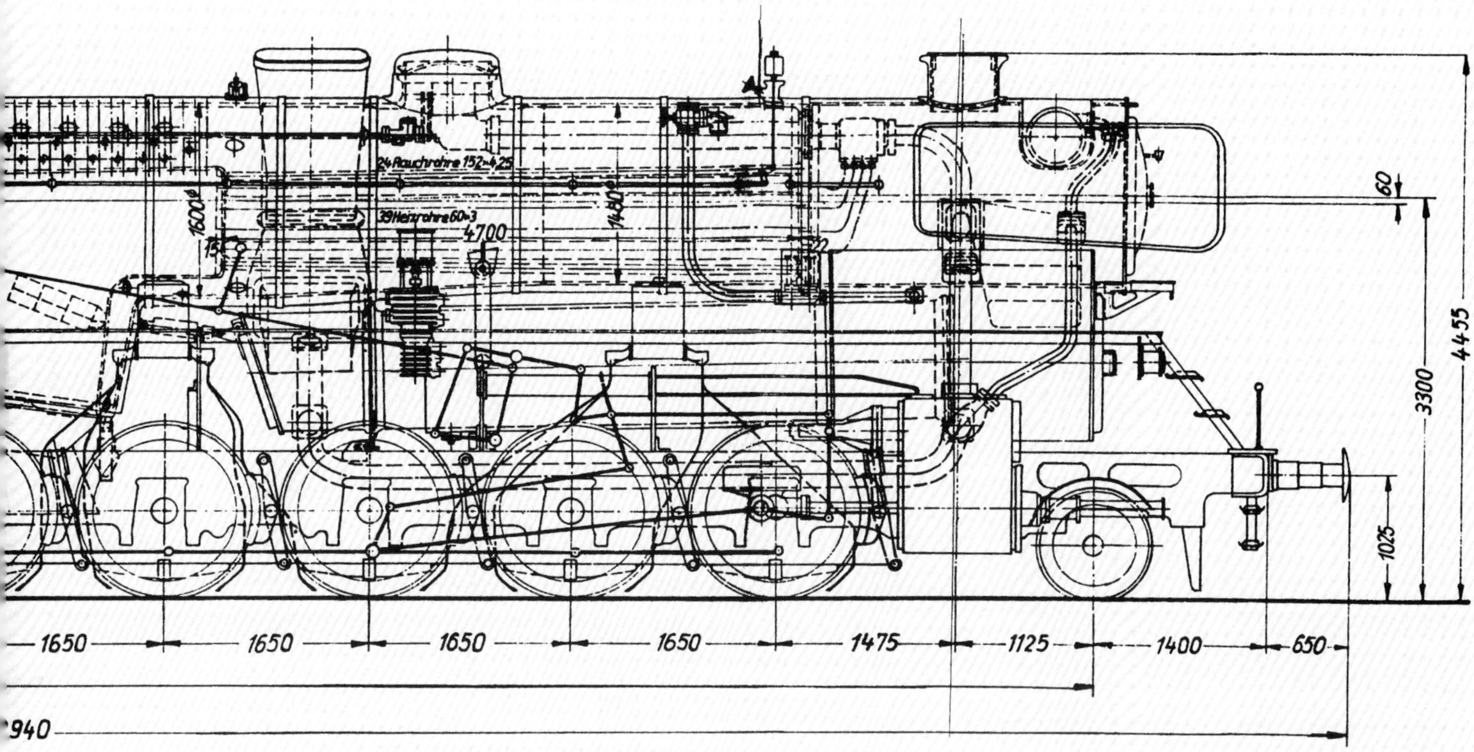


Seitenansicht der Umbaulok 50 1412. Der Vorwärmer paßt sich wesentlich harmonischer der üblichen äußeren Gestaltung moderner DB-Lokomotiven an als bei 42 9001 und 9002. Auf dem Führerhausdach ist ein großes Rauchleitblech angeordnet. ABBILDUNG: SAMMLUNG JÜRGEN-ULRICH EBEL

Das Fahrgestell der 50 1412 vor Beginn des Zusammenbaues der Lok im Sommer 1954. Die zwei Auflager für den Abgasvorwärmer sind deutlich zu erkennen. Im Hintergrund stehen vier versandfertige Ersatzkessel für 1'D1'-Schlepptenderloks der Südafrikanischen Eisenbahn. Diese Kessel besetzten die Fabriknummern vor der Umbaulok 50 1412 (Kessel 28774) und waren vollständig genietet. AUFNAHME: HENSCHEL, SAMMLUNG MARIO BRUTSCHIN

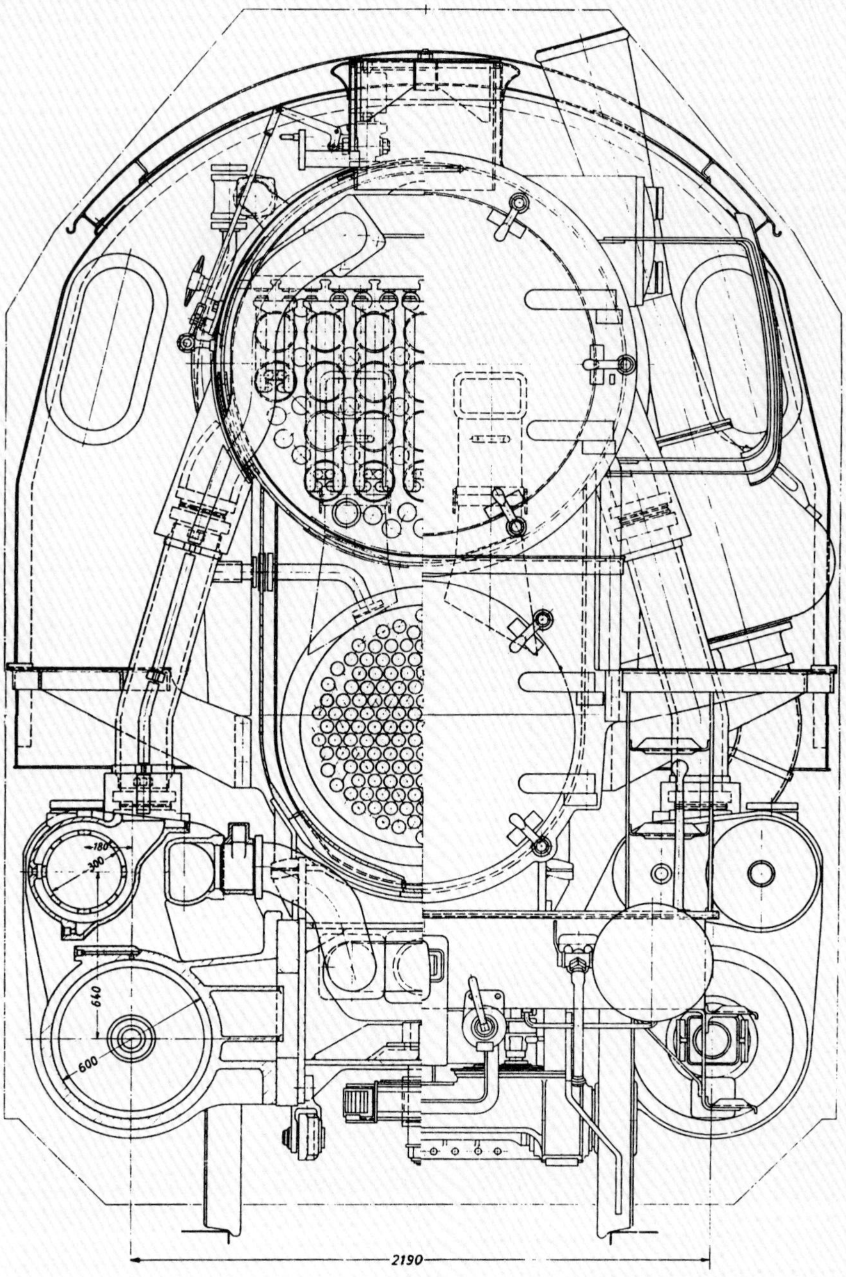


Frontalansicht der 50 1412 mit kleinem Verdampfungskessel, der mit einem sehr großen Überhitzer ausgerüstet ist. Der Seitenschornstein auf der Heizerseite behindert die Sicht nach vorne nicht mehr, wie überhaupt für die dampfloküblichen Sichtverhältnisse nach vorne Sorge getragen ist.

Unten:
Das gegenüber der BR $42^{90}$ veränderte Funktionsschema der 50 1412.

BEIDE ABBILDUNGEN: SAMMLUNG JÜRGEN-ULRICH EBEL

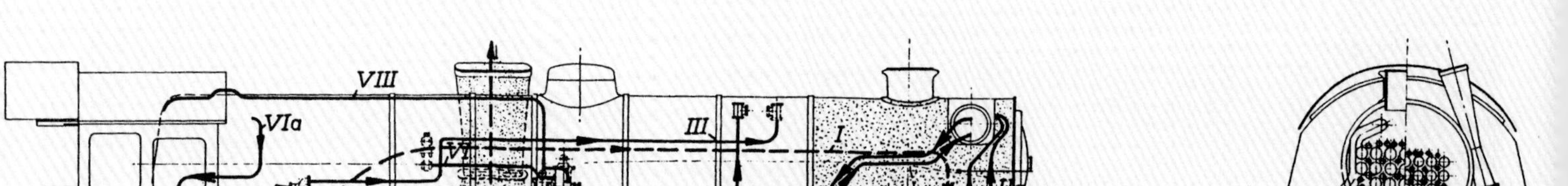


I Strömungsrichtung der Rauchgase
II Zylinder - Abdampf
IIa Zylinderabdampfleitung
III Speiseleitung für Kaltwasser (direkte Kesselspeisung)
IV Speiseleitung für Vorwärm-Wasser (vom Injektor)
IVa Saugleitung für Strahlpumpe
V Speiseleitung für Vorwärm-Wasser über die Pumpe
Va Saugleitung zur Speisepumpe

VI Frischdampf für Speisepumpe
VIa Dampfleitung zur Strahlpumpe
VII Speisepumpen - Abdampf
VIII Hubanzeiger zur Speisepumpe
IX Vorwärmerkessel
X Blasrohr
XI Verbindungsrohr (Abgasvorwärmer - Dampfkessel)

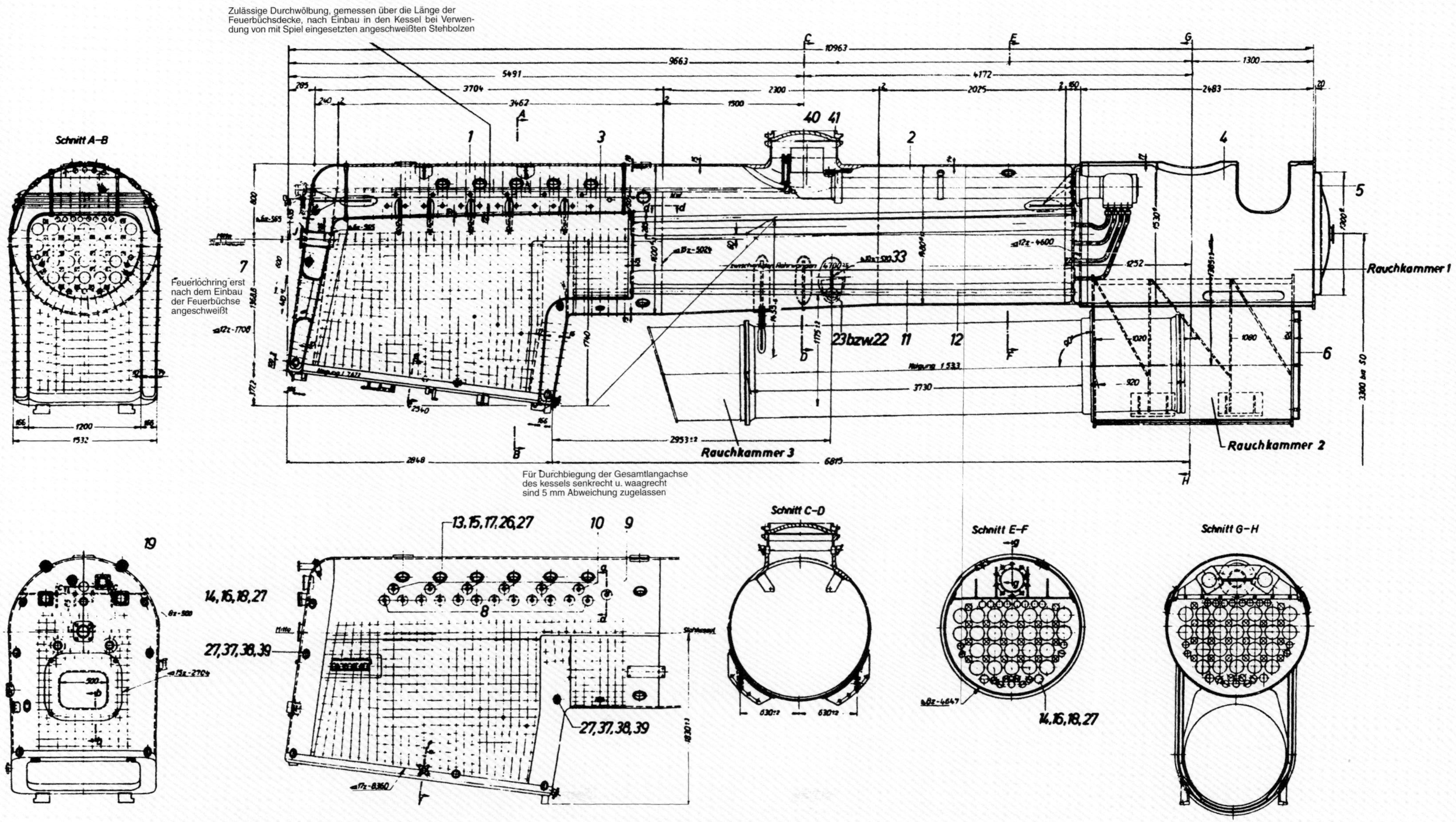


Der Verdampfungskessel mit großer Verbrennungskammer und doppelter vorderer Rauchkammer nach einer Henschel-Zeichnung vom 7. April 1954.

ABBILDUNG: SAMMLUNG JÜRGEN-ULRICH EBEL

## Der Abgasvorwärmer

Der Abgasvorwärmer ist unter dem Langkessel angeordnet. Er besteht aus einem Kessel mit einem äußeren Durchmesser von 960 mm und 12 mm Wandstärke, der über einen angeschweißten Winkelring an die Rauchkammer 2 geschraubt ist. Am hinteren Ende schließt sich die Rauchkammer 3 mit dem Abgaskanal an. Der vordere Teil des Abgasvorwärmerkessels ragt etwa 1 m in die Rauchkammer 2 hinein. In dem zylindrischen Kessel befindet sich ein Rohrbündel, das vorn und hinten über Druckringe mit den Kesselflanschringen verbunden ist. Die Rohrwände sind mit Cu-Asbest-Fülldichtringen abgedichtet.

Das Vorwärmerrohrbündel hat 163 Heizrohre 44,5 x 2,5 mm von 4.600 mm Länge. Die Heizrohre sind in die Vorderwand eingewalzt, in die Hinterwand eingewalzt und gebördelt. Die Rohrwanddicken betragen vorn 35 und hinten 40 mm. Zum Ausbauen des Rohrbündels sind besondere Haken an der Rohrwand angeordnet. Um den Ausbau zu erleichtern, sind die Dichtungsflächen der Rohrwände in kegelige Eindrehungen der Flanschringe gelegt. Die für den Ein- und Ausbau des Rohrbündels an der hinteren Rohrwand angebrachten Stützfüße haben Kupfergleitplatten.

Das Auswechseln einzelner Rohre ist durch die Vergrößerung des Heizrohrendes auf 48 mm erleichtert. Zur Reinigung des Vorwärmers sind im hinteren Teil seitlich oben je eine und unten eine große Waschluke sowie an der vorderen Rohrwand oben und unten je ein Auswaschstutzen mit Gewinde Sg 56 x 3,75 vorgesehen. Damit ist eine Möglichkeit geschaffen, das normale Auswaschgerät anzuschließen. Ferner ist an der tiefsten Stelle des Abgasvorwärmerkessels ein mit Luft betätigtes Gestra-Abschlammventil vorgesehen. Der Vorwärmerkessel ist mit Pendelblechen am Langkessel befestigt und stützt sich am hinteren Kesselflansch gleitend auf dem Rahmen ab.

## Bekleidung und Isolierung

Der gesamte Kessel einschließlich Rauchkammer 1 und 2 sowie der freiliegende Teil des Abgasvorwärmers haben eine Blechbekleidung und sind durch Wärmeschutzmatratzen aus Steinwolle in Glasgewebeumhüllung gegen Wärmeverluste isoliert. Zwischen Schutzblech und Kümpelblech der vorderen Raumkammertüren sind ebenfalls Wärmeschutzmatten aus Steinwolle vorhanden.

Die zum Einbau fertige hintere Rauchkammer aus Chromstahlblech mit Schornsteinfuß und Reinigungstür.

Beide Aufnahmen: Henschel, Sammlung Mario Brutschin

hintere Rauchkammer (Rauchkammer 2)

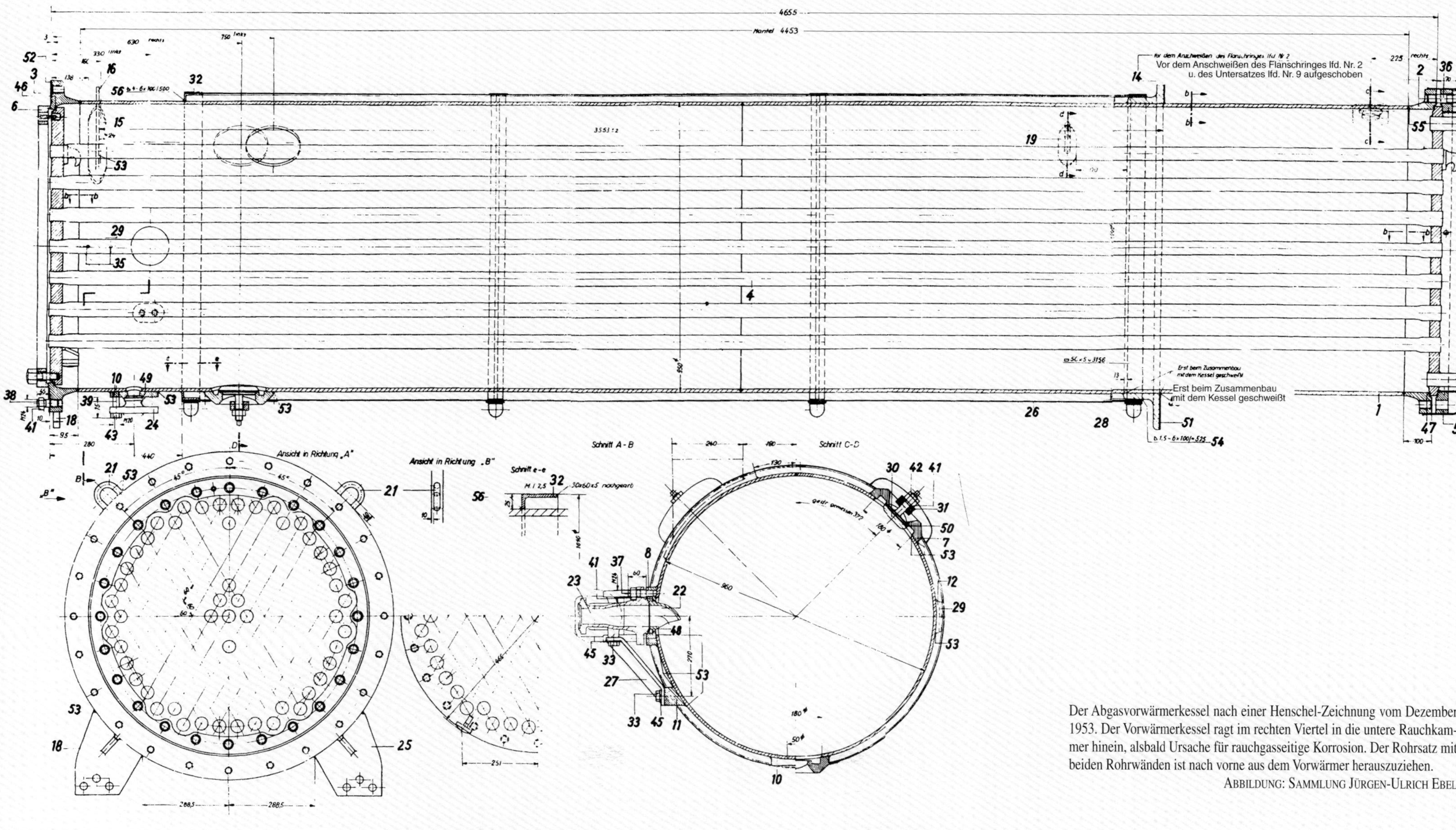


Der Abgasvorwärmerkessel nach einer Henschel-Zeichnung vom Dezember 1953. Der Vorwärmerkessel ragt im rechten Viertel in die untere Rauchkammer hinein, alsbald Ursache für rauchgasseitige Korrosion. Der Rohrsatz mit beiden Rohrwänden ist nach vorne aus dem Vorwärmer herauszuziehen.

ABBILDUNG: SAMMLUNG JÜRGEN-ULRICH EBEL

Der einbaufertige Abgasvorwärmer mit eingeschraubtem Rohrsatz, von vorne gesehen. Bis zum Befestigungsring ragt er in die untere Rauchkammer hinein.

BEIDE AUFNAHMEN: HENSCHEL, SAMMLUNG MARIO BRUTSCHIN

Gerade wurde der Kessel aufgesetzt; die Tragseile liegen noch darauf. Vor dem Aufsetzen mußten Vorwärmerkessel und hintere Rauchkammer bereits fest mit dem Verdampfungskessel verbunden werden.

## Die Saugzuganlage

Die Hauptabmessungen der Vier-Düsen-Saugzuganlagen sind der Kesselleistung von 10 t/h angepaßt. Um den Gegendruck im Zylinder möglichst klein zu halten, wurde bei der Verlegung der Ausströmrohrleitung auf schlanke Rohrführung geachtet.

Die Heizgase werden in der vorderen Rauchkammer 1 über zwei herausnehmbare Einsätze in die Rauchkammer 2 zum Abgasvorwärmer gelenkt und gelangen durch die Heizrohre in die hintere Rauchkammer 3. Von dort werden sie durch einen Verbindungskanal in den Mischkasten geleitet, in dessen Mitte das Standrohr mit vier Blasrohrdüsen von 60 mm Durchmesser sowie das Hilfsbläserrohr untergebracht sind.

Auf dem Mischkasten ist der Schornstein angeflanscht. Im Bereich des Schornsteins ist die Kesselverkleidung ausgespart, um ihn möglichst dicht an den Kessel schmiegen zu können. Schornstein und Rauchkammer 3 sind aus Chromstahlblech gefertigt, um Korrosionen vorzubeugen. Um die Reinigung der Rauchkammer 3 zu erleichtern, besitzt diese eine nach oben aufschlagende Tür mit Federrückstellung. Um das Auswerfen von Kondenswasser aus dem Schornstein möglichst zu vermeiden, ist am tiefsten Punkt des hinteren Ausströmrohres zwischen dem Rahmen eine Entwässerungsbohrung vorgesehen. Auf dem Führerhausdach wurde ein Lenkblech für Rauchgase angeordnet. Es soll das Einsaugen von Rauchgasen in das Führerhaus verhindern.

## Die Kesselausrüstung

Außer der normalen Kesselausrüstung wie:

- ein Dampfabsperrventil (vor dem Führerhaus)
- zwei Dampfentnahmestutzen
  einer mit Dampfventil zur Strahlpumpe
  Dampfventil zur Dampfheizung
  Dampfventil zum Rußbläser
  einer mit Dampfventil zur Lichtmaschine
  Dampfventil zur Speisepumpe
  Dampfventil zum Hilfsbläser
- zwei Dampfabsperrventile am Dom
- ein Dampfventil zur Luftpumpe
- zwei Kesselspeiseventile 50 mit Lenkfederventileinsatz Knorr
- eine Dampfpfeife mit Absperrventil auf dem Kesselscheitel
- ein Gestra-Abschlammventil
- zwei Selbstschluß-Wasserstandanzeiger (LON), deren untere Gehäuse auf Zwischenflanschen sitzen, die eine Reinigungsöffnung von 100 ø freigeben
- ein Druckmesserhahn mit Kesseldruckmesser

erhält die Lok eine mit Druckluft betätigte Rußbläsereinrichtung „Gärtner".

Zur Rußbläsereinrichtung gehören:

- ein Düsenkopf mit Dampfverteiler
- ein Schnellschlußdampfventil „Gestra"
- ein Druckknopfventil 3/8" „Knorr".

Ferner ist eine mit Druckluft betätigte Schornsteinabschlußklappe vorhanden, die beim Anfeuern des Kessels geöffnet wird. Die Klappe kann auch von Hand betätigt werden.

Der Kessel ist ferner mit einer einfachen, nach innen aufschlagenden Feuertür und normalem Rost ausgerüstet. Alle Roststäbe entsprechen der Norm.

Zum Reinigen des Kessels sind 36 Waschluken vorgesehen. Im Dom ist ein Ventilregler 200 ø Bauart Wagner, d.h. ein Naßdampfregler der Standardbauart, untergebracht. Ein Schaumblech im Dom soll das Wasserüberreißen vermindern.

Ein Blick in die beiden vorderen Rauchkammern, wo der Gasstrom in den Vorwärmer geleitet wird. AUFNAHME: HENSCHEL, SAMMLUNG MARIO BRUTSCHIN

## Die Kesselspeisung

Für die Kesselspeisung stehen eine saugende Dampfstrahlpumpe 250 l/min und eine Kolbenspeisepumpe KT 1-250 l/min zur Verfügung.

Dem Rauchgasvorwärmer ist zusätzlich ein normaler Oberflächenvorwärmer Knorr vorgeschaltet.

Mit der Kolbenspeisepumpe wird über Oberflächenvorwärmer und Abgasvorwärmer in den Kessel gespeist, mit der Strahlpumpe wird nur über den Abgasvorwärmer in den Kessel gespeist. Somit wird jederzeit Warmwasser gespeist.

Für eine direkte Speisung – d.h. unter Umgehung des Abgasvorwärmers – ist in der Strahlpumpendruckleitung ein plombierter Umschalthahn vorhanden, der vom Laufblech aus erreicht werden kann. Der Hahn soll im Notfall umgestellt werden, falls am Abgasvorwärmer Wasserverluste oder an den Speiseventilen Störungen auftreten.

Da der Abgasvorwärmer unter Kesseldruck steht, kann die Vorwärmung des Speisewassers bis dicht an den durch den Druck gegebenen Siedepunkt getrieben werden, also weit über 100 °C. Falls beim Festsetzen der Kesselspeiseventile zwischen Abgasvorwärmer und Kessel durch Verdampfung im Abgasvorwärmer der vorhandene Druck überschritten wird, sprechen in der Druckleitung zwischen Abgasvorwärmer und Kesselspeiseventil zwei Sicherheitsventile an, die den Abgasvorwärmer vor Überdruck sichern.

Der Kessel wird normalerweise mit der Kolbenspeisepumpe gespeist, die das Speisewasser über das am Abgasvorwärmer seitlich angeordnete Kesselspeiseventil in den Vorwärmerkessel drückt. Das Speisewasser tritt am hinteren Ende des Vorwärmers ein und vorn aus, während die Rauchgase die Heizrohre von vorn nach hinten durchströmen, so daß der Vorwärmer nach dem Gegenstromprinzip arbeitet.

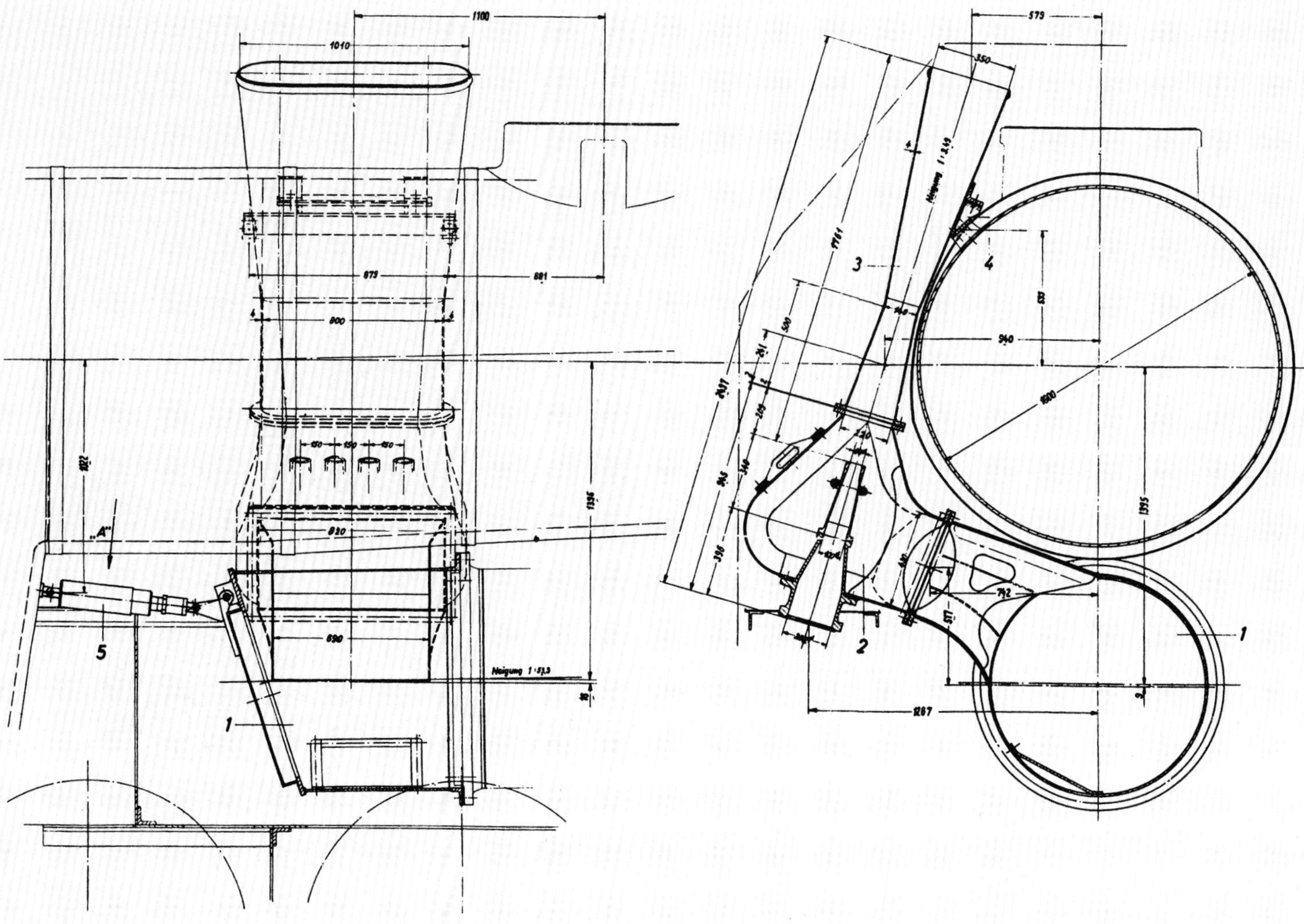


Die vollständige Saugzuganlage nach einer Henschel-Zeichnung vom Juni 1954. Vier Blasrohrdüsen sind angeordnet. ABBILDUNG: SAMMLUNG JÜRGEN-ULRICH EBEL

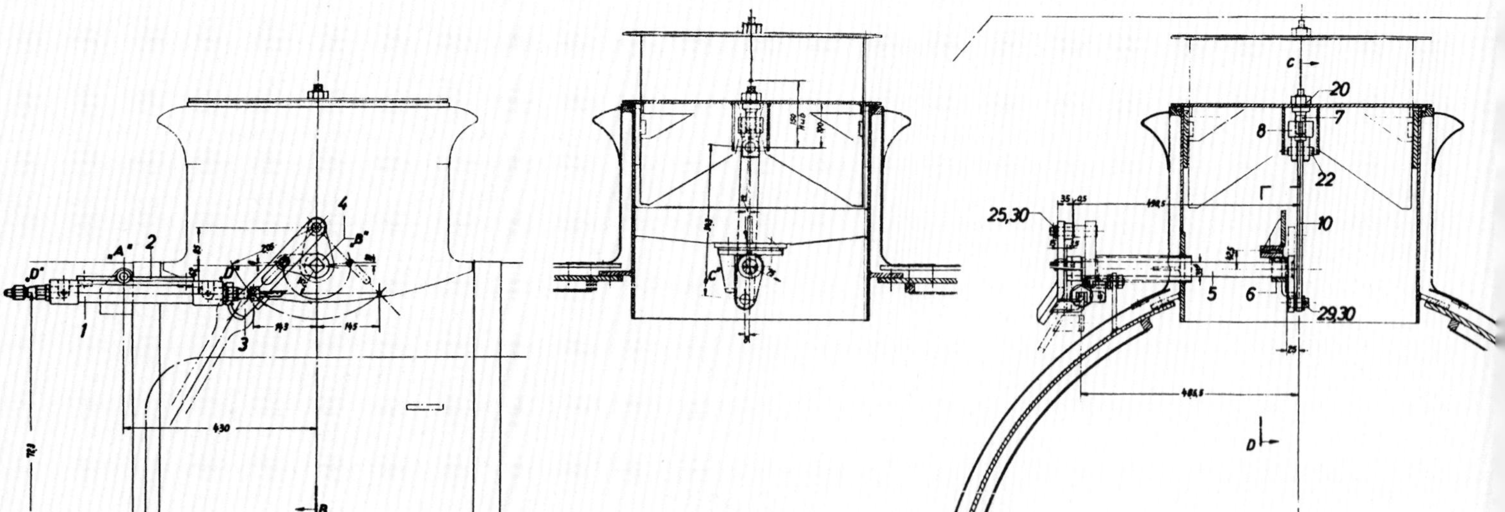


Der Lokführer kann durch Druckluft oder per Hand den Anheizschornstein öffnen und schließen. Henschel-Zeichnung vom 7. Juli 1954. ABBILDUNG: SAMMLUNG JÜRGEN-ULRICH EBEL

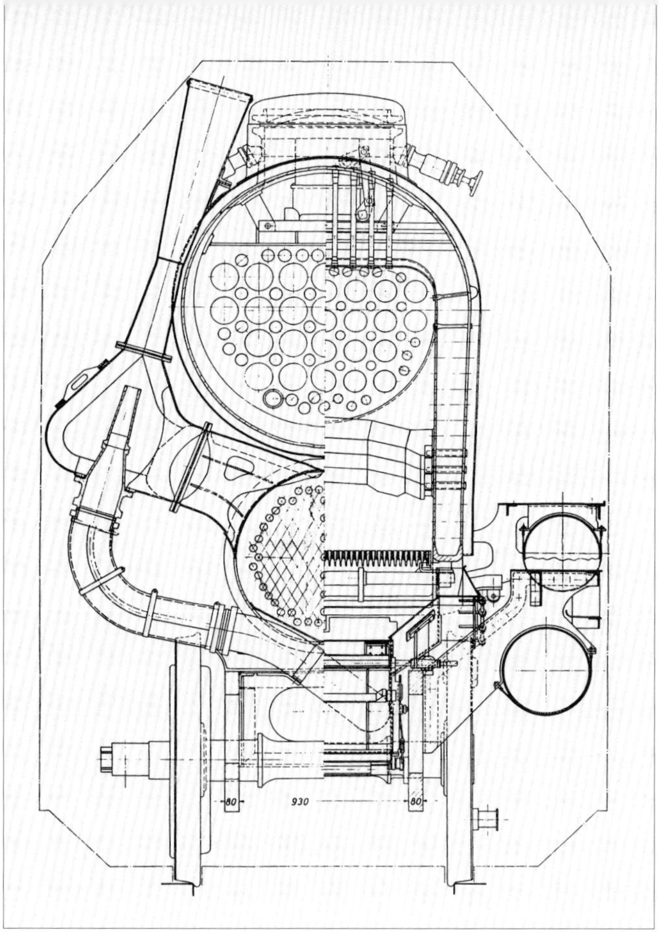

Als Ergänzung zur Zeichnung auf Seite 64 der Schnitt durch die Lok. Eine gewisse Eleganz in der Saugzuganlage ist nicht zu übersehen, wegen der langen Abdampfwege aber auch unabdingbar. ABBILDUNG: SAMMLUNG JÜRGEN-ULRICH EBEL

Die moderne Front der 50 1412 im Oktober 1954. Da ein großes Trittblech vor dem Vorwärmer fehlt, ist die Reinigung der oberen Rauchkammer ziemlich erschwert. Die einfachen Treppchen links und rechts wichen später einer stabileren Konstruktion. AUFNAHME: HENSCHEL, SAMMLUNG MARIO BRUTSCHIN

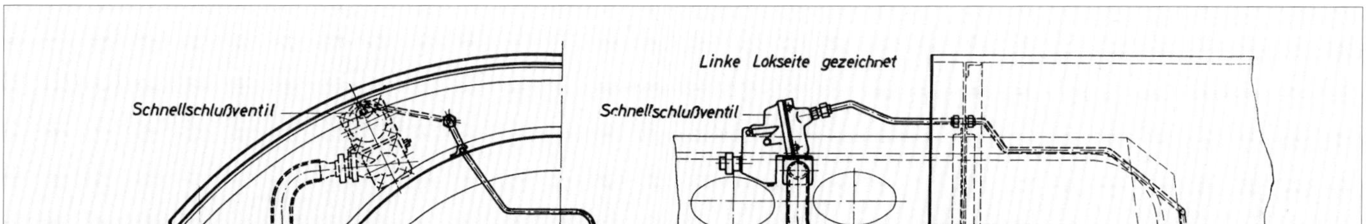


Als erste DB-Dampflok erhielt 50 1412 versuchsweise den sehr wirksamen Rußbläser Bauart Gärtner, der das mühselige Rohrreinigen mit langen Drahtbesen und Druckluft überflüssig machte. Mit dem Gerät konnte man scharfe Dampfstrahlen auf die Feuerbüchsrohrwand richten, die nicht nur diese und die Verbrennungskammer, sondern auch die Rohre und Überhitzerelemente wirksam von Ruß befreiten. ABBILDUNG: SAMMLUNG JÜRGEN-ULRICH EBEL

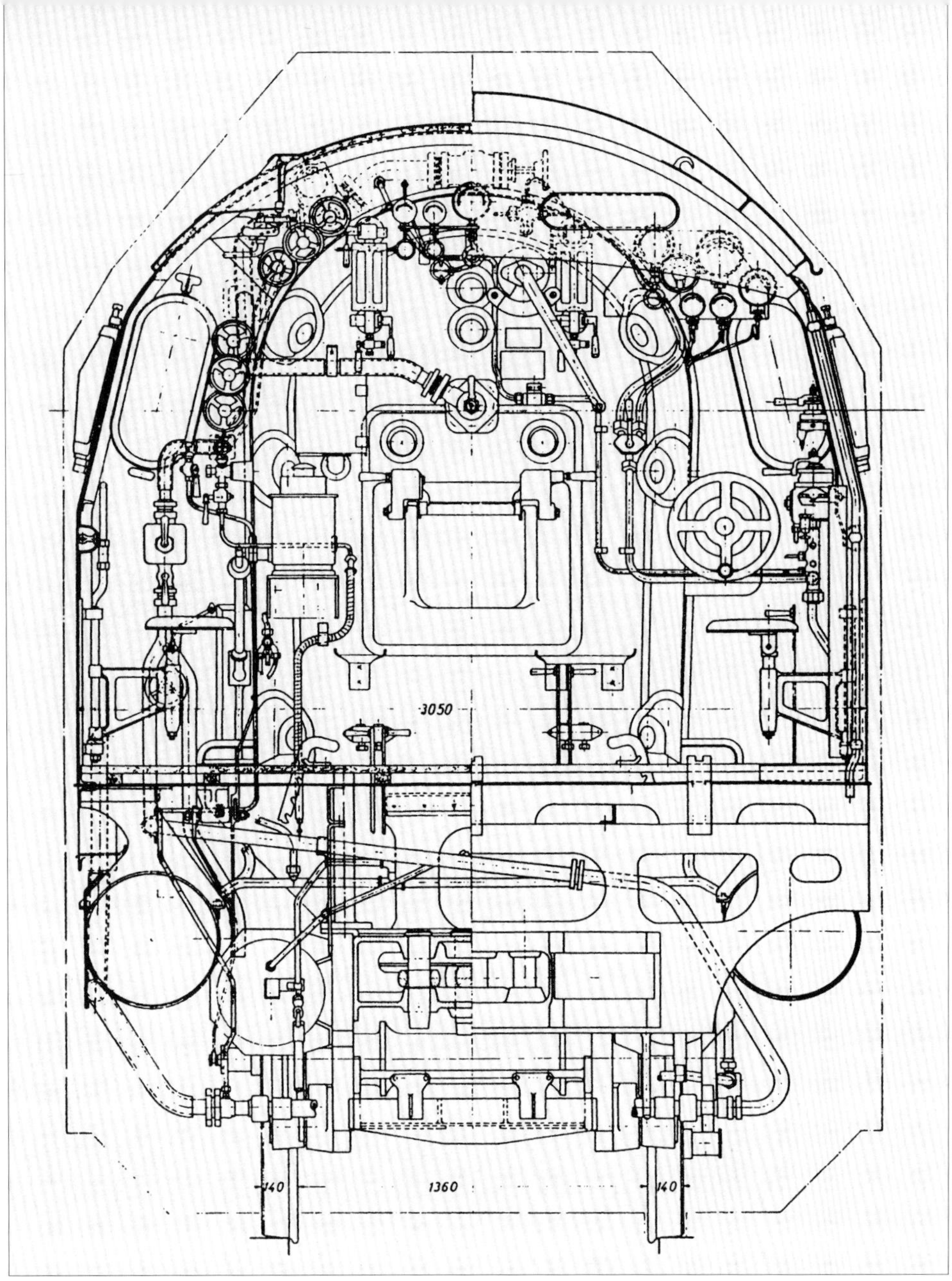


Scheinbar ist im Führerhaus der 50 1412 alles wie bei den normalen 50ern. Durch den kleinen Kessel haben Lokführer und Heizer deutlich mehr Platz. Die Feuertür gehört der einfachen Bauart Marcotty ohne Luftkanäle an, und über ihr ist die Betätigung des Rußbläsers Bauart Gärtner zu erkennen.

ABBILDUNG: SAMMLUNG JÜRGEN-ULRICH EBEL

## Das Fahrgestell

Die Anordnung des Abgasvorwärmers auf Fahrzeugmitte machte es erforderlich, die Zylinderverbindung, Gleitbahn und Steuerungsträgerbleche und sämtliche Laufblechträger entsprechend zu ändern. Die bisher üblichen Pendelbleche sind durch zwei Pendelstützen ersetzt. Der Kessel ist hinten unter dem Bodenring über Gleitschuhe abgestützt und vorn durch die Rauchkammerträger mit dem Rahmen verbunden. Das bisher übliche Schlingerstück am hinteren Bodenringstück ist durch ein Pendelblech ersetzt. Das hintere Laufblech wurde dem etwa 150 mm höher gelegten Kessel angepaßt. Wegen der Zugänglichkeit beider Rauchkammern mußten die vorderen Teile des Laufbleches völlig neu ausgebildet werden.

## Die Steuerung

Die Steuerwelle mußte wegen des auf Mitte Rahmen liegenden Abgasvorwärmers tiefer gelegt werden. Durch Einschalten einer Zwischenwelle je Seite war es möglich, alle Steuerungsgestänge vom Hängeeisen ab unverändert zu übernehmen. Der durch den Einbau des neuen Kessels und Verlegung der Steuerwelle bedingte Mittenversatz der beiden Steuerstangenenden ist durch einen Pendelhebel am Langkessel ausgeglichen worden.

## Die Radreifenschmierung

Der Laufradsatz und der erste Kuppelradsatz haben eine Radreifenschmiereinrichtung Bauart „Woerner“ erhalten. Die Schmierpressen sowie Luftfilter sind an dem linken Träger zwischen Zylinder und Gleitbahnträger befestigt. Die Fettpresse wird von der Schwinge über eine Verbindungsstange angetrieben. Zu der Einrichtung gehören noch vier Fettspritzdüsen, die auf besonderen Trägern an dem Laufachslagergehäuse und am Rahmen befestigt sind.

## Der Tender

Um das Einsaugen von Rauchgasen in den Führerstand während der Fahrt zu vermeiden, andererseits das Verschmutzen des Zuges durch Kohlenstaub und Spritzwasser so weit wie möglich auszuschalten, ist der Tender mit einer Kohlenkasten-Abdeckung ausgerüstet. Die Abdeckung besteht aus zwei seitlich klappenden Deckblechen, die den Kohlenkastenraum auf seiner ganzen Länge abdecken. Die Klappen werden durch je einen Langhubzylinder „Westinghouse“, der in einem Rohr rechts und links im Wasserkasten untergebracht ist, geöffnet oder geschlossen.

Die Klappen sind hinten in einem Zylinderrollenlager und vorn in einem Pendelrollenlager gelagert und stützen sich in der

Längsrichtung gegen Stützrollen ab, die auf den Stirnwänden abrollen. In geschlossener Stellung werden die Klappen durch einen Gewichtshebel verriegelt.

Um Unfälle zu vermeiden, werden die Klappen vorerst von der Kohlenkastenrückwand aus entriegelt und durch einen Umschalthahn mit Druckluft betätigt. Für das Befestigen des Kohlenkastens während des Kohlenentnehmens sind rechts und links entsprechende Fußtritte vorgesehen. Es sind ferner Handstangen an den Klappen vorhanden, die beim Begehen des Tenders benutzt werden können. Der Laufblechaufbau wurde dem höhergelegten Bodenbelag entsprechend mit nach oben verlegt.

## Die Hauptabmessungen

**A. Grunddaten der Lokomotive**

| | | |
|---|---|---|
| 1. | zulässige Höchstleistung am Zughaken | 1.300 PSe |
| 2. | größte Geschwindigkeit vorwärts und rückwärts | 80 km/h |
| 3. | Spurweite | 1.435 mm |
| 4. | Länge über Puffer (ohne Tender) | 13.680 mm |
| 5. | Reibungsgewicht | 78.380 kg |
| 6. | Leergewicht | 80.370 kg |
| 7. | Dienstgewicht | 90.350 kg |
| 8. | Metergewicht (ohne Tender) | 6,60 t/m |

**B. Kessel-Grunddaten**

| | | |
|---|---|---|
| 1. | Bauart: vollständig geschweißt, Feuerbüchse mit Verbrennungskammer, ebene Decke, Bodenring breit über dem Rahmen | |
| 2. | Dampfüberdruck | 16 kg/cm$^2$ |
| 3. | Wasserinhalt bei einem niedrigsten Wasserstand 150 mm über Feuerbüchse | 7,52 m$^3$ |
| 4. | Dampfraum bei einem Wasserstand von 150 mm über Feuerbüchse | 2,4 m$^3$ |
| 5. | Verdampfungsoberfläche | 9,66 m$^2$ |
| 6. | Heizflächenbelastung | 103,5/53 kg/m$^2$h |
| 7. | Kesselkennziffer (Rauchrohre) | 1/379 |
| 8. | Kesselkennziffer (Heizrohre) | 1/348 |
| 9. | Kesselleergewicht ohne Ausrüstung | 15.590 kg |
| 10. | Kesselleergewicht mit Ausrüstung | 19.400 kg |
| 11. | Kesselmitte über Schienenoberkante Feuerbüchse/Langkessel | 3.240/3.300 mm |
| 12. | Auslaßquerschnitt des Sicherheitsventils | 2 x 24,76 cm$^2$ |
| 13. | Rostfläche | 3,05 m$^2$ |
| 14. | Rostlänge | 2,54 m |
| 15. | Rostbreite | 1,2 m |
| 16. | Rostneigung nach vorn | 1:7,673 |
| 17. | freie Rostfläche in Hundertteilen von Rostfläche | 43 v.H. |
| 18. | obere Länge licht einschl. Verbrennungskammer | 3.175 mm |
| 19. | untere Länge licht | 2.540 mm |
| 20. | Höhe über Rost vorn | 1.944 mm |
| 21. | Höhe über Rost hinten | 1.514 mm |
| 22. | Deckenneigung nach hinten | 1:53,35 |
| 23. | größter Innendurchmesser hinten/vorn | 1.570/1.452 mm |
| 24. | Entfernung zwischen den Rohrwänden | 4.700 mm |
| 25. | Durchmesser der Heizrohre (39 Stück) | 60 x 3 mm |
| 26. | Durchmesser der Rauchrohre (24 Stück) | 152 x 4,25 mm |
| 27. | Überhitzer: mit einmal eintauchenden Elementen | |
| 28. | Durchmesser der Überhitzerrohre (24 Elemente) | 40 x 4 mm |
| 29. | Dampfquerschnitt des Überhitzers | 193 cm$^2$ |
| 30. | Dampfgeschwindigkeit im Überhitzer (Heizflächenbelastung 60 kg/m$^2$h) bei 10 t Dampf mit 400 °C | 17,2 m/s beim Eintritt<br>26,2 m/s beim Austritt |

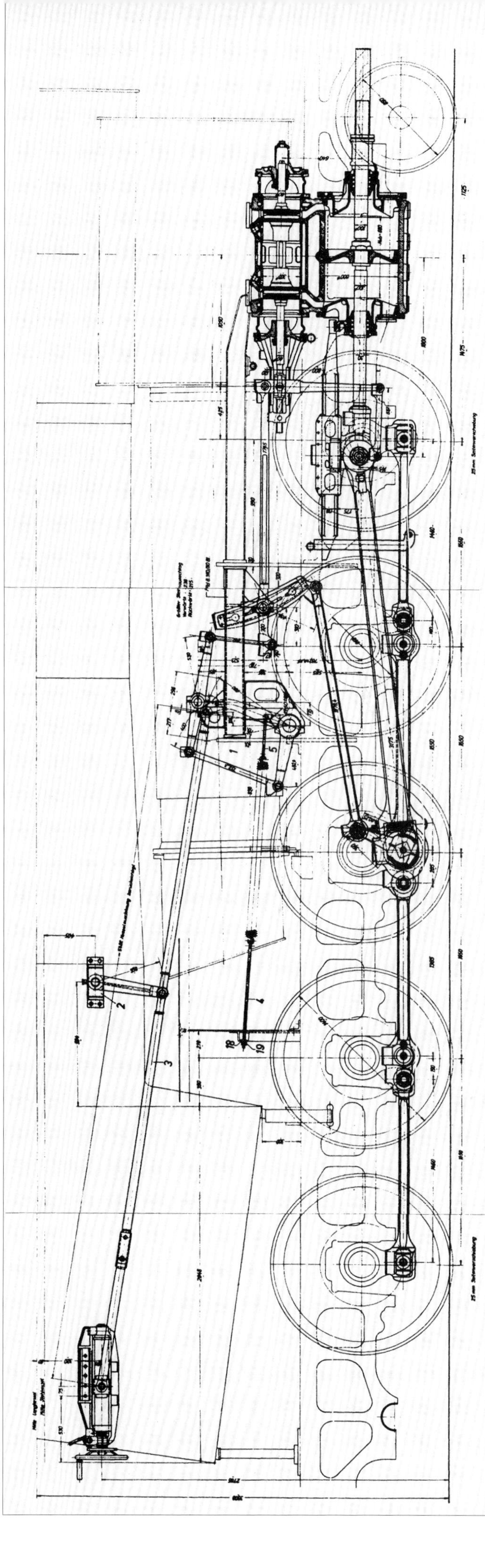

Weil die Übertragung der Steuerungsbewegung auf die linke Seite unterhalb des Vorwärmers durchgeführt werden mußte, war eine Umkonstruktion mit zwei Aufwerfhebeln und Wiege nötig. Eine starke Rückzugsfeder sollte die Rückstellung der Steuerung erleichtern. Der Steuerungsbock mit Schraube und Mutter blieb am Stehkessel befestigt. Henschel-Zeichnung vom 7. Mai 1954.
Abbildung: Sammlung Jürgen-Ulrich Ebel

Die Tenderabdeckklappen in geöffnetem Zustand. Die Luftzylinder standen senkrecht im Wasserraum des Tenders. 50 4001 am 23. April 1966 im Bw Hamm.

AUFNAHME: STEINHOFF, SAMMLUNG EBEL

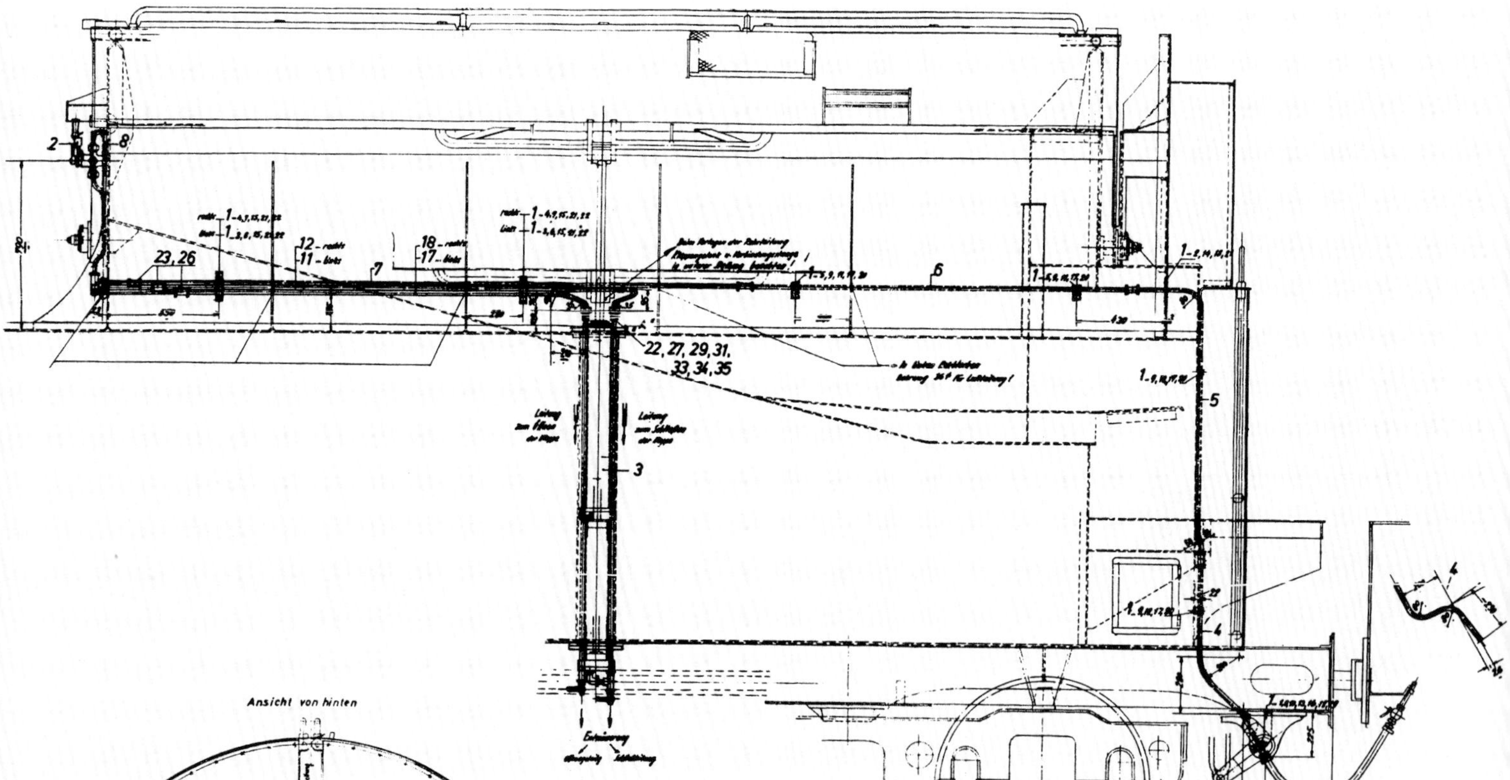


Der Tender erhielt pneumatisch zu bewegende Kohlenraum-Abdeckklappen, um das Eindringen von Rauchgasen ins Führerhaus zu verhindern. Die Betätigung erfolgte durch Hebel an der Tenderrückseite. Henschel-Zeichnung vom August 1954

ABBILDUNG: SAMMLUNG JÜRGEN-ULRICH EBEL

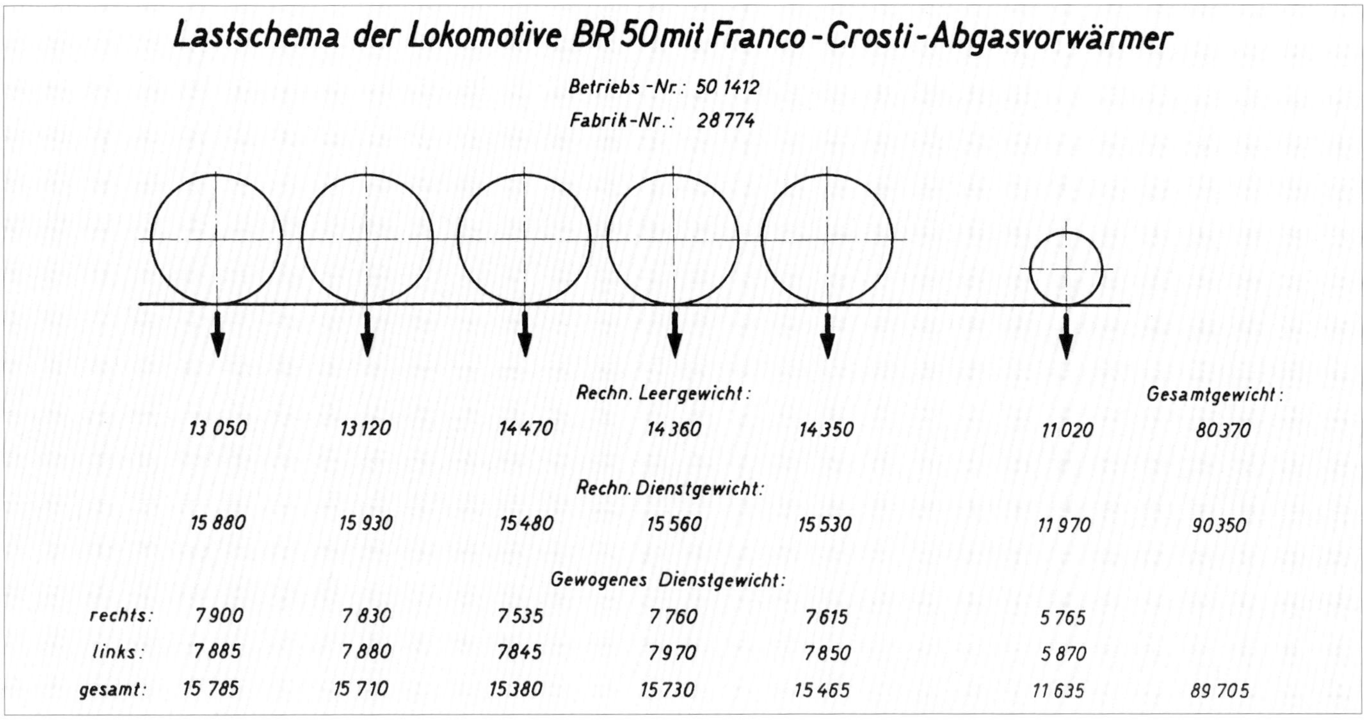


Die gewogenen Gewichte entsprachen weitgehend den errechneten und lagen nicht wesentlich über denen der Normallokomotiven der BR 50. ABBILDUNG: SLG. JÜRGEN-ULRICH EBEL

Der Tender von hinten mit geschlossenen Kohlenraum-Abdeckklappen.

Rechts: Auch wenn die Zeichnung etwas anderes suggerierte – der Heizer sah durchs Fronfenster nach vorne hauptsächlich den Schornstein. BEIDE AUFNAHMEN: HENSCHEL, SAMMLUNG MARIO BRUTSCHIN

31. mittlerer Gasquerschnitt in einem Rauchrohr 113 $cm^2$
32. mittlerer Gasquerschnitt in einem Heizrohr 22,9 $cm^2$
33. gesamter mittlerer Gasquerschnitt aller Rohre 0,361 $m^2$
34. Blasrohrdurchmesser (Saugzuganlage) 4 x 60 mm
35. Schornsteinquerschnitt an der engsten Stelle 140 x 800 mm
36. Schornsteinquerschnitt an der weitesten " 350 x 1.010 mm
37. Blasrohroberkante bis Schornsteinoberkante 1.761 mm
38. Schornsteinhöhe (vom engsten zum weitesten Querschnitt) 1.050 mm
39. Schornsteinoberkante über Schienenoberkante 4.551 mm
40. Gesamtheizfläche 151,35 $m^2$
41. Heizfläche der Feuerbüchse 17,3 $m^2$
42. Heizfläche der Rohre 81,95 $m^2$
43. Heizfläche der Rauchrohre 50,85 $m^2$
44. Heizfläche eines Rauchrohres 2,12 $m^2$
45. Heizfläche der Heizrohre 31,1 $m^2$
46. Heizfläche eines Heizrohres 0,8 $m^2$
47. Verdampfungsheizfläche 99,25 $m^2$
48. Überhitzerheizfläche 52,1 $m^2$
49. Heizfläche des einzelnen Elementes 2,17 $m^2$
50. Heizfläche des Oberflächenvorwärmers 10,45 $m^2$
51. Gasquerschnitt : Rostfläche (Verhältniszahlen) 0,117
52. Verdampfungsheizfläche : Rostfläche 32
53. Rohrheizfläche : Feuerbüchsheizfläche 1 : 4,65
54. Überhitzerheizfläche : Verdampfungsheizfläche 0,533

**C. Abgasvorwärmerkessel**

1. Bauart: vollständig geschweißt, mit Rohrbündeln
2. Dampfüberdruck 16 kg/$cm^2$
3. Wasserinhalt 1,93 $m^3$
4. Leergewicht ohne Ausrüstung und Rauchkammer 4.130 kg
5. Leergewicht mit Ausrüstung ohne Rauchkammer 4.300 kg
6. Rohrdurchmesser der Heizrohre (163 Stück) 44,5 x 2,5 mm
7. Entfernung zwischen den Rohrwänden 4.600 mm
8. Gesamtheizfläche gasberührt 93 $m^2$
9. Rohrkennziffer 1/465
10. Gasquerschnitt gesamt 2.000 $cm^2$
11. Gasquerschnitt eines Rohres 12,25 $cm^2$
12. gasberührte Heizfläche des Vorwärmers zur Verdampfungsheizfläche des Kessels 0,953
13. freier Querschnitt der Sicherheitsventile 2 x 10,1 = 20,2 $cm^2$

**D. Laufwerk**

1. Achsanordnung: 1'E mit Kraußgestell, Antrieb auf den 3. Kuppelradsatz
2. Mittenentfernung der Tragfedern 1.010 mm
3. fester Achsstand 3.300 mm
4. ganzer Achsstand 9.200 mm
5. Bauart des Laufgestells: Kraußgestell mit 71 mm Seitenverschiebung am Mittelzapfen, vorn 125 mm, hinten 25 mm Ausschlag
6. Bauart des Rahmen: durchlaufender Barrenrahmen
7. Wangenstärke 80 mm
8. Mittenentfernung der Rahmenwangen 1.010 mm
9. Treib- und Kuppelraddurchmesser 1.400 mm
10. Drehzahl bei 80 km/h:
    bei neuen Reifen 303 U/min
    bei abgenutzten Reifen 326 U/min
11. Laufraddurchmesser 850 mm
12. Kuppelachsfederlänge 1.000 mm
13. Laufachsfederlänge 1.000 mm
14. Querschnittabmessung eines Federblattes 120 x 16 mm

**E. Triebwerk**

1. Anordnung: einfache Dampfdehnung, Antrieb des 3. Kuppelradsatzes
2. Lage der Zylinder: außen, 30 mm über der Kuppelradsatzmitte
3. Zahl der Zylinder 2 Stück
4. Zylinderdurchmesser 600 mm
5. schädliche Räume:
    vorn 9,9 v.H.
    hinten 8,8 v.H.
6. Abstand der Kolben von den Zylinderdeckeln in den Totlagen: vorn: 16 mm, hinten: 12 mm
7. Kolbenhub 660 mm

In der letzten Oktoberwoche des Jahres 1954 ist 50 1412 fertiggestellt und wird zum ersten Mal mit eigener Kraft auf dem Henschel-Werkshof bewegt. Von rechts zeigt sie die moderne Linienführung der DB-Neubauloks, von links verrät nur der große Seitenschornstein ihre andersartige Bauart. Zwei Sandkästen auf dem Umlaufblech sind vorhanden, und wie bei den Normalloks befinden sich Luft- und Speisepumpe in Fahrzeugmitte. Die Höherlegung von Kessel und Führerhaus gegenüber dem Tender ist deutlich zu erkennen. Die Lok ist bereits vollständig lackiert, da aber bis zum Schluß Unklarheit darüber besteht, ob die Lok wie die beiden $42^{90}$ eine „Papageien-Nummer" erhalten soll, bleiben die Führerhausseiten einstweilen grundiert. BEIDE AUFNAHMEN (S. 70 UND S. 71 OBEN): HENSCHEL, SAMMLUNG MARIO BRUTSCHIN

Die Nummernfrage ist entschieden, aber 50 1412 erhält alle Anschriften provisorisch nur mit weißer Farbe (woran sich bis 1958 nichts änderte). Friedrich Witte (Mitte), der am 3. November 1954 die letzten Arbeiten vor der Ablieferung der Lok ans AW Göttingen miterlebte, scheint's zufrieden. AUFNAHME: SAMMLUNG ARNOLD HAAS

| | | |
|---|---|---|
| 8. | mittlere Kolbengeschwindigkeit: | |
| | bei neuen Reifen | 6,67 m/sec |
| | bei abgenutzten Reifen | 7,17 m/sec |
| 9. | Hubvolumen | 2 x 181,3 l |
| 10. | Treibstangenlänge | 3.175 mm |
| 11. | Kolbenstangendurchmesser: | vorn: 100 mm |
| | | hinten: 100 mm |
| 12. | Kurbelhalbmesser: | |
| | Treibstangenlänge (Verhältniszahl) | 1/10,4 |
| 13. | 1. Zugkraftkennziffer | 1.697 $cm^2$ |
| 14. | 2. Zugkraftkennziffer | 22,6 $cm^2/t$ |
| 15. | Zugkraft | 13.550 kg |
| 16. | Reibungsgewicht : Maschinenzugkraft | 5,78 |
| 17. | Reibungsausnutzung (Reibungsziffer) | 0,173 |
| 18. | Zylinderinhalt: Kesselheizfläche | 2,39 $l/m^2$ |
| 19. | Zylinderinhalt: Rostfläche | 118,5 $l/m^2$ |
| 20. | Zugkraft: Verdampfungsheizfläche | 136,5 $kg/m^2$ |

| | | |
|---|---|---|
| **F.** | **Steuerung** | |
| 1. | Bauart der Steuerung: | |
| | Heusinger-Steuerung mit Hängeeisen | |
| 2. | Durchmesser der Kolbenschieber | 300 mm |
| 3. | größte Füllung | etwa 81 v. H. |
| 4. | lineares Voröffnen | 5 mm |
| 5. | Einlaßüberdeckung | 38 mm |
| 6. | Auslaßüberdeckung | 2 mm |

| | | |
|---|---|---|
| **G.** | **Vorräte** | |
| 1. | Wasser | 26 $m^3$ |
| 2. | Kohlen | 8 t |

# Erprobung durch das Lokversuchsamt Minden

Beeindruckend auf den ersten Blick war das harmonische Äußere der Umbaulok. Gegenüber der ungeschlachten, deutlich als Versuchsmaschine zu erkennenden $42^{90}$ war die 50 1412 äußerlich dem Stil der neuen Einheitslokomotiven angeglichen worden. Der schlanke, hochliegende Kessel mit Aluminiumkesselbändern und Caledonian-„Schornstein", der glatte Tender mit den Kohleabdeckklappen und der gut „versteckte", von der Seite fast nicht sichtbare Abgasvorwärmer, machten die Lok zur möglicherweise bestaussehenden Neubaukessel-Lok der DB. Auch gegenüber den späteren Serien-$50^{40}$ hatte sie einen Schönheitsvorsprung, nachdem bei diesen der Mischkasten des MV 57 seine charakteristische Kistenform erhalten hatte. So war 50 1412 nun ganz auf der Höhe der Zeit, und man darf auch nicht vergessen, daß das Fahrgestell gerade einmal 13 1/2 Jahre alt war.

Doch zurück zur Erprobung. Das Versuchsdezernat des BZA Minden hatte bereits am 16. September 1954 verfügt, daß 50 1412 vor dem Meßwagen und im Betriebseinsatz zu erproben sei. Sie sollte vor allem hinsichtlich der erzielbaren Speisewasservorwärmung und besseren Ausnutzung der in der Kohle zugeführten Wärme systematisch untersucht werden.

Mit der Lok 50 1412 wurden deshalb vor Meßwagen 1, Beiwagen und einer bzw. zwei Bremsloks Beharrungsmeßfahrten auf der Strecke Hamburg-Harburg – Cuxhaven und zurück in der Zeit vom 18. November bis 9. Dezember 1954 und vom 6. Januar bis 21. Januar 1955 mit den Geschwindigkeiten V = 25, 40, 60 u. 80 km/h ausgeführt. Der Kohlenverbrauch wurde nur bei den Geschwindigkeiten V = 40 und 60 km/h gemessen. Zum Abschluß wurden am 26. Januar 1955 im Rahmen von zwei Betriebsmeßfahrten der Dg 7044 von Gremberg nach Bingerbrück (Last 1.652 t, 120 Achsen) und weiter von Bingerbrück nach Einsiedlerhof (Last 1052 t, 76 Achsen), sowie der Dg 7051 (Last 1030 t, 114 Achsen) von Einsiedlerhof nach Bingerbrück mit Lok 50 1412 bespannt.

Bei den Fahrten ging es nicht darum, die „Grenzen" der Lok auszuloten, da diese bekannterweise eher durch das 50er-Triebwerk als durch den Kessel gesetzt waren. Dennoch erreichte man an mehreren Tagen außerordentlich hohe Leistungen, die aber im Versuchsbericht nicht eigens angesprochen wurden. Am 3. Dezember 1954 kam man auf einer Strecke von 63,2 km bei einer Be-

Ab dem 12. November 1954 stand 50 1412 dem Lokversuchsamt in Minden zur Verfügung, das sie alsbald für die vorgesehenen Meßfahrten ausrüstete und indizierte. Vor der Abfahrt nach Hamburg entstanden am 17. November 1954 diese Bilder mit dem Verwaltungsgebäude des Lokversuchsamtes hinter der Lok. Neben der Indiziereinrichtung und verschiedenen Meßkabeln ist auf dem Umlauf der obligatorische Wasser-Durchflußmesser installiert. Vorne am Vorwärmerkessel wurde inzwischen ein Fabrikschild angebracht, das vor Hersteller und Fabriknummer in der ersten Zeile den „Abgasvorwärmer System Franco-Crosti" erwähnt. Neben der Lok posiert Dipl.-Ing. Theodor Düring.

Beide Aufnahmen: Friedrich Witte, Sammlung Jürgen-Ulrich Ebel harrungsgeschwindigkeit von 79,4 km/h auf eine Verdampfungsleistung von 12,34 t/h und 1.786 PSi. Am 8. Dezember 1954 waren es auf 53,8 km Strecke bei 40,1 km/h 11,64 t Dampf pro Stunde und 1.634 PSi. Am 19. Januar 1955 erreichte man die höchste Leistung: Auf 71,6 km Strecke bei 80,6 km/h 12,5 t Dampf pro Stunde und 1.808 PSi. Am 21. Januar 1955 schließlich folgten auf 32 km Strecke bei 40 km/h 12,2 t/h Dampf und 1.771 PSi.

Nur am Rande sei darauf hingewiesen, daß bei den Franco-Crosti-Maschinen im Verdampfungskessel in Deutschland bislang völlig unübliche Heizflächenbelastungen eingesetzt wurden. Die eben genannten 12,5 t Dampf pro Stunde entsprechen bei einer Verdampfungsheizfläche von 99,25 $m^2$ einer Heizflächenbelastung von 125,94 $kg/m^2h$. Wie kläglich erscheinen da die 57 $kg/m^2h$ der alten Einheitsloks!

Am 8. Dezember 1954 übrigens stand die Maschine der Fa. Henschel zur Verfügung, die mit ihr zwei Meßfahrten nach Cuxhaven durchführte. Der allerdings ging es um hohe Leistungen, so daß mit 10,2 bzw. 11,6 t/h Dampferzeugung und mit 1.330 bzw. 1.560 Zughaken-PS gefahren wurde. Mit 168 bzw. 165 °C Speisewassertemperatur und 191 bis 200 °C Abgastemperatur bestätigte die Lok auch dem Herstellerwerk ihre hohe Energieausnutzung.

Am 30. März 1955 legte Theodor Düring, Leiter des Mindener Versuchsamtes für Lokomotiven, seinen Bericht vor, der hier im wesentlichen ungekürzt wiedergegeben wird. Wie schon zuvor bei der BR $42^{90}$ werden nur **fett gedruckte Anlagen** abgedruckt.

## Gesamtergebnis

Der Ersatzkessel neuer Bauart der Lok 50 1412 in Verbindung mit Oberflächenvorwärmer und Franco-Crosti-Rauchgasvorwärmer hat sich als außerordentlich elastisch und dampfwillig erwiesen. Der Saugzug gestattet Rostwärmebelastungen bis zu $q_r$ = 3,9 ($10^6$ $kcal/m^2h$) bei einer Gesamtdampferzeugung bis zu D = 12,5 t/h in der Beharrung. An Speisewasservorwärmung wurden in der Beharrung $t_{sp}$ = 146 °C bei $q_R$ = 1 bis $t_{sp}$ = 168 °C bei $q_R$ = 3,9 erreicht.

Durch die gute Speisewirkung des Rauchgasvorwärmers kann ausschließlich mit der Kolbenpumpe auch während längerer Stillstandszeiten gespeist werden, und bei Betriebsfahrten kann die Vorwärmtemperatur bis zur Verdampfungstemperatur ansteigen.

Die Heißdampftemperaturen liegen für $q_R$ = 1 bis 3,9 zwischen 327 und 411 °C. Die hohe Speisewasservorwärmung und gute Überhitzung bewirken einen außerordentlich günstigen Kesselanlagewirkungsgrad, der max. $\eta_K$ = 96 % erreicht, bei Kesselnennleistung D = 10,1 t/h noch 89,5 % und bei D = 12,5 t/h 80 % beträgt. Die entsprechenden Werte für den Kesselwirkungsgrad $\eta$ sind 78 % maximal bzw. 72 % und 64,5 %.

## Versuchsdurchführung und Auswertung

Die Lok 50 1412 wurde in der üblichen Weise mit den für die Leistungsuntersuchung verwendeten Meßgeräten ausgerüstet. Die für den Rauchgasvorwärmer analog der Untersuchung der Lok 42 9000 gewählte Meßstellen-Anordnung ist in Anlage 1 dargestellt.

Kohlenverbrauchsmessungen wurden nur bei den Geschwindigkeiten V = 40 und 60 km/h vorgenommen, während zur Abkürzung der Versuchszeit bei den Geschwindigkeiten V = 25 und 80 km/h lediglich Dampfmeßpunkte ohne Kohlenmessungen gefahren wurden.

Die beiden Sicherheitsventile des Rauchgasvorwärmers waren bei Anlieferung der Lok auf Kesseldruck (16 atü) eingestellt. Da aber die Speisepumpe zur Überwindung des Öffnungswiderstandes des Kesselspeiseventiles und des Strömungswiderstandes von der Pumpe bis zum Kessel einen Druck erzeugen muß, der im Mittel etwa 1,5 atü (in der Spitze sogar noch mehr) über dem Kesseldruck liegt, mußten von uns, um das dauernde Ansprechen dieser Sicherheitsventile am Rauchgasvorwärmer zu verhüten, diese Ventile entsprechend eingestellt werden. U. E. ist es notwendig, diese Ventile mindestens auf 1 atü einzustellen, was voraussetzt, daß der Rauchgasvorwärmer nach Lokkesselvorschriften auch für diesen Kessel geprüft und ausgebessert werden muß.

Die Meßergebnisse der Versuchsfahrten sind in Anlage 2 zusammengestellt.

Verfügungsgemäß soll dieser Bericht über die Untersuchung der Lok 50 1412 nur die Meßergebnisse und die sich daraus ergebenden Leistungsdaten dieser Lok bringen; alle Vergleiche mit anderen Loks und vergleichende Betrachtungen zu anderen Vorwärmerbauarten sind im Begleitbericht zu diesem Versuchsbericht enthalten.

Anlage 3 gibt die Druckverhältnisse der Saugzuganlage in Abhängigkeit von der Maschinendampfmenge $D_M$ an. Der den Saugzug erzeugende Abdampfdruck wurde an zwei Stellen gemessen, und zwar im Abdampfrohr unmittelbar nach Vereinigung der beiden Abdampfrohre von der Maschine und dann analog der Lok 42 9000 in einer der vier Blasrohrdüsen unmittelbar unter Düsenoberkante. Die erste Meßstelle entspricht etwa dem Hosenrohrdruck bei anderen Lok. Dieser Druck dürfte nur wenig unter dem Maschinengegendruck liegen.

Der Saugzug reicht für alle Kesselanstrengungen gut aus und facht bei der guten Luftzuführung zum Rost (Aschkastendruck praktisch immer 0) das Feuer auf dem gesamten Rost gleichmäßig an. Bis zur Kesselnennleistung konnte mit geschlossener vorderer Aschkastenklappe (also nur Seitenluft) gefahren werden.

Der Kessel erwies sich als überaus verdampfungswillig und elastisch. Mit einer Beharrungsleistung von D = 12,5 t/h ($D_M$ = 12 t/h) wurde die Kesselgrenze der Lok BR 50, die bei $b_H$ = 57 einem D = 10,1 t/h entspricht, um 25 % übertroffen. Bei noch höherer Anstrengung (Füllung = 35 %, $P_{sch}$ = 15 atü und V = 80 km/h) wird das Feuer aufgerissen und es werden soviel brennende Kohlenteilchen in die Rauchkammer mitgerissen, daß der Kesseldruck nicht mehr zu halten ist. Mit 12,5 t Dampferzeugung in der Beharrung ist auch bei handgefeuerten Loks die Grenze der physischen Leistungsfähigkeit des Heizers annähernd erreicht.

Ein Zeichen für das gute Arbeiten der Saugzuganlage ist die Steigerung der Rostwärmebelastung bis auf $q_R$ = 3,9, während bei den anderen Lok der BR 50 und 52 nur $q_R$ = 3,1 in der Beharrung erreicht werden konnte.

In **Anlage 4** sind über der Rostwärmebelastung (und Vergleichsmaßstab für die Dampferzeugung D) die Dampf-, Speisewasser- und Rauchgastemperaturen aufgetragen. Das Speisewasser wird von der Kolbenpumpe zunächst durch einen Regel-Oberflächenvorwärmer von 10,45 $m^2$ Heizfläche und dann im Gegenstrom durch den Rauchgasvorwärmer von 93 $m^2$ Heizfläche gedrückt. Der Maschinenabdampf für den Oberflächenvorwärmer wird unmittelbar am Ausströmkasten entnommen. Die Speisewassertemperatur $t_{OV}$ aus dem Oberflächenvorwärmer fällt mit steigender Kesselleistung schwach ab, und zwar von 90 °C bei $q_R$ = 1 (D = 4 t/h) bis auf 85 °C bei $q_R$ = 3,9 (D = 12,5 t/h). An der Kesselgrenze der Regellok BR 50 von D = 10,1 t/h ist $t_{OV}$ = 88 °C.

Die Rauchgase verlassen die Rauchkammer I mit einer über den Schächten zwischen Rauchkammer I und Rauchkammer II gemessenen Temperatur $t_{Rk\,I'}$, die von 294 °C bei $q_R$ = 1 bis auf 431 °C bei $q_R$ = 3,9 steigt und bei D = 10,1 t/h 402 °C beträgt. Bei dem wesentlich kleineren Ersatzkessel liegen damit die Rauchgastemperaturen bei der Nennleistung ~ 75 °C höher als bei der Regellok BR 50.

Die Eintrittstemperatur $t_{Rk\,II}$ der Rauchgase in das Rohrbündel des Rauchgasvorwärmers ist etwa 4 °C niedriger als $t_{Rk\,I}$. Durch die Wärmeabgabe an das Speisewasser werden die Rauchgase auf die Temperatur $t_{Rk\ III}$ abgekühlt, die wesentlich unter den sonst üblichen Abgastemperaturen liegt. Sie steigt mit der Kesselleistung nur flach an, und zwar von 150 °C bei $q_R = 1$ bis auf 200 °C bei $q_R = 3{,}9$ und beträgt bei D = 10,1 t/h 191 °C gegenüber einer Abgastemperatur von 328 °C bei der BR 50 mit Kessel üblicher Bauart.

Durch diese starke Ausnutzung der Abgaswärme im Rauchgasvorwärmer wird das Speisewasser von $t_{OV}$ auf die Speisetemperatur $t_{Sp}$, gemessen am Kesseleintritt, aufgeheizt. In der Beharrung erreicht die Speisetemperatur $t_{Sp}$ = 146 °C bei $q_R = 1$ und steigt bis auf 168 °C bei $q_R = 3{,}9$; bei der Kesselnennleistung D = 10,1 t/h beträgt sie 165 °C.

Hervorzuheben ist in diesem Zusammenhang die gute Speicherwirkung des knapp 2 m³ Wasser fassenden Rauchgasvorwärmers, die besonders bei den Betriebsmeßfahrten beobachtet werden konnte. Selbst während langer Stillstandzeiten oder Fahrten mit geschlossenem Regler steht immer vorgewärmtes Wasser zur Verfügung, da ja immer Rauchgase den Vorwärmer durchströmen und die 2 m³ vorgewärmtes Wasser nicht so schnell verbraucht werden können, daß ein plötzliches oder starkes Absinken der Vorwärmtemperatur eintritt. Es kann daher jederzeit und ausschließlich mit der Kolbenspeisepumpe gespeist werden. Wird andererseits die Kolbenpumpe vorübergehend abgestellt oder nur schwach benutzt, so kann das Wasser im Rauchgasvorwärmer bis auf Verdampfungstemperatur aufgeheizt werden. Wenn im Vorwärmer Verdampfung auftritt, so entweicht dieser Dampf über ein schwaches Verbindungsrohr ungehindert zum Kessel. Es geht somit kein Wärmeüberschuß verloren, wie dies bei den Mischvorwärmern der Fall ist.

Die Heißdampftemperatur der Lok 50 1412 ist durchschnittlich um mehr als 10 °C höher als bei den anderen Lok der BR 50 mit normalem Kessel. Sie beginnt bei $q_R = 1$ mit $t_Ü$ = 327 °C und erreicht bei $q_R = 3{,}9$ einen Wert von $t_Ü$ = 412 °C; bei D = 10,1 t/h beträgt $t_Ü$ = 396 °C.

Dadurch fallen auch die Abdampftemperaturen etwas höher aus: nämlich $t_A$ = 118 °C bei D = 4 t/h bis $t_A$ = 190 °C bei D = 12,5 t/h bzw. 153 °C bei D = 10,1 t/h.

Bemerkenswert ist, daß der Ersatzkessel mit seiner kleinen Verdampfungsoberfläche von nur 9,66 m² gegenüber 10,8 m² beim alten Kessel der BR 50 keinerlei Neigung zum Wasserüberreißen zeigt. Erst bei Dampfleistungen über 12,5 t/h konnte Wasserreißen beobachtet werden.

In Anlage 5 sind über der Rostwärmebelastung die Rauchgaszusammensetzung und die daraus errechneten Luftüberschußwerte aufgetragen. Dieses Bild zeigt ebenfalls, daß die Saugzug- und Rostverhältnisse gut sind und über dem gesamten Leistungsbereich günstige Verbrennung und Luftüberschußzahlen λ von 1,47 bis 1,25 bei niedrigen ($CO+H_2$)-Werten erreicht werden.

Die Feuerungs- und Abgasverluste sind in Abhängigkeit von der Rostwärmebelastung $q_R$ in Anlage 6 dargestellt und in Anlage 8 wird die gesamte Wärmebilanz des Kessels wiedergegeben.

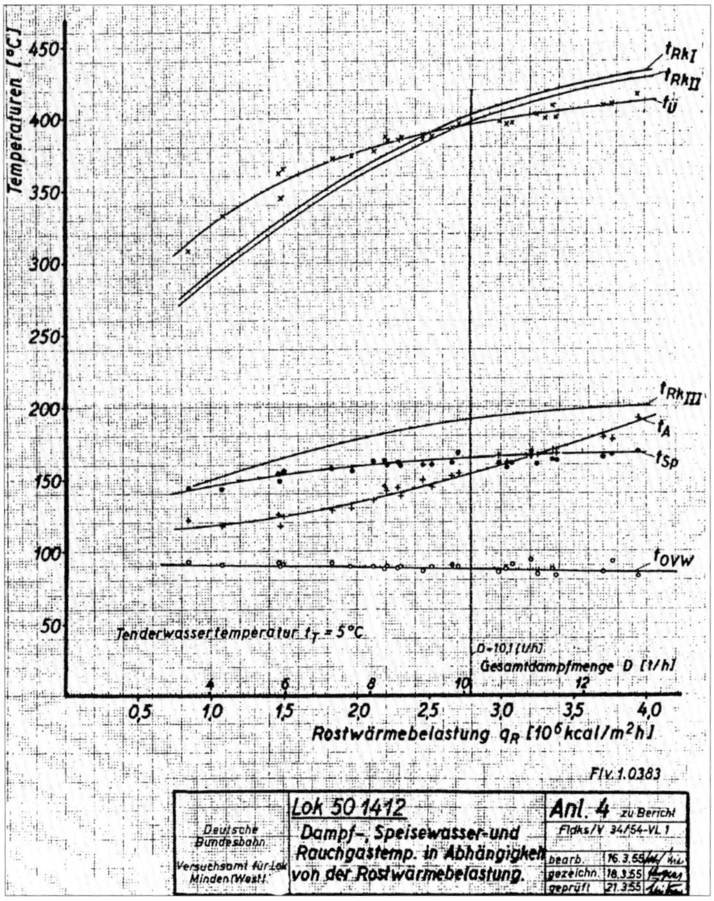


Anlage 4: Dampf-, Speisewasser- und Rauchgastemperaturen in Abhängigkeit von der Rostbelastung. Oben sind das Temperaturgefälle von der Rauchkammer 1 zur Kammer 2 (des Vorwärmers) und die Temperatur des überhitzten Dampfes aufgeführt, in der Mitte die Abgastemperatur in der hinteren Rauchkammer, die Abdampftemperatur und die Speisewassertemperatur, unten die Temperatur des Speisewassers nach Passieren des Oberflächenvorwärmers. Die Kesselbelastung wurde weit über den Nennwert von 10 t/h gesteigert.

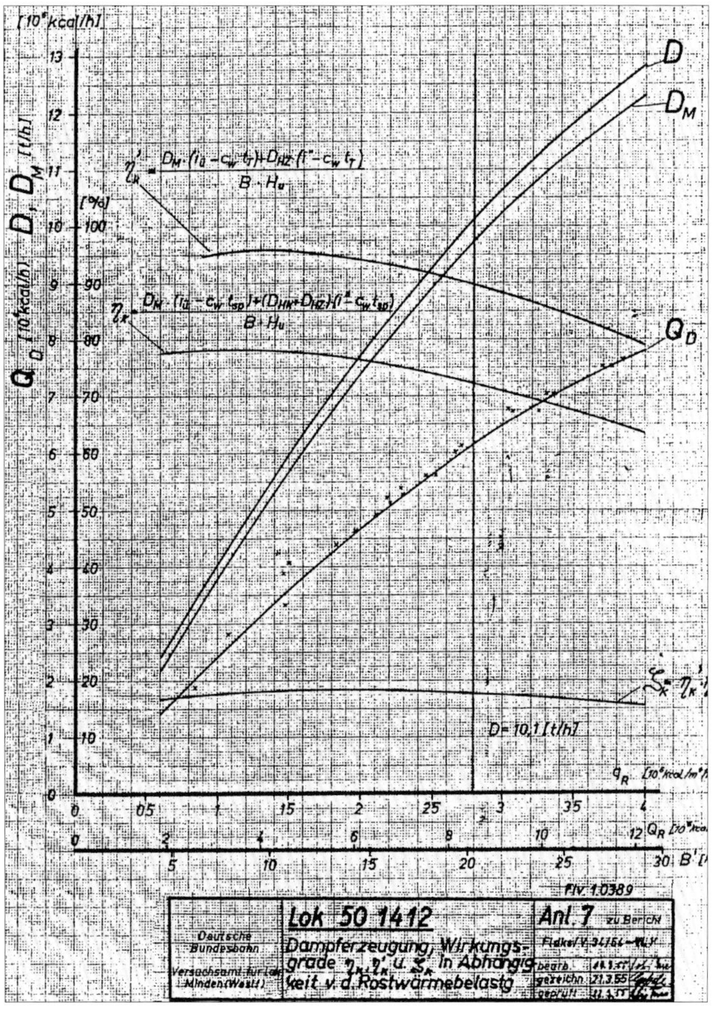


Anlage 7: Dampferzeugung, Wirkungsgrade $\eta_K$, $\eta'_K$ und $\zeta_K$ in Abhängigkeit von der Rostbelastung.

Der überwiegende Teil der Lösche blieb in Rauchkammer I liegen, und ein kleiner Teil wurde in Rauchkammer II aus den Rauchgasen abgeschieden, während sich in Rauchkammer III nur geringfügige Mengen von feinem Ruß vorfanden. Es ist anzunehmen, daß praktisch das gesamte aus der Feuerbüchse mitgerissene Feinkorn durch die wiederholte Umkehrung und den langen Weg des Rauchgasstromes als Lösche in Rauchkammer I und II und als Ruß in Rauchkammer III aus den Rauchgasen abgeschieden wird, so daß der Schornsteinauswurf praktisch 0 ist. Außerdem greift der Saugzug wegen der langen Rauchgaswege und der glücklichen Abstimmung der Luftzufuhr das Feuer auf dem gesamten Rost so gleichmäßig an, daß selbst bei sehr hoher Rostbelastung noch kein Aufreißen des Feuerbettes eintritt.

Dies spiegelt sich in den Diagrammen der Anlagen 6 und 8 wider, aus denen zu erkennen ist, daß die Feuerungsverluste fast nur aus dem Wärmeverlust in den gemessenen Löschemengen besteht und daß das nicht meßbare Restglied, in dem auch noch die Wärmeverluste des Unverbrannten in der Asche enthalten sind, ziemlich klein ist und etwa proportional dem $q_{Lösche}$ ansteigt, während bei anderen Loks das Restglied größer ist und einen mit zunehmender Anstrengung sehr steilen Anstieg zeigt, da bei jenen mit zunehmender Kesselanstrengung der Schornsteinauswurf stark zunimmt und den meßbaren Löscheanfall in der Rauchkammer verringert.

Der Wärmeverlust durch unvollkommene Verbrennung ($CO$+ $H_2$) ist bei dieser Lok gering, da die Verbrennung bei allen Arbeitslagen gut war.

Die Verluste an fühlbarer Wärme im Abgas müssen bei diesem kleinen Ersatzkessel natürlich größer sein, da ja die Abgastemperaturen bei Austritt aus dem Kessel wesentlich höher sind und auch sein sollen als bei anderen Lokkesseln. Dies ist aber nur ein scheinbarer Verlust, denn dieser höhere Wärmeinhalt im Rauchgas wird im Rauchgasvorwärmer noch zurückgewonnen.

Die Abkühlungsverluste des neuen Kessels sind wegen der kleineren Kesselabmessungen und der guten Isolierung von Kessel, Rauchkammer und Rauchkammertür ebenfalls klein.

Dank der geringeren Feuerungsverluste, der kleineren Verluste der unvollkommenden Verbrennung und Abkühlung und dank der höheren Überhitzung bleibt der Kesselwirkungsgrad des Ersatzkessels trotz der höheren Abgaswärme etwa in gleicher Höhe wie die Kesselwirkungsgrade der alten Kessel der BR 50 und 52. Er hat sein Maximum im unteren Bereich mit $\eta_K = 78\,\%$ und fällt mit zunehmender Anstrengung auf $\eta_K = 64\,\%$ bei $q_R = 3{,}9$ ab, bei der Nennleistung D = 10,1 t/h beträgt $\eta_K = 72\,\%$.

**Anlage 7** bringt in Abhängigkeit von der Rostwärmebelastung $q_R$ den erzeugten Maschinendampf $D_M$, Gesamtdampf D mit Gesamtdampfwärme $Q_D$ sowie die Wirkungsgrade für den Kessel $\eta_K$, Kesselanlage $\eta'_K$ und die Kesselkennzahl $\zeta_K$. Ausschlaggebend für die Beurteilung der Vorwärmeranlage sind $\eta'_K$ und der Unterschied zwischen $\eta'_K$ und $\eta_K$.

Der Kesselwirkungsgrad $\eta'_K$ der Lok 50 1412 erreicht sein Maximum im unteren Leistungsbereich bei $q_R = 1{,}4$ mit $\eta'_K = 96\,\%$ und fällt nahezu parallel auf $\eta_K = 80\,\%$ bei $q_R = 3{,}9$. Bei der Nennleistung D = 10,1 t/h beträgt $\eta'_K$ noch 89,5 % (**Anlage 8**).

Der Wärmegewinn durch die gesamte Vorwärmeranlage der Lok 50 1412, bestehend aus Oberflächenvorwärmer und nachgeschaltetem Rauchgasvorwärmer, bewegt sich von $(\eta'_K - \eta_K) = 18\,\%$ bis 15,5 % der aufgewendeten Wärmeenergie in der Kohle, während von einem guten Oberflächenvor-

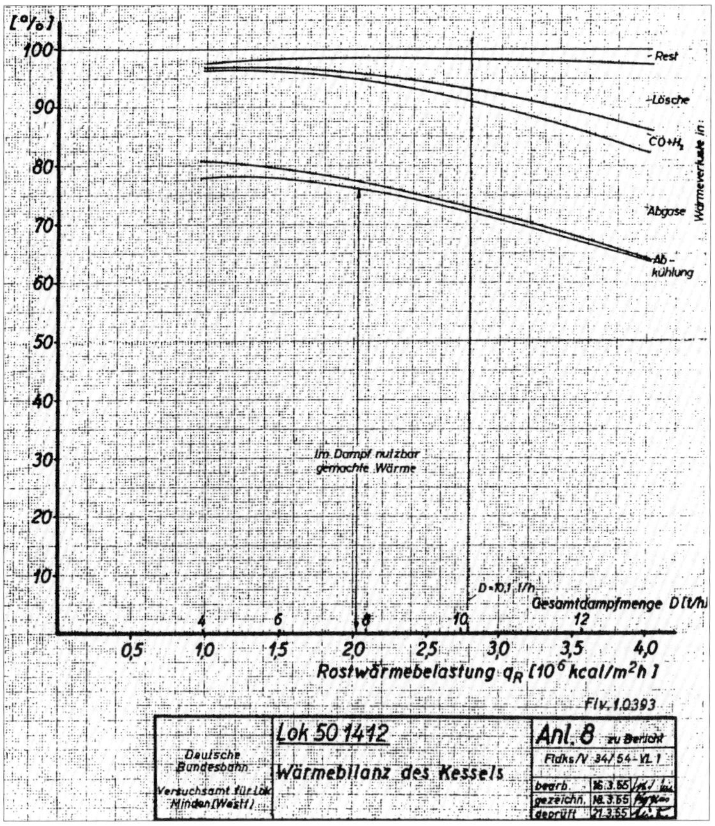


Anlage 8: Wärmebilanz des Kessels

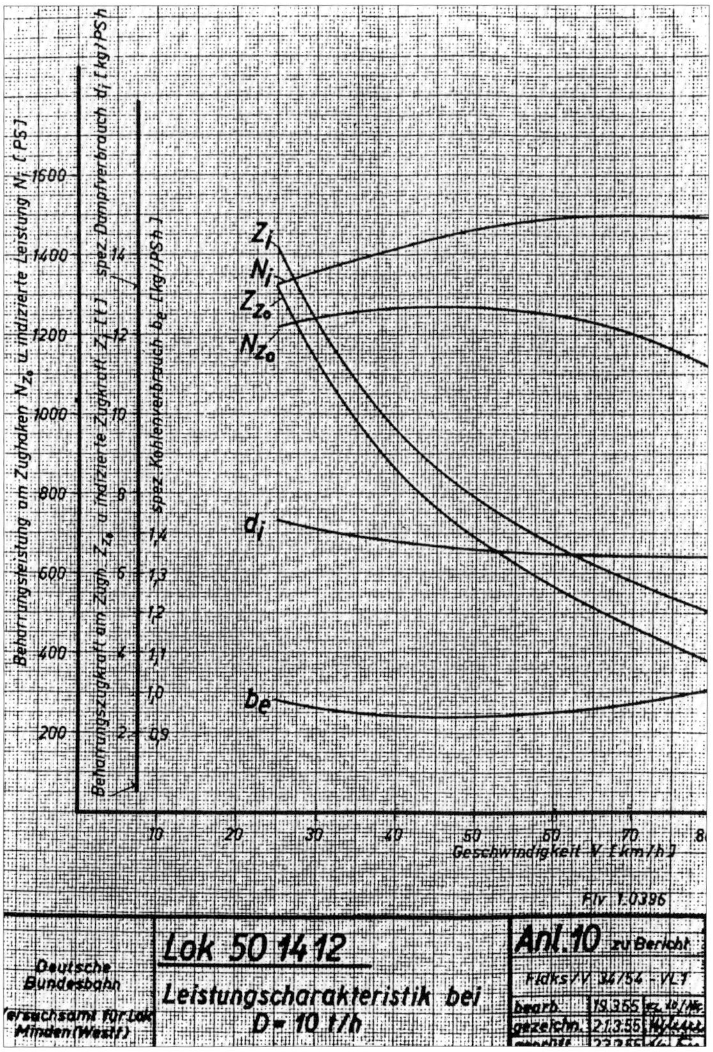


Anlage 10: Leistungscharakteristik bei D = 10 t/h

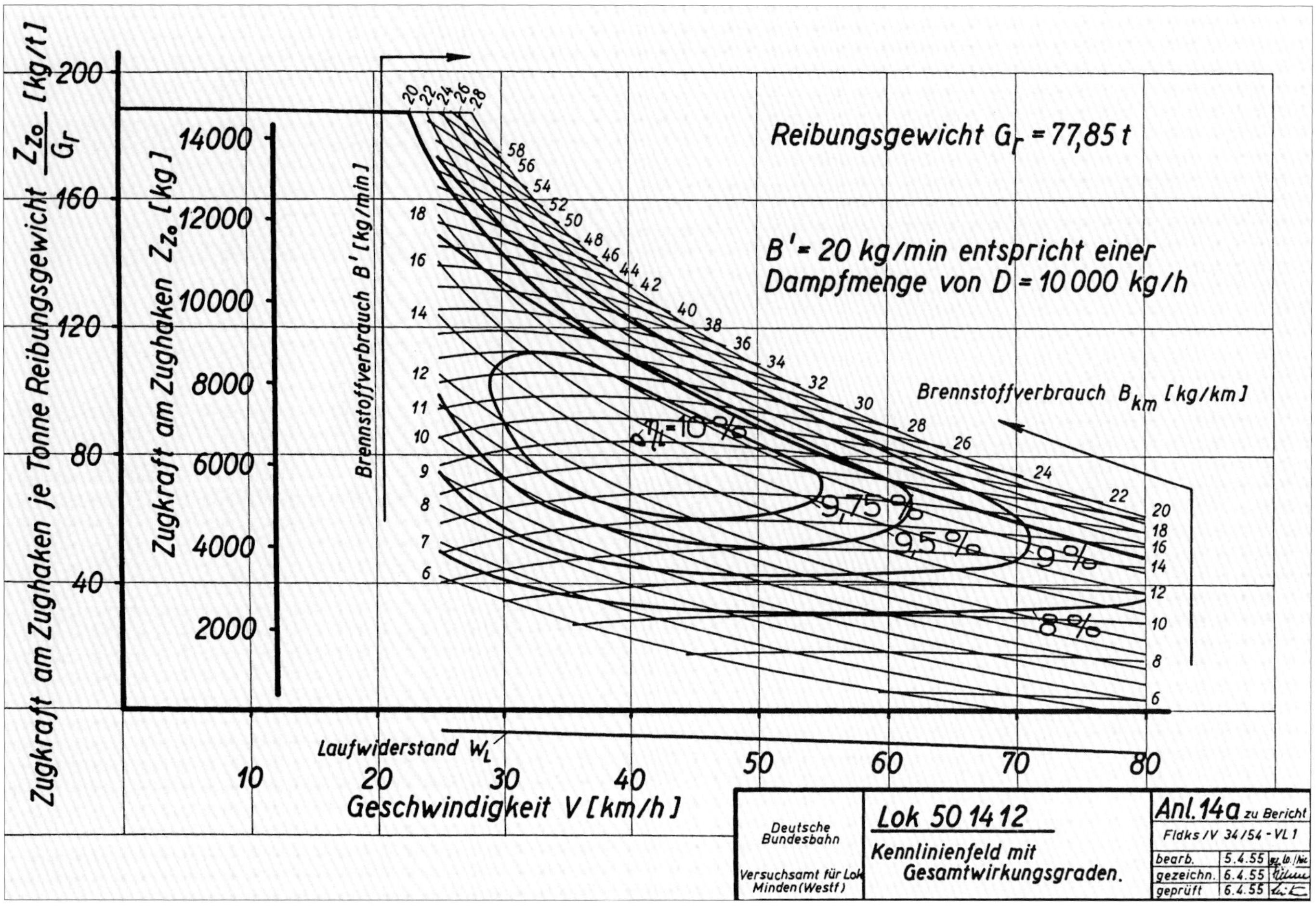


Anlage 14a: Das Kennlinienfeld mit Gesamtwirkungsgraden. Im wichtigen mittleren Leistungs- und Geschwindigkeitsbereich erreicht die Lok eine Brennstoffausnutzung von 10 Prozent, ein Spitzenwert für deutsche Dampflokomotiven.

wärmer, der in der Größe richtig bemessen ist, nur etwa 7,5 bis 7 % Wärmegewinn zu erwarten sind.

In Anlage 9 ist der Dampfverbrauch der auf der Lok 50 1412 verwendeten KT 1-Speisepumpe angegeben.

**Anlage 10** gibt eine Leistungscharakteristik der Lok 50 1412 bei einer Gesamtdampferzeugung von D = 10 t/h, die einer Maschinendampfmenge von $D_M \sim 9{,}6$ t/h entspricht.

Der effektive Dampfverbrauch in Abhängigkeit von der Zughakenzugkraft $Z_{zo}$ ist in Anlage 11 dargestellt. Er entspricht ziemlich genau dem der Lok 42 9000 mit dem ersten Franco-Crosti-Vorwärmer.

Auf Anlage 12 wird die indizierte Zugkraft über $(V/10)^2$ aufgetragen und die Loklaufwiderstandsformel für die Lok 50 1412 entwickelt.

Sie ergibt sich zu: $W_L = 467 + 9{,}22\ (V/10)^2$

Anlage 13 zeigt den Wärmeverbrauch, der für die Maschinendampferzeugung $D_M$ aufgebracht werden muß, in Abhängigkeit von der Geschwindigkeit. Es sind verschiedene Kurven für $Z_i$, $N_i$ und $\eta_D$ = const. eingezeichnet und die Parameterkurve für die Heißdampftemperatur $t_Ü$ eingetragen.

In den **Anlagen** 14 und **14a** ist das Kennlinienfeld der Lok 50 1412 für die Zughakenzugkraft wiedergegeben. In Anlage 14 sind außerdem die gefahrenen $\varepsilon/p_{sch}$-Linien eingezeichnet. Der maximale Lok-Wirkungsgrad beträgt $\eta_L = 10\,\%$ bei ~ 40 km/h.

Die Betriebsmeßfahrt am 26. Januar 1955 vor Dg 7044 und 7051 diente in erster Linie dazu, den teilnehmenden Herren der BD Mainz, der MÄ und Bw anhand der Meßinstrumente näheren Einblick in das betriebsmäßige Arbeiten der Lok bei wechselnder Beanspruchung und Fahrtechnik zu geben und die Auswirkungen der vom Lok-Vers-A empfohlenen Feuerführung aufzuzeigen. Dabei konnten die große Elastizität des Kessels und die günstige Speicherwirkung des Rauchgasvorwärmers bei den Anfahrten und Steigungsfahrten mit den schweren Zügen unter Beweis gestellt und gezeigt werden.

Irgendwelche funktionellen und baulichen Mängel und Schwierigkeiten konnten während der Versuchsfahrten nicht beobachtet werden. Unabhängig von den Windverhältnissen war niemals Sichtbehinderung oder Rauchbelästigung auf dem Führerstand zu verzeichnen, wie dies seinerzeit bei der Lok 42 9000 der Fall war.

## Der Begleitbericht: Vergleich mit 52 875

Ebenfalls am 30. März 1955 legte Düring den Begleitbericht vor, in dem die gewonnenen Versuchsergebnisse der 50 1412 mit denen der 52 875 (Mischvorwärmer Henschel MVR der letzten Bauform) verglichen wurden. Auch dieser Bericht wird mit den wichtigsten Anlagen wiedergegeben.

Die Saugzuganlagen beider Loks können wegen der völlig verschiedenen Bauart und Ausbildung nicht miteinander verglichen werden **(Anlage 4a)**. Mit der Abgastemperatur $t_{Rk}$ der Lok 52 875 müssen die beiden Temperaturen $t_{Rk\ I}$ und $t_{Rk\ III}$ der Lok 50 1412 verglichen werden. $t_{Rk\ I}$ stellt die Abgastemperatur dar, bis zu der der eigentliche Kessel die Wärme in den Rauchgasen ausnützt, während $t_{RK\ III}$ die Temperatur ist, mit der die Abgase die Rauchvorwärmerheizfläche verlassen, also die Temperatur, die für den endgültigen Wärmeverlust in den Abgasen bestimmend ist.

Beim Vergleich der Lok 50 1412 mit Lok 52 875 und anderen Lok ist zu beachten, daß die Rostfläche der Lok 50 1412 nur 3,05 $m^2$ beträgt, während die anderen Lok der BR 50 und 52 mit Rosten von 3,9 $m^2$ ausgerüstet sind.

Am 26. Januar 1955 führte das Lokversuchsamt mehrere Betriebsmeßfahrten durch, darunter eine von Gremberg nach Bingerbrück mit 1.652 t Zuggewicht und 120 Achsen. Bei mehreren Zwischenhalten untersuchte man den Zustand von Triebwerk und Kessel. Vor der Lok fachsimpeln oben Friedrich Witte und zwei unbekannte Fahrtteilnehmer, auf dem anderen Bild ist neben Witte (mit Blick ins Triebwerk) ganz rechts auch Prof. Roosen von der Firma Henschel zu erkennen. BEIDE AUFNAHMEN: SAMMLUNG WOLFGANG LÖCKEL

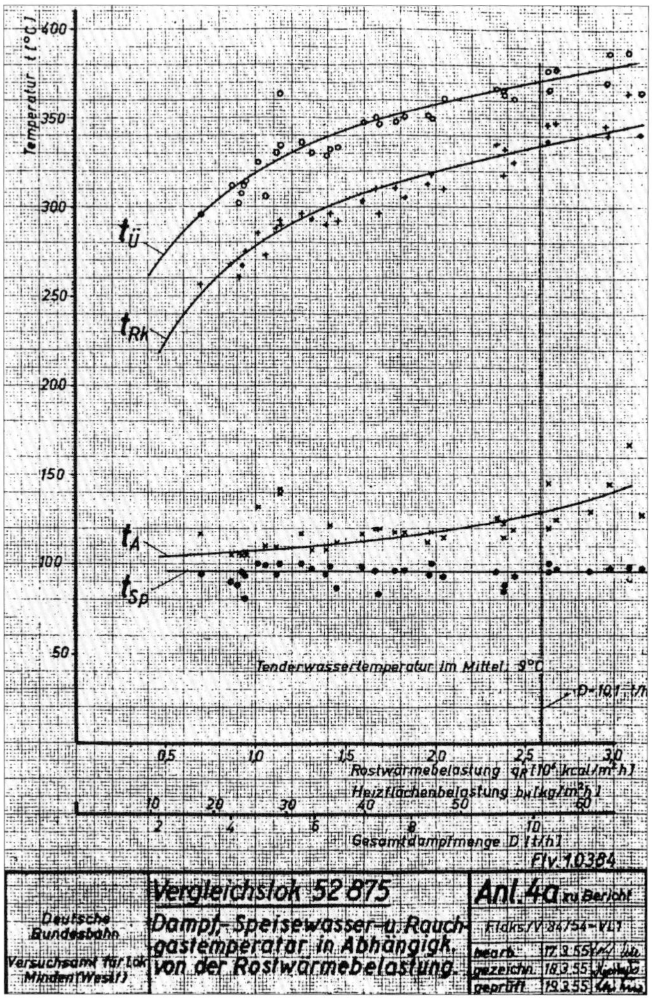


Anlage 4a: Dampf-, Speisewasser- und Rauchgastemperaturen in Abhängigkeit von der Rostwärmebelastung der Vergleichslok 52 875

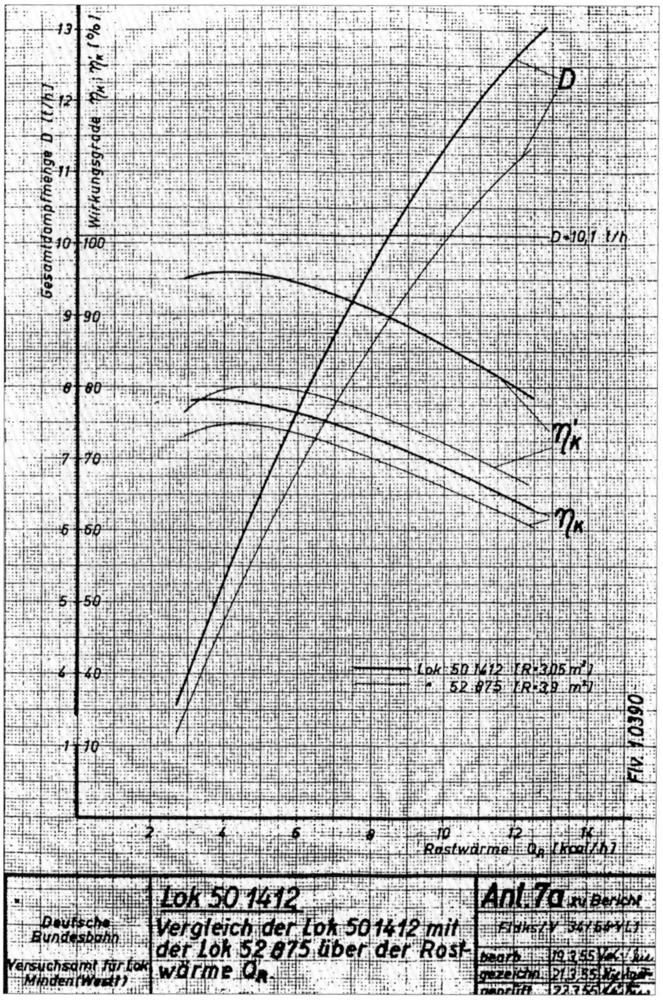


Anlage 7a: Vergleich von 50 1412 und 52 875 über der Rostwärme $q_R$

Bezogen auf gleiche Rostwärmebelastung ($q_R$) ist die Überhitzung bei der Lok 50 1412 erheblich höher als bei der Lok 52 875, und zwar beträgt bei $q_R = 1$ $t_ü = 327\,°C$ gegenüber 320 °C und bei $q_R = 3$ $t_ü = 400\,°C$ gegenüber 380 °C. Die Ausströmtemperaturen des Abdampfes liegen damit entsprechend höher.

Während bei der Lok 50 1412 die Speisewassertemperatur $t_{Sp}$ mit zunehmender Leistung ansteigt, von 146 °C bei $q_R = 1$ auf 163,5 °C bei $q_R = 3$, bleibt die Speisewassertemperatur aus dem Henschel-Mischvorwärmer über den ganzen Leistungsbereich konstant bei $t_{Sp} = 96\,°C$.

Die Verbrennung ist bei der Lok 50 1412 durch den besseren und gleichmäßigeren Angriff der Saugzuganlage wesentlich besser als bei der Lok 52 875. Die Werte für CO und $H_2$ sind nicht einmal halb so hoch, und der Luftüberschuß nimmt auch höhere und günstigere Werte an (Anlage 5a).

Der Abgasverlust für den Ersatzkessel der Lok 50 1412 ist mit zunehmender Kesselanstrengung natürlich um 2 bis 7 % höher als bei der Lok 52 875, da die Rauchgase den nur halb so großen Ersatzkessel mit höheren Temperaturen verlassen. Dieser Verlust für den Kessel ist aber für die gesamte Kesselanlage kein Verlust, weil die Abgaswärme im Rauchgasvorwärmer noch weiter ausgenutzt wird (Anlage 6a).

Die Feuerungsverluste $q_F$ dagegen sind bei der Lok 50 1412, wie im Versuchsbericht begründet, wesentlich geringer als bei der Lok 52 875, bei $q_R = 1$ ist $q_F = 3{,}2\,\%$ gegenüber 4 % bei $q_R = 3$ ist $q_F = 7{,}85\,\%$ gegenüber 21 %.

In **Anlage 7a** werden über gleichen Rostwärmemengen $q_R$ (gleiche aufgewandte Wärme in der verbrauchten Kohle) die Kurven für D, $\eta_K$ und $\eta'_K$ der Lok 50 1412 mit jenen der Lok 52 875 verglichen. Während im Kessel der Lok 52 875 mit $q_R = -10 \cdot 10^6$ kcal/h D ~10 t/h Dampf erzeugt werden können, bringt die Kesselanlage der Lok 50 1412 D = 11,7 t/h, der wegen der höheren Überhitzung sogar noch hochwertiger ist.

$\eta_K$ der Lok 50 1412 liegt im ganzen Leistungsbereich um 2,5 bis 3 % über dem der Lok 52 875. Der Kesselanlagewirkungsgrad $\eta'_K$ dagegen übertrifft den der Lok 52 875 sogar um 16 bis 13 %.

Vergleicht man aber $\eta_K$ der Lok 52 875 mit dem der anderen Lok der Reihe 50 und 52, so fällt auf, daß dieser deutlich um ~3 % niedriger als bei den anderen Lok liegt. Die $\eta_K$ -Linien der anderen Lok der BR 50 und 52 decken sich ziemlich genau. Da nicht einzusehen ist, warum in Abmessung und Bauart gleiche Kessel im Kesselwirkungsgrad stark voneinander abweichen sollen, besteht wohl berechtigter Zweifel, ob $\eta_K$ der Lok 52 875 s.Zt. zuverlässig ermittelt worden ist, zumal bei dieser Lok damals die ersten Heißwassermessungen durchgeführt wurden und die richtige Messung von Heißwasser selbst heute noch Schwierigkeiten bereitet und gewisse Erfahrungen erfordert.

In **Anlage 7b** sind $\eta_K$ und $\eta'_K$ der Lok 50 1412 und 52 875 über der Gesamtdampferzeugung D miteinander verglichen.

In **Anlage 7c** werden über $q_R$ die erzeugten Maschinendampfmengen DM und $\eta'_K$ mehrerer Vergleichslok mit verschiedenen Vorwärmeranlagen verglichen, und zwar:

| | |
|---|---|
| Lok 50 1412: | Oberflächenvorwärmer + Franco-Crosti-Rauchgasvorwärmer |
| Lok 50 001: | Oberflächenvorwärmer |
| Lok 52 875: | Henschel-Mischvorwärmer MVR, Form 6 |
| Lok 52 891: | Heinl-Mischvorwärmer |
| Lok 42 9000: | Franco-Crosti-Rauchgasvorwärmer alter Bauart |

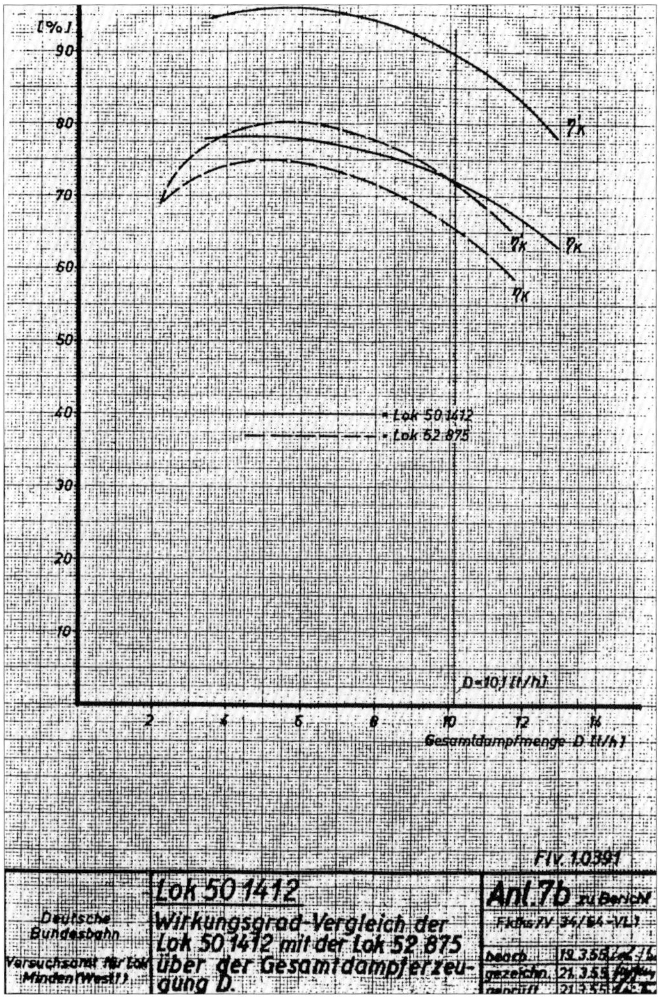


Anlage 7b: Wirkungsgrad-Vergleich der Lok 50 1412 mit der Lok 52 875 über der Gesamtdampferzeugung D

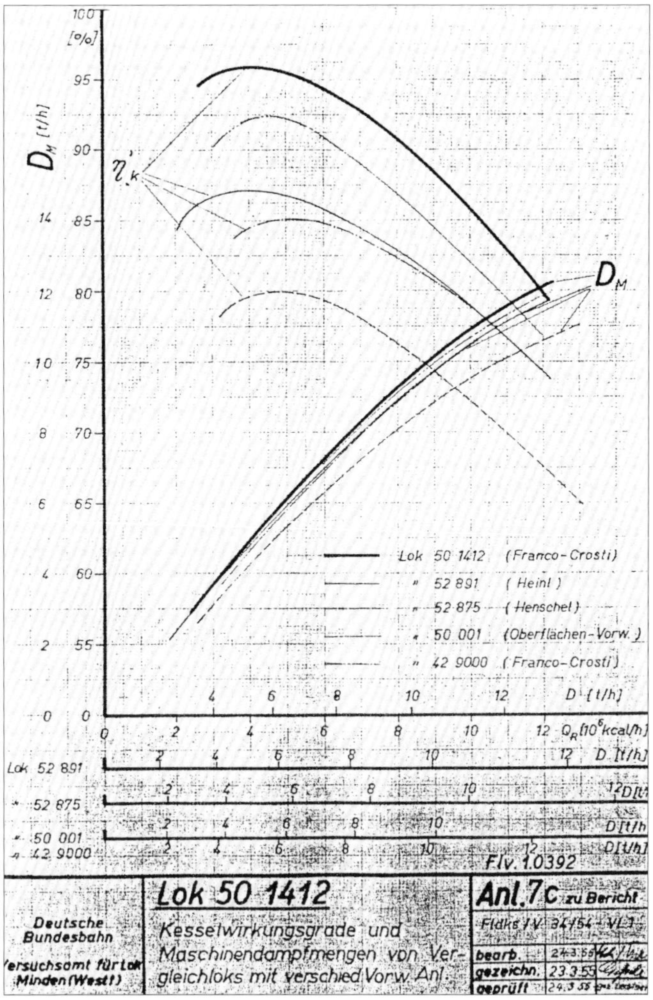


Anlage 7c: Kesselwirkungsgrade und Maschinendampfmengen von Vergleichsloks mit verschiedenen Vorwärmeranlagen: dicke Linie 50 1412, darunter 42 9000 (FC, doppelt gestrichelt), 52 891 (Heinl-MV, dünn durchgezogen), 52 875 (Henschel-MVR, Punkt-Strich), 50 001 (OV, gestrichelt)

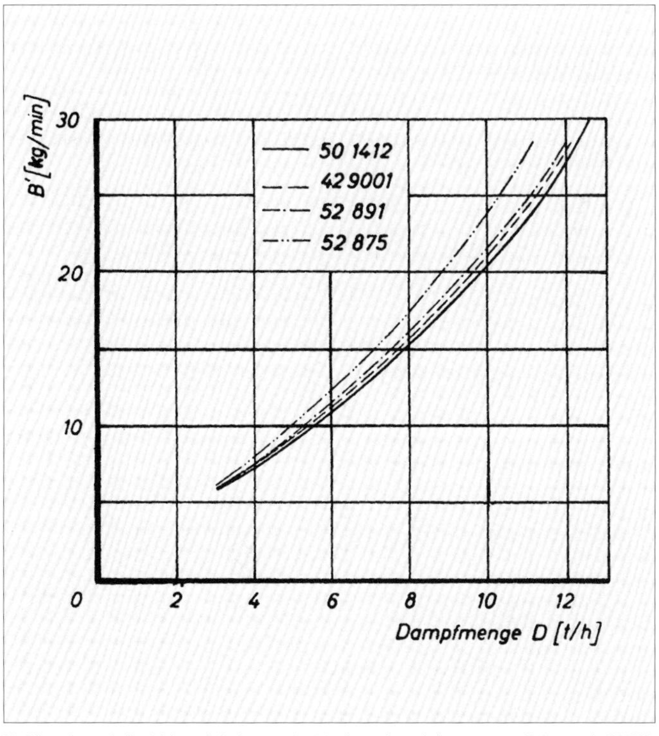


Kohleverbrauch in Abhängigkeit von der Verdampfungsleistung, verglichen mit 52 891 (Heinl-MV), 52 875 (Henschel-MVR) und 42 9001. B'(kg/min) = Brennstoffverbrauch in Kilogramm pro Minute, D (t/h) = Dampferzeugung pro Stunde

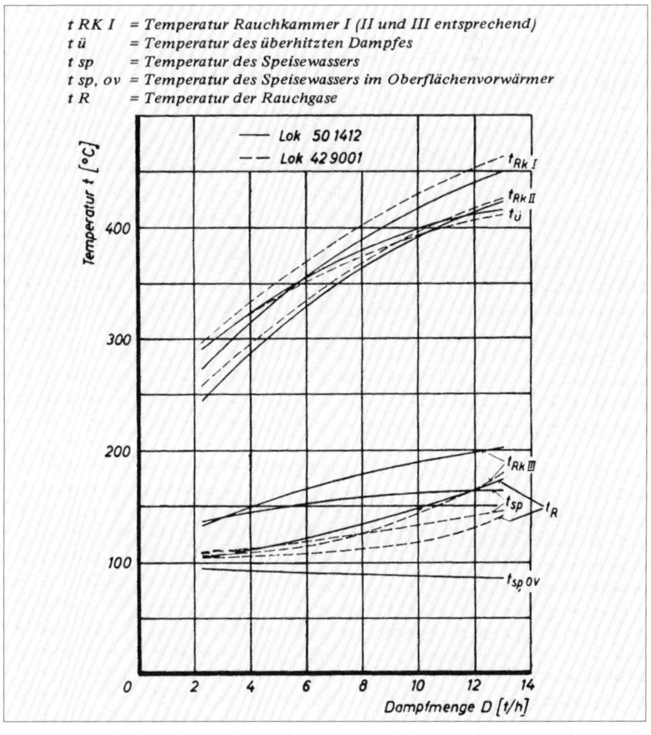


Temperaturen der Rauchgase, des Speisewassers und des überhitzten Dampfes, verglichen mit 42 9001. Die besser gelungene Ausgewogenheit bei 50 1412 ist deutlich zu erkennen. BEIDE ABBILDUNGEN: SAMMLUNG JÜRGEN-ULRICH EBEL

Man erkennt deutlich, daß $\eta'_K$ der Lok 50 1412 am höchsten von allen Vergleichslok liegt, daß also die Kesselanlage thermisch die wirtschaftlichste ist. Der maximale Gesamtwirkungsgrad $\eta_L$ beträgt bei Lok 50 1412 10 % gegenüber 8,65 % bei Lok 52 875. (...)

Abschließend seien noch einige kleine Mängel an der Lok 50 1412 erwähnt, die sich aber leicht beseitigen lassen: Der Kondensomat in der Abdampfleitung setzt sich schnell mit Öl zu, so daß beim Anfahren leicht Wasser aus dem Schornstein ausgeworfen wird. Auf Veranlassung von Herrn Dez 23 (Witte, d.A.) wurde dieser kleine Kondensomat bereits ausgebaut und durch ein einfaches Abflußröhrchen ersetzt, das sich besser bewährte.

Im Deckel der Rauchkammer III könnte auch auf der rechten Seite ein Griff angebracht werden, damit der Deckel beim Stehen auf Schlackensumpfgleisen z.B. auch von der anderen Lokseite geöffnet und geschlossen werden kann.

Das Führerbremsventil ist für die Bedienung bei gleichzeitiger Beobachtung der Bremsmanometer unbequem weit vorn angeordnet.

Das Gärtner-Gerät zum Rohrblasen konnte während der Beharrungsfahrt nicht benutzt werden, da sonst die Messung der Löschemengen unmöglich geworden wäre. Unsere kurzen Beobachtungen reichen daher nicht zu einer Beurteilung dieses Gerätes aus. Die Bewährung kann durch Beobachtung im Betrieb über längere Dauer besser beurteilt werden.

## Betriebseinsatz in Bingerbrück

Wie im Betriebsprogramm gefordert, entsprach die Umbaulok in der Zugleistung der Normal-50. Die Zuglastentafel aus der DV 939c zeigte deshalb die gleichen Werte wie bei der Altbaulok, so daß auf eine Wiedergabe verzichtet wird. Bemerkenswert war allerdings, mit welcher Leichtigkeit 50 1412 das Leistungsprogramm ihrer Alt-Schwestern erfüllte. Immer wieder wurde bestätigt, daß die Lok gleiche Lasten entweder mit geringerer Anstrengung beförderte als die Altbau-50, oder daß sie Steigungen flotter bewältigte.

Das Erstaunen über die Sparerfolge, die mit 50 1412 erzielt wurden, kommt immer wieder in den Artikeln der damaligen Fachpresse zum Ausdruck. Auch Techniker, die dem Konzept bisher reserviert gegenübergestanden hatten, schlossen sich zumindest zeitweise den FC-Begeisterten an, als auch während der Betriebserprobung beim Bw Bingerbrück der Kohleminderverbrauch konstant blieb oder zeitweise sogar bis an 22 % heranging. Diese Ergebnisse wurden in einem ab Sommer 1955 beim Bw Bingerbrück gefahrenen Vergleichsdienstplan erreicht. In diesem Plan wurden die drei FC-Loks der DB neben 52 891 und 892 (Heinl-MV) und je zwei 50 mit Henschel MVR und Knorr-Oberflächenvorwärmer eingesetzt. Dieser Plan erlaubte einen direkten Vergleich der verschiedenen Vorwärmerbauarten unter absolut gleichen Betriebsbedingungen. Für die ersten sieben Monate des Umlaufs (Juni bis Dezember 1955) seien die Vergleichszahlen angegeben:

Angesichts dieser Verbrauchszahlen ist die Begeisterung der Beteiligten zu verstehen. Ähnliches hatte man bei einer Dampflok noch nicht erlebt. Im Jahr 1955 erreichte 50 1412 übrigens eine Gesamtlaufleistung von 85.000 km, das ist so viel, wie die $50^{40}$-Serienloks fast nie schafften. Der Versuchslaufplan ist im Kapitel über das Bw Bingerbrück auf Seite 169 als Nachzeichnung dargestellt.

Noch vor dem 22 %-Sparerfolg hatte das Zentralamt Minden eine Wirtschaftlichkeitsrechnung aufgestellt, in der vorsichtshalber der Kohlenminderverbrauch mit nur 13,4 % angegeben war und in die auch die damals schon erheblichen Unterhaltungskosten von FC-Loks (der BR $42^{90}$) eingerechnet (bzw. hochgerechnet) worden waren:

- jährliche Kohlenersparnis (aus 90.000 km/Jahr, 15,85 t Kohle/ 1.000 km, DM 69,30 Kohlekosten pro Tonne und 13,4 % Kohleersparnis): + 13.200 DM
- jährliche Mehraufwendungen für Zinsen (Zinssatz 5 %): - 2.130 DM
- für Abschreibung (DM 42.590 Mehrkosten und 10 Jahre Lebensdauer): - 3.380 DM
- für Unterhaltungskosten (Bw und AW: - 3.300 DM
- jährlicher Gewinn: + 4.390 DM

Von Februar 1955 bis April 1956 leistete 50 1412 beim Bw Bingerbrück 129.557 km und verbrauchte dabei insgesamt 1.757,47 t Kohle, sie lag damit weiterhin bis zu 20 % unter den Verbrauchsdaten der Vergleichslok. In der Zeit von der Ablieferung im November 1954 bis zum April 1956 erforderte sie insgesamt 27.753 DM Ausbesserungskosten im AW und 20.982 DM im Bw, insgesamt 46.735 DM. Das entspricht Aufwendungen von ungefähr 0,33 DM/km, was zunächst sehr wenig war.

Neben dem überwachten Betriebseinsatz erledigte man im Bw Bingerbrück im Laufe des Jahres 1955 noch die ausstehende Untersuchung des Rußbläsers Bauart Gärtner. Gerade bei den langen Rauchgaswegen und der angestrebten weitgehenden Ausnutzung der Wärmeenergie war die Sauberhaltung der Heizflächen ein wichtiges Gebot. Man verwendete vor dem Gärtner-Bläser in Abständen von einigen Wochen verschiedene Düsensätze, und das Personal erhielt die Anweisung, alle Stunde einmal den Rußbläser zu betätigen. Der Zustand der Verbrennungskammer, der vorderen und hinteren Rauchkammern wurde anschließend nach Augenschein und fotografisch dokumentiert. Das Reinigungsergebnis war so gut, daß im Laufe weniger Jahre fast alle Strecken-Schlepptenderloks den Gärtner-Bläser erhielten.

Die Langzeiterprobung der 50 1412 lief eigentlich während der ganzen Zeit ihres Einsatzes beim Bw Bingerbrück bis zum Herbst 1957. Grund hierfür war allerdings nicht die Überprüfung der Sparerfolge, sondern das unerwartete Auftreten der schon bei den $42^{90}$ beobachteten Kesselschäden. Für die Verfechter der Dampflok waren diese Schäden um so ärgerlicher, weil im Zeitalter des beginnenden Strukturwandels in der 50 1412 der Beweis erbracht worden war, daß auch die Dampflok grundsätzlich wirtschaftlicher werden konnte. Besonders wichtig waren diese Argu-

### Durchschnittlicher Brennstoffverbrauch im Bingerbrücker Vergleichsplan vom Sommer 1955

| Lok BR | Lok Zahl | Vorwärmerbauart | mittlerer spezifischer Brennstoffverbrauch | Brennstoffersparnis gegenüber Vergleichslok |
|---|---|---|---|---|
| $42^{90}$ | 2 | Franco-Crosti-Vorw. | 15,40 t/1000 Lokkm | - 6,1 % |
| 50 1412 | 1 | Franco-Crosti-Vorw. | 12,73 t/1000 Lokkm | - 22,4 % |
| 50 | 2 | Oberflächenvorw. | 16,40 t/1000 Lokkm | Vergleichslok |
| 50 | 2 | Henschel-MVR | 15,43 t/1000 Lokkm | - 5,9 % |
| 52 | 2 | Heinl-MV | 15,79 t/1000 Lokkm | - 3,7 % |

mente natürlich in einer Zeit, in der die Preise für Ruhrkohle das Laufen lernten.

So kosteten

| | | | | |
|---|---|---|---|---|
| im Jahr | 1957 | 1 t Ruhrkohle | DM 70 | frei Tender, |
| Anfang | 1957 | 1 t US-Kohle | DM 140 | frei Tender, |
| Mai | 1957 | 1 t US-Kohle | DM 84 | frei Tender, |
| Dez. | 1957 | 1 t US-Kohle | DM 89 | frei Tender. |

Die DB kaufte damals Kohle aus den USA zu, weil diese immerhin noch billiger war als die heimische Ruhrkohle. Die Brennstoffpreise waren derart in Fahrt geraten, daß in der 14. Sitzung des Lok-Fachausschusses Anfang Juni 1956 die Vermutung geäußert wurde, eine FC-Lok würde auch dann noch ein wirtschaftlicher Gewinn sein, wenn alle drei Jahre der Vorwärmer komplett erneuert werden müßte (also bei einem Mehraufwand von 45.000 DM in drei Jahren).

Solche Rechnungen scheinen heute, wo Lohnkosten den größeren Teil der Ausbesserungskosten ausmachen, kaum nachvollziehbar. Zur Erläuterung sei hier deshalb das Verhältnis der verschiedenen Betriebskosten einer Dampflokomotive für das Jahr 1956 angegeben (ein Jahr später hatten sich die Prozentzahlen durch die Kohleverteuerung weiter verschoben).

Kosten für:

| | |
|---|---|
| Kapitaldienste | anteilmäßig mit etwa 6 % |
| Betriebsstoffe | anteilmäßig mit etwa 40 % |
| Fahrpersonal | anteilmäßig mit etwa 25 % |
| Unterhaltung im AW | anteilmäßig mit etwa 16 % |
| Unterhaltung im Bw | anteilmäßig mit etwa 6 % |
| Behandlung und Betriebspflege | anteilmäßig mit etwa 4 % |
| Aufsichtspersonal | anteilmäßig mit etwa 3 % |
| gesamt | 100 % |

Unter dem Gesichtspunkt des Kohlesparens und der Notwendigkeit, in den folgenden Jahren die Kessel der noch länger benötigten Baureihen 01, $03^{10}$, 41 und 50 erneuern zu müssen, sind die jahrelangen Bemühungen zu sehen, der Korrosionsschäden in den FC-Kesseln Herr zu werden. Wäre es gelungen, die Schäden gering zu halten, wäre die FC-Lok wohl DIE Dampflok der DB geworden. Bei der grundsätzlichen Begeisterung der Beteiligten wären wohl zumindest die Reihen $03^{10}$, 41 und 50 in größeren Stückzahlen umgebaut worden, nach Plänen, die schon fertig in der Schublade lagen.

# 50 1412 und die Korrosion

Schon nach kurzer Zeit stellte sich heraus, daß es trotz der nach den Erfahrungen mit den beiden $42^{90}$ durchgeführten Konstruktionsänderungen nicht gelungen war, dem Grundübel der deutschen FC-Lokomotiven beizukommen. Schon in den ersten Monaten der Betriebserprobung traten die ersten Rohrdurchbrüche im Abgasvorwärmer infolge wasserseitiger Korrosion auf.

Das Entstehen dieser Korrosionen wurde bereits im Absatz über die Betriebsbewährung der $42^{90}$ ausführlich beschrieben. Ursprünglich hatte man angenommen, diese Korrosionen durch den Einbau eines zusätzlichen Vor-Vorwärmers überwinden zu können. So war bei der 50 1412 bekanntlich ein Knorr-Oberflächenvorwärmer dem eigentlichen Abgasvorwärmer vorgeschaltet. Nach damaliger Meinung hätte das Ergebnis so aussehen müssen: Durch Dosierung mit den allgemein üblichen und verwendeten Mitteln wird das Speisewasser schon im Tender vorbehandelt und weitgehend von freiem Sauerstoff befreit. Im Oberflächenvorwärmer wird durch Bewegung der Rest des Sauerstoffs aus dem Wasser ausgeschieden. In den Abgasvorwärmer wird Speisewasser eingespeist, das eine Temperatur von ca. 80 °C hat und annähernd sauerstoffrei ist.

Tatsächlich sahen die Ergebnisse aber so aus: Durch die Gabe von Dosierungsmitteln wurde zwar das Speisewasser im Tender tatsächlich fast sauerstoffrei, reicherte sich aber nach Auflösung der Mittel wieder mit Sauerstoff an, so daß nach ca. acht Stunden wieder der Ursprungsgehalt von 7mg/m³ erreicht war. Bei arbeitender Maschine war die Durchflußgeschwindigkeit des Wassers durch den Oberflächenvorwärmer so groß, daß es nur unzureichend von Sauerstoff befreit wurde. Somit wurde sauerstoffhaltiges Wasser in den Abgasvorwärmer gespeist. Zu allem Überfluß stellte sich heraus, daß gerade bei einer Temperatur von 70 bis 80 °C die größte Aggressivität des Sauerstoffs erreicht war. Trotz aller Versuche mit chemischen Mitteln und technischen Veränderungen erreichte man keine Verbesserung.

50 1412 kam zwar zunächst auf außerordentlich hohe Laufleistungen: Im März 1955 11.370 km an 29 Tagen (13,6 t Kohle/1.000 km), April 1955 12.274 km an 27 Tagen (12,8 t Kohle/1.000 km), Juni 1955 11.672 km an 28 Tagen (12,6 t Kohle/1.000 km). Bis zur Abstellung wegen Vorwärmerschäden im November 1955 kamen für eine frisch L4-untersuchte Lok völlig unübliche 34 Bw-Ausbesserungstage und 17.999 DM Reparaturkosten zusammen, ein erster Hinweis, daß auch diese Lok mit den selben Problemen zu kämpfen hatte wie die beiden $42^{90}$. Eine normale 50er kam sowohl von den Bw-Reparaturzeiten wie auch den Kosten durchschnittlich nur auf die Hälfte, erreichte aber auch nur 60.000 bis 70.000 Jahres-km.

Vom 21. März bis zum 15. September 1958 dauerte im AW Schwerte die einzige L 3, die eine $50^{40}$ bei der DB erhalten hat. 50 1412 mußte bei dieser Gelegenheit einen komplett neuen Rauchgasvorwärmer erhalten, und es wurden diverse Bauartänderungen zur Anpassung an die gerade im Bau befindlichen Serienloks ausgeführt. So erhielt die Lok eine verstärkte Verstrebung der Rauchkammer gegenüber dem Pufferträger. Am 14. April 1958 steht die Lok, gerade mit den neuen Nummernschildern versehen, vor dem Anheizschuppen des AW Schwerte. Für die bevorstehende Probefahrt sind die Zylinder bereits mit Indiziereinrichtungen versehen, und die Sicherheitsventile werden eingestellt.

Aufnahme: Rolf Jahnsen

Die Verantwortlichen des AW Schwerte waren damals noch richtig stolz auf „ihre“ neuen Loks. So fanden sich am 15. September 1958 vor dem Ausgang von 50 4001 nach Oberlahnstein mehrere von ihnen für ein Gruppenbild zusammen: von links nach rechts Oleski (Abt. K), Lotz (Leiter Z), von Wehrden (Leiter V), Vorhauer (Abt. U), Keppner (Werkdirektor), Redecker (Abt. S), Däche (Leiter T), Besser (Leiter B), Lammert (Abt. L). Werkdirektor A. Keppner, hervorragender Dampflokfachmann und Mitglied des Fachausschusses Lokomotiven, war bei Redaktionsschluß dieses Buches mit über 90 Lebensjahren der wohl letzte noch lebende Zeitzeuge für die Dampflokentwicklung der DB in den frühen fünfziger Jahren. Seine Akten dienten Mitautor Jürgen Ebel für dieses und andere Bücher als wichtige Quelle. AUFNAHME: SAMMLUNG JOHANNES GLÖCKNER

Schon nach 104.814 Kilometern Laufleistung mußte die Lok ins AW Schwerte, wo man die außergewöhnlich aufwendige Ausbesserung (18. November 1955 bis 31. Januar 1956) von den Fristen her eigentlich unnötigerweise zur L 2 hochstufen mußte und das erste Mal den Rohrsatz im Vorwärmer komplett erneuerte. Nach weiteren 45.989 km mußte das AW Schwerte als Bedarfsausbesserung (L 0) vom 13. Juli bis zum 28. August 1956 den Rohrsatz zum zweiten Mal erneuern. Der dritte Wechsel war fällig nach 97.165 km (L 0 AW Schwerte vom 1. bis 16. Oktober 1957). Die Ausbesserung blieb ohne Erfolg, und bereits am 27. November 1957 mußte man die Lok auf w abstellen. Nach vier Jahren lief die Zeitfrist des Kessels am 11. November 1958 ab, und die erste L 3-Untersuchung war fällig. Man ließ sich allerdings Zeit, die Lok blieb abgestellt. Zeit für eine Zwischenbilanz:

Seit dem Umbau war die Lok an 689 Tagen in Betrieb gewesen und hatte 256.845 km geleistet, stattliche 373 km je Betriebstag. Nur 37 Tage stand sie unbenutzt kalt. Aber 85 Tage Bw-Reparaturen mit 46.898 DM Kosten kamen zusammen. An 132 Tagen wartete die Lok auf AW-Aufnahme, und 171 Tage war sie im AW Schwerte. Den 689 Betriebstagen standen also 388 Tage gegenüber, an denen die Lok nicht für den Betrieb verfügbar war, ein sehr ungünstiger Wert. Die teuren Reparaturen wurden nicht allein durch Schäden am Vorwärmer notwendig. Allein dreimal hatte die Lok Rahmenbrüche erlitten, immer am ersten Kuppelachsausschnitt, wo der Rahmen wegen des Vorwärmerausschnittes geschwächt war.

Erst am 21. März 1958 schleppte man 50 1412 ins AW Schwerte. Dieses mußte anschließend den Vorwärmer komplett erneuern, weil auch der Vorwärmermantel tiefe Anfressungen aufwies. Versuchsweise wurden der Mantel, die Rohrwände und die Rohre feuerverzinkt, was aber keinerlei Erfolg brachte, wie sich bald herausstellen sollte. Im AW Schwerte baute man die Lok auch um, damit sie möglichst weitgehend den Serienmaschinen entsprach. So veränderte man den Stehkesselträger und den Bodenring des Kessels hinten, verstärkte die waagerechte Rahmenverbindung, die übrigen Rahmenverbindungen, den Träger für die Steuerwellenlager, die Gleitbahnträger, die Rahmenverbindung zwischen den Zylindern, die Rauchkammerverstrebung und die Untersätze am Kessel. Mit 92.023 DM war diese L 3 um rund ein Drittel teurer als gleichzeitig ausgeführte L 3 an normalen 50. Dazu kamen noch 26.605 DM für die Sonderarbeiten, die allerdings nicht alle mit dem Rauchgasvorwärmer zusammenhingen. Übrigens waren gleichzeitig auch beide $42^{90}$ zu einer L 2 im AW Schwerte. Erst am 15. September 1958, gleichzeitig mit den ersten Serienloks der BR $50^{40}$, verließ die Lok als 50 4001 das AW Schwerte wieder.

Zu gewisser Hoffung gaben chemische Mittel Anlaß. 1956 hatte die Firma Nationale Aluminate Corporation (Nalco) in Chicago/USA zwei Mittel entwickelt, die die Kesselsteinbildung und damit auch die Korrosion durch Ansatz von Lokalteilchen stark behinderte. Das „BS-Pulver“ war für den Hauptkessel geeignet, während das „AS-Pulver“ in den Vorwärmer gespeist wurde. Mit beiden Mitteln hatte die italienische Staatsbahn bei ihren FC-Lokomotiven bereits gute Erfolge erzielt. Durch den Einsatz dieser Mittel konnte die FS die Lebensdauer der Rohre soweit verlängern, daß FC-Loks in großen Stückzahlen auch noch in den siebziger Jahren im Einsatz waren und die Werkstattkosten praktisch nicht über denen der vergleichbaren Normallokomotiven lagen. Allerdings waren die AS- und BS-Mittel sehr teuer, was aber bei der FS vertretbar erschien, da sie auch die Kohle zu hohen Preisen importieren mußte.

In der Folge machte auch die DB Versuche mit beiden Dosierungsmitteln. Es wurden sowohl das Tenderwasser behandelt, als auch eine besondere Dosiereinrichtung vor die Speiseventile gebaut, die automatisch die Wirkstoffe in den Kessel abgab (bei 42 9000). Zwar wurden hiermit gewisse Erfolge erzielt, die aber wegen Mängeln an der automatischen Dosiereinrichtung am Kessel nicht dauerhaft waren. Überdies erforderte die automatische Dosierung einige „Tricks“ beim Speisen, die in der Praxis nicht durchführbar waren. Einen anschaulichen Einblick in die Versuche mit den chemischen Enthärtungsmitteln bietet der Bericht, den Bundesbahnoberrat Robrade während der 16. Sitzung des Lokomotiv-Fachausschusses am 13. Februar 1958 vortrug:

*„Nach neuerem Vorschlag der Firma Nalco wurde zunächst die Lokomotive 50 1412 mit einem einzigen Präparat „AS-Pulver“ behandelt (seit dem 4.7.57), das in Italien schon an Franco-Crosti-Lokomotiven erprobt sein soll. Dieses Pulver wird ohne besondere Vorrichtungen in das Tenderwasser der Lokomotiven gegeben, und zwar 200-250 g/m³ Wasser. Um über die Wirkung dieses AS-Pulvers Klarheit zu gewinnen, haben wir die Wassermeßgruppe des Lokomotiv-Versuchsamtes vom 25.9. bis 20.12.57 in Bingerbrück eingesetzt. Wegen einer zufälligen Störung haben wir für diese Versuche die Lokomotive 42 9000 gewählt. Als Vorbereitung des Versuches wurden einige Heizrohre des Vorwärmers gezogen und durch neue ersetzt, desgleichen ein Heizrohr des Dampfkessels. Auch der Tender der Lokomotive wurde zweimal gespült und ausgespritzt.*

*Im ersten Versuchsabschnitt vom 1. bis 14.10.57 wurde mit 250 g/m³ AS-Pulver gefahren. Bei diesem Versuch wurden 546 m³ Wasser verdampft. Die Beigabemengen wurden abgewogen und durch das Dosierrohr vom Führerstand aus in das Tenderwasser gegeben. Unter dem Dosierrohr befindet sich ein Siebkorb zur Verteilung der Lösung. Dies war also die erhöhte AS-Beigabemenge, die allein (ohne andere Zusätze) nach den ursprünglichen Ausführungen der Firma als Korrosionsschutz und Enthärtungsmittel genügen sollte. Die Kesselwasserwerte zeigen jedoch M-Alkalitäten unter 40 ° und eine Resthärte H von 3 ° bis 4 °. Bei solchen Wasserwerten wird kein Kesselstein auf den Heizflächen gelöst, im Gegenteil, es bildet sich langsam neuer Stein. Diese Aufbereitung ist also im Hinblick auf den Dampfkessel ungenügend.*

*Im Rauchgasvorwärmer sollten die chemischen Reaktionen der Härtebildner verzögert sein. Der Vergleich der M- und H-Werte des Wassers beim Eintritt und beim Austritt aus dem Rauchgasvorwärmer zeigt, wie weit diese Wirkung erreicht wurde. Die Differenzen betragen im 1. Versuchsabschnitt oft weniger als 1 °, sind also befriedigend. Die hohe Resthärte im Dampfkessel zwingt aber zu einer Änderung der Dosierung.*

*Im zweiten Versuchsabschnitt vom 15. bis 27.10.57 wurden 150 g AS-Pulver und 150 g Natriumbikarbonat je m³ Speisewasser beigegeben. Im Kesselwasser ist ein gutes Ansteigen der M-Alkalität in den ersten 8 Betriebstagen zu beobachten. Die Resthärte sinkt und fällt in der 2. Hälfte dieser Betriebsperiode unter 1 ° H. Diese Aufbereitung ist für den Dampfkessel in Ordnung. Am Auswaschtag (28.11.57) wurden auch größere Mengen Kesselsteinschalen und abgesetzter Schlamm vorgefunden. Diese Ablagerungen reichten über dem Bodenring bis über die Oberkante der Lukenfutter. Während der ganzen Betriebsperiode war nicht abgeschlammt worden. Dies wurde dann – ohne sonstige Änderungen in der Dosierung – im 3. Versuchsabschnitt bis 18.11.57 getan.*

*Die Verhältnisse im Rauchgasvorwärmer bei der Beigabe 150 AS + 150 g Bikarbonat waren im 2. und 3. Versuchsabschnitt etwa gleich. Die Unterschiede in der M-Alkalität und in der Wasserhärte waren zwischen Wasserein- und austritt beträchtlich; die M-Differenzen machten durchschnittlich 3-4 °, die H-Differenzen 6-8 ° aus. Dem AS-Pulver gelang es also nicht, die Reaktionen im Rauchgasvorwärmer zu unterdrücken. Damit entsteht aber viel Kohlensäure, und es sind wasserseitige Korrosionen zu erwarten.*

*Um diese an den neu eingesetzten Kontrollrohren zuverlässiger zu erkennen, wurde der Versuch im 2. und 3. Abschnitt mit der gleichen Dosierung (150 g AS und 150 g Natriumbikarbonat) gefahren, dabei wurden 933 m³ Wasser verdampft.*

*Im Rauchgasvorwärmer wurde trotz des Abschlammens in jeder Trommel eine grauschwarze, flüssige Schlammschicht vorgefunden, welche die unteren Heizrohre des Rohrbündels völlig bedeckte. Vom rechten Vorwärmer wurde das neue Rohr etwa aus der Mitte des Rohrbündels gezogen. Es hatte vom 14.10. bis 18.11. an dieser Stelle gesessen. Es war rotbraun, trug keine schwarze Schutzschicht. Auf der gesamten Rohrlänge befanden sich besonders oben und seitlich noppenartige Erhöhungen, die alle eine punktförmige Korrosionsstelle verdeckten. Vom linken Vorwärmer wurde ein Heizrohr aus der unteren Lage des Rohrbündels (2. Reihe von unten) gezogen, das ebenfalls am 14.10.57 als neues eingebaut war. Es zeigten sich auf der ganzen Rohrlänge die gleichen noppenartigen Erhöhungen, ein Beweis, daß der Korrosionsschutz durch 150 g AS-Pulver je m³ Speisewasser unzureichend blieb.*

Laufende Untersuchungen des Kessel / Franco-Crosti Vorwärmer

Der vorseitig genannte Kessel wurde untersucht, durch einen Wasserdruckversuch geprüft und in Ordnung befunden

| 1<br>am | 2<br>im Werk | 3<br>Bescheinigung des verantwortlichen Beamten | 4<br>Bemerkungen (ausgeführte Arbeiten, Prüfdruck usw) | 5<br>eingebaut in Lokomotive Nr. |
|---|---|---|---|---|
| | | erstmals eingebaut in Lok 5o 1412 | | |
| 3o/1.56 | AW-Schwerte (Ruhr) | | Sämtl. Rohre erneuert. Vorwärmer mit 22 Kg/cm² geprüft. | |
| 6/8. 56 | Schwerte (Ruhr) | | Sämtl. Rohre erneuert. Vorwärmer mit 22 kg/cm² geprüft. | |
| 16/10 57. | Schwerte (Ruhr) | [illegible] | | |
| 15/9 58. | Schwerte (Ruhr) | Vörwärmermantel 4 Flöcken eingeschw. In Der RK. der Rohre verzinkt. Der Vörwärmer wurde mit 21 kg/cm geprüft. Mantel H 1 A Blech, hint.-Schuß: 49824-15-458781-281 A-D/11-D/ Vord.-Schuß: 49824-16-458781-284 B-D/1o-D/3o. | erneuert. Sämtl. Rohre (162 St) ... Vörwärmer wurde einschl. ... TBI. | |
| 22/2.59 | Schwerte (Ruhr) | [illegible] | | |
| 16/8.59 | Bahnbetriebswerk Oberlahnstein | [illegible] | | |

Allein von 1956 bis 1959 mußte man bei 50 1412 sechsmal den kompletten Vorwärmer-Rohrsatz erneuern. Einmal führte man diese Arbeit sogar im Heimat-Bw durch. ABBILDUNG: SAMMLUNG MANFRED VAN KAMPEN

Ein Gruß zwischen Lokführer und Bahnwärter – selbstverständliche Kollegialität vor 40 Jahren. 504001 am 9. September 1960 in Filsen auf der rechten Rheinstrecke bei der Fahrt gen Süden. Der Fundamentklotz neben der rechten Schranke weist auf die bevorstehende Elektrifizierung hin. Der Bahnübergang ist – natürlich – lange durch eine Unterführung ersetzt, doch das Haus im Hintergrund steht noch. AUFNAHME: HANS SCHMIDT

*Der folgende 4. Versuchsabschnitt wurde deswegen vom 19.11. bis 10.12.57 mit 200 g AS-Pulver und 135 g Bikarbonat gefahren. Da auch diese Ergebnisse noch nicht befriedigten, wurden im letzten überwachten Versuchsabschnitt vom 11.12. bis 18.12.57 300 g Nalco AS und 135 g NaBikarbonat beigegeben. Hierdurch wurde wohl eine Besserung, aber noch keine vollständige Stabilität der Härte und der M-Werte des Speisewassers im Rauchgasvorwärmer erzielt.*

*Leider ist die schrittweise Steigerung der AS-Beigabe dadurch gestört, daß die Lieferfirma das AS-Pulver ohne unser Wissen geändert hat. Wir bemerkten es erst an den Analysen, die wir von verschiedenen Partien im Chem. Versuchsamt Bückeburg machen ließen.*

*Bei der am Schluß der Versuchsreihe (18.12.57) stattgefundenen Einsichtnahmen vor dem Ausspritzen der Vorwärmer wurde festgestellt, daß leichtflüssiger, schwarzer Schlamm die untere Heizrohrlage vollständig und die 2. Rohrlage teilweise bedeckte. Aus beiden Vorwärmern wurde wieder ein Heizrohr gezogen, und zwar die gleichen Rohre, welche am 18.11.57 neu eingesetzt waren. Hierzu im einzelnen:*

***I. Rechtsseitiger Rauchgasvorwärmer (dieser enthält als weiteren Korrosionsschutz 2 Magnesiumstäbe)***

*Das gezogene Rohr ist ingesamt mit einer schwarzen, ziemlich fest haftenden Schutzschicht bedeckt, stellenweise zeigen sich warzenartige Erhöhungen, unter denen sich punktförmige Korrosionsstellen befinden. Die größte Häufigkeit der Korrosionen ist*

Einen Tag zuvor entstand das Bild eines Richtung Köln fahrenden Güterzuges auf der selben Strecke bei Block Bornhofen. Auch hier fehlen nicht die Hinweise auf die in Arbeit genommene Elektrifizierung. Bei genauem Hinsehen erkennt man, daß nun die Rauchkammer durch zwei solide Streben mit dem Pufferträger verbunden ist und die Lok Ersatzzylinder der BR 52 besitzt.

AUFNAHME: HANS SCHMIDT

*hinten am ganzen Rohr-Umfang etwa bis 25 cm von der Einwalzstelle zu finden. Die Tiefe der Korrosionen beträgt etwa 0,5-1,0 mm.*

***II. Linsseitiger Rauchgasvorwärmer (ohne Magnesiumstäbe)***
*Das in der Schlammzone gelegene Rohr hatte keine Schutzschicht; sein Aussehen war rotbraun; Art der Korrosionen wie beim rechtsseitig gezogenen Rohr, größte Häufigkeit befand sich jedoch hier vorn in gleicher Anzahl und etwa gleicher Tiefe. Der Schlamm ließ sich durch Ausspritzen mühelos entfernen, beide Vorwärmer wurden anschließend ausgeleuchtet und waren als sauber zu bezeichnen.*

*Im 4. und 5. Versuchsabschnitt zeigen alle Wasserwerte der entnommenen Kesselwasser-Proben bei den angewandten Dosierungen ein durchaus günstiges Verhalten. Die Gesamt-Alkalität M = 20 wurde infolge des höheren Gehaltes an alkalischen Stoffen im As-Pulver bereits am 1. Betriebstage erreicht. Die Gesamthärte, langsam von 1,4 ° dH am Anfang fallend, erreichte am 3. Betriebstage den Nullwert, am 8. Betriebstage wurde der AR-Wert von 10 000 mg/l bereits überschritten und durch Abschlammen dann in den gehörigen Grenzen reguliert.*

*Der Befund des Lokkessels am 18.12.1957 vor dem Auswaschen ergab eine Schlammhöhe über dem Bodenring von etwa 10-15 cm. Dieser Schlamm ließ sich durch Ausspritzen mühelos entfernen. Nach dem Auswaschen war der Stehkessel als fast sauber zu bezeichnen, es konnten keinerlei Schäden oder Anbackungen festgestellt werden. Die Heiz- und Rauchrohre sind noch nicht steinfrei.*

***Kesselspeiseventile***
*An den Kesselspeiseeinrichtungen sind während des ganzen Versuchsabschnittes keine Störungen aufgetreten. Die ausgebauten Rückschlagventile sämtlicher Kesselspeiseventile waren einwandfrei und konnten im gleichen Zustand belassen und wieder eingebaut werden.*

***Dampfstrahlpumpe***
*Der gezogene Düsensatz der Dampfstrahlpumpe war in allen Teilen sauber und konnte unverändert wieder eingebaut werden.*

***Kesselarmaturen***
*Hierbei ebenfalls keine Anstände, die Durchgangsbohrungen waren frei.*

*Seit dem 19.12.1957 läuft die Lokomotive 42 9000 mit 300 g As-Pulver und 120 g Natriumbikarbonat weiter ohne besondere Überwachung durch das Lokomotiv-Versuchsamt. Die Beobachtungen haben gezeigt, daß diese chemische Wasserbehandlung allein noch nicht ganz ausreicht, die wasserseitigen Korrosionen im Rauchgasvorwärmer zu unterbinden. Einen Ausweg bietet die Tatsache, daß es möglich ist, in Wasser gelöste Gase ($0_2$ und $CO_2$) durch Erhitzung des Wassers im offenen Gefäß auszutreiben. Eine solche Erhitzung findet im Heinl-Vorwärmer statt. Messungen an der Lokomotive 52 891 mit Heinl-Vorwärmer zeigten, daß 70-90 % des Sauerstoffes in der Mischkammer aus dem Speisewasser ausgetrieben werden. Wir erwarten daher von einer Verbindung des Franco-Crosti-Kessels mit einem Mischvorwärmer MV 57 die Lösung des Korrosionsproblems der Rauchgasvorwärmer.“*

So lieferte Robrade das Hauptargument für den zu diesem Zeitpunkt bereits begonnenen Serienbau der BR $50^{40}$ mit Heinl-Mischvorwärmer schon vorweg. Wir wollen uns nicht weiter in chemische Probleme vertiefen, lediglich der Vollständigkeit halber sei noch ein Versuch aufgeführt, bei dem Magnesiumstäbe im Vorwärmer der 50 1412 Sauerstoff binden sollten. Auch dieser Versuch war ein Mißerfolg.

Erfolgreicher schien ein Versuch mit Rohren und Vorwärmermantel aus Chromstahl. Bei einem Versuch mit 42 9001 wurde hier 1958 ein voller Erfolg erreicht. Die Brüchigkeit des Materials

50 4001 im Heimat-Bw Hamm am 16. Dezember 1965. Der Rauchkammerträger der $50^{40}$-Serienbauart, den die Lok nachträglich erhalten hat, besaß auch eine praktische Standfläche, die einfach nach unten wegzuklappen war, wenn man an den Vorwärmer heran mußte. In der Rauchkammer sind die beiden Kanäle zu sehen, durch die die Rauchgase nach unten in den Vorwärmer geleitet wurden.

BEIDE AUFNAHMEN: WOLFGANG FIEGENBAUM

Am Ende der Karriere: 50 4001 (Bw Hamm) wendet im Juni 1966 im Bw Münster. Der Fahrtdraht hängt bereits und wird drei Monate später eingeschaltet, Todesstoß für die Franco-Crosti-50er. Neben den 52-Zylindern und dem verstärkten Rauchkammerträger fällt oberhalb der 3. und 4. Kuppelachse ein Rohr auf, mit dem die Steuerungs-Rückzugsfeder nachträglich geschützt wurde. AUFNAHME: WOLFGANG FIEGENBAUM

(Rohre rissen teilweise schon beim Einwalzen) und der vergleichsweise sehr hohe Preis verhinderten allerdings eine allgemeine Verwendung von Chromstahl. Dennoch unternahm man auch später noch Versuche mit Chromstahlrohren bei den Serien-$50^{40}$.

Drei Wochen nach Auslieferung der ersten Serienlok wurde 50 1412 auch äußerlich der neuen Baureihe angeglichen: Anläßlich ihrer L 3-Untersuchung im AW Schwerte wurde sie am Montag, dem 15. September 1958, gleichzeitig mit ihrer Abnahme in 50 4001 umgezeichnet. Am nächsten Tag kam sie beim Bw Oberlahnstein zum Einsatz, womit dann endgültig die Bingerbrücker Versuchsphase beendet war. Die Bezeichnung als 50 4001 ist angesichts der gleichzeitig beschafften Neubaudampfloks der DR recht erstaunlich, vermieden doch DB und DR sonst in gesamtdeutscher Einigkeit Doppelbezeichnungen.
Die Umbauten aus der Zeit nach dem FC-Umbau im November 1954 seien noch kurz aufgeführt:

**AW Schwerte, L 0, 28. August 1956:**
- 3. Spitzenlicht angebaut (Sonderarbeit 197)*,
- Speisewasserenthärtungseinrichtung eingebaut (SA 196)*,
- Spülstutzen am Einströmrohr angebaut (SA 195)*.

**AW Schwerte, L 3, 15. September 1958:**
- Saug- und Druckrohre aus Kupfer angebaut (SA 168)*,
- Pufferträger verstärkt (SA 175); hiermit gemeint ist der Anbau starker Streben vom Pufferträger zur Rauchkammer I (Anpassung an $50^{40}$-Serie),
- zweistufige Luftpumpe angebaut (SA 221), vermutlich gemeint: Pumpe mit Wülfel-Steuerung*,
- Schrägstreifen hinter den Wasserstandsgläsern (SA 222), zur besseren Sichtbarkeit*,
- Fußtritte mit Gitterrosten versehen (SA 225), Sicherheitsmaßnahme*,
- Druckausgleich-Kolbenschieber Bauart Müller und Luftsaugeventile angebaut (Anpassung an $50^{40}$-Serie),
- Steuerungsrückzugsfeder mit Schutzrohr versehen (Anpassung an $50^{40}$-Serie).

**AW Schwerte, L 0, 19. Oktober 1959:**
- Regenrinnen am Führerhaus angebracht (SA 1.242),
- schwenkbare Leuchte am rechten Wasserstand (SA 7.111)*.

**AW Schwerte, L 0, 11. Juni 1962:**
- neuer Abgasvorwärmer mit um 560 mm gekürztem Rohrsatz, fest eingeschweißten Rohrwänden und Mannloch eingebaut (SA 279), (Reparatur nach „Kesselkrise“, Anpassung an $50^{40}$-Serie),
- Entwässerung am Rauchgasvorwärmer angebracht ((SA 262).

**AW Schwerte, L 2, 30. Juli 1963:**
- Entwässerungsleitung am Ausströmrohr angebracht (SA 269)*,
- Füllstücke an Kuppelstangen angeschweißt (SA 105)*,
- Dampfrohr zum Gärtner-Rußbläser isoliert (SA 285)*.

* allgemeine technische Verbesserung an allen 50ern

# Technik und Bewährung der Serienloks 50 4002 bis 4031

## Der Weg von 50 1412 zur Serienbauart

Der 1954 noch gültige DB-Typenplan sah in der Leistungsklasse der BR 50 eine Neubaulok als Baureihe 46 vor. Witte selbst sah diese Entwicklung realistisch als „Vorrat" an und glaubte selbst nicht mehr an eine Realisierung. Deshalb konnte es kaum Zweifel darüber geben, daß die Loks der BR 50 noch so lange im Einsatz bleiben würden, daß ein Ersatz für die nicht alterungsbeständigen Kessel aus St 47 K geschaffen werden mußte. Bekanntlich hatte die DB damals bereits begonnen, die St 47 K-Kessel der Baureihe 50 durch aufgearbeitete Kessel von ausgemusterten 52 zu ersetzen. Dies war nur ein preiswerter Behelf, denn die Kessel waren alterungsbeständig, brachten aber keinen Wirtschaftlichkeitszuwachs. Im Zuge der allgemeinen FC-Euphorie wurde deshalb (neben größeren Kesseln für $03^{10}$, 41 und 44) auch das Projekt der BR 50 mit Abgasvorwärmer weiterverfolgt.

Bereits im Oktober 1954, also vor Ablieferung von 50 1412, stellte im Auftrag des BZA die Fa. Henschel eine Angebotsmappe über die serienmäßige Ausführung der Bauart auf. Technisch sollte sich nichts ändern, doch sollten die Serienloks geschlossene Neubauführerhäuser, einen vom Kessel getrennten Steuerbock, eine nach vorne verlegte Steuerschraube und den neu entwickelten Einfachventil-Heißdampfregler erhalten, also Bauteile, durch welche die Loks in Arbeitsplatzqualität und Aussehen auf das Niveau der Neubaudampfloks gehoben worden wären.

Im September 1955 leitete Henschel aus diesem Projekt eines ab, bei dem die Rauchgasvorwärmer-Heizfläche auf zwei Trommeln aufgeteilt war, die beiderseits des Verdampfungskessels lagen. Die Rauchgase sollten zunächst durch den rechten Vorwärmer strömen, hinten in den linken umgeleitet werden und vorne in der normalen Rauchkammer ausgestoßen werden. Auf diese Weise wollte man die langen Abdampfwege vermeiden. Den für den langen Rauchgasweg erforderlichen Saugzug wollte man durch einen Flachschornstein mit vier Blasrohrdüsen sicherstellen. Der Verdampferkessel sollte mit allen Abmessungen und Ausstattungsmerkmalen von 50 1412 übernommen werden. Die Vorwärmerheizfläche wuchs auf 97,0 m². Der größere Materialaufwand hätte zu einem höheren Gewicht geführt (Leergewicht ca. 81,2 t, Dienstgewicht ca. 91,2 t) Mit 79,5 t Reibungsgewicht wäre die mittlere Achslast auf 16 t gestiegen. Fast gleichzeitig fertigte Henschel ähnliche Umbaupläne für die Baureihen $03^{10}$, 41 und 44 aus. Im November 1955 legten Henschel wie auch die Firmen Jung, Krauß-Maffei und Krupp dem BZA Minden ihre Kalkulationen über 20, 35 und 50 derartige Neubaukessel vor (allerdings boten nicht alle Unternehmen die sechs verschiedenen Kesselbauarten an).

Für die DB unerwartet, stellten sich die Kessel mit zwei Abgasvorwärmern viel teurer dar als die Ausführung auf 50 1412. Dies war allerdings durchaus nachvollziehbar, denn es ging nicht allein um den Mehraufwand eines Vorwärmers, schließlich war auch die Lagerung der beiden Rauchgasvorwärmer deutlich aufwendiger. Bereits im Februar 1956 fiel deshalb die Entscheidung, die Baureihen $03^{10}$ und 41 mit Neubaukesseln herkömmlicher Bauart auszurüsten.

Während seiner 14. Sitzung beschäftigte sich der Fachausschuß Lokomotiven ausführlich mit der Frage: Sind bei Ersatzbedarf Regelkessel oder FC-Kessel zu empfehlen, sah sich aber angesichts der widersprüchlichen Erfahrungen mit 50 1412 und den beiden $42^{90}$ außerstande, ein Urteil abzugeben. Das Bauartdezernat in Minden und das Konstruktionsbüro der Industrie hatten in den folgenden Monaten genug zu tun, das in Stückzahl und Aufwand große Neubaukesselprojekt für die Baureihen $03^{10}$ und 41 voranzutreiben.

Im November 1956 erst erteilte das BZA dem Technischen Gemeinschaftsbüro der Lokindustrie in Kassel Entwicklungsaufträge über Neubaukessel für die Baureihen 44 und 50.

Da es bei der BR 44 Probleme mit der Unterbringung der erforderlichen Verdampfungsleistung von 15 t/h gab, stellte das BZA Minden bereits im Januar 1957 diese Entwicklung zurück. Am 20. Dezember 1956 entschied die Maschinentechnische Abteilung der HVB, der Versuch mit FC-Lokomotiven sei auszuweiten, da bislang kein Urteil möglich sei, ob für die Zukunft Regelkessel oder FC-Kessel eingebaut werden sollten. Dabei seien auch die Auswirkungen der inneren Kesselspeisewasser-Aufbereitung auf die Unterhaltungskosten zu untersuchen.

Am 4. Januar 1957 verfügte die HVB darum (73.753 Flde): „Bei der Fa. Henschel sind deshalb sofort zehn Ersatzkessel der Abgasvorwärmer-Bauart wie bei der Lok 50 1412 mit vorgeschaltetem Oberflächenvorwärmer zum Angebotspreis zu bestellen und außerdem auf Grund des wirtschaftlichsten Angebots zehn Kessel der Regelbauart nach Zeichnung TGB 1.01-U 1587 bei der Lokindustrie in Auftrag zu geben." Gleichzeitig wurden Bindungsermächtigung über 3,01 Mio. DM erteilt und ein verbindlicher Lieferplan erbeten.

Zur genannten Zeichnung TGB 1.01-U 1587 vom 15. Oktober 1956 sind noch einige ergänzende Angaben zu machen: Auch diese sah eine Neubaukessel-50 mit neuester Führerhausbauart, Heißdampfregler und Heinl-Mischvorwärmer vor. Der Kessel sollte eine große Verbrennungskammer, eine Rohrlänge von 4.400 mm und eine Rostfläche von 3,12 m² erhalten. Weitere Angaben:

| | |
|---|---|
| Heizfläche der Feuerbüchse | 17,01 m² |
| Heizfläche der Rauchrohre | 78,09 m² |
| Heizfläche der Heizrohre | 54,19 m² |
| Verdampfungsheizfläche | 149,37 m² |
| Überhitzerheizfläche | 79,72 m² |

Keine Rolle spielte bei der Auftragsvergabe ein Projekt von Dr. Ing. Crosti, das dieser der DB im Januar 1957 vorlegte. Er bot nun einen Kessel für die BR 50 an, bei dem der unten liegende Rauchgasvorwärmer längs geteilt war, so daß die Rauchgase vom Verdampfungskessel zunächst die eine Hälfte des Vorwärmers nach hinten durchströmten, anschließend durch die andere Hälfte wieder nach vorne. Auch hier wäre also der vordere Schornstein mit dem Vorteil kurzer Abdampfwege erhalten geblieben. Der Vorwärmer sollte eine Heizfläche von 87,4 m² erhalten, die Verdampfungsheizfläche bei 92,3 m² liegen, der Überhitzer 48,0 m² groß sein. Bei der DB wollte man aber auf dem bereits eingeschlagenen Weg bleiben und nicht eine von der 50 1412 völlig abweichende Bauart neu einführen.

Alsbald, am 9. Januar 1957, bestellte auf Veranlassung der HVB das BZA Minden bei Henschel zehn 50er-FC-Kessel nach Muster der 50 1412. Am 24. Januar 1957 folgte der Konstruktionsauftrag über den Regel-Neubaukessel. Der Leiter des Technischen Gemeinschaftsbüros wollte diesen Auftrag allerdings erst bearbeiten, wenn die Überarbeitung der BR 23 und die Neubaukesselprojekte für die BRn 01 und 41 abgeschlossen seien. Wenige Tage später legte sich die HVB endgültig fest: Es sollten für die BR 50 nur FC-Kessel beschafft werden, die Konstruktion des Regelkessels sei zurückzustellen.

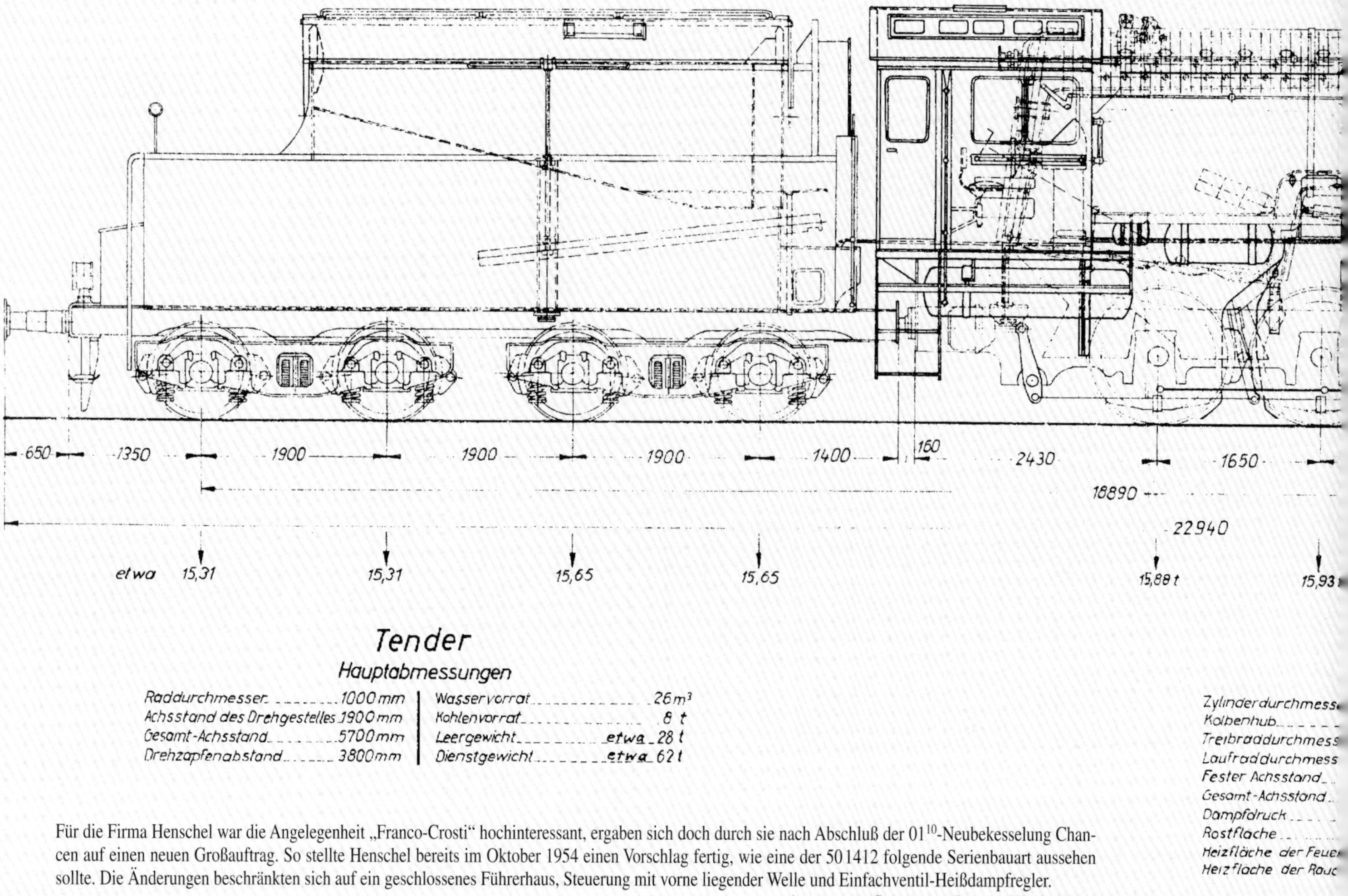


Für die Firma Henschel war die Angelegenheit „Franco-Crosti" hochinteressant, ergaben sich doch durch sie nach Abschluß der 01[10]-Neubekesselung Chancen auf einen neuen Großauftrag. So stellte Henschel bereits im Oktober 1954 einen Vorschlag fertig, wie eine der 50 1412 folgende Serienbauart aussehen sollte. Die Änderungen beschränkten sich auf ein geschlossenes Führerhaus, Steuerung mit vorne liegender Welle und Einfachventil-Heißdampfregler.

ABBILDUNG: SAMMLUNG JÜRGEN-ULRICH EBEL

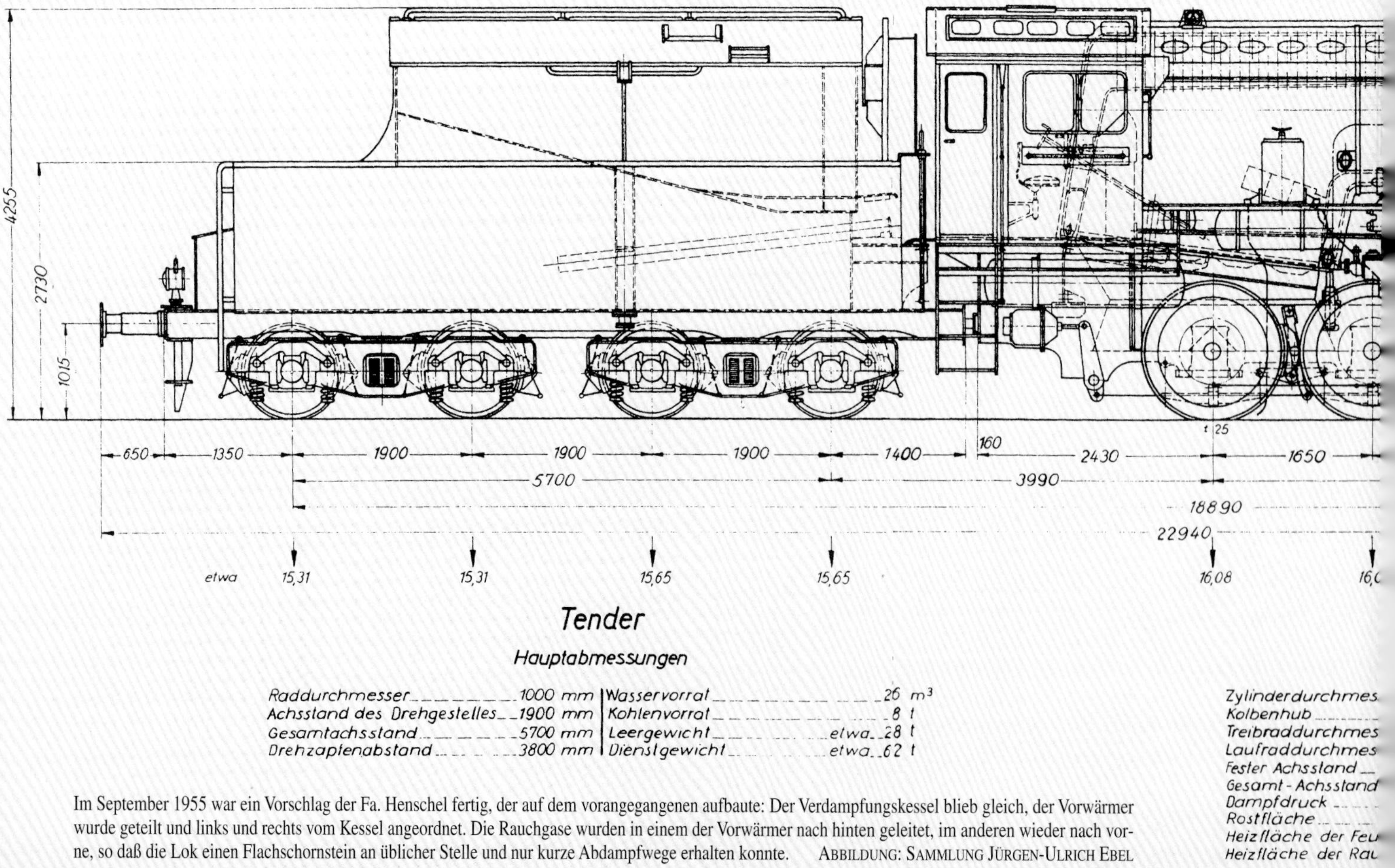


Im September 1955 war ein Vorschlag der Fa. Henschel fertig, der auf dem vorangegangenen aufbaute: Der Verdampfungskessel blieb gleich, der Vorwärmer wurde geteilt und links und rechts vom Kessel angeordnet. Die Rauchgase wurden in einem der Vorwärmer nach hinten geleitet, im anderen wieder nach vorne, so daß die Lok einen Flachschornstein an üblicher Stelle und nur kurze Abdampfwege erhalten konnte. ABBILDUNG: SAMMLUNG JÜRGEN-ULRICH EBEL

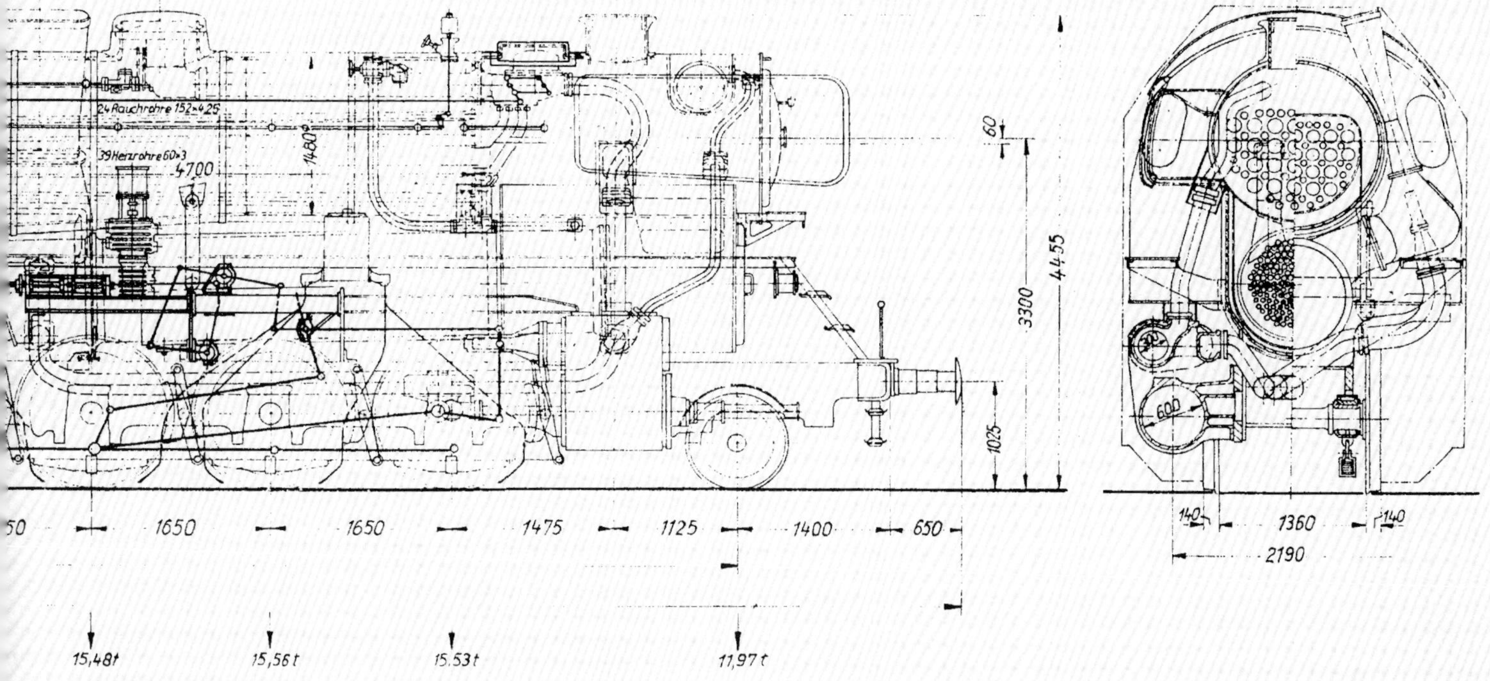


## Lokomotive

### Hauptabmessungen

| | | |
|---|---|---|
| 600 mm | Heizfläche der Heizrohre Fb. | 31,1 m² |
| 660 mm | Gesamt-Heizfläche Fb | 99,25 m² |
| 1400 mm | Heizfläche des Überhitzers | 52,1 m² |
| 850 mm | Wasserrauminhalt des Vorwärmers | 1,93 m³ |
| 3300 mm | Heizfläche des Vorwärmers, gasberührt | 93,0 m² |
| 9200 mm | Leergewicht | 80400 kg |
| 16 kg/cm² | Dienstgewicht | 90350 kg |
| 3,05 m² | Reibungsgewicht | 78700 kg |
| Fb. 17,3 m² | Kleinster Krümmungshalbmesser | 100 m |
| Fb. 50,85 m² | Zulässige Höchstgeschwindigkeit | 80 km/h |

| Fa. Henschel u. Sohn | Tag | Name | Deutsche Bundesbahn | Henschel u. Sohn G.m.b.H. Kassel |
|---|---|---|---|---|
| bearbeitet | | | Bundesbahn-Zentralamt Minden, den 1. 12. 1954 | Abt. TL 1 |
| geprüft | 10.54 | | | |
| normgeprüft | | | | |

Maßstab: 1:40

Entwurf einer
**1'E h2 Güterzuglokomotive**
mit Franco-Crosti-Abgasvorwärmer
Umbau der Baureihe 50

**Fld 1.01 Bl.**

1 — Ausgabe — Datum — Ersatz für — Ersetzt durch

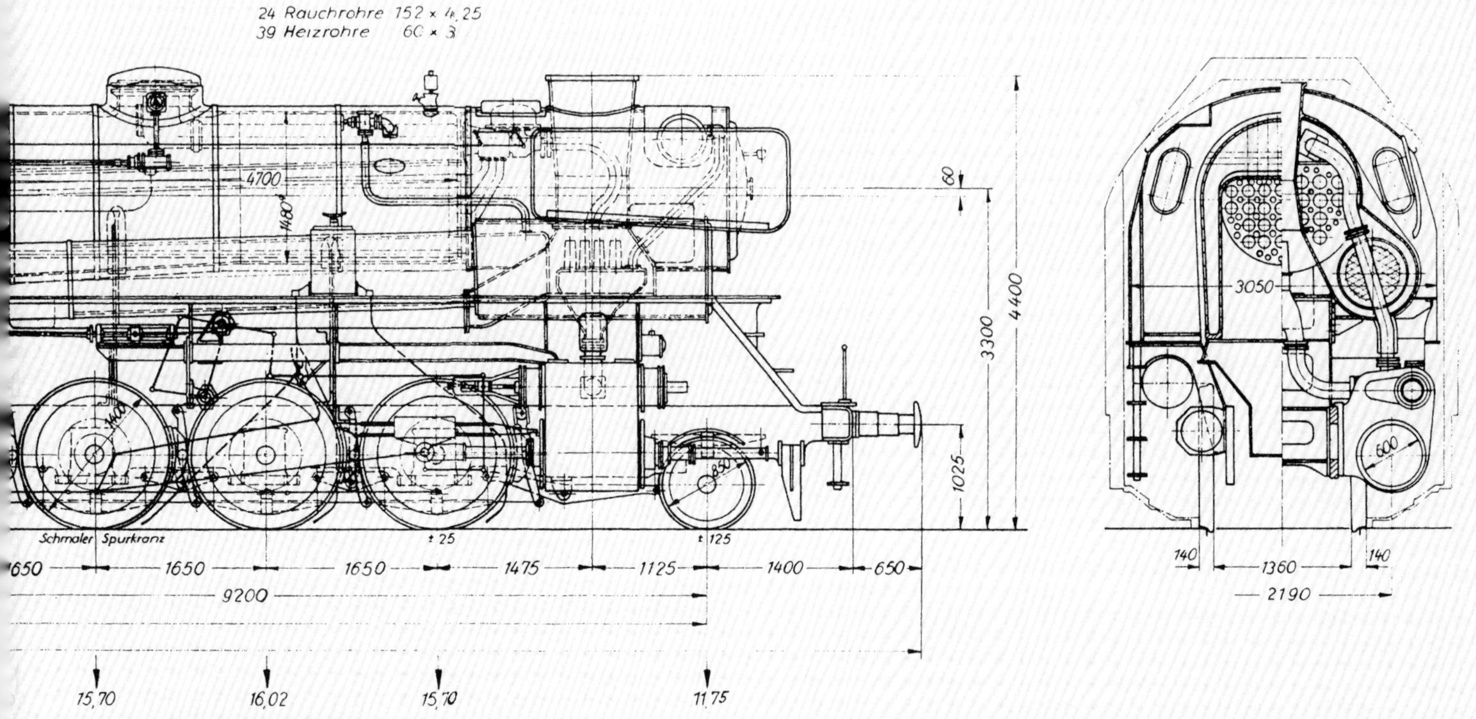


## Lokomotive

### Hauptabmessungen

| | | |
|---|---|---|
| 600 mm | Heizfläche der Heizrohre fb | 31,1 m² |
| 660 mm | Gesamtheizfläche fb | 99,25 m² |
| 1400 mm | Heizfläche des Überhitzers | 52,1 m² |
| 850 mm | Heizfläche des Vorwärmers | 97 m² |
| 3300 mm | Verdampfungsoberfläche | 9,6 m² |
| 9200 mm | Leergewicht etwa | 81,2 t |
| 16 kg/cm² | Dienstgewicht etwa | 91,2 t |
| 3,05 m² | Reibungsgewicht etwa | 79,5 t |
| fb 17,3 m² | Kleinster Krümmungshalbmesser | 100 m |
| fb 50,85 m² | Zulässige Höchstgeschwindigkeit | 80 km/h |

| Fa.: Henschel u. Sohn | Tag | Name | Deutsche Bundesbahn | Henschel u. Sohn G.m.b.H. |
|---|---|---|---|---|
| bearbeitet | 8.55 | Bellon | Bundesbahn-Zentralamt Minden, den ... 19 ... | Abt.: TL 1 |
| geprüft | 9.55 | Jaeger | | |
| normgeprüft | | | | |

Maßstab: 1:40

Entwurf einer
**1E h 2 Güterzuglokomotive**
mit 2 Franco-Crosti-Abgasvorwärmern
Umbau der Baureihe 50

**Fld 1.01 Bl.**

1. 9.55 — Ersatz für — Ersetzt d.

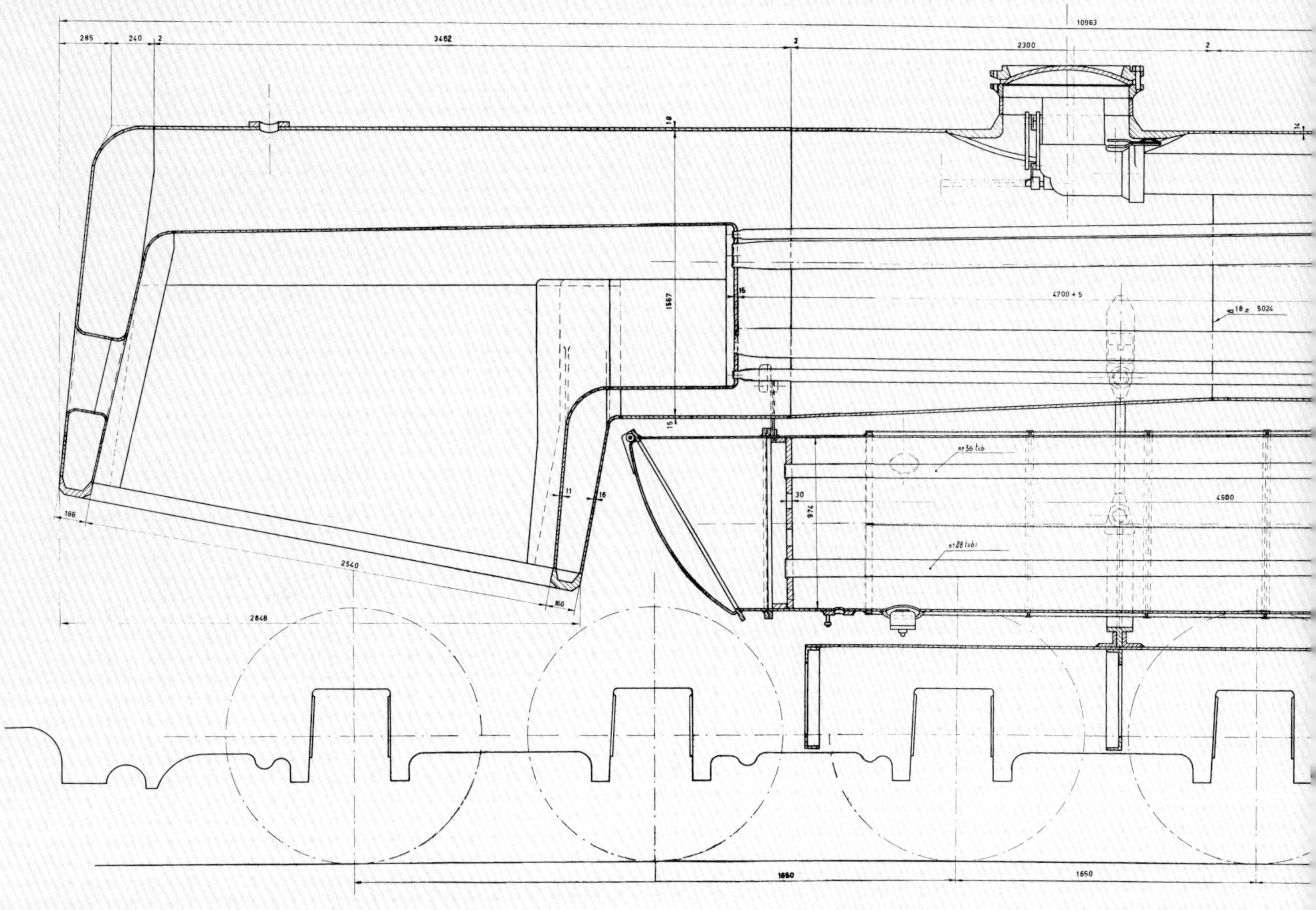

Im Oktober 1956, als das Neubaukesselprojekt der BR 50 langsam akut wurde, warf auch Dr.-Ing. Crosti seinen Hut wieder in den Ring. Er schlug der DB vor, den Vorwärmerkessel horizontal zu teilen, die Rauchgase hinten umzulenken und auf diese Weise mit dem üblichen Schornstein auszukommen. Seine auf die BR 50 gemünzte Zeichnung stammte vom 14. September 1956. Letztlich konnte Crosti diese wohl endgültige Bauart seines Vorwärmers nur noch auf einer spanischen 1'D verwirklichen. ABBILDUNG: SAMMLUNG JÜRGEN-ULRICH EBEL

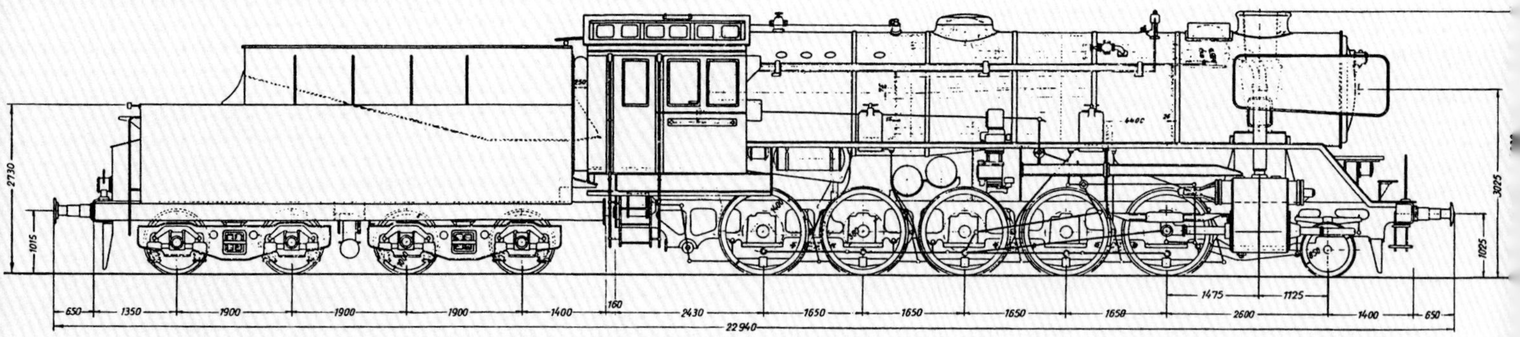

Vom 15. Oktober 1956 stammte dieses vom Technischen Gemeinschaftsbüro der Lokindustrie für die DB aufgestellte, zum FC-Kessel alternative Neubaukessel-Projekt für die BR 50. Auch hier finden wir das geschlossene Führerhaus und den Heißdampfregler. ABBILDUNG: SAMMLUNG JÜRGEN-ULRICH EBEL

Den endgültigen Vertrag 22.042/63.0736 schloß man erst am 14. September 1957. Das BZA Minden hatte zwischenzeitlich von den beiden Lokomotivherstellern Krupp und Henschel Kostenvoranschläge über die Anfertigung eines vollständigen FC-Kessels (bei Abnahme von zunächst 30 Stück) für die Baureihe 50 eingeholt. Als Gegenstück wurde gleichzeitig ein Kostenvoranschlag angefordert über einen Neubaukessel in Normalbauart für die Baureihe 50. Die Angebote sahen so aus:

| | | |
|---|---|---|
| Angebot Henschel: | FC-Kessel (mit Einbau) | DM 172.795 |
| | Normalkessel (mit Einbau) | DM 138.620 |
| Angebot Krupp: | FC-Kessel (mit Einbau) | DM 172.370 |
| | Normalkessel (mit Einbau) | DM 130.205 |

Die Unterschiede rechtfertigten den Einbau des FC-Kessels, der trotz höherer Wartungskosten die Mehrausgaben innerhalb weniger Jahre durch Kohleeinsparung hereinbringen sollte.

Den Kessel der 50 1412 wollte Witte nicht einfach übernehmen, so daß noch etliches an Feinarbeit nötig war. Die vielen Rahmenbrüche und lose gewordenen Verbindungen an der Baumusterlok ließen es geraten sein, die Auflager des Kessels zu verstärken. Von einem Mischvorwärmer versprach man sich eine

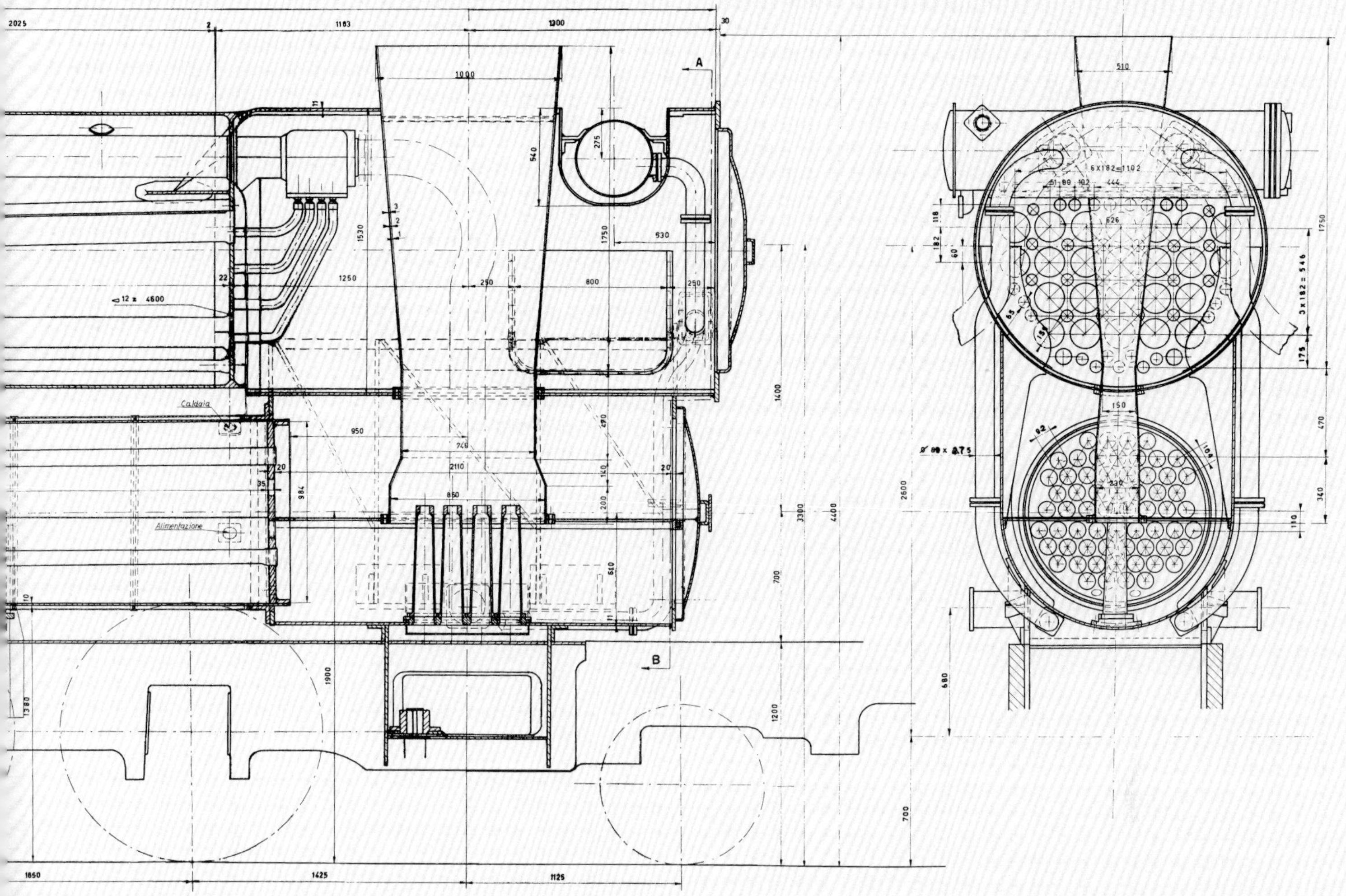


bessere Entgasung des Speisewassers, der Mischvorwärmer wiederum bedingte eine Versetzung der Pumpen. Der ausziehbare Vorwärmerrohrsatz bei 50 1412 hatte sich nicht bewährt, feste Rohrwände bedingten aber einen Einstieg, um Arbeiten im Vorwärmer durchführen zu können. Schließlich sollte die Strahlungsheizfläche noch größer werden. Eine Umkonstruktion des Stehkessels kam aus Preisgründen nicht in Frage, so daß Witte auf Wasserkammern wie bei den gleichzeitig mit verkleinertem Rost ausgerüsteten 50ern setzte.

Ursprünglich war vorgesehen, daß das AW Schwerte die Fahrgestelle der zum Umbau vorgesehenen Lok aufarbeiten und die Fa. Henschel dann den eigentlichen Umbau ausführen sollte. Dieses Verfahren erwies sich als nicht praktikabel, da die beim Umbau erforderlichen Schweißarbeiten am Fahrgestell vor einer Vermessung und Aufarbeitung hätten erledigt werden müssen.

Am 3. Januar 1958 legte das BZA fest, daß eine Lok mit Ölfeuerung auszurüsten sei (22.008/23.0097). Am 10. Januar 1958 bestellte das BZA Minden per Vertrag 22.008/63.1771 weitere 20 Kessel.

Die Fa. Henschel baute die Kessel zwischen Dezember 1957 und März 1959 mit den Fabriknummerngruppen 29729 bis 29738 und 29803 bis 29822 zu einem Stückpreis von 184.000 DM offensichtlich „nebenher", führte jeweils eine Wasserdruckprobe durch und lieferte die Kesseln vormontiert einzeln auf Flachwagen an das AW Schwerte. Von einem Teil der Kessel sind die Daten der Wasserdruckprobe bekannt, aus denen sich die Einzelfertigung ergibt. Vermutlich war das Verfahren von der DB so gewünscht, da das AW Schwerte nicht schneller arbeiten konnte. Zeitweise müssen in Schwerte aber doch mindestens vier Kessel auf dem Hof gestanden haben, denn erst am 20. Mai 1958 traf 50 1887 als erste Umbaulok im AW Schwerte ein.

Die bekannten Daten der Wasserdruckproben bei Henschel:

| Kessel | Wasserdruckprobe | eingebaut in |
|---|---|---|
| 29729 | 21.02.1958 | 50 4003 |
| 29733 | 06.05.1958 | 50 4008 |
| 29736 | 16.06.1958 | 50 4009 |
| 29738 | 16.07.1958 | 50 4011 |
| 29804 | 02.09.1958 | 50 4014 |
| 29805 | 12.09.1958 | 50 4013 |
| 29808 | 07.10.1958 | 50 4017 |
| 29809 | 16.10.1958 | 50 4018 |
| 29811 | 04.11.1958 | 50 4020 |
| 29813 | 24.11.1958 | 50 4023 |
| 29822 | 02.03.1959 | 50 4031 |

Für den Umbau einer Lokomotive waren einschließlich des Neubaukessels Neu-Stoffe für 188.439 DM aufzuwenden. Man kalkulierte 3.327 Fertigungsstunden, so daß man auf Selbstkosten von 244.484 DM je Lok kam. Aus dem Betriebsbuch von 50 4009 sind neben den L 3-Kosten von 64.195 DM Umbaukosten von 251.183 DM zu entnehmen. Bei 50 4031 kostete die L 3 62.035 DM, der Umbau 252.082 DM

Auf diese Weise wurden die Franco-Crosti-Umbauloks ebenso teuer, als wenn man 1'E-Neubaudampfloks nach neuesten Erkenntnissen gebaut hätte.

# Die Bauartunterschiede der Serienloks gegenüber 50 1412

Die notwendigen Entwurfsänderungen für die $50^{40}$-Serie betrafen neben den gegenüber jedem Baumuster erforderlichen Veränderungen im Detail hauptsächlich die veränderten Pumpenbefestigungen, Rahmenversteifungen und Verstärkungen der Kessel-Auflager. Bei 50 1412 und bei beiden $42^{90}$ waren wiederholt die Verbindungsschrauben zwischen Kessel und Vorwärmer infolge Wärmespannungen gebrochen. Die spezifische Leistungsfähigkeit des Kessels wurde durch den Einbau von je zwei Wasserumlaufrohren in die Feuerbüchse weiter gesteigert, da die Strahlungsheizfläche um 1,2 $m^2$ vergrößert wurde. Schließlich mußte der Rauchgasvorwärmer umkonstruiert werden, da der Rohrsatz nun fest eingebaut wurde und nicht mehr herausziehbar war.

Um das Speisewasser besser zu entgasen, erhielten die Maschinen einen Mischvorwärmer der modernsten Bauart MV 57 (vereinfachte Bauart Heinl).

Schon häufig war zu lesen, diese Maschinen hätten außer dem Abgasvorwärmer gar keinen Vorschaltvorwärmer gehabt, weil vor dem Schornstein nur der glatte Rauchkammerrücken, nach ein paar Monaten aber ein unförmiger Kasten zu sehen war. Ähnlich wie bei den BRn $01^{10}$, 10 und 23 hatte man den Mischvorwärmerkasten bei der $50^{40}$ zunächst im oberen Rauchkammerdrittel eingebaut, was beim geringen Kesseldurchmesser der Franco-Crosti-Loks nicht ausreichte.

Folgend werden die einzelnen Unterschiede aufgelistet (Angaben zu 50 1412 in Klammern):

**Allgemeines**

1. Radreifenschmierung Woerner entfällt (hat 50 1412)
2. Kohlenkastenabdeckung vereinheitlicht, entspricht jetzt der auf dem 2'2' T 34 der Baureihe $03^{10}$
3. Betätigen der Kohlenabdeckklappen erfolgt vom Führerstand aus (Entriegeln nur von Hand auf dem Tender)
4. Windleitbleche mit Griffstangen (ohne Griffstangen)
5. Speise- und Luftpumpe neben der Rauchkammer (in Fahrzeugmitte)
6. Abstützung der Rauchkammer durch starke Profilstäbe, daran befestigt die Aufstiegtrittsbleche (zunächst keine Abstützung, nur zwei Aufstiegsleitern zum Umlaufblech, später angeglichen)
7. Druckausgleich-Kolbenschieber Bauart Müller und Luftsaugeventile (Karl-Schulz-Schieber)
8. Steuerungs-Rückzugsfeder mit Schutzrohr
9. Reibungsgewicht der Lok 78.400 (78.380) kg
10. Leergewicht 80.400 (80.370) kg
11. Dienstgewicht 90.600 (90.350) kg

**Hauptkessel**

1. Kesselstahl HIA-Stahl (St 34)
2. Feuerbüchse H II A-Stahl (IZ II)
3. Kesselleergewicht ohne Ausrüstung 16.520 (15.590) kg
4. Kesselleergewicht mit Ausrüstung 26.280 (19.400) kg
5. Feuerbüchse mit zwei Wasserumlaufrohren, Strahlungsheizfläche dadurch 18,48 (17,3) $m^2$
6. Feuertür mit Marcotti-Verriegelung (normale Klapptür)
7. 38 Waschluken im Hauptkessel (36)
8. Doppeltes Schaumblech im Dampfdom gegen Wasserüberreißen, das bei Kesseln mit Mischvorwärmer Bauart 1957 besonders stark auftrat (einfaches Schaumblech)
9. Mischvorwärmer Bauart 1957 (Knorr-Oberflächenvorwärmer)
10. Mischvorwärmerspeisepumpe (Kolbenspeisepumpe KT 1)
11. Abstützung des Langkessels durch Pendelbleche (Pendelstützen)
12. Abstützung des Stehkessels hinten unter dem Bodenring durch ein Schlingerstück (am hinteren Bodenringstück durch ein Pendelblech)

**Vorwärmerkessel**

1. Dampfüberdruck max. 18 kg/$cm^2$ (16)
2. Wasserinhalt 2,01 $m^3$ (1,93)
3. Leergewicht mit Ausrüstung ohne Rauchkammer 3.676 (4.300) kg
4. Gesamtheizfläche gasberührt 94,22 (93) $m^3$
5. Rohrkennziffer 1/454 (1/465)
6. Gasquerschnitt gesamt 2.074 $cm^2$ (2.000)
7. Gasquerschnitt eines Rohres 12,88 $cm^2$ (12,25)
8. gasberührte Heizfläche des Vorwärmers zur Verdampfungsheizfläche des Kessels 0,949 (0,953)
9. vorderer Teil des Vorwärmerrohrsatzes ragt ca. 0,7 m (1,0 m) in die Rauchkammer 2 hinein
10. Abgasvorwärmer 161 (163) Heizrohre
11. Rohrwand im Abgasvorwärmer in ein Sonderprofil eingeschweißt, Dicke vorn 22 mm, hinten 15 mm (Rohrwände ausziehbar samt Rohrsatz, Dicke der Wand vorn 35 mm, hinten 40 mm)
12. zur Begehung des Vorwärmers ist auf der rechten Lokseite ein Mannloch mit Verschlußdeckel vorhanden (fehlt)

Die Seitenansicht der Serienloks unterschied sich auf der rechten Seite auf den ersten Blick nur durch die vorne angebrachte Luftpumpe von 50 4001. 50 4026 - 4031 aus der zweiten Bauserie besaßen bereits ab Werk den vergrößerten Mischvorwärmerkasten, die übrigen Loks rüstete man nach. ABBILDUNG: SAMMLUNG JÜRGEN-ULRICH EBEL

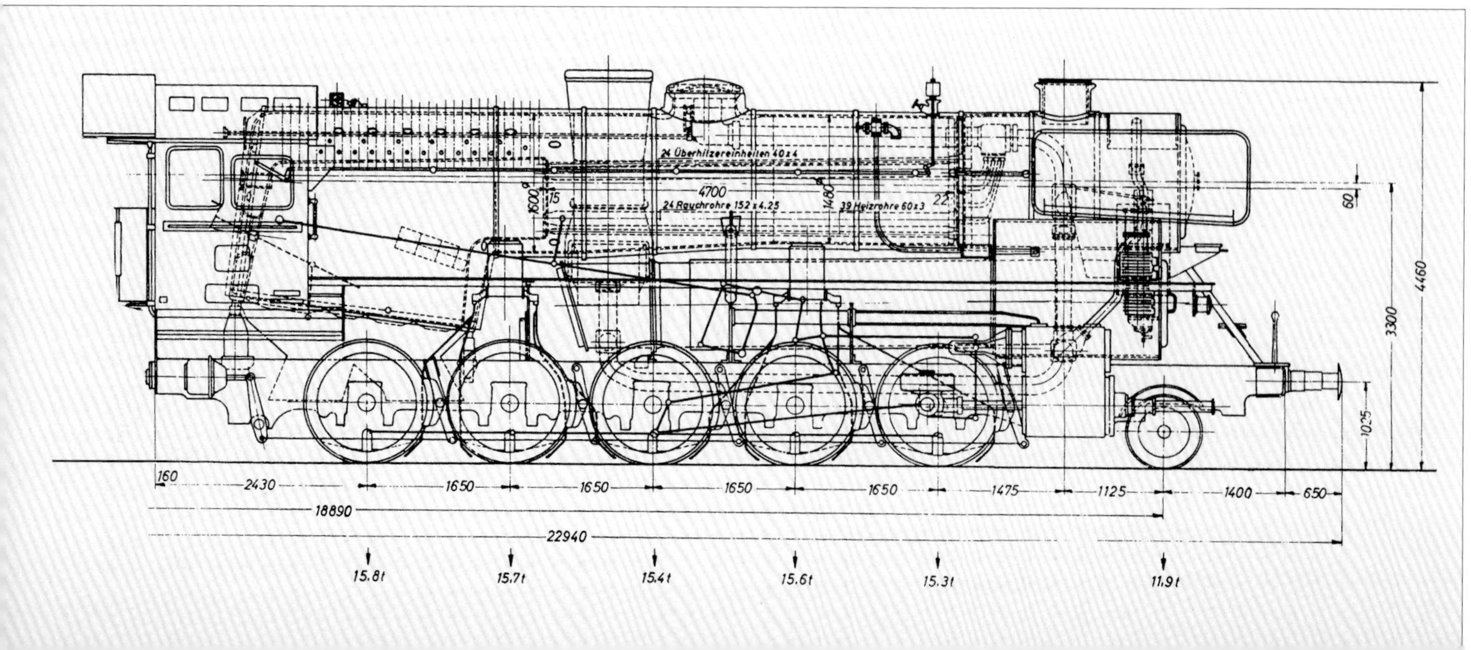

Die Gestalt der Serienbauart der BR $50^{40}$: Die fabrikneue 50 4021, am 26. Januar 1959 im AW Schwerte abgenommen, bietet eine Woche später im Heimat-Bw mit ihren silberglänzenden Kesselringen noch einen attraktiven Anblick. Aus der häßlichen $42^{90}$ ist eine durchaus schöne Maschine geworden. Die Unterschiede gegenüber der 50 4001 fallen nur auf den zweiten Blick ins Auge: Vorne angebrachte Mischvorwärmerspeisepumpe, die Rohre zum Mischbehälter unter dem Führerhaus und Griffstangen an den Windleitblechen.

AUFNAHME: BD MÜNSTER (QUEBE), SAMMLUNG JÜRGEN-ULRICH EBEL

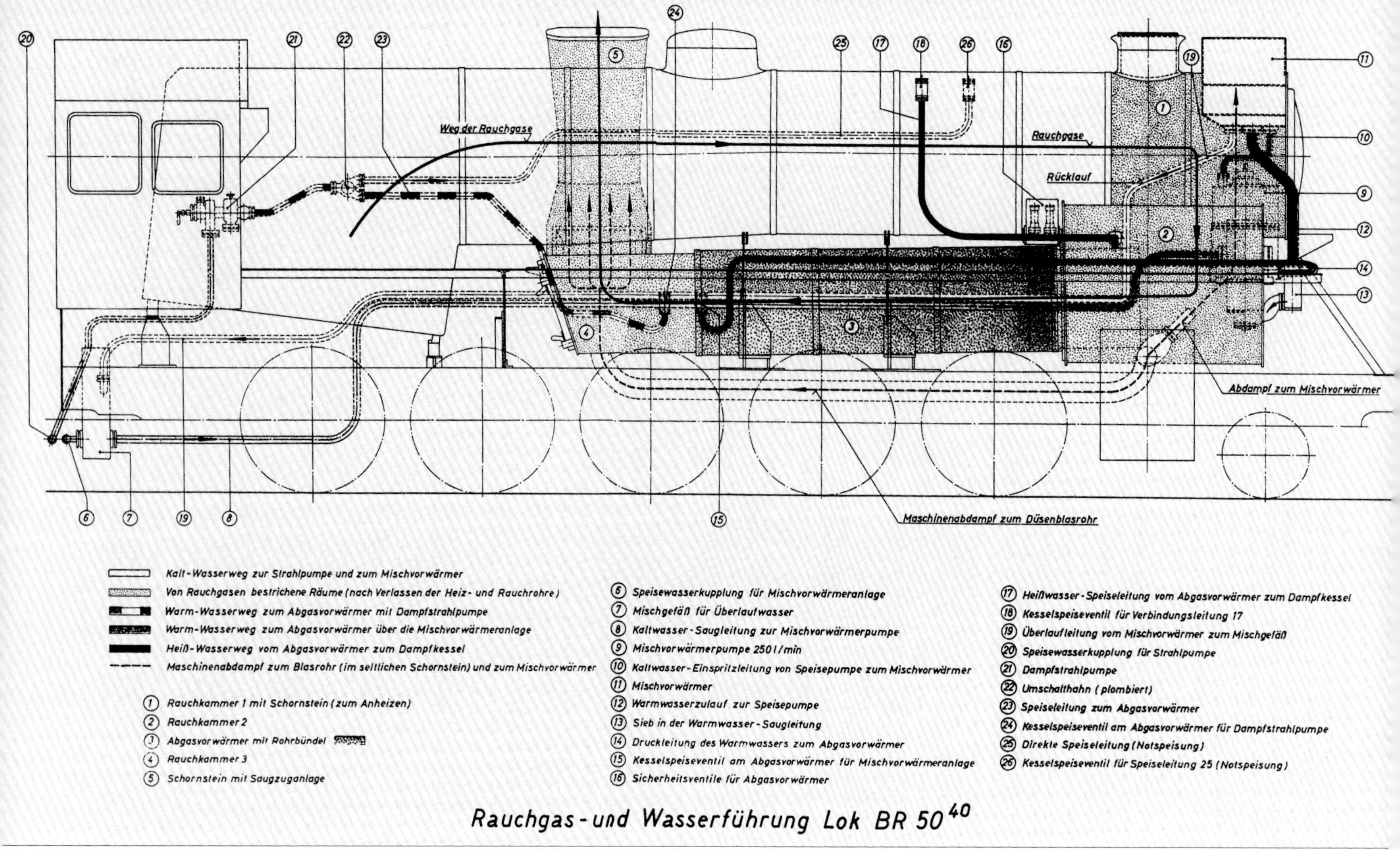


Die Rauchgas- und Wasserführung bei den Serienloks wich durch den Mischvorwärmer mit unter dem Führerhaus angeordnetem Mischgefäß deutlich vom Schema bei der Vorauslok ab.
ABBILDUNG: SAMMLUNG JÜRGEN-ULRICH EBEL

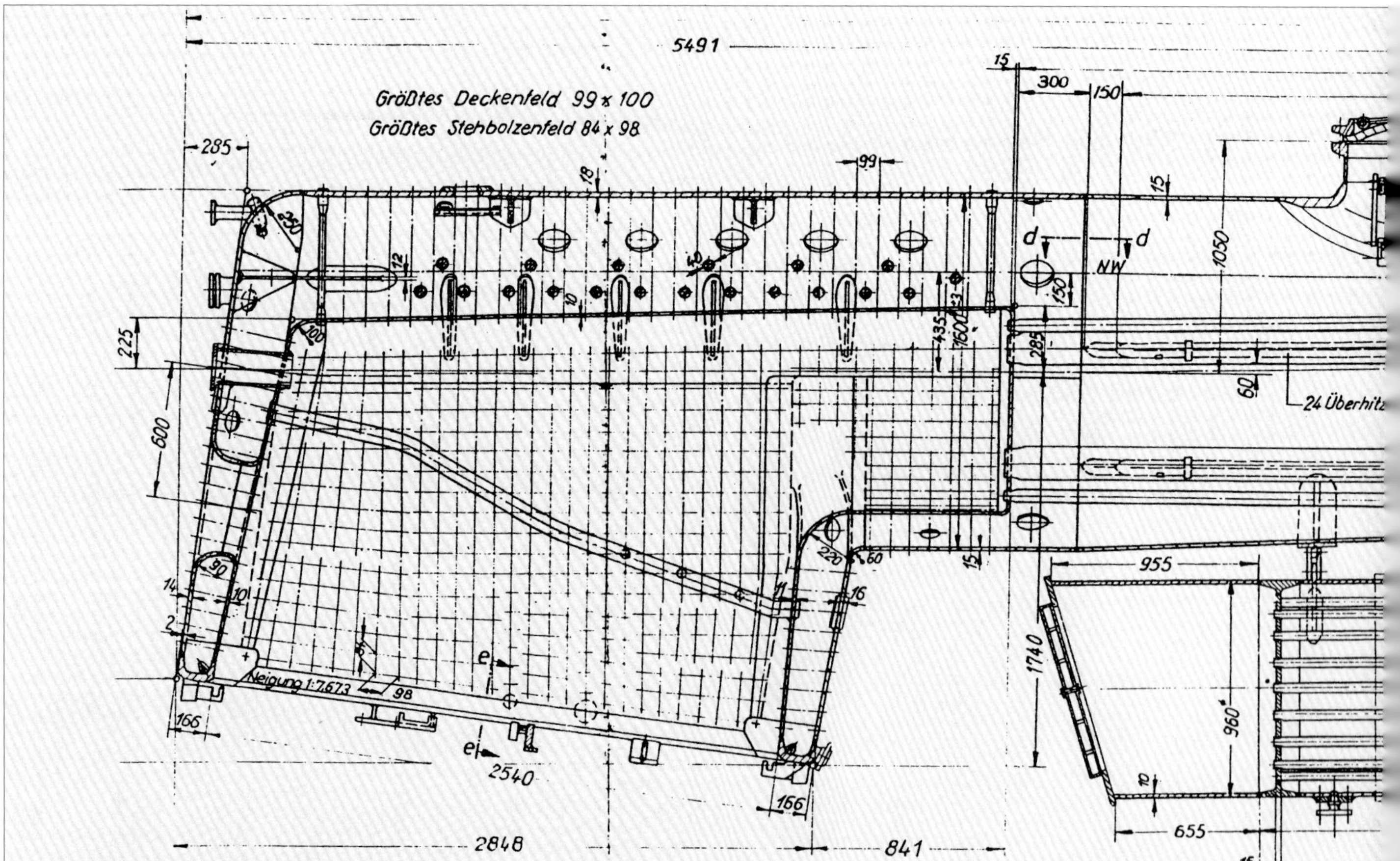


FC-Kesselanlage der Serienmaschinen mit Mischvorwärmer und zwei Wasserumlaufrohren in der Feuerbüchse. Dargestellt ist die zweite Bauart (50 4026 bis 4031) nach einer Zeichnung vom Februar 1959. Der Rauchgasvorwärmerkessel der Serienloks besaß fest eingeschweißte Rohrwände. Demzufolge mußte er ein Mannloch erhalten, das hier in der Mitte deutlich zu erkennen ist.
ABBILDUNG: SAMMLUNG JÜRGEN-ULRICH EBEL

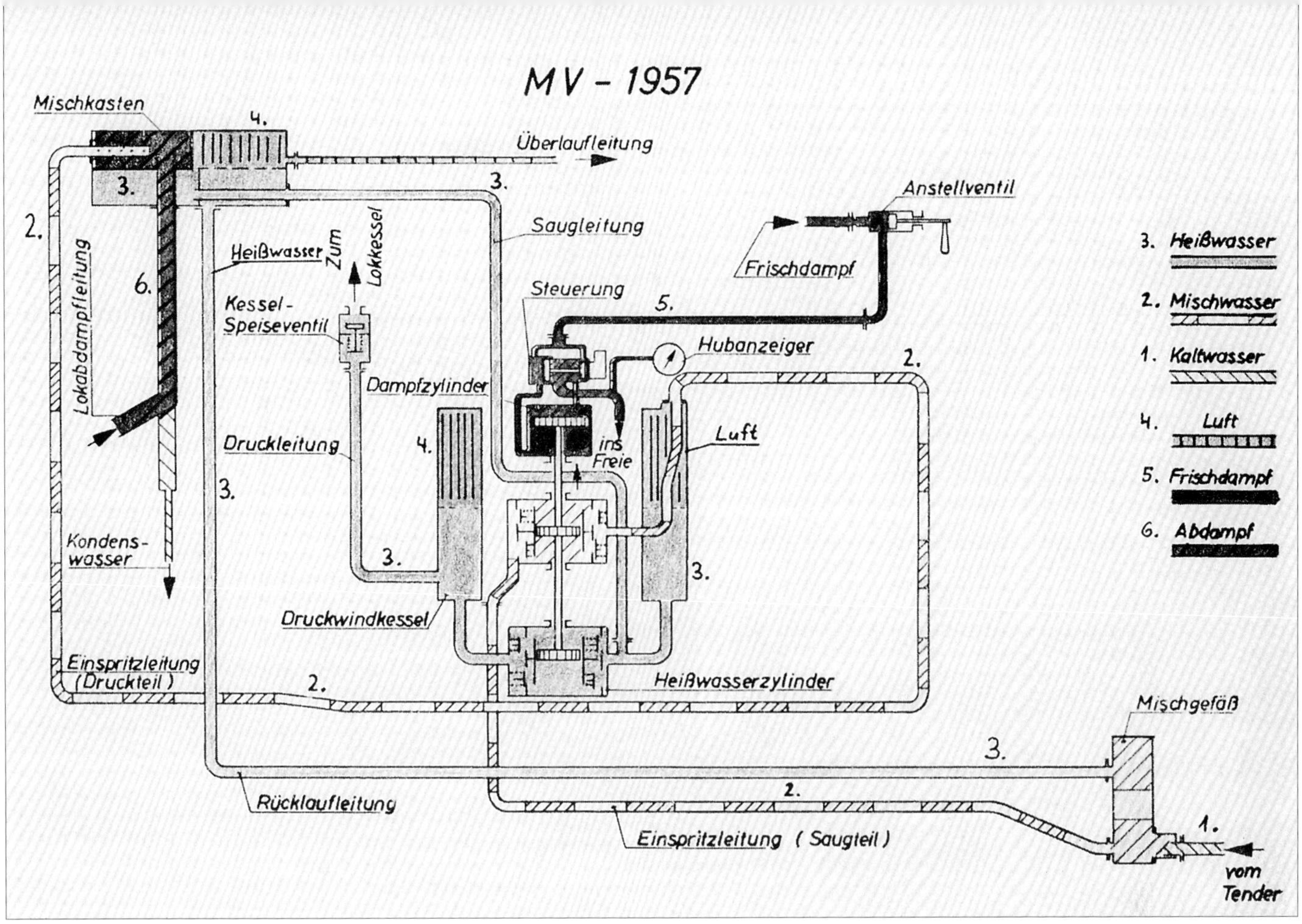


Das Funktionsschema der Mischvorwärmeranlage Bauart 1957. Gegenüber dem Heinl-Mischvorwärmer sind der Wasserheber am Mischgefäß und die zweite Hochdruckstufe des Vorwärmers entfallen. Die untere Stufe der Speisepumpe fördert direkt in den Kessel bzw. hier in den Rauchgasvorwärmer. ABBILDUNG: SAMMLUNG JÜRGEN-ULRICH EBEL

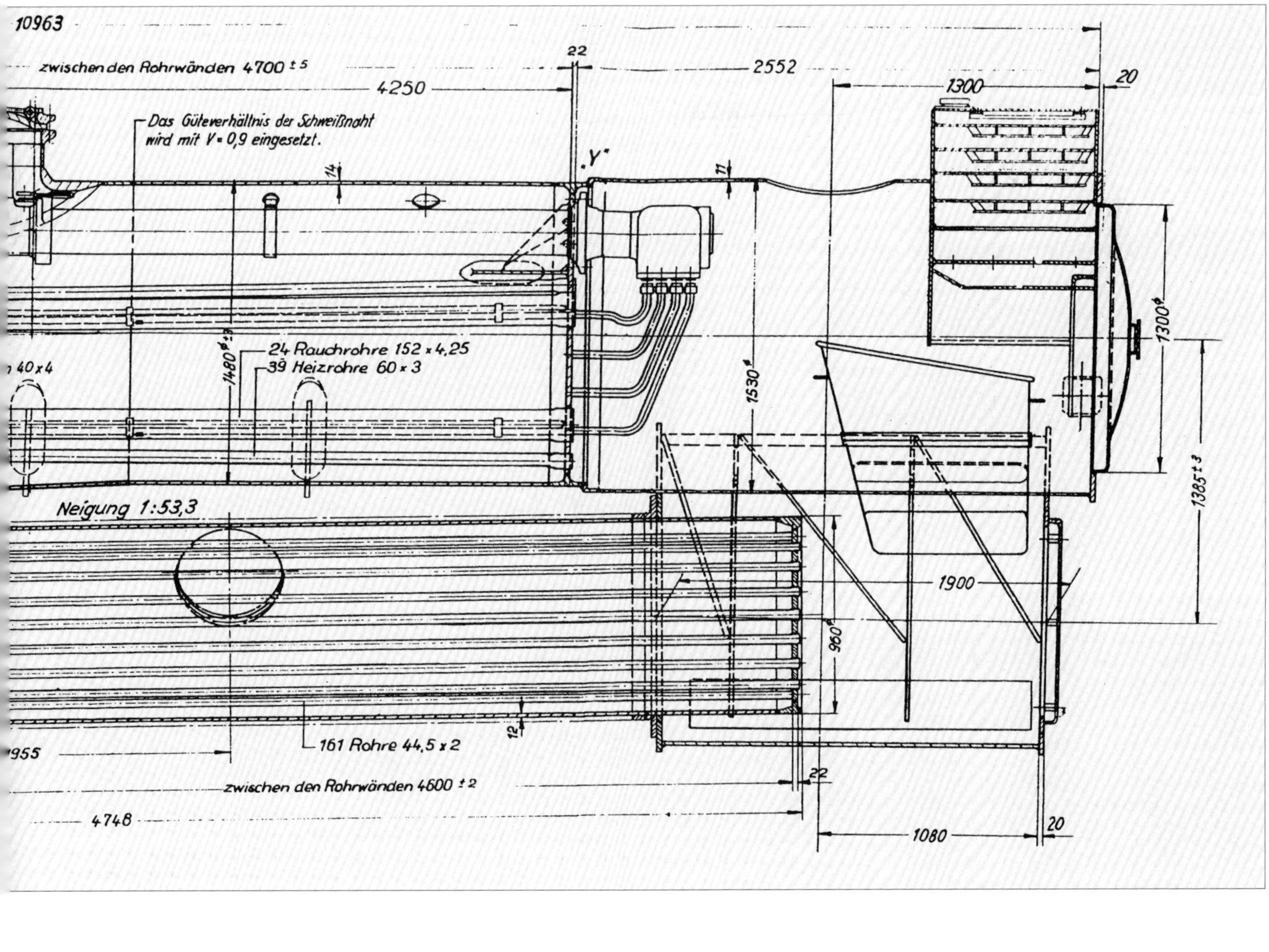

Im Führerhaus (hier 50 4030) unterschieden sich die Franco-Crosti-Loks nicht von normalen 50ern, sieht man von den besseren Platzverhältnissen und der einfachen Marcottytür mit Blendschutz ab.

AUFNAHME: WOLFGANG FIEGENBAUM

Unten: Ein Blick auf den „Klappentender" von 50 4029 (Bw Kirchweyhe), aufgenommen im Juli 1962 auf den Lokbehandlungsgleisen des Bw Münster. Auch die $03^{10}$ vorne hat einen Tender mit Abdeckklappen. Anfänglich achtete man noch auf geschlossene Klappen. Meist wurde die Kohle aber so hoch geladen, daß an ein Schließen ohnehin nicht zu denken war. Auch klemmten die Klappen häufig. Unverdrossen richtete das AW Schwerte sie immer wieder her.

AUFNAHME: JÜRGEN-ULRICH EBEL

Sie wurde wenige Monate später zur 50 4029: 50 980 (Bw Euskirchen) am 23. August 1958 im Bw Jünkerath. Die Lok war mit einem Kessel aus St 47 K ausgerüstet. Daß wie hier die offizielle Umbaulok auch tatsächlich zur FC-Lok umgebaut wurde, war bei der BR $50^{40}$ die absolute Ausnahme. AUFNAHME: HANS SCHMIDT

# Der Bau der Serienloks und „Schwerter Rahmentausch“

Am 10. April 1958 gab die DB-Hauptverwaltung per Verfügung HVB-21.211 Zlad 54 dem BZA Minden vor, daß die mit Abgasvorwärmer auszurüstenden Loks neue Betriebsnummern ab 50 4001 erhalten sollten. Für die bereits vorhandene Lok sei die Nummer 50 4001 vorzusehen, die nächsten Loks sollten die Nummern 50 4002 bis 4011 erhalten, von denen 50 4011 mit Ölfeuerung ausgerüstet werde. 50 4002 bis 4010 seien dem Bw Kirchweyhe, 50 4011 dem Bw Osnabrück Hbf zuzuteilen.

Das BZA Minden informierte am 3. Mai 1958 das AW Schwerte darüber und wies darauf hin, daß jeder Untersuchungsbeginn, die Fertigstellung, die alte und die neue Nummer sofort dem BZA Minden mitzuteilen sei. Die Loks müßten nach den Vorschriften für neue Loks verwogen und neu abgenommen werden.

Ergänzend zur HVB-Verfügung schrieb die Oberbetriebsleitung West (OBL) in Essen am 12. Mai 1958 an die BD Münster, das BZA Minden und die Geschäftsführenden Direktionen des Werkstättenwesens (GDW) Essen und Hamburg, die für die AW Schwerte und Bremen-Sebaldsbrück zuständig waren:

„Nach Mitteilung des AW Bremen werden Loks, die mit L 0, L 2 oder Verlängerungsuntersuchung dem Werk zugeführt werden, nicht in Arbeit genommen, sondern dem AW Schwerte zur Ausrüstung mit Franco-Crosti-Kessel zur Verfügung gestellt. Die jetzt vom Bw Gronau zur L 3-Untersuchung vorgemeldete Lok 50 1887 ist nach dem AW Schwerte zu überführen, wo der erste Kesseltausch vorzunehmen ist.“

In der Folge liefen die Umbauloks dem AW Schwerte nur schleppend zu. Das um Rat befragte BZA Minden sah sich außerstande zu helfen und regte nur an, das AW Schwerte möge auch Loks seines eigenen Unterhaltungsbestands umbauen. Doch auch in Schwerte gab es zufallsbedingt damals gerade nur einen schwachen Zulauf von Untersuchungsloks. So war die Auswahl der Umbauloks anders als noch in der ersten Bearbeitung dieses Themas dargestellt völlig zufallsbedingt. Auch wurden nicht nur Loks ausgewählt, deren Kessel- oder Laufwerksfristen ohnehin abliefen. Beispielsweise war die von der Verfügung betroffene 50 379 noch vom 14. April 1958 bis zum 6. Mai 1958 zur Zwischenuntersuchung im AW Bremen-Sebaldsbrück. 50 346 hatte sogar schon den alterungsbeständigen St 34-Kessel (der 52 2889). Im allgemeinen überwogen allerdings die Loks mit St 47 K-Kesseln. Verständlicherweise mußte die BD Münster, die am meisten von den Umbauten profitierte, auch die meisten Umbauloks stellen. Nur 50 4002 und 4030 blieben nach dem Umbau ihrer vorherigen Dienststelle treu.

| | |
|---|---|
| 50 044 (Bw Stolberg): | 50 4004 |
| 50 077 (Bw Oldenburg Vbf): | 50 4008 |
| 50 097 (Bw Oldenburg Vbf): | 50 4022 |
| 50 194 (Bw Oberlahnstein): | 50 4030 |
| 50 216 (Bw Aachen West): | 50 4018 |
| 50 346 (Bw Siegen): | 50 4007 |
| 50 362 (Bw Aachen West): | 50 4010 |
| 50 379 (Bw Haltern): | 50 4013 |
| 50 619 (Bw Osnabrück Vbf): | 50 4012 |
| 50 636 (Bw Recklinghausen): | 50 4026 |
| 50 820 (Bw Gremberg): | 50 4021 |
| 50 875 (Bw Osnabrück Vbf): | 50 4014 |
| 50 942 (Bw Oldenburg Vbf): | 50 4023 |
| 50 969 (Bw Hagen-Vorhalle): | 50 4015 |
| 50 980 (Bw Euskirchen): | 50 4029 |
| 50 1272 (Bw Obh-Osterfeld Süd): | 50 4024 |
| 50 1319 (Bw Euskirchen): | 50 4017 |
| 50 1326 (Bw Aachen West): | 50 4020 |
| 50 1422 (Bw Obh-Osterfeld Süd): | 50 4011 |
| 50 1434 (Bw Hagen-Vorhalle): | 50 4009 |
| 50 1509 (Bw Dortmunderfeld): | 50 4003 |
| 50 1651 (Bw Stolberg): | 50 4027 |
| 50 1781 (Bw Kirn): | 50 4031 |
| 50 1885 (Bw Warburg): | 50 4025 |
| 50 1887 (Bw Kirchweyhe): | 50 4002 |
| 50 2380 (Bw Oldenburg Vbf): | 50 4016 |
| 50 2464 (Bw Rheine): | 50 4028 |
| 50 2814 (Bw Osnabrück Vbf): | 50 4006 |
| 50 2828 (Bw Düsseldorf-Derendorf): | 50 4005 |
| 50 3015 (Bw Bochum-Dahlhausen): | 50 4019 |

Henschel lieferte die Kessel zusammengebaut mit innerer Ausrüstung und Isolierung versehen und nach bestandener Wasserdruckprobe einbaufertig an das AW Schwerte. Hier steht der erstgelieferte Kessel im Mai 1958 vor der Richthalle des AW, bestimmt für die zukünftige 50 4002. In diesem Zustand kann man endlich einmal die Kesselspeiseventile hinten am Vorwärmerkessel sehen. Das Kesselspeiseventil oben am Kessel dient nur der Notspeisung bei ausgeschaltetem Vorwärmer.

Die erste Serienlok während der Endmontage im AW Schwerte im August 1958. Da die Windleitbleche noch fehlen, sind Mischvorwärmerpumpe und Rohrführung am Mischvorwärmer gut zu erkennen. Kaum eine Woche noch, und die Lok wird sich mit eigener Kraft bewegen.

BEIDE AUFNAHMEN: AW SCHWERTE, SAMMLUNG MANFRED VAN KAMPEN

Mitte Mai 1958 traf die erste Lok, 50 1887, zum Umbau im AW Schwerte ein. Ihr Rahmen lieferte planmäßig die „Grundlage" für die neue 50 4002. Diese Feststellung ist hier wichtig, weil für den größten Teil der übrigen Umbauloks keineswegs der Grundsatz galt, daß der Rahmen der Träger der Lok-Nummer und damit das einzige identifizierbare Einzelteil bleibt. Die ganze Angelegenheit stellt einen Teilaspekt dessen dar, was durch Mitautor Ebel im Buch über die BR 50 (Band 2, ab Seite 83) bereits als „Rahmenringtausch" beschrieben wurde. Betroffen waren insgesamt mindestens 100 Lokomotiven, teilweise bereits vor dem Beginn des FC-Umbaues. Die Hauptmotivation soll darin gelegen haben, mit besonders kurzen Ausbesserungszeiten zu glänzen. So begann man damit, durch bloßes Umgruppieren von Betriebsbuchteilheften und Umhängen von Beschilderungen die Identitäten von Lokomotiven zu ändern. Nach kurzer Zeit bereits nahm das Verfahren angesichts der dort unterhaltenen rund 1.000 Maschinen so chaotische Züge an, daß die im AW Schwerte Verantwortlichen dieses weder beherrschen, noch vertuschen konnten. Vereinfacht sah das „System" so aus: Lok A sollte schnell fertig werden und erhielt deshalb die Identität der schon fertigen Lok B. In das Betriebsbuch wurden Kesselheft und Tenderheft von Lok B eingeheftet, in den Stammteil zusätzlich ein selbst fabriziertes Formblatt „beigegebene Fahrgestelle" mit dem Eintrag der Fabriknummer von Lok B. Die Beschilderung von Lok A kam beim Zusammenbau an Lok B, und B war zu A geworden. Lok A mußte anschließend zu Lok C werden, C zu D usw. Genau genommen handelte es sich also nicht um einen Rahmentausch, sondern einen fortlaufenden Wechsel von Identitäten. Irgendwann im Frühjahr 1959 fiel der durch keinerlei Genehmigungen des BZA Minden oder der HVB gedeckte Umgang mit den 50ern auf, und mehrere Beamte wurden mit Disziplinarverfahren überzogen. Einen Versuch, die Sache rückgängig zu machen, unterließ man wohlweislich – das Chaos wäre nur noch größer geworden. Seit damals trägt z.B. die heutige DB-Museums-50er statt ihrer eigentlichen Nummer 50 133 die Nummer 50 622 ...

Die Schwerter „Eigenwilligkeit" führte dazu, daß insgesamt nur die Loks 50 4002 und 4028 bis 4031 überhaupt aus den in der Verfügung genannten Loks umgebaut wurden. Heute nicht mehr zu klären ist es, ob man wirklich einfach die Rahmen benutzte, die gerade vom Ausbesserungsstand passend waren, oder ob technische Belange den Ausschlag gaben. Immerhin ist es denkbar, daß man eine gegenüber der recht unüberlegten und kostensteigernden Auswahl der HVB sinvollere Auswahl der Umbauloks treffen wollte. Jedenfalls steht die Tatsache als solche fest:

1. In den Betriebsbüchern der Loks ist jeweils die offizielle Umbaulok genannt. Häufig wird der Stammteil der bisherigen Lok für die umgebaute Lok weitergeführt. Zusätzlich sind von der Maschine auch Betriebsbuchteile mit eingeheftet, deren Rahmen tatsächlich verwendet wurde.
2. Die Herkunft von zwei Rahmen ließ sich überhaupt nicht mehr feststellen, so daß diese zwei Rahmen neue Fabriknummern vom BZA Minden erhalten mußten (BZA Nr. 591 und BZA Nr. 596).
3. Es wurden auch Rahmen von sieben Loks verwendet, die zufällig gerade im AW waren, aber nicht umgebaut werden sollten. Da diesen der Rahmen als Identifizierungsmerkmal nun fehlte, mußten die Loks mit anderen Rahmen wieder in Dienst gestellt werden. Überdies erhielten sie noch aufgearbeitete 52-Kessel, so daß sie der mit der Lok-Nummer festgestellten Identität durch nichts mehr entsprachen.

Im einzelnen waren dieses:

| Lok | Hersteller | Rahmen in | erhielt Rahmen aus | ausgemustert |
|---|---|---|---|---|
| 50 534 | Henschel 25753/40 | 50 4004 | ? | 02.10.1968 |
| 50 761 | WLF 9119/40 | 50 4015 | 50 2828 | 18.12.1976 |
| 50 1751 | MBA 13652/41 | 50 4017 | 50 362 | 25.10.1973 |
| 50 1868 | BMAG 11766/41 | 50 4009 | 50 1652 | 11.12.1968 |
| 50 2570 | BMAG 11820/41 | 50 4011 | 50 2862 | 10.07.1969 |
| 50 2610 | BMAG 11860/42 | 50 4007 | ? | 25.07.1975 |
| 50 2965 | WLF 9552/42 | 50 4018 | 50 1422 | 01.09.1965 |

Als 50 4002 schon im Anheizschuppen steht, befindet sich in der Richthalle 50 4003 noch in der Endmontage, Ende August 1958. Alles, was hier noch fehlt, wird in einer Woche angebracht sein. Der „Rahmenspender" dieser Lok ist unbekannt, im Betriebsbuch steht der Rahmen mit der Nummer „BZA 591". AUFN.: AW SCHWERTE, SAMMLUNG JOHANNES GLÖCKNER

Am 22. August 1958, einem Freitag, ist 50 4002 im AW Schwerte fertiggestellt und verläßt mit eigener Kraft den Anheizschuppen. Ein paar Schlußarbeiten sind noch notwendig, und die Indiziereinrichtung ist bereits angebaut.

AUFNAHME: AW SCHWERTE, SAMMLUNG MANFRED VAN KAMPEN

Unten: Anstelle der offiziellen Umbaulok verwendete man für 50 4017 Rahmen und Tender der 50 1751. 50 1751 wiederum kam am 28. Oktober 1958 mit einem 52er-Kessel und dem Rahmen von 50 362 wieder In Dienst. 50 362 war die offizielle Umbaulok für 50 4010 ... Hier verläßt 50 1751 am 1. Juni 1960 mit einem Güterzug nach Hamm den Rangierbahnhof Münster.

AUFNAHME: SAMMLUNG JÜRGEN-ULRICH EBEL

Die Franco-Crosti-50er in voller Länge: 50 4024 (Bw Kirchweyhe) im März 1959 im Rangierbahnhof Kirchweyhe. Am Stehkessel gut zu erkennen: Die umschaltbare Speiseleitung, mit der der Heizer per Strahlpumpe in den Vorwärmer oder unter dessen Umgehung auch in den Verdampfungskessel speisen konnte. AUFN.: BD MÜNSTER (QUEBE), SLG. GÜNTHER KLEBES

Weil die Rahmen von sieben Fremd-50 sowie zwei BZA-Rahmen verwendet wurden, kamen insgesamt neun Rahmen von Loks, die offiziell umgebaut wurden, überhaupt nicht mehr zum Einbau. Es waren dieses 50 097, 362, 636, 942, 1272, 1422, 1651, 1885, 2828. Mindestens drei dieser Rahmen wiederum wurde in die unter 3. genannten sieben Loks eingebaut ...

So erfüllte das AW Schwerte die Umbauforderung der DB-Hauptverwaltung, und in den Betriebsbüchern „stimmten" die Umbauten. Natürlich ist es müßig, darüber zu spekulieren, welche Teile von der offiziellen Lok übernommen worden sind, wenn Rahmen und Fahrgestell-Teile (und manchmal Tender) schon von der inoffiziellen Umbaulok gekommen sind. Fest steht jedenfalls, daß die Serienloks der Baureihe $50^{40}$ (bis auf fünf Ausnahmen) NICHT aus den offiziell bekannten Loks umgebaut worden sind, wenn das Kriterium „Rahmen + Umbauteil = Umbaulok" zugrunde gelegt wird. Insgesamt wurden für den Umbau der 30 Loks Teile von 39 Normal-50 verwendet.

| Henschel-Kessel-Nr. | eingebaut in | abgenommen am | offiziell umgebaut aus | tatsächlich Rahmen verw. von | außerdem Teile verw. von | Bemerkungen |
|---|---|---|---|---|---|---|
| 29732/58 | 50 4002 | 26.08.1958 | 50 1887 | 50 1887 | – | Umbau 20.5. bis 26.8.1958 |
| 29729/58 | 50 4003 | 03.09.1958 | 50 1509 | BZA Minden 591 | 50 1509 | Umbau 26.6. bis 3.9.1958 |
| 29735/58 | 50 4004 | 09.09.1958 | 50 044 | 50 044 | 50 044 | Umbau 6. bis 9.1958 |
| 29731/58 | 50 4005 | 01.10.1958 | 50 2828 | 50 1509 | 50 2828 | Umbau 24.9. bis 1.10.1958 (?) |
| 29734/58 | 50 4006 | 01.10.1958 | 50 2814 | BZA Minden 596 | 50 2814 | |
| 29730/58 | 50 4007 | 01.10.1958 | 50 346 | 50 2610 | 50 346 | |
| 29733/58 | 50 4008 | 01.10.1958 | 50 077 | 50 044 | 50 077 | Umbau 9.9. bis 1.10.1958 (?) |
| 29736/58 | 50 4009 | 24.10.1958 | 50 1434 | 50 1868 | 50 1434 | |
| 29737/58 | 50 4010 | 12.10.1958 | 50 362 | 50 346 | 50 362 | |
| 29738/58 | 50 4011 | 04.11.1958/ 19.05.1959 | 50 1422 | 50 2570 | 50 1422 | Kesselumbau Schwerte 6.9.-4.11.1958/ Ölumbau Kassel 5.11.1958-4.5.1959 |
| 29803/58 | 50 4012 | 12.11.1958 | 50 619 | 50 2814 | 50 619 | |
| 29805/58 | 50 4013 | 03.12.1958 | 50 379 | 50 077 | 50 379 | Umbau 24.10.1958 bis 30.11.1958 |
| 29804/58 | 50 4014 | 02.12.1958 | 50 875 | 50 1434 | 50 875 | |
| 29806/58 | 50 4015 | 09.12.1958 | 50 969 | 50 761 | 50 969 | |
| 29807/58 | 50 4016 | 17.12.1958 | 50 2380 | 50 619 | 50 2380 | |
| 29808/58 | 50 4017 | 23.12.1958 | 50 1319 | 50 1751 | 50 1319 | |
| 29809/58 | 50 4018 | 13.01.1959 | 50 216 | 50 2965 | 50 216 | |
| 29810/58 | 50 4019 | 14.01.1959 | 50 3015 | 50 875 | 50 3015 | Umbau 10.12.1958 bis 14.1.1959 |
| 29811/58 | 50 4020 | 22.01.1959 | 50 1326 | 50 379 | 50 1326 | Umbau 23.12.1958 bis 26.1.1959 |
| 29812/58 | 50 4021 | 28.01.1959 | 50 820 | 50 2380 | 50 820 | Umbau 23.12.1958 bis 26.1.1959 |
| 29814/58 | 50 4022 | 16.02.1959 | 50 097 | 50 969 | 50 097 | |
| 29813/58 | 50 4023 | 08.02.1959 | 50 942 | 50 1319 | 50 942 | |
| 29815/58 | 50 4024 | 23.02.1959 | 50 1272 | 50 216 | 50 1272 | |
| 29816/58 | 50 4025 | 27.02.1959 | 50 1885 | 50 3015 | 50 1885 | |
| 29817/58 | 50 4026 | 10.06.1959 | 50 636 | 50 1326 | 50 636 | |
| 29818/58 | 50 4027 | 22.06.1959 | 50 1651 | 50 820 | 50 1651 | |
| 29819/58 | 50 4028 | 30.06.1959 | 50 2464 | 50 2464 | – | |
| 29820/59 | 50 4029 | 13.07.1959 | 50 980 | 50 980 | – | |
| 29821/59 | 50 4030 | 05.08.1959 | 50 194 | 50 194 | – | Umbau 9.2.1959 bis 5.8.1959 |
| 29822/59 | 50 4031 | 01.09.1959 | 50 1781 | 50 1781 | – | Umbau 20.1.1959 bis 1.9.1959 |

Ein stimmungsvolles Bild von der rechten Rheinstrecke, wo im Herbst 1958 der großen Rheinkurve zwischen Braubach und Osterspay folgend die Oberlahnsteiner 50 4018 nach Süden rollt. Im Hintergrund thront die bereits im Jahr 882 erstmals erwähnte und vielfach umgebaute Marksburg.
AUFNAHME: A. E. DURRANT

Fabrikschild vom Vorwärmerkessel der 50 4013. AUFNAHME: MANFRED VAN KAMPEN

sechs Loks wichen übrigens auch optisch von den übrigen 25 Loks ab, da sie eine andere Bauart des Rauchkammeraufstiegs erhielten. Das große Trittbrett vor der Rauchkammer 1 entfiel, die Maschinen hatten dafür ein zweiteiliges und klappbares Trittbrett in Höhe des Umlaufblechs. Dieses Trittbrett wurde durch einen auf der Rauchkammertür 2 sitzenden Dorn abgestützt. Diese Ausführung erleichterte das Entfernen von Lösche aus der Rauchkammer 1 erheblich. Außerdem wurde das Aussehen der Loks verbessert. Als letzte Maschine wurde 50 4031 am 1. September 1959, also genau ein Jahr nach Ablieferung der ersten Serienlok, abgenommen und beim Bw Oberlahnstein in Dienst gestellt. Außer der Öllok 50 4011, die zum Versuchsamt Minden kam, setzte man alle Loks sofort im Zugdienst ein.

Die einzelnen Umbauten dauerten laut Angaben in den Betriebsbüchern zwischen sechs Monaten und sieben Tagen. Die letztere Angabe ist sicher wieder eine „Schwerter Großzügigkeit", denn in wesentlich weniger als drei Wochen war ein derart aufwendiger Umbau sicher nicht zu leisten.

Im Januar 1959 erhielt das AW Schwerte vom BZA Minden die Anweisung, nur noch die bereits angearbeiteten Maschinen in der bisherigen Bauausführung fertigzustellen. Als letzte in dieser Ausführung wurde 50 4025 am 27. Februar 1959 abgenommen. Eine Woche später lieferte Henschel den letzten Neubaukessel an. Nach dem Willen des BZA Minden sollten die restlichen Maschinen im Rauchgasvorwärmer Heizrohre aus Chromstahl erhalten, nachdem bei den bislang eingesetzten Maschinen ebensolche Korrosionsschäden aufgetreten waren wie an 50 1412. Da das AW Schwerte die einbaufertig im Werk stehenden Henschel-Kessel nun umbauen mußte, waren die Loks 50 4026 bis 4031 erst nach einer Lieferunterbrechung von vier Monaten fertiggestellt. Die

In den Betriebsbüchern führte man die Umbauten, die im Zusammenhang mit der Umgestaltung zu Franco-Crosti-Loks ausgeführt wurden, mit folgenden Sonderarbeitsnummern auf:

| | |
|---|---|
| SA 124 | Pyrometeranlage angebaut |
| SA 168 | Saug- und Druckrohre aus Kupfer angebaut |
| SA 175 | Pufferträger verstärkt |
| SA 195 | Spülstutzen angebaut |
| SA 196 | Tender: Speisewasserenthärtungseinrichtung eingebaut |
| SA 197 | 3. Zugspitzenlicht angebaut |
| SA 198 | Federbügelwangen am Tender erneuert |
| SA 221 | zweistufige Luftpumpe angebaut |
| SA 222 | Schrägstreifen an Wasserstandsschutzkorb angebracht |
| SA 225 | Fußtritte mit Gitterrosten versehen |
| SA 235 | Rahmen für Kessel Bauart „Franco-Crosti" umgebaut |
| | Tender für Franco-Crosti-Lok umgebaut |
| | Tender mit Kohlenraum-Abdeckklappen versehen |

Die neuen Franco-Crosti-Loks im Betrieb: 50 4010 (Bw Kirchweyhe) durchquert, von Norden kommend, in flotter Fahrt auf dem Güterzug-Durchfahrtsgleis den Osnabrücker Hauptbahnhof, 16. März 1959. Noch kein halbes Jahr steht sie im Einsatz. AUFNAHME: PETER KONZELMANN, SAMMLUNG EBEL

Die letztgebauten Serienloks 50 4026-4031 unterschieden sich äußerlich von den bis dahin gebauten Maschinen, da sie bereits im AW Schwerte den vergrößerten Vorwärmerkasten erhalten hatten. 50 4030 (Bw Oberlahnstein) am 26. September 1959, also sieben Wochen nach Abnahme, in Wiesbaden-Ost. Vom Neuglanz ist bereits nicht mehr viel zu sehen.
AUFNAHME: EDGAR FISCHER

Auch in der Anordnung des Rauchkammer-Aufstieges unterschieden sich die letztgebauten von den übrigen. Statt des unpraktischen, viel zu hoch angebrachten Standbleches gab es nun einen zweiteiligen und sich auf einen Dorn an der unteren Rauchkammertür stützenden Standplatz.
AUFNAHME: PETER LÖSEL

50 4003 unterzog man Ende 1958 einer verkürzten Untersuchung vor dem Meßwagen. In ihrem Verlauf erhielt die Lok einen vergrößerten Mischvorwärmerkasten. Nach ihrem Vorbild baute man später alle Serienloks um, 50 4003 allerdings behielt den provisorischen, stärker gerundeten Kasten. Während der Versuchsfahrten wurden auch große Windstauschuten an den Frontfenstern angebracht. Das Bild entstand am 28. Oktober 1960 in Osnabrück. AUFNAHME: PETER KONZELMANN, SAMMLUNG EBEL

# Erprobung vor dem Meßwagen und im Betrieb

Alsbald wurde eine Überprüfung der Mischvorwärmeranlage auf den Serienloks erforderlich, da sich die Beschwerden aus dem Betrieb häuften. Nach diesen traten aus der Entlüftung des Mischkastens schon beim Anfahren der Lok starke Dampfschwaden stoßweise aus, die oft Wasser aus dem Mischkasten mit herausrissen, so daß die vorderen Führerhausfenster ständig naß waren. Während der Fahrt unter Dampf traten ständig aus der Entlüftung starke Dampfschwaden aus, die sowohl auf der Führer- als auch auf der Heizerseite, je nach Windrichtung, starke Sichtbehinderung verursachten.

Die Ursachen dieser Mängel sollte das Versuchsamt für Lokomotiven durch Untersuchung der Lok 50 4003 des Bw Kirchweyhe ermitteln. Die Fahrversuche fanden auf der Strecke Löhne – Rheine – Löhne in der Zeit vom 1. bis 3. und 7. bis 8. Oktober und auf der Strecke Hamburg-Harburg – Cuxhaven in der Zeit vom 15. bis 31. Oktober, 17. bis 28. November und 4. bis 20. Dezember 1958 bei der Beharrungsgeschwindigkeit V = 60 km/h und verschiedenen Verdampfungsleistungen statt. Folgend ist der Untersuchungsbericht vom 27. Januar 1959 mit einigen wenigen Weglassungen wiedergegeben.

**Gesamtergebnis**

Das starke Ausdampfen und der damit verbundene Auswurf von Wasser aus der Entlüftung der Mischkammer der MV-Anlage 57 wurde durch folgende Maßnahmen beseitigt oder mindestens stark gemildert, wobei letztes für besonders ungünstige Verhältnisse gilt, wie sie beim Anfahren oder bei Fahrten mit großem Dampfangebot und erheblicher Unterförderung der Speisepumpe auftreten können:

a) Der Rauminhalt des Mischkastens wurde um ~ 100 % in der Höhe vergrößert, Spritzrohr und Abdampfrohr entsprechend verlegt und 2 Prallbleche in den vergrößerten Entspannungsraum eingesetzt.
b) Der Kanal, der das Heißwasser aus der Mischkammer durch die Rücklaufkammer der Pumpe zuführte, wurde entfernt, so daß das Wasser jetzt direkt aus der Rücklaufkammer zur Pumpe abläuft.
c) Das U-Blech wurde entfernt und die Trennwand bis 105 mm über den Mischkastenboden verlängert.
d) Ein 105 m hohes Schwallblech wurde auf den Mischkastenboden gesetzt.
c) Der Deckel wurde in der Entlüftung entfernt.

In die Abdampfzuführungsrohre wurden Blenden mit 35 mm ø eingesetzt. Damit werden Vorwärmtemperaturen, gemessen beim Austritt aus dem Mischkasten, von 89 bis 94 °C (entspr. D ≈ 4,0 bis 10,5 t/h) erreicht. Bei diesen Temperaturen werden etwa 90 % des im Kesselspeisewasser gelösten Sauerstoffes ausgetrieben.

Der Auswurf von Wasser aus dem Abdampfrohr der Lichtmaschine wurde durch einen Entspannungstopf mit Entwässerung beseitigt. Beim Anfahren oder bei kleinen Leistungen wurde aus dem seitlichen Schornstein Wasser, gemischt mit Ruß, ausgeworfen. Hier half der Einbau eines Entwässerungstopfes in dem Maschinenabdampfrohr.

Um die vorderen Führerhausfenster auch bei ungünstigsten Verhältnissen möglichst rein zu halten, wurden sie durch Fensterschirme (nach Art der S-Lok) geschützt.

**Versuchsdurchführung und Auswertung**

Die Lok 50 4003 wurde zunächst beim Lok-Vers-A mit den für die Untersuchung der Vorwärmeranlage notwendigen Meßgeräten ausgerüstet. Anschließend wurden Fahrversuche mit der MV-

504003 (Bw Kirchweyhe) kurz nach den Meßfahrten im Bw Osnabrück Vbf am 13. März 1959. Vergrößerter Mischvorwärmerkasten, ursprünglicher Blechschornstein und die Rohrführung zum hinteren Mischgefäß des Mischvorwärmers sind hier anzumerken. Deutlich erkennbar sitzt das Führerhaus deutlich höher als bei den normalen 50ern, so daß die bei der 50 beliebte Wetterabdichtung durch die Tendervorderwand kaum noch gegeben ist.

AUFNAHME: JOACHIM WOHLFAHRTH

Die fabrikneue 504021 mit Blechschornstein. Gut zu erkennen auch die beiden Sandkästen auf dem Umlauf, die Pendelbleche, die den Vorwärmer überbrücken müssen, und die tiefergelegte Steuerwelle.

AUFNAHME: BD MÜNSTER (QUEBE), SAMMLUNG JÜRGEN-ULRICH EBEL

Anlage 57 im Urzustand, wie von der Fa. Henschel angeliefert, gefahren. Bereits bei leichter Fahrt unter Dampf (D ≈ 4 t/h) traten starke Dampfschwaden mit Wasser aus der Entlüftung aus. Auch aus dem Seitenkamin wurde Wasser, vermischt mit Ruß, ausgeworfen, das sich an den Führerhausfenstern niederschlug und die Scheiben vollkommen undurchsichtig machte. Der Einbau von Blenden in die Abdampfzuführungsrohre brachte keine wesentliche Besserung. Bei einem Standversuch wurde festgestellt, daß Speisepumpen- und Luftpumpenabdampf direkt gegen die Trennwand zwischen Misch- und Rücklaufkammer, die unter der Decke des Mischkastens einen Ausschnitt von ~12 mm hatte, strömte. Da die Entlüftung unmittelbar hinter der Trennwand liegt und vermutet wurde, daß der Abdampf der beiden Pumpen infolge des Spalts direkt durch die Entlüftung ins Freie entweichen konnte, wurde die Trennwand zur Decke hin abgedichtet. Diese Änderung brachte jedoch, wie die weiteren Versuchsfahrten ergaben, keine Besserung.

Auf Anordnung des Hn Dez 23 (Bauart, Friedrich Witte, d.A.) wurde durch die Fa. Henschel das U-Blech in der Mischkammer um 18 mm nach unten versetzt, so daß es direkt auf den Zulaufkanal zur Speisepumpe auflag. Die Seitenwände des U-Bleches wurden entsprechend um 18 mm verlängert. Bei den anschließenden Fahrversuchen trat weiterhin Sichtbehinderung durch Austritt von starken Dampfschwaden mit Wasser aus der Entlüftung auf, desgl. Auswurf von Wasser aus dem Seitenkamin. Die Erhöhung des Entlüftungsrohres mit und ohne Kappe hatte nicht den gewünschten Erfolg.

Da die Abdämpfe somit weiterhin störend wirkten und besonders das Wasser im Takt der Speisepumpe ins Freie herausgerissen wurde, wurden auf Anregung von Hn Dez 22 (Versuche, Dr. Müller, d.A.) die Luftpumpen- und Speisepumpenabdämpfe ins Freie geleitet. Die Vorwärmtemperaturen bei Austritt Mischkasten lagen bei einer 45 mm ø bzw. 50 mm ø-Blende je nach Lokanstrengung zwischen 87 bis 97 °C. Vom Führerstand der Lok wurde folgendes beobachtet: Bei leichter Fahrt unter Dampf war die Sichtbehinderung noch verhältnismäßig stark, da die austretenden Dampfschwaden vorne am Kessel zwischen den Windleitblechen niedergedrückt und anschließend gegen die Führerhausfenster geschlagen wurden. Beim Übergang von leichter auf schwere Fahrt unter Dampf wurde durch den plötzlichen Druckanstieg im Mischkasten schlagartig wieder Wasser aus der Entlüftung mit herausgerissen, so daß die Fenster benetzt wurden. Nach ~ 1 Minute hörte das Wasserreißen auf. Bei schwerster Fahrt unter Dampf (D ≈ 10,5 t/h) war die Sicht gut, da der Dampf durch den höheren Druck im Mischkasten senkrecht aus der Entlüftung ausströmte. Bei Verwendung einer 30 mm ø-Blende sank die Vorwärmtemperatur Austritt Mischkasten bei geringer Lokanstrengung auf 56 °C ab. Bei allen gefahrenen Verdampfungsleistungen traten bei Stillstand der Speisepumpe starke Dampfschwaden aus der Entlüftung aus, so daß ein Beobachten der Strecke von Seiten des Lokpersonals unmöglich war.

Da die bisherigen Versuche zur Beseitigung des Wasserauswurfes und der Sichtbehinderung durch Dampfschwaden aus der Entlüftung des Mischvorwärmers durch Drosselung des Dampfangebotes für den Mischvorwärmer (Einbau von Blenden, Abführung des Pumpenabdampfes ins Freie) keine wesentliche Abhilfe erbrachten, wurde auf Anordnung des BZA (Dez 23) der Rauminhalt des Mischvorwärmers im AW Schwerte (L0 vom

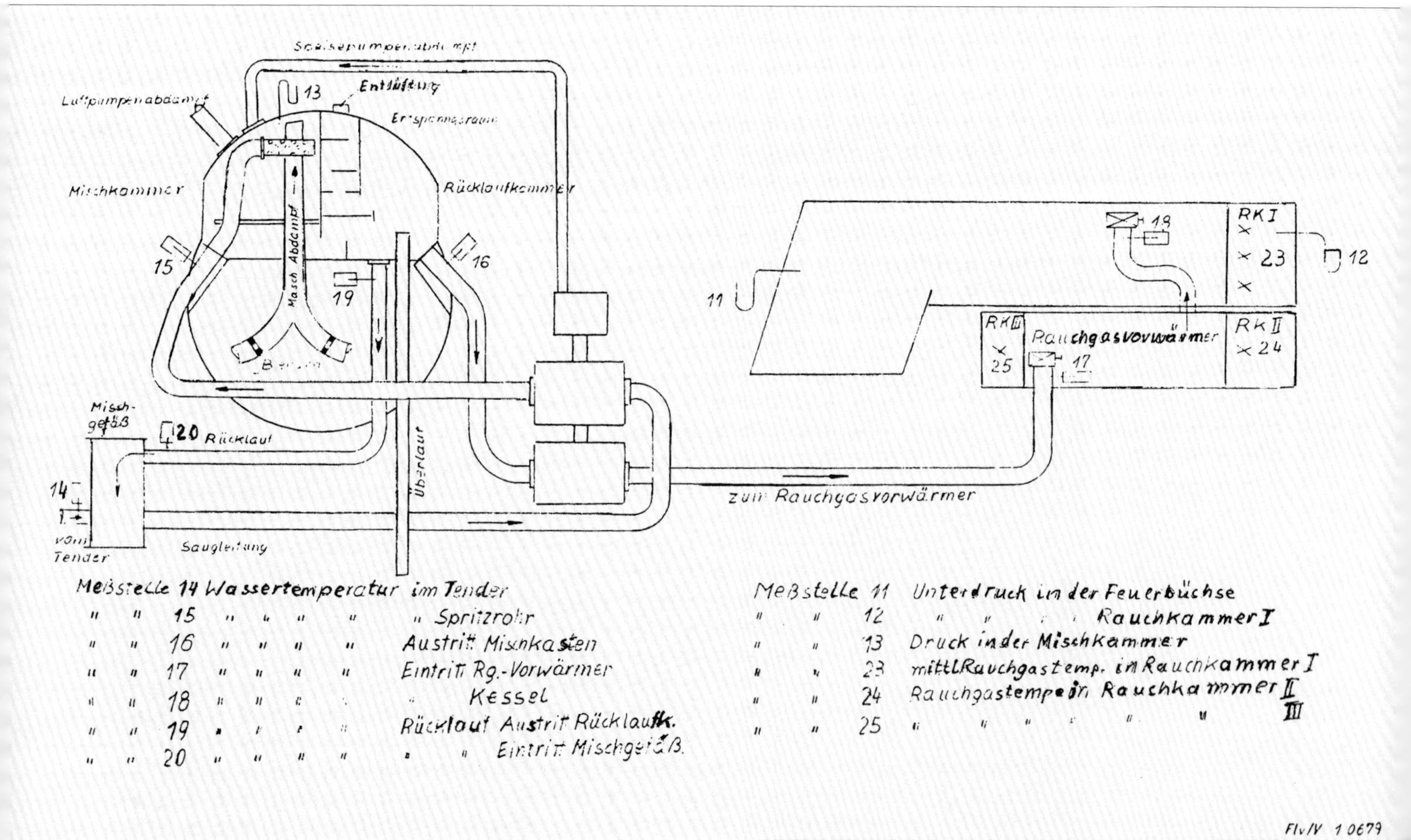


Schema des vergrößerten Mischvorwärmers auf 50 4003 und Meßstellen.
ABBILDUNG: SAMMLUNG JÜRGEN-ULRICH EBEL

Die ursprünglichen Blechschornsteine wurden von den Rauchgasen zerfressen, so daß die Maschinen gußeiserne Schornsteine erhielten. Ein solcher ist hier auf 50 4004 (Bw Osnabrück Rbf, März 1965) zu sehen.

AUFNAHME: PETER GROSSE

5. bis 12. November 1958, d.A.) um ~ 100 % vergrößert. Es wurde der Mischkasten durch Zwischensetzen eines 350 mm großen Bleches bis 20 mm unter Schornsteinoberkante erweitert. Entsprechend wurden Wasser-Spritzrohr und Abdampfrohr nach oben versetzt. Luftpumpen- und Speisepumpen-Abdampfrohr wurden wieder in den Mischkasten geleitet.

Da der Maschinenabdampf auf dem langen Wege vom Zylinder bis zum Seitenkamin sich stark abkühlt und teilweise kondensiert, wodurch aus dem Kamin zeitweise Wasser, gemischt mit Ruß, ausgeworfen wurde, wurde zur Vermeidung dieses Übelstandes versuchsweise ein Entwässerungssammeltopf mit Bi-Kondensomat an geeigneter Stelle der Maschinenabdampfleitung eingebaut. Hierbei wurde jedoch nicht, wie die Zeichnung vorsieht, der Entwässerungstopf mit einem Loch von 30 mm ø, sondern von 180 mm ø mit der Abdampfleitung verbunden.

Der Auswurf von Wasser aus dem Abdampfrohr der Lichtmaschine sollte durch einen Entspannungstopf mit Entwässerung beseitigt werden.

Bei den Fahrversuchen stiegen die Vorwärmtemperaturen bei einer 40 mm ø bzw. 45 mm ø-Blende bis zu 100 °C an. Sichtbehinderung war nicht vorhanden, noch wurde Wasser aus der Entlüftung mitgerissen. Bei schwerer Fahrt unter Dampf (D = 9-10,5 t/h) förderte die Pumpe unregelmäßig und ging durch. Es wurde vermutet, daß durch die hohen Wassertemperaturen Dampfblasen in den Zulaufkessel zur Speisepumpe mitgerissen wurden, die die Pumpenstörung verursachten. Bei einer 35 mm ø-Blende arbeitete die Pumpe einwandfrei, die Vorwärmtemperaturen lagen zwischen 85 bis 96 °C je nach Lokanstrengung. Da durch den Umbau im AW Schwerte Ventile und Kolben der Heißwasserstufe der Speisepumpe trotz Auswaschens der Mischkammer durch Schweißperlen bzw. Schweißrückstände beschädigt sein konnten, wurde die Pumpe gewechselt. Gleichzeitig wurde auf Vorschlag der Dez. 22 und 23 das U-Blech aus dem Mischkasten entfernt und der Zulaufkanal zur Speisepumpe in die Rücklaufkammer verlegt. An Stelle des U-Bleches wurde die Trennungswand bis zum Mischboden verlängert und mit entsprechenden Ausschnitten von zusammen 350 $cm^2$ versehen. Parallel zum Umlaufkanal wurden Bleche im Abstand von 50 mm vom Umlaufkanal angebracht, um ein Mitreißen von Dampfblasen zu vermeiden. Trotz neuer Pumpe arbeitete die Heißwasserstufe weiterhin unregelmäßig. Auch die Entfernung des Schwallbleches in der Rücklaufkammer und der parallel zum Zulaufkanal angebrachten Bleche brachte keinen Erfolg. Im Stand arbeitete die Pumpe bei voller Leistung einwandfrei, sobald jedoch Maschinenabdampf in den Mischkasten strömte, förderte die Pumpe zu wenig Wasser in den Kessel. Um festzustellen, ob das in die Mischkammer geförderte Wasser nicht zum größten Teil durch die Rücklaufleitung dem Mischgefäß wieder zufließen würde, wurde in die Rücklaufleitung eine Blende von 45 mm ø eingesetzt, da, wie festgestellt, durch den Überlauf kein Wasser auf die Strecke abfloß. Die Förderleistung der Pumpe wurde zwar erhöht, war aber unzureichend. Bei einer 30 mm ø-Blende arbeitete die Pumpe einwandfrei und ohne Anstände. Die in den Mischkasten geförderte Wassermenge floß also zum größten Teil ohne Drosselung der Rücklaufleitung dem Mischgefäß wieder zu. Aus diesem Grunde wurde der Zulaufkanal ganz entfernt, so daß das Wasser jetzt direkt aus der Rücklaufkammer zur Pumpe ablaufen konnte. Ein 105 mm hohes Schwallblech wurde zur Beruhigung des Wassers im Mischkasten eingesetzt und die Trennwand bis 105 mm über den Mischkastenboden verlängert. Bei den anschließend durchgeführten Versuchsfahrten arbeitete die Pumpe bei allen Verdampfungsleistungen einwandfrei. Blenden waren nicht in die Rücklaufleitungen eingebaut. Die Sicht war bei den ungünstigsten Witterungsverhältnissen gut und ein Wassermitreißen aus der Entlüftung nicht mehr zu beobachten.

Wie bereits erwähnt, wurde in die Maschinenabdampfleitung ein Sammeltopf mit Bi-Kondensomaten eingebaut. Der Sammeltopf hat sich sehr gut bewährt, da ständig kondensiertes Wasser ins Freie abläuft und nur noch selten Wasser, gemischt mit Ruß, aus dem Seitenkamin mitgerissen wird. Das Zwischenschalten eines Bi-Kondensomaten wird nicht für erforderlich gehalten; da derselbe sich bereits nach einer Lokleistung von 850 km mit Ölrückstän-

50 4020 (Bw Hamm) im Sommer 1964 auf der Strecke Münster – Osnabrück am Hauptsignal der Blockstelle „Heide“ zwischen Westbevern und Brock-Ostbevern.

AUFNAHME: LUDWIG ROTTHOWE

den total zugesetzt hatte, so daß kein Wasser mehr ablaufen konnte. Es wird vorgeschlagen, an Stelle des Bi-Kondensomaten ein Abflußröhrchen von 10 mm ø am Sammeltopf anzubringen.

Der Auswurf von Wasser aus dem Abdampfrohr der Lichtmaschine war durch einen Entspannungstopf mit Entwässerung zum größten Teil beseitigt.

Um die vorderen Führerhausfenster auch bei ungünstigsten Verhältnissen sauber zu halten, wurden Fensterschirme aus dünnem Blech und 600 mm Länge an die Fenster angebracht. Die Fensterschirme beeinträchtigten die Beobachtung der Strecke in keiner Weise, zumal die Fenster nicht mehr beschmutzt wurden.

Zu empfehlen ist, an Stelle der von uns in den vergrößerten Entspannungsraum eingebauten zwei Prallbleche drei oder vier Bleche einzusetzen, da genügend Raum vorhanden ist.

Während der Meßfahrten wurde das Kesselwasser mit einem Gemisch Nalco-As-Natrium-Bikarbonat aufbereitet.

Bereits am 26. Januar 1959 legte das BZA Minden fest (2305 Fld Ke K/K30 vom 26. Januar 1959), daß alle bislang gelieferten $50^{40}$ ebenso umzubauen wären. 50 4011, 50 4026 bis 4031, die wegen einiger Bauartänderungen erst zwischen Juni und September 1959 abgenommen wurden, erhielten den veränderten Vorwärmer bereits ab Werk.

Die übrigen Umbauten:

| | |
|---|---|
| 50 4002 | 29.09.1960 (L2) |
| 50 4004 | 14.09.1959 (L0) |
| 50 4005 | 13.07.1960 (L2) |
| 50 4006 | 29.11.1959 (L0) |
| 50 4007 | 16.08.1959 (L0) |
| 50 4008 | 04.07.1960 (L2) |
| 50 4009 | 02.12.1959 (L0) |
| 50 4010 | 23.02.1960 (L0) |
| 50 4012 | 15.08.1960 (L0) |
| 50 4013 | 13.03.1960 (L0) |
| 50 4014 | 08.12.1959 (L0) |
| 50 4015 | 20.07.1959 (L0) |
| 50 4016 | 13.11.1960 (L2) |
| 50 4017 | 07.09.1960 (L2) |
| 50 4018 | 31.08.1959 (L0) |
| 50 4019 | 27.10.1959 (L0) |
| 50 4020 | 23.10.1959 (L0) |
| 50 4021 | 12.08.1960 (L2) |
| 50 4022 | 17.12.1959 (L0) |
| 50 4023 | 30.03.1960 (L0) |
| 50 4024 | 15.01.1961 (L0) |
| 50 4025 | 18.12.1960 (L0) |

BR 50 Vergleichslok

Leistungs- u. Verbrauchswerte

Bw Kirchweyhe

| Monat 1959 | Lok-Nr | km | Lltkm | Verbrauch an Kohle Heizöl in t | Lastwert in t | spez. Verbrauch t / 1000km | t / 1Miotkm | + oder − % | Gcal / 1Miotkm |
|---|---|---|---|---|---|---|---|---|---|
| | 50 061 | 6 238 | 5 537 | 129,6 | 888 | 20,78 | 23,41 | | |
| | 089 | 6 021 | 5 193 | 114,7 | 862 | 19,05 | 22,09 | | |
| | 440 | 6 004 | 5 737 | 118,3 | 956 | 19,70 | 20,62 | | |
| I. | 856 | 7 471 | 6 755 | 149,3 | 904 | 19,99 | 22,10 | | |
| | 1014 | 5 324 | 4 727 | 110,8 | 888 | 20,81 | 23,44 | | |
| | 1348 | 7 629 | 4 271 | 138,9 | 560 | 18,21 | 32,52 | | |
| | 1566 | 6 517 | 5 976 | 124,6 | 917 | 19,12 | 20,85 | | |
| | 1569 | 8 600 | 7 851 | 168,7 | 913 | 19,61 | 21,48 | | |
| | 2481 | 7 438 | 6 235 | 144,6 | 838 | 19,44 | 23,20 | | |
| | 9 Lok | 61 242 | 52 282 | 1199,5 | 854 | 19,59 | 22,94 | | |
| | 50 061 | 4 771 | 3 469 | 94,9 | 727 | 19,89 | 27,36 | | |
| | 089 | 4 961 | 2 676 | 89,4 | 539 | 18,02 | 33,41 | | |
| | 440 | 5 081 | 4 159 | 96,9 | 819 | 19,08 | 23,31 | | |
| II. | 856 | 7 089 | 5 676 | 133,0 | 801 | 18,77 | 23,44 | | |
| | 1560 | 7 328 | 6 518 | 139,7 | 889 | 19,06 | 21,43 | | |
| | 1566 | 4 818 | 3 836 | 96,3 | 796 | 20,00 | 25,11 | | |
| | 2742 | 5 017 | 4 256 | 93,8 | 848 | 18,69 | 22,03 | | |
| | 2759 | 8 107 | 7 537 | 158,1 | 930 | 19,50 | 20,97 | | |
| | 2766 | 6 873 | 6 124 | 128,6 | 891 | 18,71 | 20,99 | | |
| | 9 Lok | 54 045 | 44 251 | 1030,7 | 819 | 19,07 | 23,29 | | |
| | 50 089 | 6 512 | 5 232 | 125,3 | 803 | 19,24 | 23,95 | | |
| | 1540 | 5 721 | 4 809 | 122,5 | 841 | 21,41 | 25,47 | | |
| | 1560 | 9 321 | 8 101 | 165,8 | 869 | 17,78 | 20,47 | | |
| | 1566 | 6 443 | 4 848 | 117,8 | 749 | 18,29 | 24,40 | | |
| III. | 1569 | 6 678 | 6 126 | 121,6 | 917 | 18,20 | 19,84 | | |
| | 2481 | 4 998 | 3 622 | 100,9 | 725 | 20,18 | 27,85 | | |
| | 2742 | 6 412 | 5 687 | 127,9 | 887 | 19,95 | 22,49 | | |
| | 2749 | 8 132 | 6 771 | 151,8 | 853 | 18,66 | 22,41 | | |
| | 2759 | 8 437 | 7 550 | 159,3 | 895 | 18,88 | 21,10 | | |
| | 9 Lok | 62 654 | 52 726 | 1192,9 | 842 | 19,04 | 22,62 | | |

BR 50⁴⁰

| Monat 1959 | Lok-Nr | km | Lltkm | Verbrauch an Kohle Heizöl in t | Lastwert in t | spez. Verbrauch t / 1000km | t / 1Miotkm | + oder − % | Gcal / 1Miotkm |
|---|---|---|---|---|---|---|---|---|---|
| | 50 4002 | 6 817 | 5 689 | 115,8 | 835 | 16,98 | 20,35 | | |
| | 4003 | 6 458 | 4 905 | 112,8 | 760 | 17,46 | 22,99 | | |
| | 4004 | 8 130 | 7 712 | 137,5 | 949 | 16,91 | 17,82 | | |
| | 4005 | 7 721 | 7 391 | 133,3 | 957 | 17,26 | 18,03 | | |
| I. | 4006 | 8 824 | 8 854 | 154,1 | 1003 | 17,47 | 17,41 | | |
| 59 | 4007 | 6 069 | 5 966 | 106,8 | 983 | 17,60 | 17,91 | | |
| | 4008 | 8 220 | 7 986 | 147,1 | 972 | 17,90 | 18,42 | | |
| | 4009 | 5 129 | 4 610 | 97,0 | 899 | 18,90 | 21,03 | | |
| | 4010 | 5 998 | 5 177 | 110,2 | 863 | 18,37 | 21,29 | | |
| | 4012 | 3 984 | 3 427 | 68,5 | 860 | 17,19 | 19,99 | | |
| | (4013 | 1 903 | 1 713 | 36,1 | 900 | 18,98 | 21,08) | | |
| | 4014 | 6 296 | 6 463 | 109,3 | 1027 | 17,37 | 16,92 | | |
| | 4015 | 3 988 | 3 449 | 71,5 | 865 | 17,93 | 20,73 | | |
| | 4016 | 5 139 | 4 789 | 91,5 | 932 | 17,81 | 19,11 | | |
| | 4017 | 4 631 | 4 418 | 81,7 | 954 | 17,64 | 18,49 | | |
| | 4018 | 3 564 | 3 016 | 62,7 | 846 | 17,60 | 20,80 | | |
| | (4019 | 1 488 | 910 | 29,0 | 612 | 19,48 | 31,86) | | |
| | (4020 | 1 456 | 1 025 | 28,3 | 704 | 19,44 | 27,62) | | |
| | 15 Lok | 90 968 | 83 852 | 1599,7 | 922 | 17,59 | 19,08 | -16,8 | |
| | Durchschnitt der Vergleichslok: | | | | 854 | 19,59 | 22,94 | - | |
| | 50 4002 | 4 573 | 2 704 | 81,1 | 591 | 17,74 | 30,00 | | |
| | 4003 | 4 912 | 3 232 | 87,7 | 658 | 17,86 | 27,14 | | |
| | 4004 | 6 255 | 6 235 | 111,6 | 997 | 17,85 | 17,90 | | |
| II. | 4005 | 6 840 | 6 950 | 122,1 | 1016 | 17,85 | 17,57 | | |
| 59 | 4006 | 5 538 | 5 116 | 98,9 | 924 | 17,85 | 19,32 | | |
| | 4007 | 7 505 | 7 881 | 132,2 | 1050 | 17,62 | 16,78 | | |
| | 4008 | 7 841 | 7 847 | 136,4 | 1001 | 17,34 | 17,33 | | |
| | (4009 | 1 931 | 2 024 | 31,7 | 1048 | 16,41 | 15,65) | | |
| | 4010 | 4 096 | 3 919 | 79,1 | 957 | 19,30 | 20,17 | | |
| | 4012 | 6 477 | 6 121 | 110,0 | 945 | 16,98 | 17,97 | | |
| | 4014 | 4 558 | 4 443 | 88,7 | 975 | 19,47 | 19,97 | | |
| | 4015 | 8 023 | 7 779 | 133,3 | 970 | 16,61 | 17,13 | | |
| | 4016 | 5 675 | 5 610 | 99,8 | 989 | 17,59 | 17,79 | | |
| | 4017 | 5 053 | 3 763 | 85,5 | 745 | 16,91 | 22,71 | | |
| | (4018 | 2 351 | 2 077 | 42,3 | 883 | 17,99 | 20,36) | | |
| | 4019 | 5 604 | 4 940 | 89,9 | 882 | 16,04 | 18,20 | | |
| | 50 4020 | 5 768 | 4 804 | 102,6 | 833 | 17,78 | 21,35 | | |
| | (4021 | 2 420 | 2 448 | 49,9 | 1012 | 20,62 | 20,38) | | |
| | (4022 | 1 033 | 767 | 23,5 | 742 | 20,81 | 28,03) | | |
| | 15 Lok | 88 718 | 81 354 | 1558,4 | 917 | 17,57 | 19,16 | -17,7 | |
| | Durchschnitt der Vergleichslok: | | | | 819 | 19,07 | 23,29 | - | |
| | 50 4002 | 3 593 | 2 308 | 75,0 | 656 | 19,59 | 29,87 | | |
| | 4003 | 4 962 | 3 748 | 88,3 | 755 | 17,79 | 23,55 | | |
| | 4004 | 5 326 | 3 303 | 82,7 | 620 | 15,53 | 25,05 | | |
| | 4005 | 6 811 | 6 887 | 118,8 | 1011 | 17,44 | 17,25 | | |
| | 4006 | 8 086 | 8 407 | 134,5 | 1040 | 16,64 | 16,00 | | |
| III. | 4007 | 7 114 | 7 405 | 118,9 | 1041 | 16,72 | 16,06 | | |
| 59 | 4008 | 5 862 | 6 202 | 94,9 | 1058 | 16,19 | 15,30 | | |
| | (4009 | 507 | 470 | 13,5 | 929 | 26,67 | 28,70) | | |
| | 4010 | 6 120 | 5 396 | 93,7 | 882 | 15,31 | 17,36 | | |
| | 4012 | 5 824 | 3 650 | 86,4 | 627 | 14,84 | 23,68 | | |
| | 4013 | 7 131 | 4 848 | 112,2 | 680 | 15,73 | 23,14 | | |
| | 4014 | 3 255 | 1 286 | 52,8 | 395 | 16,21 | 41,02 | | |
| | 4015 | 6 725 | 6 928 | 105,1 | 1030 | 15,62 | 15,16 | | |
| | 4016 | 4 734 | 4 485 | 76,8 | 947 | 16,22 | 17,12 | | |
| | 4017 | 5 373 | 4 484 | 85,3 | 835 | 15,87 | 19,01 | | |
| | 4018 | 6 398 | 5 593 | 105,1 | 874 | 16,42 | 18,78 | | |
| | 4019 | 5 809 | 4 795 | 94,8 | 825 | 16,31 | 19,76 | | |
| | 4020 | 6 695 | 6 284 | 108,6 | 939 | 16,22 | 17,29 | | |
| | 4021 | 5 078 | 4 985 | 87,9 | 982 | 17,30 | 17,62 | | |
| | 4022 | 8 202 | 8 066 | 131,8 | 983 | 16,06 | 16,34 | | |
| | 19 Lok | 113 098 | 99 060 | 1853,2 | 876 | 16,39 | 18,71 | -15,8 | |
| | Durchschnitt der Vergleichslok: | | | | 842 | 19,04 | 22,62 | - | |

Verbrauchsüberwachung beim Bw Kirchweyhe von Januar bis März 1959. Lltkm = Lokleistungstonnenkilometer (Wert x 1.000, geteilt durch km = Lastwert)

ABBILDUNG: SAMMLUNG JÜRGEN-ULRICH EBEL

50 4024 (Bw Kirchweyhe) noch vor jeglichen Umbauten im Bw Osnabrück Hbf am 24. März 1960. Ob die Lok wohl mit offenstehendem Anheizschornstein von Kirchweyhe gekommen ist?
AUFNAHME: PETER KONZELMANN, SAMMLUNG EBEL

Detailansicht von 50 4023 (Bw Hamm, Hiltrup 1964). Die Lok hat Neubau-Ersatzzylinder aus Stahlguß. Am Einströmrohr ist das Luftsaugeventil Hinweis auf die bei den Serienloks seit dem Umbau verwendeten Druckausgleichs-Kolbenschieber Bauart Müller.
AUFNAHME: WOLFGANG FIEGENBAUM

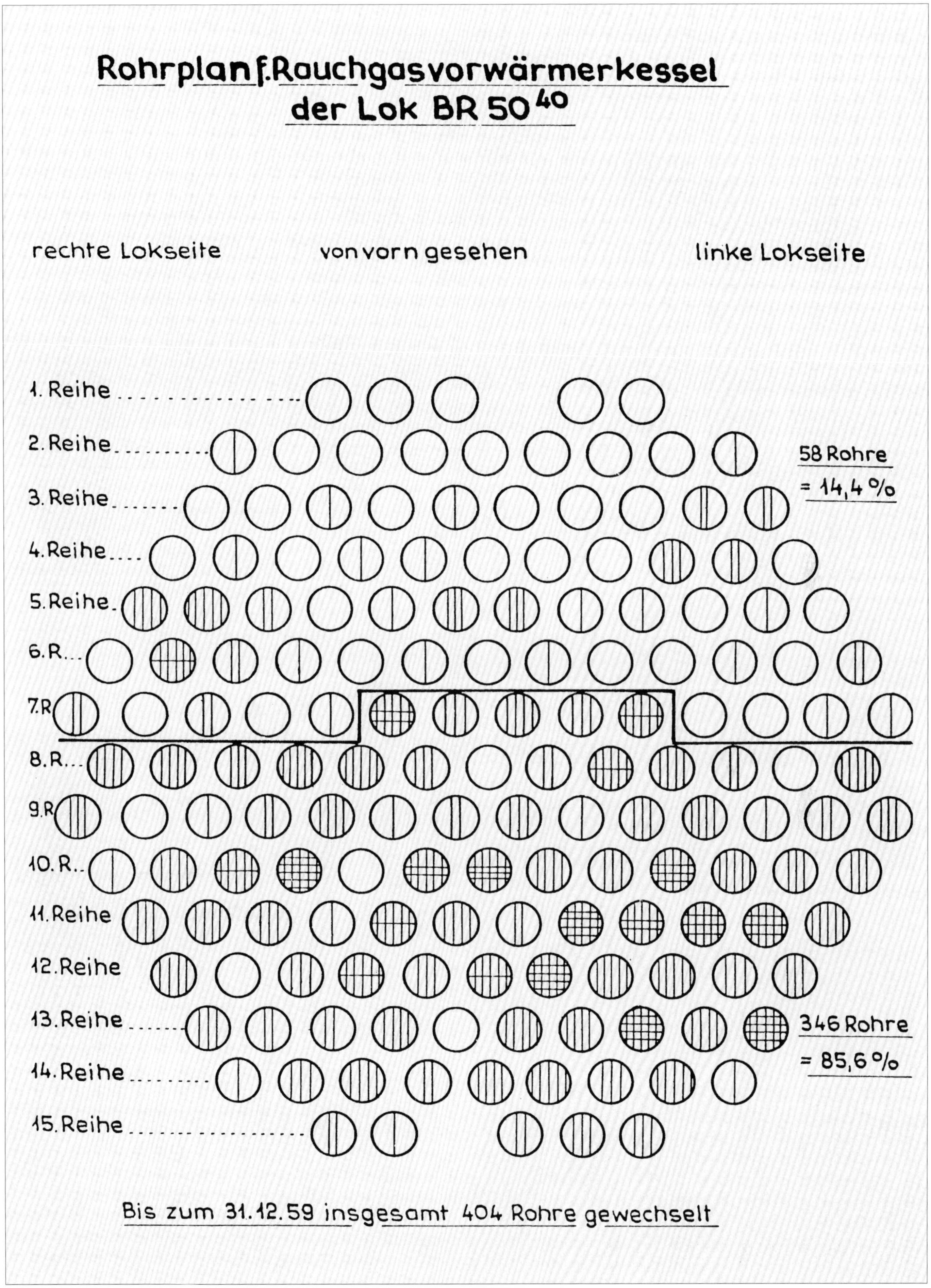


Aufstellung des Bw Kirchweyhe, das bis Ende 1959 bereits 404 Heizrohre im Vorwärmer wechseln mußte. Die Häufung im unteren Bereich und dort auf bestimmte Zonen ist offensichtlich.
ABBILDUNG: SAMMLUNG JÜRGEN-ULRICH EBEL

Die Zugaufnahmen von 50 4018 in Rüdesheim am 8. Mai 1960 und von 50 4030 am 8. September 1960 in der Nähe der Blockstelle Bornhofen (beide Loks Bw Oberlahnstein) zeigen, daß auch nach Vergrößerung der Mischvorwärmerkästen das lästige Auswerfen von Dampf und Wasser keineswegs erledigt war.

Aufnahmen: Carl Bellingrodt, Sammlung EK-Verlag und Hans Schmidt

Links. 50 4025 im kurzzeitigen Heimat-Bw Osnabrück Hbf am 13. März 1959. Die Lok steht seit dem 28. Februar kalt auf einem der Freistände an der Schiebebühne. An der unteren Rauchkammer ist mit Kreide notiert, daß der Vorwärmer wegen Undichtigkeiten nicht gereinigt werden konnte. Erst einen Tag zuvor war die Lok aus dem AW Schwerte gekommen.

Aufnahme: Joachim Wohlfahrth

Unten: 50 4006 im Oktober 1963 im Heimat-Bw Kirchweyhe „am Sand". Von ihr, wie auch von 50 4009, gibt es kaum Fotos. Hier ist einmal das Rohr der Steuerungs-Rückzugsfeder gut zu erkennen. Aufnahme: Rolf Engelhardt

50 4011 – thermisch beste deutsche Dampflokomotive – in regelrecht ehrfurchtgebietender Pose abgelichtet, während sie im Bahnhof Twistringen am 1. August 1962 von einem Eilzug überholt wurde.
AUFNAHME: BERND KAPPEL

# Die „Superdampflok" 50 4011

Im Jahr 1959 gab die DB für die Befeuerung ihrer Dampflokomotiven insgesamt über 600 Millionen DM aus. Dabei kostete die Erzeugung von 1 Million Kilokalorien (auch bezeichnet als 1 Gcal = Gigakalorie) Wärme aus Kohle 9,14 DM. Der Preis für schweres Heizöl erlaubte hingegen die Erzeugung derselben Wärmemenge für nur 7,19 DM.

Schon vor 1959 hatte die DB deshalb angefangen, eine Reihe von besonders hoch ausgelasteten Dampflokomotiven mit einer Öl-Hauptfeuerung auszurüsten. Was lag also näher, als auch bei der $50^{40}$, die ja den normalen Dampfloks thermisch ohnehin weit überlegen war, eine Ölfeuerung zu erproben?

Die Charakteristik der FC-Loks, bei hoher Auslastung infolge des großen Wärmeangebotes aus den Abgasen besonders sparsam zu sein, versprach in Verbindung mit der Ölfeuerung noch eine weitere Steigerung der Sparsamkeit und spezifischen Leistung. Überdies konnten durch die Ölfeuerung die sogenannten Stillstandsverluste geringer gehalten werden, weil eine Öllok bekanntlich ohne Feuer – also eingeschalteten Brenner – abgestellt werden kann.

Schon bei Auftragserteilung für die Serien-$50^{40}$ wurde deshalb auch ein Kessel in Auftrag gegeben, der für den Einbau einer Ölfeuerung vorbereitet sein sollte. Nachdem die vorgesehene Lok 50 4011 im AW Schwerte ihren Neubaukessel erhalten hatte, wurde sie deshalb im November 1958 zu Henschel in Kassel überführt. Dort wurde sie bis zum Mai 1959 mit einer Ölhauptfeuerung mit Doppelbrenner ausgerüstet, die der letzten Bauausführung der Feuerung in den Baureihen 10, 41 und 44 entsprach. Gleichzeitig erhielt sie als erste $50^{40}$ den vergrößerten Mischkasten des MV 57. Der Tender erlaubte den Einbau eines 10 $m^3$ fassenden Schwerölbehälters. Das Schema der Ölfeuerung ist in der Zeichnung dargestellt. Um den Saugzug zu verstärken, verkleinerte man die vier Blasrohrdüsen im Seitenschornstein von 60 auf 55 mm Durchmesser. Ab Ende Mai 1959 wurde 50 4011 als bis dahin wohl modernste DB-Dampflok durch das Lokversuchsamt Minden ausgiebig getestet. Sie war übrigens die letzte neu entwickelte Dampflok, die in Minden getestet wurde. Zwar ging mit

Zwei Paradebilder der fabrikneuen 50 4011, aufgenommen im Mai 1959 in Minden. Mit einem Vorrat von 10 m³ Heizöl hatte 50 4011 einen deutlich größeren Aktionskreis als die mit gleichgroßen Vorräten ausgestatteten Öl-41er. Von außen unterscheidet sich die Lok auf den ersten Blick nur durch die zusätzliche Brennerdampfleitung oben am Langkessel von ihren kohlegefeuerten Schwestern. AUFNAHMEN: DB (BZA MINDEN, BUSTORFF), SAMMLUNG CARSTENS

23105 erst ein halbes Jahr nach Ablieferung der 504011 die Dampflokbeschaffung endgültig zu Ende, der 504011 gebührt aber durch die Gesamtheit ihrer neuzeitlichen Konstruktion das Prädikat, den Schlußpunkt in der bundesdeutschen Dampflokentwicklung zu setzen.

Charakteristisch bei der Wahl von Heizöl als Brennstoff war die höhere Abgastemperatur gegenüber der Kohle. Gesamtwirtschaftlich schlug diese höhere Temperatur aber noch nicht einmal als schädlich (Verlust) zu Buche, weil die Überhitzungstemperatur des Dampfes ebenfalls stieg. So stand bei 504011 auch schon im Teillastbereich bei den Versuchfahrten ständig sehr hoch überhitzter Dampf zur Verfügung, der die Wirtschaftlichkeit der Lok erhöhte. Die Überhitzung war derartig gut, daß eine Rückkühleinrichtung eingebaut werden mußte, weil gelegentlich der Heißdampf eine Temperatur von 440 °C überschritt (ab ca. 430 °C verlieren auch die Heißdampfschmieröle ihre Viskosität). Mit der Rückkühleinrichtung konnte in den überhitzten Dampf hinter dem Überhitzer stark erwärmtes Wasser aus dem FC-Vorwärmer eingespritzt werden. Durch die Nachverdampfung sank die Temperatur dann schnell auf das gewünschte Maß von 420 bis 430 °C.

Ein Nebeneffekt der höheren Gastemperaturen des Öls war auch eine höhere Temperatur in Rauchkammer 3 und im Schornstein. Diese war erwünscht. Weil meist im Öl der Schwefelanteil größer ist als in der Kohle, wären die gasseitigen Korrosionsschäden infolge von Taupunktunterschreitungen in Schornstein und Rauchkammer schwerer. Im allgemeinen lagen die Gastemperaturen im sicheren Bereich über dem Taupunkt. Ein äußeres Anzeichen hierfür war auch, daß 504011 noch im Sommer 1962 (als einzige $50^{40}$) mit ihrem ursprünglichen Blechschornstein ausgerüstet war.

Die Speisewassertemperaturen vor dem Hauptkessel lagen schon im unteren Leistungsbereich bei über 150 °C, allgemein lagen sie 20 °C höher als bei der 504001. Beeindruckend ist auch

504011 frontal, aufgenommen bei der Einfahrt in das Bw Osnabrück Hbf.
AUFNAHME: JÜRGEN MUNZAR

Nach kurzer Zeit versah man den Tender von 504011 mit einer auffälligen Warnaufschrift: „Rauchen, offenes Licht und Feuer verboten!“ Das wurde nötig, weil die Maschine betrieblich nicht so ein Eigenleben führte wie die übrigen Ölloks, sondern zusammen mit Kohlemaschinen eingesetzt und in Wende-Bw'n abgestellt wurde. Bw Osnabrück Hbf, 23. Juni 1960.
AUFNAHME: PETER KONZELMANN, SAMMLUNG HANSJÜRGEN RIPPIN

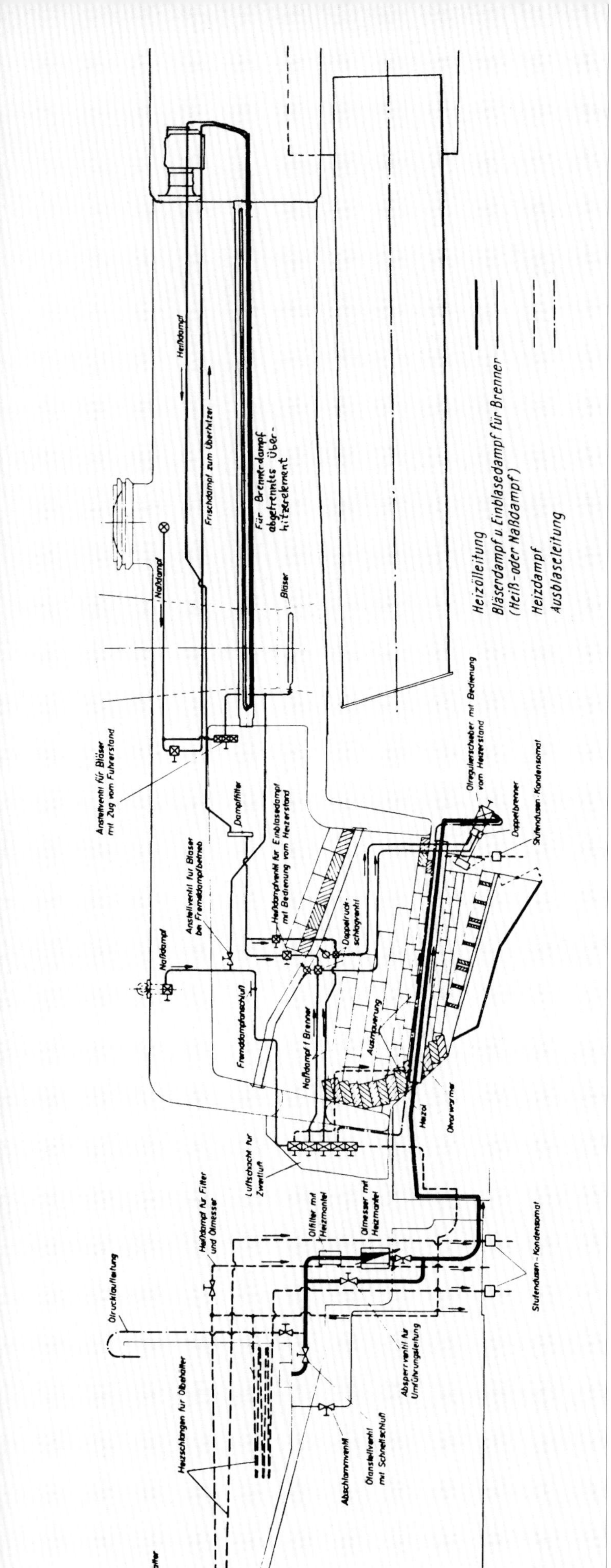


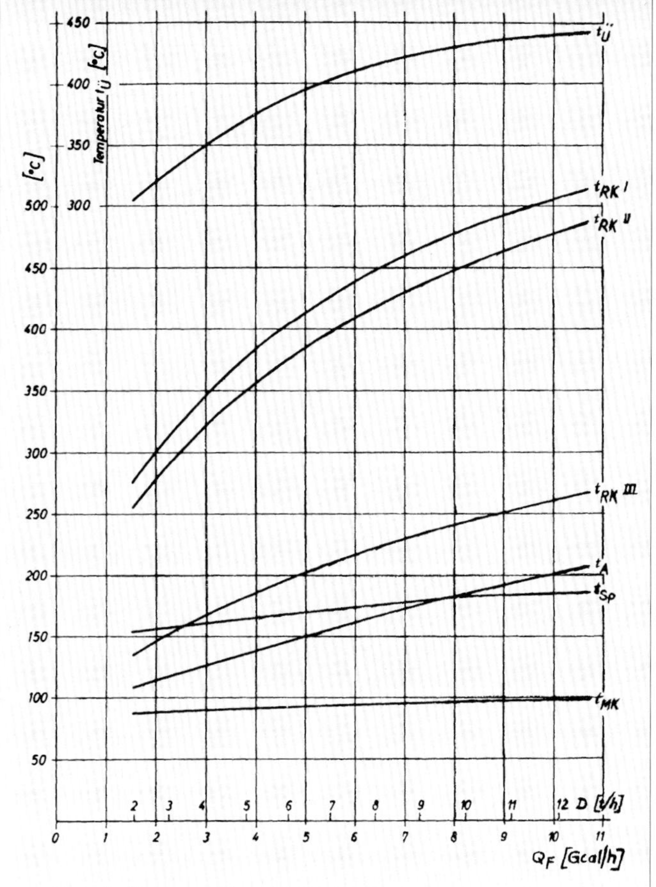


*Dampf-, Wasser- und Rauchgastemperaturen.*

| | |
|---|---|
| *t ü* | *= Temperatur Überhitzer* |
| *t RK I* | *= Temperatur Rauchkammer I (II, III entsprechend)* |
| *T A* | *= Temperatur Abdampf* |
| *t sp* | *= Temperatur Speisewasser* |
| *T mk* | *= Temperatur im Mischvorwärmerkasten* |
| *D (t/h)* | *= Dampferzeugung pro Stunde in Tonnen* |
| *Q f* | *= Gigakalorien pro Stunde (Wärmeeinheiten Brennstoff)* |

Oben: Schon bei geringen Leistungen lagen die Speisewassertemperaturen bei mehr als 150 °C, und durchschnittlich erreichten sie 20 °C mehr als bei 50 1412/4001. Die sehr hohe Temperatur in Rauchkammer 1 war typisch für ölgefeuerte Lokomotiven. Insoweit war für FC-Maschinen die Ölfeuerung sozusagen eine Idealausstattung.

Links: Das Schema der Ölfeuerung auf 50 4011. Die Maschine erhielt die modernste Ausstattung dieser Feuerung mit Doppelbrenner.

der folgende Vergleich: Bei Kesselnennlast lag die Speisewassertemperatur bei 180 °C, also der doppelten Temperatur gegenüber dem Mischvorwärmer (siehe hierzu auch das Diagramm der Dampf-, Wasser- und Rauchgastemperaturen).

Bemerkenswert war auch die vollständige und raucharme Verbrennung des Öls. Bei richtiger Einstellung von Brenner und Luftklappen war im gesamten Leistungsbereich ein rauchfreies Fahren möglich!

Der Brennstoffverbrauch lag in seinen günstigsten Werten bei 0,68 kg/PSeh (bei 9.600 Wärmeeinheiten des Öls), der spezifische Dampfverbrauch lag nicht zuletzt wegen der guten Überhitzung bei 6 kg/PSih.

Kessel und Vorwärmer waren wie bei den anderen $50^{40}$ voll isoliert. Erstmals wurden bei dieser Baureihe die Ergebnisse der Isolierung einzeln gemessen: Der Verlust infolge Abkühlung lag nur noch bei 1 bis 2 %!

Der Kesselwirkungsgrad wies die Lok als großen thermischen Erfolg aus: Schon bei halber Last überstieg der Kesselwirkungsgrad 90 % und hatte dann einen sehr flachen, fast gleichbleibenden Verlauf. Noch bei einer Verdampfung von 20 % über Kesselnennleistung (10 t/h) hatte die Lok einen Kesselwirkungsgrad von 88 %. Auch diese Kurve ist als Grafik dargestellt. Aufschlußreich sind hier auch die Kurven der Vergleichsloks. Die Richtigkeit des Konzepts FC plus Öl wird in der Grafik eindrucksvoll deutlich.

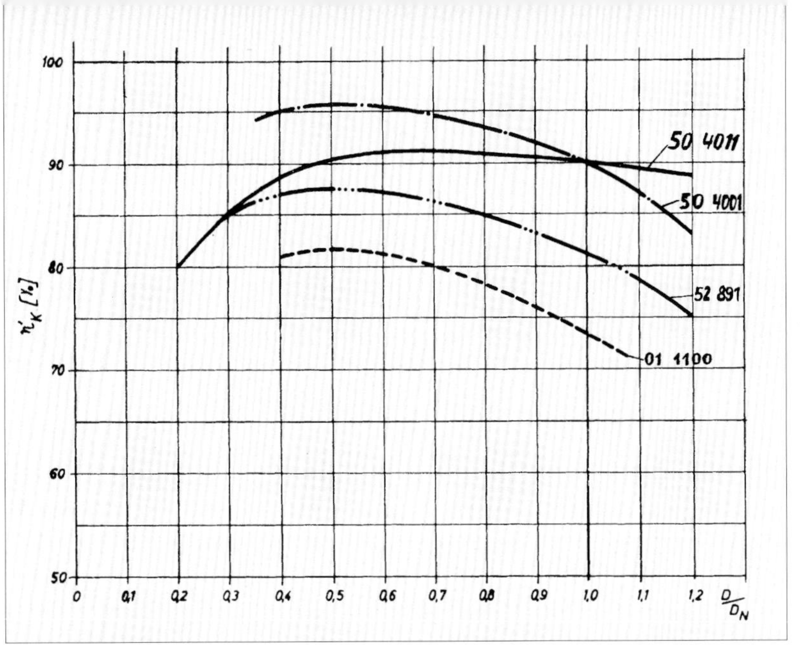


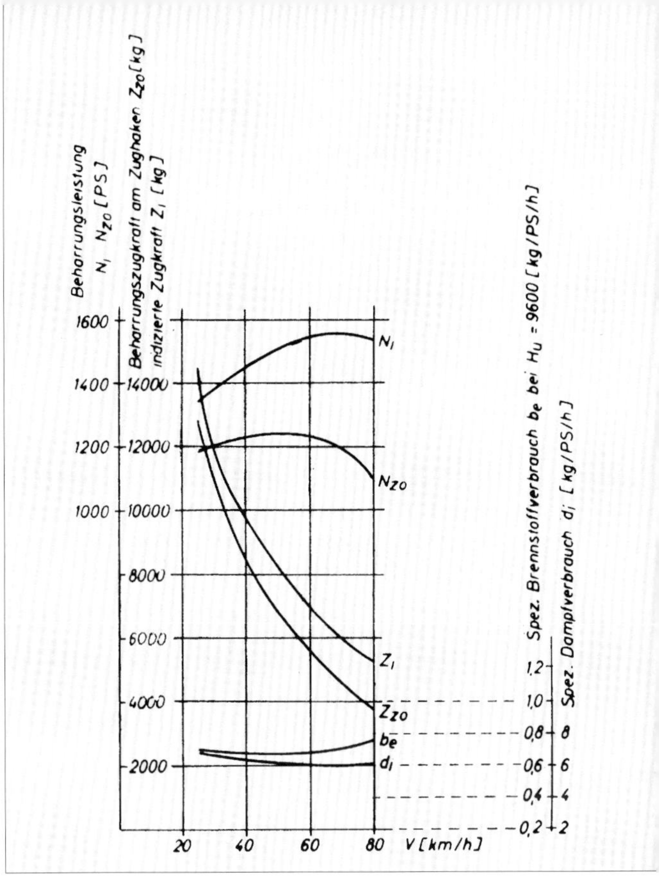


Oben: Kesselwirkungsgrade der 01 1100, 50 4001, 50 4011 und 52 891. Beachtlich ist der breite Buckel bei 50 4011, bei der im Gegensatz zu den anderen Lokomotiven der hohe Wirkungsgrad bis zur höchsten Leistung fast ungeschmälert erhalten bleibt. Im unteren Leistungsbereich wirkt sich der Dampfverbrauch der für die Ölfeuerung notwendigen Hilfsbetriebe ungünstig aus. Bemerkenswert ist der schlechte Wirkungsgrad der ölgefeuerten 01 1100 mit Neubaukessel und Heinl-Mischvorwärmer gegen 52 891 mit Altbaukessel und Heinl-MV.

Rechts: Die Leistungscharakteristik von 50 4011 bei einer Dampferzeugung von 10 t/h. Der spezifische Dampfverbrauch liegt wegen der guten Überhitzung bei nur 6 kg/PSi/h, der günstigste Ölverbrauch bei 0,68 kg/PSe/h (bei 9.600 Wärmeeinheiten des Heizöls)

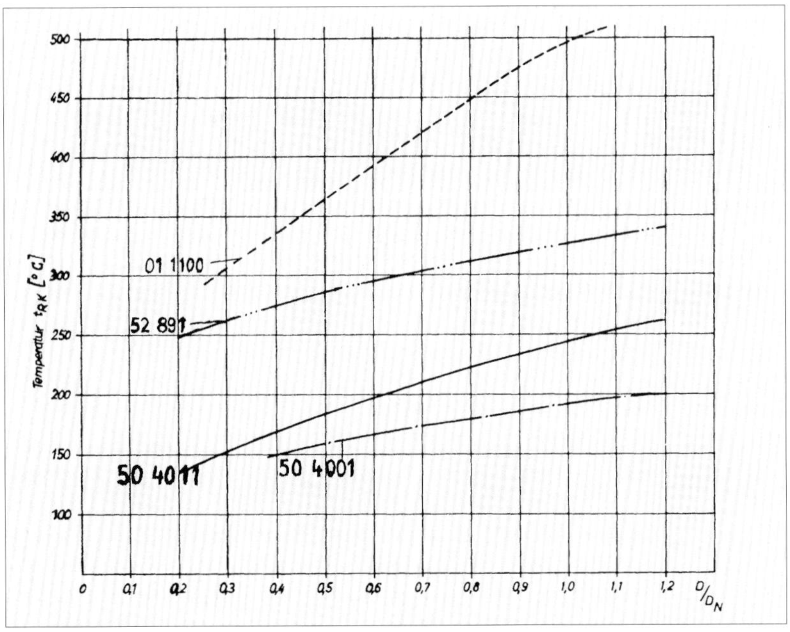


Rauchgastemperaturen von 01 1100 Öl, 50 4001, 50 4011 und 52 891. Typisch war der starke Anstieg der Rauchkammertemperaturen bei hohen Leistungen. Gegenüber der mit dem Brennstoff Öl vergleichsweise verschwenderisch umgehenden 01 1100 zeigt 50 4011 geradezu mustergültige Werte.

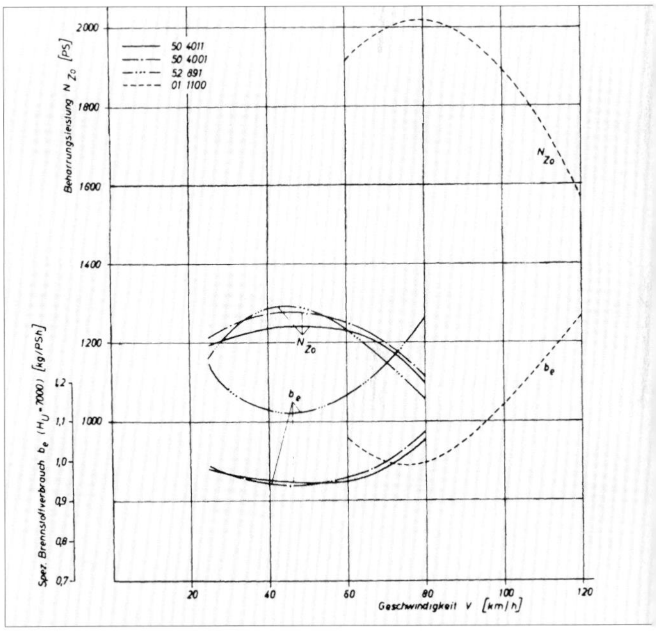


Die Leistungscharaktistiken (effektiv) für 01 1100, 50 4001, 50 4011 und 52 891. Im Brennstoffverbrauch liegen die beiden FC-Loks konkurrenzlos günstig. Auffällig ist, daß 01 1100 ihren besten Verbrauch bei einer ungünstig niedrigen Geschwindigkeit erreicht.

Ihren besten Wirkungsgrad erreichte die 50 4011 mit 9,75 % bei 35 bis 50 km/h und einer Leistung von 850 bis 1.000 Zughaken-PS. Auch bei 1.350 PSe und einer Geschwindigkeit von 60 km/h hatte sie immer noch einen Wirkungsgrad von mehr als 9 %.

Zughakenleistung und Verbrauch entsprachen ungefähr der Baumusterlok 50 4001. In der Grafik „Leistungscharakteristik" wird dies deutlich. Die geringfügig größere PS-Leistung der 50 4001 ist aus dem größeren Dampfverbrauch für Eigenaggregate (Ölvorwärmer) der 50 4011 zu erklären. Trotzdem war die Öllok wesentlich einfacher zu fahren, weil die erhebliche Überlastbarkeit des FC-Kessels viel besser mit dem Öl-Brenner ausgenutzt werden konnte. In der Leistung kam die Lok den Öl-41ern nahe, was die Kirchweyher Lokleitung herausforderte, die Lok aushilfsweise auch in deren Diensten einzusetzen. Kein Wunder, wenn manche Lokführer dann auch so fuhren, als wenn sie eine 41er hätten. Gravierende Schäden blieben nicht aus.

Ein Umbau der übrigen $50^{40}$ ist wohl aus drei Gründen unterblieben: Einmal wollte man in die Loks nicht weiteres Geld investieren, bevor man das Korrosionsproblem im Griff hatte, dann zeigten die Schäden, daß Rahmen und Triebwerk der BR 50 zu schwach ausgelegt waren, und zum dritten vermutete man nicht zu Unrecht, daß während des Strukturwandels gerade die Baureihe 50 „auf die Dörfer" abwandern und nicht die für die Wirtschaftlichkeit der Ölfeuerung nötigen hohen Kilometerleistungen erbringen würde.

Am 18. März 1965 wurde der Öltender der Lok noch umgebaut und wie die anderen Öltender mit zwei zusätzlichen Tankstutzen in Höhe des hinteren Werkzeugkastens ausgerüstet (SA 274). Damit wurde auch die Betankung vom Erdboden möglich, eine Forderung, die wegen der zunehmenden Elektrifizierung aufgetaucht war. Zumindest 1964/65 wollte man sich also noch nicht von der 50 4011 trennen. Trotzdem wurde sie, nachdem sie letztmals im Juni 1966 eingesetzt worden war (4.000 km), nach einem erneuten Rahmenbruch am 4. August 1966 z-gestellt. Sie war die erste ölgefeuerte Lok der DB, die aufs Abstellgleis geschoben wurde.

Mit 19 Bedarfsausbesserungen (L 0) war sie negativer Spitzenreiter unter den Franco-Crosti-Loks. Die vielen Ausfälle mit manchmal langen Stand- und Reparaturzeiten führten dazu, daß die Lok nur selten hohe Jahreskilometerleistungen erreichte (siehe auch Kilometerangaben auf Seite 206). Aufschlußreich ist eine Auflistung der bei den verschiedenen L 0 ausgeführten Arbeiten:

**13.04.1960 bis 10.05.1960:**
Dampfzylinder links neu, Laufachse, Luftpumpe, Speisepumpe getauscht, Dampfkolben und Schieber untersucht, diverse Lauf- und Triebwerksarbeiten, Ausgleich wiederhergestellt, Feuerkasten wiederhergestellt.

**15.08.1960 bis 29.08.1060:**
Dampfzylinder und Schieberbuchsen ausgebohrt, Dampfkolben und Schieber untersucht, Stangenlager ausgegossen, Aschkasten, Ausmauerung der Feuerbüchse, Ölleitung vor dem Brenner und Speiserohr wiederhergestellt, Feuerschirm aus Steinen eingebaut.

**21.09.1960 bis 02.10.60:**
Schieberbuchsen erneuert, Kolbenschieber untersucht, Ringe neu, Feuerschirm aus Steinen eingebaut, 39 Heiz- und 24 Rauchrohre vorgeschuht, Undichtigkeiten am Kessel beseitigt, Regler und Gestra getauscht.

**24.11.1960 bis 06.12.1960:**
Schieberbuchsen erneuert, Dampfkolben und Schieber untersucht, Ringe neu, Stangenlager ausgegossen, Waschluken gedichtet, Regler getauscht.

**02.01.1961 bis 10.01.1961:**
Stützkörbe für Schieberbuchsen eingebaut (Sonderarbeit, kein Schaden).

**21.03.1961 bis 23.03.1961:**
Gleitbahnträger verstärkt (Sonderarbeit, kein Schaden).

**30.10.1961 bis 15.11.1961:**
Rauchgasvorwärmerkessel untersucht, Chromstahlrohre ausgebaut, 161 Rohre aus St 35.8 eingebaut.

**07.03.1962 bis 20.03.1962:**
Lok auf Sturmflutschäden untersucht, Lenkgestell wiederhergestellt, Dampfkolben und Schieber untersucht, Ringe neu, Undichtigkeiten am Kessel beseitigt, Rohre im Rauchgasvorwärmer gedichtet.

**06.10.1962 bis 24.10.62:**
Lenkgestell berichtigt, Laufachse getauscht, Schieberbuchsen ausgebohrt, Kolben und Schieber wiederhergestellt, Ringe neu, Kolbenstangen geschweißt, diverse Achs- und Stangenlager neu, Gleitbahnen neu belegt, Achslagergleitplatten eingeklebt, Spurkranzflanken der Laufachse gehärtet, Feuerkasten mit seitlichen Luftklappen versehen, Feuerschirm aus Steinen eingebaut, 39 Heiz- und 24 Rauchrohre vorgeschuht, Regler, Speiseventile und Gestra wiederhergestellt, 17 Rohre im Rauchgasvorwärmer gewechselt, ein zusätzliches Lukenfutter eingebaut, Undichtigkeiten am Steh- und Langkessel beseitigt.

**26.10.1962 bis 30.10.1962:**
Kuppelradsätze überdreht.

**05.12.1962 bis 19.12.1962:**
Schieberbuchsen links ausgebohrt, Dampfkolben und Schieber untersucht, Ringe neu, Gleitbahn rechts wiederhergestellt, Feuerschirm aus Steinen wiederhergestellt, Feuerkastenluftklappen erneuert, Undichtigkeiten am Kessel beseitigt, Regler, Dampfsammelkasten und Gestra wiederhergestellt, Rohre im Rauchgasvorwärmer gedichtet.

**20.05.1963 bis 10.06.1963:**
Lenkgestell wiederhergestellt, Dampfzylinder links ausgebohrt, Dampfkolben und Schieber untersucht, Ringe neu, Luft- und Speisepumpe getauscht, diverse Achs- und Stangenlager erneuert, 39 Heiz- und 24 Rauchrohre gewechselt, Undichtigkeiten am Kessel beseitigt, Regler, Speiseventile, Wasserstände und Gestra wiederhergestellt, 160 Rohre im Rauchgasvorwärmer gewechselt, Rostgruben ausgeschweißt, Undichtigkeiten beseitigt.

**07.10.1963 bis 21.10.1963:**
Schieberbuchsen gebohrt, Dampfkolben und Schieber wiederhergestellt, Ringe neu, Gleitbahnen wiederhergestellt, Laufachse getauscht, Radreifen überdreht, diverse Lager neu, Rauchkammermantel oben mit zwei Flicken versehen, Wasserstände wiederhergestellt.

**09.12.1963 bis 29.12.1963:**
160 Heizrohre im Rauchgasvorwärmer gewechselt, hintere Rohrwand unten ein Flicken eingeschweißt, Rauchkammertüren gerichtet, Gestra wiederhergestellt.

**23.10.1964 bis 05.11.1964:**
Rahmenbruch rechts – T-Stück eingeschweißt, Lenkgestell wiederhergestellt, mehrere Stangenlager ausgegossen.

**08.02.1965 bis 10.03.1965**
Rahmenbruch rechts – am 1. und 2. Kuppelachsausschnitt T-Stücke eingeschweißt, Dampfkolben rechts Schrumpfring aufgezogen, Kolbenstange geschliffen, Ringe neu, Kreuzkopfgleitplatten neu, mehrere Lager ausgegossen, Feuerschirm aus Steinen, Speisepumpe und Lichtmaschine getauscht, 39 Heiz- und 24 Rauchrohre gewechselt, Undichtigkeiten am Kessel beseitigt, Regler und zugehörige Teile wiederhergestellt, 160 Rohre im Rauchgasvorwärmer gewechselt.

**02.09.1965 bis 16.09.1965:**
Linken Dampfzylinder und Schieberbuchsen ausgebohrt, mehrere Lager ausgegossen, Dampfkolben und Schieber untersucht, Ringe neu, Kolbenstange geschliffen, Laufachse getauscht, Ring an hinterer Rauchkammer erneuert, alle Rauchkammertüren gerichtet.

**13.12.1965 bis 11.01.1966:**
Rahmenbruch geschweißt, Lenkgestell wiederhergestellt, alle Stangenlager und mehrere Achslager ausgegossen, rechten Dampfkolben und Kolbenschieber wiederhergestellt, Ringe neu, Kuppelradsätze überdreht, 39 Heiz- und 24 Rauchrohre gewechselt, vordere untere Rauchkammertür geschweißt, drei Rauchkammertüren gerichtet, Schraubverbindungen am Rauchgasvorwärmer aufgearbeitet, Regler wiederhergestellt, Gestra gewechselt.

50 4011 verläßt mit dem Meßzug des Lokversuchsamtes am 19. Juni 1959 den Bahnhof Osnabrück in Richtung Bremen. Hinten hilft die Bremslok 45 016 tatkräftig, um möglichst schnell die Meßgeschwindigkeit zu erreichen. Als Meßwagen dient der mit zwei dreiachsigen Drehgestellen ausgerüstete Wagen Han 5048, ehemals Salonspeisewagen 10244 aus Hitlers Sonderzug, dahinter als Meßbeiwagen der frühere Kronprinzenwagen. AUFNAHME: PETER KONZELMANN

Die ölgefeuerte 50 4011 beim Ölbunkern am „Galgen" im Bw Osnabrück Hbf, 18. Juni 1960. AUFNAHME: PETER KONZELMANN, SAMMLUNG HANSJÜRGEN RIPPIN

Auch bei dieser Lok mußte man also in unschöner Regelmäßigkeit die Rohre im Rauchgasvorwärmer erneuern. Der Rohrsatz aus teuren Chromstahlrohren hatte zuvor von 1959 bis zum Oktober 1961 gehalten. Die vielen Bedarfsausbesserungen standen aber dennoch offenkundig nur zum kleinen Teil im Zusammenhang mit dem Rauchgasvorwärmer. Auffällig sind die deutlich erkennbaren Triebwerksprobleme mit unnormal vielen Arbeiten an Zylindern und Schiebern. Hier ist als Ursache die (zu) hohe Überhitzung zu nennen, durch die das Schmieröl verkokte. Auch scheint das Triebwerk die durch die Ölfeuerung dauernd möglichen hohen Maschinenleistungen bereits nach kurzer Zeit durch ständige Schäden quittiert zu haben. Gleich dreimal gab es Rahmenbrüche, typische Schäden der Franco-Crosti-Loks nach einigen Betriebsjahren.

An speziellen Bauartänderungen ist für 50 4011 nur noch der Einbau einer Flammenschutzsicherung (24. Oktober 1962) zu nennen.

504011 im Juli 1964 im Bw Osnabrück Hbf. Als einzige FC-Lok ist sie zu dieser Zeit noch mit ihrem ursprünglichen Blechschornstein ausgerüstet. Taupunktunterschreitungen gab es bei ihr nicht. Später erhielt die Lok noch Stutzen für die Betankung vom Boden. AUFNAHME: JÜRGEN MUNZAR

504011 während einer kleinen Reparatur auf den Freigleisen an der Schiebebühne im Bw Osnabrück Hbf, 1961. Kurzzeitig besaß die Lok damals einen 52er-Laufradsatz.
AUFNAHME: BERND KAPPEL

# Die technischen Daten der FC-Loks und der normalen BR 50

(keine Nennung: Angaben wie in vorangegangener Spalte)

| **Baureihe** | | | **50 Serie** | **50 4001** | **$50^{40}$** | **50 4011** |
|---|---|---|---|---|---|---|
| | Abk. | Dim. | | | | |
| **Lauf- und Triebwerk** | | | | | | |
| Fahrgeschwindigkeit | V | km/h | 80 | | | |
| Zylinderdurchmesser | d | mm | 600 | | | |
| Kolbenhub | s | mm | 660 | | | |
| Treib- und Kuppelraddurchmesser | D | mm | 1.400 | | | |
| Laufraddurchmesser | $D_v$ | mm | 850 | | | |
| Steuerung: Art und Lage | | | Ha | | | |
| Kolbenschieberdurchmesser | $d_S$ | mm | 300 | | | |
| **Verdampfungskessel** | | | | | | |
| Kesselüberdruck | $p_K$ | $kg/cm^2$ | 16 | | | |
| Wasserraum des Kessels | $W_K$ | $m^3$ | 7,75 | 7,52 | | |
| Dampfraum des Kessels | $D_K$ | $m^3$ | 3,00 | 2,40 | | |
| Verdampfungswasseroberfläche | $O_w$ | $m^2$ | 10,80 | 9,66 | | |
| Feuerrauminhalt von Feuerbüchse und Verbrennungskammer | $F_{fb} + F_{vb}$ | $m^3$ | 6,110 | 5,685 | | 5.955 |
| Länge der Verbrennungskammer | $l_{Vk}$ | mm | – | 914 | | |
| größter Kesselnenndurchmesser | $d_K$ | mm | 1.700 | 1.452/1.570 | | |
| Kesselleergew. ohne Ausrüstung | $G_{klo}$ | t | 19,2 | 15,59 | 16,52 | |
| Kesselleergew. mit Ausrüstung | $G_{Klm}$ | t | 26,3 | 19,4 | 26,28 | |
| Anzahl der Heizrohre | $n_{Hr}$ | Stück | 113 | 39 | | |
| Heizrohrdurchmesser | $d_{Hr}$ | mm | 54 x 2,5 | 60 x 3 | | |
| Anzahl der Rauchrohre | $n_{Rr}$ | Stück | 35 | 24 | | |
| Rauchrohrdurchmesser | $d_{Rr}$ | mm | 133 x 4 | 152 x 4,25 | | |
| Rohrlänge zw. den Rohrwänden | $l_r$ | mm | 5.200 | 4.700 | | |
| Überhitzerrohrdurchmesser | $d_{Ür}$ | mm | 35 x 4 | 38 x 4 | | |
| Rostfläche | R | $m^2$ | 3,89 | 3,05 | | |
| Länge x Breite | $R_{lb}$ | m x m | 2,542 x 1,532 | 2,54 x 1,20 | | |
| Strahlungsheizfläche $H_{Fb} + H_{Vk}$ | $H_{vs}$ | $m^2$ | 15,90 | 17,30 | 18,48 | |
| Rauchrohrheizfläche | $H_{Rr}$ | $m^2$ | 71,47 | 50,85 | | |
| Heizrohrfläche | $H_{Hr}$ | $m^2$ | 90,46 | 31,1 | | |
| Verdampfungsheizfläche | $H_v$ | $m^2$ | 177,83 | 99,25 | 100,43 | |
| Überhitzerheizfläche | $H_Ü$ | $m^2$ | 68,94 | 52,1 | 48,8 | |
| **Rauchgasvorwärmer** | | | | | | |
| Leergewicht ohne Ausrüstung | | t | – | 4,13 | 3,675 | |
| Leergewicht mit Ausrüstung | | t | – | 4,3 | 3,815 | |
| Anzahl der Heizrohre | | | – | 163 | 161 | 160 |
| Heizrohrdurchmesser | | mm | – | 44,5 x 2 | | |
| Rohrlänge zw. den Rohrwänden | | mm | – | 4.600 | | |
| Kesselnenndurchmesser | | mm | – | 960 | | |
| Wasserraum | | $m^3$ | – | 1,93 | 2,013 | |
| Heizfläche gasberührt | | $m^2$ | – | 93,0 | 94,226 | |
| Dampfüberdruck | | $kg/cm^2$ | – | 16 | 18 | |
| **Achsstände** | | | | | | |
| fester Achsstand | af | mm | 3.300 | | | |
| gesamter Achsstand | ag | mm | 9.200 | | | |
| gesamter Achsstand von L + T | $a_{(L+T)g}$ | mm | 18.890 | | | |
| Länge der Lok | lL | mm | 13.680 | | | |
| Länge L + T über Puffer | $L_{ü}P$ | mm | 22.940 | | | |
| **Gewichte** | | | | | | |
| Lokleergewicht | $G_{Ll}$ | t | 78,6 | 80,37 | 80,4 | 80,7 |
| Lokreibungsgewicht | $G_{Lr}$ | t | 75,3 | 78,38 | 77,8 | 78,7 |
| Lokdienstgewicht | $G_{Ld}$ | t | 86,9 | 90,35 | 89,7 | 90,9 |
| Tenderleergewicht | | t | 25,5 | 27,5 | 27,0 | |
| Tenderdienstgewicht voll | | t | 59,5 | 61,5 | 63,0 | |
| Leergewicht von L + T | $G_{(L+T)l}$ | t | 104,1 | 107,87 | 107,9 | 107,7 |
| Achslasten mit vollen Vorräten | | | | | | |
| Laufachse | | t | 11,6 | 11,97 | 11,9 | 12,2 |
| 1. Kuppelachse | | t | 15,0 | 15,53 | 15,3 | 15,4 |
| 2. Kuppelachse | | t | 15,0 | 15,56 | 15,6 | 15,6 |
| Treibachse | | t | 15,0 | 15,48 | 15,4 | 15,7 |
| 4. Kuppelachse | | t | 15,2 | 15,93 | 15,7 | 15,5 |
| 5. Kuppelachse | | t | 15,1 | 15,88 | 15,8 | 16,5 |
| Fahrzeuggesamtgewicht L + T mit vollen Vorräten | $G_{(L+T)v}$ | t | 146,4 | 151,85 | 151,2 | 153,9 |
| Wasserkasteninhalt | W | $m^3$ | 26 | | | |
| Kohlenkasteninhalt (50 4011: Öl) | B | t | 8 | | | 10 |
| indizierte Leistung | $N_i$ | PS | 1.625 | 1.800 | | |
| indizierte Zugkraft (bei 0,8 pK) | $Z_i$ | kg | 21.720 | | | |
| befahrbarer Bogenlaufhalbmesser | R | m | 140 | | | |
| Vorwärmer | | | OV | OV/AV | MV/AV | |
| Heizung | | | Hrv | | | |
| Bremse | | | K mit Z | | | |

# Bewährung im Betrieb

Im Betriebseinsatz zeigten die Serienloks die schon bei der 50 4001 nachgewiesenen, charakteristischen Brennstoff-Einsparungen zwischen 15 und 20%. Dies war um so erstaunlicher, als in Kirchweyhe die Loks allgemein wesentlich stärker belastet wurden als die Loks der Normalausführung. Die Verdampfungsleistung der neuen Loks war für die Beteiligten so erstaunlich, daß die Maschinen zunächst (im Laufe des Jahres 1958) hauptsächlich in Diensten eingesetzt wurden, die eigentlich den Einsatz einer 41 verlangt hätten. Erst zu Anfang des Jahres 1959 glichen sich die Leistungen von $50^{40}$ und Altbau-50 soweit an, daß an einen überwachten Verbrauchsvergleich gedacht werden konnte. Die Ergebnisse sind in der Vergleichsliste dargestellt.

Ebenso wie bei der Vorserienlok waren die Einsparungsergebnisse weitgehend unabhängig vom Unterhaltungszustand der Maschinen, auch in den späteren Jahren waren die Loks als äußerst sparsam und sehr verdampfungsfreudig bekannt.

Als sehr praktisch wurde von den Lokpersonalen der Rußausbläser Bauart Gärtner empfunden. Mit diesem an der Stehkesselrückwand angebrachten Gerät konnte durch einen scharfen Dampfstrahl der in den Rauchrohren abgesetzte Ruß nach vorn in die Rauchkammer geblasen werden. Die Heizflächen waren so ständig sauber zu halten, was wiederum einen geringeren Kohleverbrauch verursachte. Allerdings setzte sich das Betätigungsventil des Gärtnergerätes häufig mit Flugasche zu. Leicht konnte man dann den Handgriff abbrechen und das Gerät unbrauchbar machen.

Für das Lokpersonal hatte das Fahren auf den $50^{40}$ auch einige Nachteile:

1. Der Druckluftkolben zur Schließung des Anheizschornsteins war häufig verklemmt. Wenn der Schornstein nicht mit roher Gewalt geschlossen werden konnte, waren die Loks nur noch sehr eingeschränkt betriebstauglich, da ohne Vakuum (Unterdruck) in der Rauchkammer die Feueranfachung denkbar schlecht war.
2. Schwierigkeiten machte in diesem Zusammenhang das Abstellen der Loks im Bw, da sie bei geschlossenem Anheizschornstein aus dem Seitenschlot den Lokschuppen verqualmten. Die meisten Lokführer ließen ja die Finger vom Anheizschornstein, um sich nicht zusätzliche Arbeit zu machen. Häufig wurden die Loks deshalb im Freien abgestellt, oder sie schauten bis zum Seitenschornstein aus dem Lokschuppen.
3. Die Tenderabdeckklappen waren häufig nur kurz nach einem AW-Aufenthalt gangbar. Gleichgültige Bekohler schütteten allerdings auch meist den Tender so voll, daß die Abdeckklappen überhaupt nicht über den großen Kohlehaufen hinweggingen. Als Folge hiervon wurden dann bei schneller Fahrt durch den Luftwirbel hinter dem Führerhaus Rauchgase ins Führerhaus gesaugt. Das Rauchleitblech über dem Führerhausdach war eben nur in Verbindung mit dem geschlossenen Kohlekasten wirksam. Die ins Führerhausinnere gedrungenen Rauchgase machten sich für die Personale durch Kopfschmerzen bemerkbar. Zusätzlich wurde natürlich Kohlenstaub vom Tender mitgesaugt. Ein Lokführer des Bw Hamm bemerkte hierzu treffend: „Fährsse auffm Heuwender (Spitzname der $50^{40}$ in Hamm), siehste hinterher aus wie die Sau." Hauptsächlich in dieser Tatsache ist die tiefe Ablehnung vieler Lokführer und Heizer gegen die $50^{40}$ zu sehen.
4. Speziell in der ersten Betriebszeit brachen mehrfach die Stiftschrauben, mit denen der Vorwärmer an der Rauchkammer festgeschraubt war. Nach Verstärkung dieser Verbindungen traten die Schäden dann nicht mehr auf.

Auch bei der $50^{40}$ traten die gasseitigen Korrosionen infolge Taupunktunterschreitung in der hinteren Rauchkammer auf. Bei allen Loks wurde deshalb der ursprüngliche Blechschornstein durch einen mehrteiligen Mantel aus Gußeisen ersetzt. Dieser Umbau war bis ca. 1962 abgeschlossen. Am Fahrgestell der $50^{40}$ wurden während der Betriebszeit keine weiteren wesentlichen Änderungen vorgenommen, sieht man von dem normalen Ersatz der alten Zylinder durch neue Graugußzylinder mit angegossenen Ausströmkästen ab.

Schon nach kurzer Betriebszeit stellte sich heraus, daß die schönen Hoffnungen, die die Techniker an den Einbau des Mischvorwärmers 57 in die $50^{40}$ geknüpft hatten, enttäuscht wurden. Bei den Loks traten dieselben Schäden auf wie vorher auch bei den $42^{90}$ und der 50 1412. Schon nach wenigen Tausend Kilometern waren die ersten Rohrdurchbrüche im Vorwärmer zu verzeichnen.

Im Mischvorwärmer wurden zwar bis zu 90 Prozent des freien Sauerstoffs im Speisewasser ausgeschieden, aber der Rest von ca. 1 mg pro Liter reichte, um die Lochfraßkorrosion in Gang zu setzen.

Die weiteren Versuche basierten auf den Ergebnissen mit chemischen Entgasungsmitteln. Schon in den Versuchen beim Bw Bingerbrück hatte sich die einfache Dosierung von Nalco-AS-Pulver oder Discro-Pulver im Tenderwasser nicht bewährt, da sich das Wasser innerhalb einiger Stunden wieder mit Sauerstoff anreicherte.

Die Italienische Staatsbahn hatte sehr gute Erfahrungen mit dem Nalco-Dosierungsmittel in Kugelform gemacht. Dabei wurden störungsfreie Laufleistungen von FC-Loks von 300.000 km erreicht, weil sich die Kugeln allmählich im Tenderwasser auflösten und so dauernd Wirkstoffe abgaben. Einen Versuch mit Nalco-AS-Kugeln machte das Bw Kirchweyhe mit den Loks 50 4010 und 4015. Der Erfolg war auch gut: Zum Beispiel erreichte 50 4015 über 145.000 km bei nur 14 gewechselten Rohren. Die Handhabung der Kugeln war allerdings umständlich: Bei jedem Wassernehmen mußten von Hand bis zu 30 Kugeln ins Tenderwasser gegeben werden. Der hohe Aufbereitungspreis von DM 1,06 pro $m^3$ Speisewasser (entsprechend Mehrkosten von ungefähr 500 DM je Lok und Monat) verhinderte die allgemeine Einführung.

Das Bw Oberlahnstein behandelte seine Loks mit dem Mittel Discro SC/30/2 in Verbindung mit reinem Natriumbikarbonat. Diese Mittel wurden als Pulver dem Tenderwasser beigegeben. Die Erfolge damit waren gut: Bei 50 4019 brauchten nach 163.000 km Laufleistung nur vier Rohre, bei 50 4020 nach 165.000 km nur fünf Rohre gewechselt werden. Allerdings ist hierbei zu beachten, daß die Wasserqualität in Oberlahnstein wesentlich besser war als beim norddeutschen Heimat-Bw, wo durch das bekannt harte Kirchweyher Wasser Ablagerungen im Kessel stark begünstigt wurden. Die Dosierung mit Discro kostete DM 0,36 pro $m^3$ Speisewasser.

Zwei Kirchweyher Loks – 50 4024 und 4025 – rüstete man mit einem Konzentratbehälter im Tender (Zeichnung Fld 43.800 SK 1) aus. Dieser Konzentratbehälter stand nur durch enge Röhren mit dem Tenderwasser in Verbindung. Bereits am 30. April 1959 machte das Bw Kirchweyhe über seine Loks folgende Rechnung auf: Insgesamt waren schon 150 Rohre ausgewechselt worden, die sich so auf die Loks verteilten:

| | | | | |
|---|---|---|---|---|
| 50 4002 | 10 | Rohre nach | 60.000 | Lokkm |
| 50 4003 | 8 | " | 34.000 | " |
| 50 4004 | 19 | " | 55.000 | " |
| 50 4005 | 15 | " | 45.000 | " |
| 50 4006 | 10 | " | 46.000 | " |
| 50 4007 | 30 | " | 46.000 | " |
| 50 4008 | 23 | " | 45.000 | " |
| 50 4009 | 14 | " | 32.000 | " |

| | | | | |
|---|---|---|---|---|
| 50 4010 | 10 | Rohre nach | 38.000 | Lokkm |
| 50 4012 | 7 | " | 32.000 | " |
| 50 4014 | 2 | " | 22.000 | " |
| 50 4015 | 1 | Rohr nach | 26.000 | " |
| 50 4019 | 1 | " | 19.000 | " |

Das Wechseln eines Rohres im Bw dauerte insgesamt rund zwei Stunden. Schon damals waren also erhebliche Erhaltungskosten für die Bw abzusehen.

Aus den Erfahrungen mit den $42^{90}$ und 50 1412 war bekannt, daß Heizrohre mit Chromanteil eine wesentlich höhere Lebensdauer als die normalen, aus St 35.8 gefertigten Rohre erreichten. Allerdings war die Korrosion bei Rohren mit einem Anteil von ca. 5% Chrom nur verlangsamt worden. Neben den bereits erwähnten 50 4026 bis 4031 wurden deshalb auch die Maschinen 50 4009, 4011, 4012 und 4014 noch 1959 mit Chromstahlrohren mit einem Anteil von 17% Chrom (Werkstoff x 8 GrTi 17) ausgerüstet. Diese Rohre erwiesen sich als absolut korrosionssicher.

Leider war damit aber noch nicht der Lochfraß am Vorwärmermantel beseitigt. Außerdem war der Chromstahl äußerst spröde und deshalb schwer zu verarbeiten. Manchmal brachen die Rohre schon beim Einwalzen in die Rohrwände. Der hohe Preis für die Rohre und die schlechten Verarbeitungseigenschaften verhinderten die weitere Verwendung, und gelegentlich der Ausbesserungen im Zuge der „Kesselkrise" vom Herbst 1961 wurden wieder normale Heizrohre eingebaut.

So war die Dosierung mit dem teuren Nalco-AS-Pulver, das bei 50 4024 und 4025 durch die engen Röhren dauernd austrat und das Tenderwasser von Sauerstoff befreite, doch eine nützliche Ausgabe. Die Kosten für dieses Verfahren (Nalco-AS-Pulver plus reines Natriumbikarbonat) lagen bei DM 0,48 pro $m^3$ Wasser. Dieses Verfahren war bei weitem das erfolgreichste: 50 4025 erreichte bis zu ihrer ersten Zwischenuntersuchung L 2 im Dezember 1960 153.000 km ohne ein gewechseltes Rohr.

Nach dem Muster der beiden Loks wurden deshalb in der Folge alle $50^{40}$ mit Konzentratbehältern im Tender ausgestattet. Anstände gab es allerdings auch hierbei: Die Verteilungsrohre für das Pulver verstopften gelegentlich wegen ihres kleinen Innendurchmessers von 13 mm. Diese Verstopfungen waren dann erst zu bemerken, wenn mangels Dosierungsmittels die ersten Heizrohre brachen. Nach Einbau größerer Rohre von 25 mm Innendurchmesser erreichten die Loks befriedigende Laufleistungen von über 100.000 km ohne wesentliche Rohrschäden. Diese Kombination (normale St 35.8-Rohre plus Wasserinnenaufbereitung mit Discro oder Nalco im Konzentratbehälter) wurde bis zum Schluß angewendet.

# Die „Kesselkrise" und weitere Umbauten

50 4012 (Bw Kirchweyhe) löste am 18. Oktober 1961 die Krise aus: An diesem Tag riß bei ihr im AW Schwerte bei der Wasserdruckprobe nach einer L 2 der Abgasvorwärmermantel auf. Bei der folgenden Untersuchung stellte sich heraus, daß hier einmal nicht die Wasserseite geschädigt war. Vielmehr fanden sich die tiefen Rostgruben außen am Vorwärmer, in dem Bereich, der in die (untere) Rauchkammer 2 hineinragte. Bei 50 4012 war der 12 mm dicke Stahl des Vorwärmermantels an einigen Stellen derartig abgefressen, daß die übliche Reparaturmethode (Ausschweißen der Rostgruben) nicht mehr angewendet werden konnte. Überdies hätte auch der gesamte Rohrsatz erneuert werden müssen. 50 4002, 4024 und 4031 zeigten das gleiche Schadensbild.
Da nach den Erfahrungen der letzten Jahre vermutet wurde, daß dieser Schaden kein Einzelfall war, mußte man sich entschließen, alle $50^{40}$ stillzulegen und im AW Schwerte gründlich zu untersuchen. Diese Aktion erschien notwendig, da die Vorwärmkessel auch unter dem normalen Kesseldruck betrieben wurden und so ein Undichtwerden gefährliche Folgen haben konnte. Zwischen Freitag, dem 20., und Sonntag, dem 22. Oktober 1961, wurden deshalb alle $50^{40}$ der BD Münster abgestellt. Auch die Loks der BD Mainz wurden zu den genannten Terminen sofort außer Dienst gestellt und nach und nach dem AW Schwerte zugeführt.

Auch die Öllok 50 4011 wurde am 22. Oktober 1961 stillgelegt und danach untersucht. Sie hatte noch am 16. Oktober 1961 eine planmäßige Zwischenuntersuchung L 2 mit umfangreichen Kesselarbeiten erhalten. Seitdem war sie erst ca. 1.000 km gelaufen. Der Kesselprüfer stellte am Vorwärmer nur Korrosion in „trag-

Im Herbst 1961 mußten alle Franco-Crosti-Loks abgestellt werden, nachdem bei 50 4012 im AW Schwerte bei der Wasserdruckprobe der Vorwärmerkessel aufgerissen war. Im Bw Osnabrück Rbf stehen am 19. November 50 4005, 4004 und 4013 abgestellt, im Hintergrund noch zwei weitere. AUFNAHME: PETER KONZELMANN, SAMMLUNG JÜRGEN-ULRICH EBEL

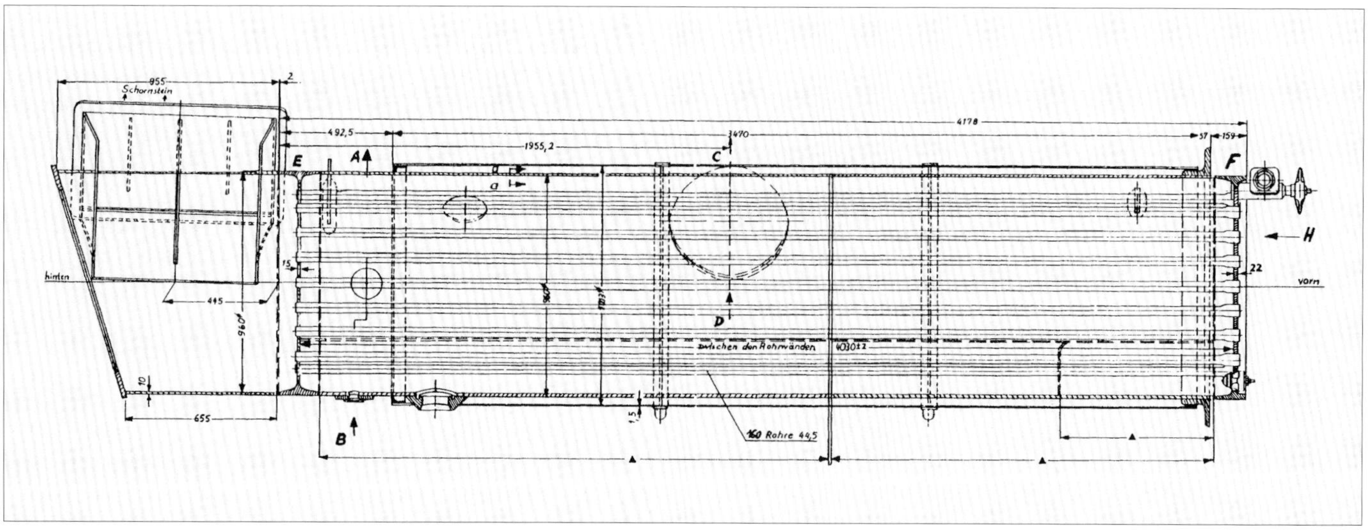


Für die Reparatur der Maschinen wurde ein auf 4.030 mm Rohrlänge verkürzter Vorwärmerkessel projektiert, den das AW Schwerte herstellte. Der neue Kessel ragte nicht mehr in die Rauchkammer 2 hinein. Seitenansicht der gesamten Kesselanlage. ABBILDUNG: SAMMLUNG JÜRGEN-ULRICH EBEL

baren Grenzen“ fest. Schon am 16. November 1961 kam sie deshalb mit unverändertem Vorwärmer als erste $50^{40}$ wieder in Dienst und fuhr im Dezember 1961 wieder 8.000 km.

Aus lauter Verzweiflung dachte man zuerst an einen Rückbau aller Maschinen in den Normalzustand, und das AW Schwerte hatte diesen bereits mit 35.000 DM/Lok kalkuliert, entschied sich dann aber doch für die Reparatur.

Durch die Verkürzung des Rauchgasvorwärmers, der bisher in die Rauchkammer 2 hineingeragt hatte, hoffte man, die Angriffsmöglichkeit rauchgasseitiger Korrosion endgültig auszuschalten. Entsprechend sollten alle anderen $50^{40}$ umgebaut werden. Das AW Schwerte kalkulierte den Aufwand für die Verkürzung des Vorwärmerkessels auf nur 15.000 DM, da man diese in eingebautem Zustand hätte durchführen können. Mit einer Reparatur war es dann nicht getan, so daß man neue Vorwärmerkessel bauen mußte.

Von außen glichen diese Kessel den alten, besaßen allerdings den um 570 mm gekürzten Rohrsatz und waren aus dickerem Material gefertigt. Mit 160 Heizrohren enthielten sie ein Rohr weniger als die Ursprungskessel. Verwendet wurden für den Mantel Blechplatten aus HIA-Stahl in einer Dicke (je nach Vorrat) zwischen 15 und 18 mm (meist jedoch 16 mm). Die 4.434 mm x 2.974 mm großen Platten wurden zum Mantel gebogen und dann verschweißt.

504030 wird im AW Schwerte nach Reparatur des Rauchgasvorwärmers am 14. April 1962 wieder zusammengebaut. Sie gehörte zu den wenigen Maschinen, bei denen man den Vorwärmer noch wiederherstellen konnte. AUFNAHME: WOLFGANG KÖLSCH, SAMMLUNG JÜRGEN-ULRICH EBEL

50 4009 war die wohl schlechteste Franco-Crosti-Lok der DB. Sie kam nur auf 331.000 km und damit auf drei Viertel des Durchschnitts ihrer Schwestern. Nach der Kesselkrise kam sie im Februar 1962 wieder in Betrieb, mußte aber bereits am 18. Januar 1963 wieder dem AW Schwerte zugeführt werden, weil der ein Jahr alte Vorwärmerkessel bereits durchgefressen war. Zunächst wollte man sie ausmustern, reparierte sie im Herbst 1963 dann aber doch. Von der Maschine gibt es fast keine Fotos. Hier ist sie im Juli 1962 auf der Rollbahn in der Nähe von Syke unterwegs, offensichtlich ein „Zufallsschuß“.
AUFNAHME: ROLF ENGELHARDT

Der Kessel hatte folgende technische Daten:

Außendurchmesser: 960 mm
Rohrwände aus HIA-Stahl DIN 17155
Rohrlänge nach Zeichnung zwischen den Rohrwänden: 4.030 ± 2 mm, tatsächlich 4.040 mm
160 Heizrohre aus St 35.8 mit 44,5/39,5 mm Durchmesser
Heizfläche: 81 $m^2$
Wasserinhalt des kalten Vorwärmkessels: 1,76 $m^3$
Gewicht des leeren Kessels ohne Ausrüstung und ohne Rauchkammer: 3.700 kg
Zulässiger Betriebsdruck: 18 $kg/cm^2$
Der Kessel war mit einer 26,5 mm dicken Wärmeisolierung versehen.

Um die Vorwärmkessel aus- und einbauen zu können, mußte natürlich auch der Hauptkessel vom Rahmen abgehoben werden, weil er mit dem Vorwärmkessel fest verschraubt war. Sonst wurde eigentlich nur bei einer L 3-Untersuchung, die außer der 50 4001 keine $50^{40}$ nach der Neubekesselung erhielt, der Kessel vom Fahrgestell getrennt. So wuchsen die Reparaturkosten von den vorgesehenen 15.000 DM auf über 40.000 DM je Lok.

Die 30 $50^{40}$-Loks wurden zwischen dem November 1961 und dem Mai 1962 dem AW Schwerte zugeführt. Nur bei sechs Loks waren die Schäden an den Vorwärmern zu reparieren, so daß man die Vorwärmer nach Ausschweißen der Rostgruben, Einschweissen neuer Rohrwände und Neuberohrung mit verkürzten Rohren wieder einbauen konnte. Allerdings erhielten die Maschinen nicht wieder ihre Originalvorwärmer eingebaut, sondern sie wurden nach Schwerter Sitte getauscht.

Im einzelnen waren dies folgende Loks:

| Lok | erhielt am | den Vorwärmer der Lok |
|---|---|---|
| 50 4027 | 26.01.1962 | 50 4024 |
| 50 4026 | 05.02.1962 | 50 4025 |
| 50 4023 | 12.04.1962 | 50 4020 |
| 50 4030 | 25.04.1962 | 50 4021 |
| 50 4018 | 04.05.1962 | 50 4022 |
| 50 4016 | 08.05.1962 | 50 4023 |

Bemerkenswert ist hier, daß die Vorwärmer der 50 4024 und 4025, die von Anfang an mit der Nalco-Dosiereinrichtung ausgestattet waren, weiterverwendet werden konnten. Dadurch wird deutlich, daß die Verwendung von Nalco-AS-Pulver im Konzentratbehälter die Lebensdauer von Vorwärmerheizrohren und Vorwärmermantel deutlich verlängerte.

Für die beiden ersten auszubessernden Loks, die 50 4010 und 4012, wurden von Henschel zwei Vorwärmkessel ungekürzter Bauart und mit Chromstahlrohren geliefert (unter den Nummern 61/85388-2 und 61/85388-1). Die Loks wurden mit diesen Kesseln am 27. November 1961 (50 4012) und am 18. Dezember 1961 (50 4010) abgenommen. Für die weiteren 22 Loks wurden durch das AW Schwerte entsprechend viele Vorwärmerkessel hergestellt (unter den Werksnummern 96/61 bis 98/61 und 99/62 bis 117/62). Die Loks erhielten folgende Vorwärmer und wurden am angegebenen Datum abgenommen:

| | | | | |
|---|---|---|---|---|
| 50 4031 | Vorwärmer | 96 | in Dienst ab | 29.12.1961 |
| 50 4024 | | 97 | | 15.01.1962 |
| 50 4002 | | 98 | | 18.01.1962 |
| 50 4025 | | 99 | | 25.01.1962 |
| 50 4009 | | 100 | | 30.01.1962 |
| 50 4014 | | 101 | | 05.02.1962 |
| 50 4006 | | 102 | | 07.02.1962 |
| 50 4028 | | 103 | | 15.02.1962 |
| 50 4015 | | 104 | | 15.02.1962 |
| 50 4029 | | 105 | | 20.02.1962 |
| 50 4008 | | 106 | | 27.02.1962 |
| 50 4003 | | 107 | | 01.03.1962 |
| 50 4004 | | 108 | | 08.03.1962 |
| 50 4005 | | 109 | | 12.03.1962 |
| 50 4007 | | 110 | | 14.03.1962 |
| 50 4013 | | 111 | | 22.03.1962 |
| 50 4020 | | 112 | | 26.03.1962 |
| 50 4021 | | 113 | | 02.04.1962 |
| 50 4022 | | 114 | | 06.04.1962 |
| 50 4019 | | 115 | | 16.05.1962 |
| 50 4017 | | 116 | | 24.05.1962 |
| 50 4001 | | 117 | | 25.05.1962 |

## Monatsnachweis über Verwendung, Leistung, Ausbesserungskosten und Stoffverbrauch im Bw

Kleinlok Diesellok Ellok Dampflok Nr **50 4019**

| 10 | 11 | 12 | 13 | 14 | 15 | 16 | 17 | 18 | 19 | 20 | 21 | 22 | 23 | 24 | 25 | 26 | 27 | 28 | 29 | 30 | 31 | 32 |
|---|---|---|---|---|---|---|---|---|---|---|---|---|---|---|---|---|---|---|---|---|---|---|
| | das Triebfahrzeug war | | | | schadhaft | | | | | | Abstelltage | | | Leistung im Monat | | | Ausbesserungskosten der Schadgruppe 1 in DM | | | Brennstoff- und Energieverbrauch im Monat | | |
| Jahr und Monat | im Dienst | kurzzeitig unbenutzt | in Reserve | an Dritte vermietet | in Ausbesserung im BW | wartet auf Ausbesserung im BW | in Ausbesserung im AW | | wartet auf AW-Ausbesserung | von der Ausbesserung zurückgestellt | angefallen Summe Sp 12 u 13 u Sp 15 bis 20 | von Sp 21 sind anrechnungsfähig | insgesamt seit der letzten HU oder ZU | 1000 Leistungstonnenkm ohne Kleinlok / Betriebsstunden bei Kleinlok | Kilometer | Kilometer (Betriebsstunden bei Kleinlok) seit der letzten HU oder ZU | im Monat | insgesamt seit der letzten HU oder ZU | Batterieunterhaltungskosten im Monat in DM | Kohle in t / Kraftstoff in l*) / Energie in kWh | t/10⁴ Ltkm / l/10⁴ Ltkm / kWh/10³ Ltkm | Bemerkungen |
| | l | k | r | v | b | x | h | | w | z | | | | | | | | | | | | |
| 1959 | | | | | | | | | | | | | | | | | | | | | | |
| Januar | 6 | 7 | | | 3 | | | | | | 10 | | 10 | 910 | 1488 | 1488 | 685 | 685 | | 28,99 | 31,86 | |
| Februar | 25 | 2 | | | 1 | | | | | | 3 | | 13 | 4940 | 5604 | 7092 | 885 | 1570 | | 89,90 | 18,20 | |
| März | 23 | 6 | | | 2 | | | | | | 8 | | 21 | 4795 | 5809 | 12901 | 1626 | 3196 | | 94,76 | 19,76 | |
| April | 11 | 17 | | | | | | | | | 17 | | 38 | 3985 | 3724 | 16625 | 311 | 3507 | | 58,78 | 14,75 | |
| April | 2 | | | | | | | | | | | | | 769 | 594 | 17219 | – | 3507 | | 5,00 | – | |
| Mai | 29 | | | | 2 | | | | | | 2 | | 40 | 9163 | 8099 | 25318 | 1432 | 4939 | | 127,90 | 13,96 | |
| Juni | 29 | 1 | | | | | | | | | 1 | | 41 | 12690 | 10841 | 36159 | 1607 | 6546 | | 163,10 | 12,85 | |
| Juli | 30 | 1 | | | | | | | | | 1 | | 42 | 12082 | 10993 | 47152 | 1403 | 7949 | | 162,30 | 13,43 | |
| August | 31 | | | | | | | | | | | | | 13346 | 11700 | 58852 | 1991 | 9940 | | 175,50 | 13,15 | |
| Septemb | 20 | | | | 2 | | | | 8 | | 10 | | 52 | 7331 | 6426 | 65278 | 2018 | 10958 | | 104,80 | 14,30 | |
| Oktober | 3 | | | | 1 | | 19 | | 8 | | 28 | | 80 | 867 | 924 | 66202 | 352 | 11310 | | 13,40 | – | |
| Novemb | 29 | 1 | | | | | | | | | 1 | | 81 | 12243 | 10352 | 76554 | 736 | 12046 | | 165,85 | 13,55 | |
| Dezemb | 27 | | | | 4 | | | | | | 4 | | 85 | 10358 | 9215 | 85769 | 2246 | 14292 | | 158,10 | 15,26 | |
| 1960 | | | | | | | | | | | | | | | | | | | | | | |
| Januar | 29 | 2 | | | | | | | | | 2 | | 87 | 11429 | 10143 | 95912 | 1407 | 15699 | | 178,20 | 15,59 | |
| Februar | 27 | 1 | | | 1 | | | | | | 2 | | 89 | 11636 | 10283 | 106195 | 1534 | 17233 | | 184,40 | 15,85 | |
| März | 30 | | | | 1 | | | | | | 1 | | 90 | 11393 | 10262 | 116457 | 2449 | 19682 | | 168,40 | 14,78 | |
| April | 26 | 2 | | | 2 | | | | | | 4 | | 94 | 9865 | 8770 | 125227 | 994 | 20676 | | 157,48 | 15,96 | |
| Mai | 25 | | | | 6 | | | | | | 6 | | 100 | 7565 | 6756 | 131983 | 2004 | 22680 | | 110,80 | 14,65 | |
| Juni | 27 | 2 | | | 1 | | | | | | 3 | | 103 | 11227 | 9541 | 141524 | 2631 | 25311 | | 143,80 | 12,81 | |
| Juli | 25 | 2 | | | 4 | | | | | | 6 | | 109 | 8944 | 7685 | 149209 | 2638 | 27949 | | 188,30 | 14,34 | |
| August | 13 | | | | 4 | 14 | | | | | 18 | | 127 | 4353 | 3822 | 153031 | 3154 | 31103 | | 60,50 | 13,90 | |
| Septemb | 28 | | | | 2 | | | | | | 2 | | 129 | 13389 | 10739 | 163770 | 1866 | 32969 | | 191,30 | 14,29 | |
| Oktober | 25 | | | | 6 | | | | | | 6 | | 135 | 10874 | 8548 | 172318 | 2612 | 35581 | | 146,50 | 13,47 | |
| Novemb | 22 | 5 | | | 3 | | | | | | 8 | | 143 | 4211 | 4380 | 176698 | 856 | 36437 | | 83,40 | 19,81 | |
| Dezemb | | | | | | | 21 | | 2 | | 23 | | ~~166~~ | | | | | | | | | |
| L3-L2 | 543 | 49 | | | 45 | 14 | 40 | | 18 | | 166 | | | 197763 | | 176698 | | 36437 | | 2901,46 | | |
| 1960 | | | | | | | | | | | | | | | | | | | | | | |
| Dezemb | 8 | | | | | | | | | | | | | 1798 | 2188 | 2188 | 290 | 290 | | 36,30 | 20,19 | |
| 1961 | | | | | | | | | | | | | | | | | | | | | | |
| Januar | 31 | | | | | | | | | | | | | 12156 | 10488 | 12676 | 1827 | 2117 | | 175,70 | 14,45 | |
| Februar | 25 | | | | 3 | | | | | | 3 | | 3 | 10445 | 8804 | 21480 | 1937 | 4054 | | 144,10 | 16,37 | |
| März | 26 | 2 | | | 1 | | 2 | | | | 5 | | 8 | 10248 | 9738 | 31218 | 1084 | 5138 | | 158,10 | 16,2[illegible] | |
| April | 10 | 3 | | | | | 13 | | 4 | | 20 | | 28 | 3345 | 2857 | 34075 | 960 | 6098 | | 47,40 | 16,59 | |
| Mai | 26 | 3 | | | 1 | | 1 | | | | 5 | | 33 | 10192 | 8889 | 42964 | 77 | 6175 | | 147,70 | 16,78 | |
| Juni | 29 | 1 | | | | | | | | | 1 | | 34 | 10206 | 9222 | 52186 | 938 | 7113 | | 139,30 | 15,11 | |
| Juli | 31 | | | | | | | | | | | | | 12208 | 9980 | 62166 | 1147 | 8260 | | 171,20 | 17,15 | |
| August | 29 | 2 | | | | | | | | | 2 | | 36 | 9864 | 8334 | 70500 | 1687 | 9947 | | 152,50 | 18,30 | |
| Septemb | 30 | | | | | | | | | | | | | 11886 | 9898 | 80398 | 1179 | 11126 | | 172,80 | 17,46 | |
| Oktober | 17 | 3 | | | 1 | | | | 10 | | 14 | | 50 | 5430 | 4333 | 84731 | 2158 | 13284 | | 73,26 | 16,91 | |
| Novemb | | | | | | | | | 30 | | 30 | | 80 | | | | | | | | | |
| Dezemb. | | | | | | | | | 31 | | 31 | | 111 | | | | | | | | | |
| 1962 | | | | | | | | | | | | | | | | | | | | | | |
| Januar | | | | | | | | | 31 | | 31 | | 142 | | | | | | | | | |
| Februar | | | | | | | | | 28 | | 28 | | 170 | | | | | | | | | |
| März | | | | | | | | | 31 | | 31 | | 201 | | | | | | | | | |
| April | | | | | | | 14 | | 16 | | 30 | | 231 | | | | | | | | | |
| Mai | 6 | 1 | | | 1 | | 14 | | | | 16 | | 247 | 1476 | 1377 | 86108 | | | | 27,10 | 18,36 | |
| Mai | 9 | | | | | | | | | | | | | 726 | 1459 | 87577 | | | | 35,67 | – | |
| Juni | 25 | 3 | | | 2 | | | | | | 5 | | 252 | 2813 | 4186 | 91763 | | | | 73,80 | 33,4 | |
| Juli | 29 | 2 | | | | | | | | | 2 | | 254 | 3631 | 6397 | 98160 | | | | 102,80 | 28,3 | |
| August | 25 | 5 | | | 1 | | | | | | 6 | | 260 | 2643 | 5012 | 103172 | | | | 84,80 | 32,1 | |
| Septemb | 25 | 4 | | | 1 | | | | | | 5 | | 265 | 2540 | 4562 | 107734 | | | | 89,20 | 31,6 | |
| Oktober | 28 | | | | 1 | | | | 2 | | 3 | | 268 | 2810 | 5219 | 112953 | | | | 96,20 | 34,2 | |
| Novemb | 11 | 1 | | | | | 13 | | 5 | | 19 | | 287 | 1118 | 2463 | 115416 | | | | 41,60 | 37,21 | |
| Dezemb | 26 | 4 | | | 1 | | | | | | 5 | | 292 | 2756 | 5267 | 120683 | | | | 103,70 | 37,63 | |
| 1963 | | | | | | | | | | | | | | | | | | | | | | |
| Januar | 26 | 4 | | | 1 | | | | | | 5 | | 297 | 1652 | 4314 | 124997 | | | | 95,70 | 59,75 | |
| Februar | 27 | 1 | | | | | | | | | 1 | | 298 | 2545 | 4140 | 129137 | | | | 98,70 | 35,78 | |
| März | 28 | 2 | | | 1 | | | | | | 3 | | 301 | 2217 | 4222 | 133359 | | | | 79,90 | 36,04 | |
| April | 27 | 2 | | | 1 | | | | | | 3 | | 304 | 2827 | 5127 | 138486 | | | | 94,20 | 33,32 | |
| Mai | 13 | | | | 1 | | | | 17 | | 18 | | 322 | 1239 | 2252 | 140738 | | | | 44,80 | 36,16 | |
| Juni | | | | | | | 8 | | 22 | | 30 | | 352 | | | | | | | | | |
| Juli | 14 | 4 | | | 1 | | 12 | | | | 17 | | 369 | 1050 | 2290 | 143028 | | | | 43,30 | 41,24 | |
| August | 27 | 3 | | | 1 | | | | | | 4 | | 373 | 3048 | 4680 | 147708 | | | | 87,10 | 28,58 | |
| Septemb | 30 | | | | | | | | | | | | | 5401 | 6039 | 153747 | | | | 118,30 | 21,90 | |
| zu übertragen | 638 | 50 | | | 19 | | 77 | | 227 | | 373 | | | 137670 | | 153747 | | | | 2729,23 | | |

Bemerkung: Bei Zuführung eines Fahrzeugs zum AW sind die Bw-Kosten, soweit hierzu der Gemeinkostenzuschlag noch nicht bestimmt ist, mit dem zuletzt gültigen Gemeinkostenzuschlag zu berechnen.

*) Bei Dieseltriebfahrzeugen nur Kraftstoffverbrauch für die Antriebsanlage ohne Brennstoffverbrauch für Heizung.

Betriebsbogen aus dem Betriebsbuch von 50 4019 (Sammlung Heinz Skrzypnik). Beeindruckend waren die Kilometerleistungen beim Bw Oberlahnstein mit einer Höchstleistung von 11.700 km im August 1959. Im Anschluß an die Abstellphase im Zuge der Kesselkrise von November 1961 bis April 1962 konnte das Bw Bingerbrück nie an alte Leistungen anknüpfen. Erst beim Bw Hamm ab August 1964 stellte sich eine gewisse Erholung ein.

Monatsnachweis über Verwendung, Leistung, Ausbesserungskosten und Stoffverbrauch im Bw

Kleinlok Diesellok Ellok Dampflok Nr **50 4019**

| 10 | 11 | 12 | 13 | 14 | 15 | 16 | 17 | 18 | 19 | 20 | 21 | 22 | 23 | 24 | 25 | 26 | 27 | 28 | 29 | 30 | 31 | 32 |
|---|---|---|---|---|---|---|---|---|---|---|---|---|---|---|---|---|---|---|---|---|---|---|
| | das Triebfahrzeug war | | | | | | | | | | Abstelltage | | | Leistung | | | Ausbesserungskosten der Schadgruppe 1 in DM | | | Brennstoff- und Energieverbrauch im Monat | | |
| | | | | | schadhaft | | | | | | | | | im Monat | | | | | | | | |
| Jahr und Monat | im Dienst l | kurzzeitig unbenutzt k | in Reserve r | an Dritte vermietet v | in Ausbesserung im BW b | wartet auf Ausbesserung im BW x | in Ausbesserung im AW h | | wartet auf AW-Ausbesserung w | von der Ausbesserung zurückgestellt z | angefallen Summe Sp 12 u 13 u Sp 15 bis 20 | von Sp 21 sind anrechnungsfähig | insgesamt seit der letzten HU oder ZU | 1000 Leistungstonnenkm ohne Kleinlok / Betriebsstunden bei Kleinlok | Kilometer | Kilometer (Betriebsstunden bei Kleinlok) seit der letzten HU oder ZU | im Monat | insgesamt seit der letzten HU oder ZU | Batterieunterhaltungskosten im Monat in DM | Kohle in t / Kraftstoff in l*) / Energie in kWh | t / 10⁴ Ltkm; l / 10⁴ Ltkm; kWh / 10⁴ Ltkm | Bemerkungen |
| Übertrag | 638 | 50 | | | 19 | | 77 | | 227 | | 373 | | | 137620 | | 153742 | | | | 2729,23 | | |
| 1963 | | | | | | | | | | | | | | | | | | | | | | |
| Oktober | 29 | 1 | | | 1 | | | | | | 2 | | 375 | 4244 | 5904 | 159651 | | | | 106,50 | 25,09 | |
| Novemb | 25 | 4 | | | 1 | | | | | | 5 | | 380 | 3803 | 5364 | 165015 | | | | 105,60 | 27,77 | |
| Dezemb | 25 | 5 | | | 1 | | | | | | 6 | | 386 | 2433 | 4499 | 169514 | | | | 86,60 | 35,59 | |
| 1964 | | | | | | | | | | | | | | | | | | | | | | |
| Januar | 24 | 3 | | | 4 | | | | | | 7 | | 393 | 2386 | 3616 | 173130 | | | | 75,60 | 31,68 | |
| Februar | 23 | 5 | | | 1 | | | | | | 6 | | 399 | 2727 | 4310 | 177440 | | | | 98,66 | 30,84 | |
| März | 15 | 7 | | | 1 | 8 | | | | | 16 | | 415 | 916 | 1883 | 179323 | | | | 29,80 | 32,53 | |
| April | 15 | 6 | | | 1 | 8 | | | | | 15 | | 430 | 1793 | 2953 | 182576 | | | | 54,60 | 30,45 | |
| Mai | 26 | 4 | | | 1 | | | | | | 5 | | 435 | 3964 | 5079 | 187355 | | | | 96,60 | 24,37 | |
| Juni | 12 | 17 | | | 1 | | | | | | 18 | | 453 | 1401 | 2235 | 189590 | | | | 39,90 | 28,48 | |
| Juli | 9 | 4 | | | | | 9 | | 9 | | 22 | | 475 | 984 | 1741 | 191331 | | | | 28,40 | 31,10 | |
| August | | | | | | | 11 | | | | 11 | | 486 | | | | | | | | | |
| L2-L2 | 841 | 106 | | | 31 | 16 | 97 | | 236 | | 486 | | | 162321 | | 191331 | | | | 3451,49 | | |
| 1964 | | | | | | | | | | | | | | | | | | | | | | |
| August | 18 | 2 | | | | | | | | | 2 | | 2 | 4304 | 4125 | 4125 | | | | 75,35 | 17,04 | |
| Septemb | 25 | 2 | | | 3 | | | | | | 5 | | 7 | 6390 | 5645 | 9770 | | | | 99,96 | 15,64 | |
| Oktober | 28 | 2 | | | 1 | | | | | | 3 | | 10 | 6852 | 6891 | 16661 | | | | 130,03 | 18,97 | |
| Novemb | 19 | 3 | | | 5 | 3 | | | | | 11 | | 21 | 5288 | 4626 | 21287 | | | | 91,12 | 17,23 | |
| Dezemb | 24 | 6 | | | 1 | | | | | | 7 | | 28 | 5015 | 5318 | 26605 | | | | 109,36 | 21,80 | |
| 1965 | | | | | | | | | | | | | | | | | | | | | | |
| Januar | 22 | 7 | | | 2 | | | | | | 9 | | 37 | 4640 | 5125 | 31730 | | | | 101,71 | 21,92 | |
| Februar | 23 | 3 | | | 2 | | | | | | 5 | | 42 | 4309 | 4332 | 36062 | | | | 94,69 | 21,97 | |
| März | 23 | 6 | | | 2 | | | | | | 8 | | 50 | 5194 | 5373 | 41435 | | | | 106,24 | 20,45 | |
| April | 22 | 6 | | | 2 | | | | | | 8 | | 58 | 4421 | 4830 | 46265 | | | | 92,70 | 20,96 | |
| Mai | 23 | 4 | | | 4 | | | | | | 8 | | 66 | 5392 | 5018 | 51283 | | | | 92,27 | 17,11 | |
| Juni | 18 | 6 | | | 6 | | | | | | 12 | | 78 | 3223 | 3460 | 54743 | | | | 65,37 | 20,28 | |
| Juli | 20 | 5 | | | | | | | 6 | | 11 | | 89 | 4254 | 4754 | 59497 | | | | 80,69 | 18,96 | |
| August | 3 | 2 | | | 1 | | 22 | | 3 | | 28 | | 117 | 317 | 573 | 60070 | | | | 8,28 | - | |
| Septemb | 8 | 2 | | | | | 15 | | 5 | | 22 | | 139 | 2187 | 2177 | 62247 | | | | 41,44 | 18,94 | |
| Oktober | 24 | 5 | | | 2 | | | | | | 7 | | 146 | 5817 | 5638 | 67885 | | | | 101,51 | 17,45 | |
| Novemb | 24 | 4 | | | 2 | | | | | | 6 | | 152 | 4731 | 4957 | 72842 | | | | 101,90 | 21,53 | |
| Dezemb | 24 | 5 | | | 2 | | | | | | 7 | | 159 | 5567 | 5729 | 78571 | | | | 118,77 | 21,33 | |
| 1966 | | | | | | | | | | | | | | | | | | | | | | |
| Januar | 23 | 7 | | | 1 | | | | | | 8 | | 167 | 6376 | 6225 | 84796 | | | | 134,38 | 21,07 | |
| Februar | 21 | 6 | | | 1 | | | | | | 7 | | 174 | 4596 | 4743 | 89539 | | | | 97,70 | 21,25 | |
| zu übertragen | | | | | | | | | | | | | | | | | | | | | | |

Fortsetzung siehe Ueberwachungskarte

Bemerkung: Bei Zuführung eines Fahrzeugs zum AW sind die Bw-Kosten, soweit hierzu der Gemeinkostenzuschlag noch nicht bestimmt ist, mit dem zuletzt gültigen Gemeinkostenzuschlag zu berechnen.

*) Bei Dieseltriebfahrzeugen nur Kraftstoffverbrauch für die Antriebsanlage ohne Brennstoffverbrauch für Heizung.

Ab diesem Zeitpunkt gab es also Lokomotiven mit langen und mit gekürzten Vorwärmern, nicht gerade hilfreich für die Werkstätten. Aus den Daten wird deutlich, daß generell die Kirchweyher Loks zuerst ausgebessert wurden, danach die Osnabrücker und erst zum Schluß die wegen der fortschreitenden Elektrifizierung schon nicht mehr dringend benötigten Oberlahnsteiner Loks. Alle $50^{40}$ mußten fortan einmal jährlich dem Kesselprüfer des AW Schwerte vorgeführt werden.

Nach dem Vorwärmerwechsel führte die DB keine weiteren Versuche mit der $50^{40}$ durch. Das noch ein Jahr vorher große Interesse an Verbesserungen des FC-Systems war erloschen, ebenfalls 1961 war der Fachausschuß Dampflokomotiven, der sich bisher sehr für die FC-Loks eingesetzt hatte, aufgelöst worden.

In Anbetracht der dauernd hohen Ausbesserungskosten, die einen Großteil der Kohleersparnis wieder aufzehrten, kam auch kein Umbau weiterer 50 in Betracht, weil schon damals abzusehen war, daß die Dampflok, und speziell die Baureihe 50, in der folgenden Zeit in untergeordnete Dienste abwandern würde.

Am 16. Dezember 1962 mußte das Bw Kirchweyhe die 50 4009 zur jährlichen Prüfung des Vorwärmers ins AW Schwerte schicken. Hier stellte Kesselprüfer Tigges nach einem Dreivierteljahr Betrieb im neuen Vorwärmer wieder wasserseitige Rostgruben von 2 bis 7 mm fest, und zwar in einem Ausmaß, daß der Vorwärmermantel hätte erneuert werden müssen. 20.000 DM wurden veranschlagt. Nun schaltete sich die OBL West in Essen ein und forderte, diese Lok aus dem Unterhaltungsbestand zu nehmen und durch eine normale 50 zu ersetzen. Darüber hinaus wollte sie von der HVB eine grundsätzliche Entscheidung, da ähnliche Schäden an den übrigen $50^{40}$ zu erwarten waren. Die Hauptverwaltung allerdings stand noch zu ihrer FC-Lok. Die Schäden wären ein Einzelfall, der durch schwankende Dosierung hervorgerufen worden wäre. Das hätte die BD Münster ermittelt. Die möglichen wirtschaftlichen und betrieblichen Vorteile ließen es „geboten erscheinen, auch weiterhin alle Loks dieser Baureihe zu unterhalten". So besserte man diese Maschine bis zum 26. November 1963 wieder aus.

Aus dem Betriebsbuch von 50 4031 ergibt sich ein ähnliches Schadensbild. Sie mußte mit undichtem Vorwärmer in Bingerbrück am 17. Dezember 1963 auf W abgestellt werden. Einen Monat später erst schleppte man sie ins AW Schwerte, das vom 17. Januar bis zum 8. April 1964 brauchte, um die Lok wieder fertigzustellen. Neben diversen Triebwerksarbeiten, die man miterledigte, wurde der Vorwärmermantel im unteren Bereich teilweise und die Rohrwand hinten ganz erneuert.

Nächste „Ausmusterungskandidatin" und Auslöserin des verfrühten Abschieds von dieser Baureihe wurde 50 4024, die das Bw Kirchweyhe am 19. April 1964 nach einem Rahmenbruch abstellen mußte. Sie kam am 5. Mai 1964 zur L 0 ins AW Schwerte. Dort stellte Kesselprüfer Tigges auch umfangreiche Kesselschäden fest, namentlich bis zu 200 mm lange Risse in der Feuerbüchse. Das AW Schwerte berichtete, die Art der Risse sei ungewöhnlich, so daß ein ähnliches Auftreten bei den übrigen Loks bald zu erwarten wäre. Weiterhin könnten die schnell auftretenden und fortschreitenden wasserseitigen Korrosionen an Rohren und Mantel des Vorwärmers nicht verhindert werden. Bei 50 4024 waren Reparaturkosten von 24.000 DM zu erwarten, bei nur noch 58.000 km bis zur Laufleistungsgrenze. Die Ausführung der L 0 war also unwirtschaftlich. Bereits am 9. Mai 1964 stellte man die Lok deshalb von einer Ausbesserung zurück.

Aus einer Aufstellung der bislang im AW aufgewendeten Kosten einschließlich der L 3 ergab sich nicht nur die absolute Summe von 468.980 DM, sondern auch daß die L 0 im Laufe der Zeit immer teurer wurden. Diesen Kosten standen bislang 358.000 km Laufleistung gegenüber. Natürlich war es auf die gesamte Baureihe gemünzt, wenn die AW-Kosten pro Kilometer von 1,30 DM denen einer normalen 50er von 0,39 DM entgegengestellt wurden. Auch unter Herauslassung des Umbaues (247.101 DM) war die Unterhaltung immer noch doppelt so teuer wie die einer normalen 50. Da mit einer Senkung der Unterhaltungskosten nicht zu rechnen war, schlug das AW Schwerte im Benehmen mit der BD Münster und der OBL West am 25. Mai 1964 vor, die Lok auszumustern – was aber noch bis zum 1. September 1965 auf sich warten ließ.

Auf die ganze Baureihe gemünzt war auch eine dem Brief des AW Schwerte beigelegte Aufstellung, nach der allein vom Januar bis April 1964 an zehn Lokomotiven Rahmenbrüche aufgetreten waren, fast immer im ersten Kuppelachsausschnitt. Dort bestand eine Schwächung des Rahmens durch den Vorwärmerausschnitt. Aufgezählt wurden 50 4002, 4005, 4008, 4012, 4013, 4014, 4024, 4025, 4027, 4031. Man hatte also durch die stärkeren Auflager des Vorwärmers nichts an den schon bei 50 1412 in den frühen Betriebsjahren aufgetretenen Schäden ändern können. Zur Korrosion trat damit ein zweites, im Laufe der Alterung sich verschärfendes Problem. So mußten bei dem vorhersehbaren Rückgang der Jahreslaufleistungen im Zuge des fortschreitenden Strukturwandels die Maschinen binnen kurzem teurer als die normalen 50er werden, ohne daß dem im Betrieb lästigen zusätzlichen Aufwand mit Dosierung und Überwachung des Vorwärmers noch ein nennenswerter betrieblicher Vorteil gegenüber stehen würde.

Eine aufschlußreiche Wirtschaftlichkeitsrechnung auf Basis des Jahres 1963 machte am 29. Juli 1964 die OBL West auf, immer noch im Zusammenhang mit der erwünschten Ausmusterung der 50 4024. Danach kamen in diesem Jahr die $50^{40}$ im Durchschnitt auf 2.313 DM/1.000 km, eingerechnet AW-Kosten, Bw-Kosten und Kohlenverbrauch, die durchschnittliche Normal-50 in der OBL West war pro 1.000 km 85 DM teurer. Der Kohlenverbrauch war mit 17,5 t/1.000 km um 2,6 t günstiger als derjenige der Normal-50, doch resultierte der Kostenvorteil der FC-Lok allein noch daher, daß sie eine deutlich höhere Laufleistung erreichten, welche die hohen jährlichen AW-Kosten relativierte.

Am 24. Oktober 1964 fuhr 50 4027 in Bremen dem E 526 in die Seite und wurde dabei schwer beschädigt (Unfallbeschreibung siehe Seite 190). Anschließend stellte man die Lok im AW Bremen ab, das die Aufarbeitungswürdigkeit prüfen sollte. Bereits seit dem 25. Oktober 1964 führte man sie als z-Lok. Kurzfristig kamen Überlegungen auf, den Kessel der 50 4027 (Aufarbeitungskosten 25.000 DM) in 50 4024 einzubauen. Bei dieser wären dann nur die Reparatur des Rahmenbruchs und eine L 2 (35.000 DM) erforderlich gewesen. Die BD Münster aber hielt die Aufarbeitung für unnötig, da sie im Januar 1965 weitere Loks der BR 41 erhalten würde. Beide Maschinen blieben daraufhin abgestellt.

In der Tat sanken die Laufleistungen der Loks der BD Münster im Laufe des Jahres 1965 bereits stark ab, vor allem, als auch die Osnabrücker Maschinen nach Kirchweyhe umbeheimatet wurden. Von wirtschaftlichem Einsatz war keine Rede mehr, und die Loks standen großteils nur noch herum. Lediglich beim Bw Hamm gab es bis zum Herbst 1966 noch Einsätze mit 4.000 bis 6.000 Lok-km pro Monat (siehe dazu auch Kapitel „Einsätze").

Den Schlußpunkt der Geschichte und einen regelrechten Abgesang bildete ein Bericht des BZA Minden (BOR Grehling, Dez. 24 und VPr Grotrian, Dez. 23), der am 14. April 1966 an die Hauptverwaltung der DB und die Zentrale des Werkstättenwesens geschickt wurde:

„Bei den Lokomotiven mit Rauchgasvorwärmer (BR $50^{40}$) müssen zur Einschränkung der Korrosionsschäden außergewöhnlich hohe Aufwendungen für die Speisewasser-Innenaufbereitung gemacht werden (55,00 bis 60,00 DM je 1.000 Lok-km bei den Lok der BR $50^{40}$ gegenüber 8,00 bis 10,00 DM bei solchen der BR 50). Trotzdem ist dem Kampf gegen die Korrosion kein voller

Nach der Kesselkrise kamen die Maschinen beim Bw Kirchweyhe wieder richtig ans Rollen. 50 4029, auch sie eine der früh abgestellten, wenig fotografierten Maschinen, „fetzt“ im Mai 1962 in der Nähe des Heimat-Bw Kirchweyhe durch den Bahnhof Dreye.

Aufnahme: Rolf Engelhardt

Als Vorspann vor 41 347 rauscht 50 4025 im Oktober 1963 über das Güterzug-Durchfahrtsgleis durch dem Hauptbahnhof Bremen.

Aufnahme: Rolf Engelhardt

Alt und neu – 50 4031 und 50 1866 im Bw Bingerbrück 1963.

Aufnahme: Bernd Kappel

50 4013 im Endzustand im Heimat-Bw Osnabrück Rbf im Mai 1963. Hier sieht man einmal, warum die Kohlenkastendeckel meist offen blieben: Der Kohlenraum ist übervoll geladen, auch vorne auf dem Rahmen des Windschutzes und seitlich auf dem Wasserkasten liegen Kohlen. AUFNAHME: JÜRGEN MUNZAR

Erfolg beschieden. Wenn auch die Zahl der unmittelbaren Betriebsstörungen zurückgegangen ist, so glaubt der Werkstättendienst (Kesselprüfer) noch immer an einer alljährlichen Kontrolle der Vorwärmertrommeln (Ziehen zahlreicher Rohre) festhalten zu müssen. Unter diesen Umständen sahen wir uns veranlaßt, die Frage zu überprüfen, ob die erzielbare Kohlenersparnis der Lok BR $50^{40}$ mit den Mehrkosten an Unterhaltung, Pflege und Speisewasser-Innenaufbereitung in einem angemessenen Verhältnis steht.

Nach langjähriger Erfahrung verbraucht die Lok BR $50^{40}$ unter günstigen Einsatzbedingungen (Langläufe, wenig Halte) 2 bis 2,5 t Kohle je 1.000 Lok-km weniger als die Lok BR 50. Die Zahl geht naturgemäß zurück bei Verschlechterung des Lokomotiveinsatzes. So weist die BD Münster (Westf.) für die im Bw Kirchweyhe eingesetzten Lok der BR $50^{40}$, die nur wenig Lokomotivkilometer monatlich und diese z. T. im Ng-Dienst fahren, nur noch knapp 1 t Kohlenersparnis gegenüber der BR 50 nach.
Die Kosten der Lokomotivunterhaltung im AW und Bw hat auf unseren Wunsch hin die ZW Frankfurt (Main) zusammengestellt. Die Anlage gibt diese Zahlen wieder. Wie daraus zu ersehen ist, liegen die Unterhaltungs-Mehrkosten der BR $50^{40}$ erschreckend hoch und weisen obendrein steigende Tendenz auf. Das kommt wegen der sinkenden spezifischen Laufleistung besonders deutlich bei den auf 1.000 Lok-km bezogenen Unterhaltungskosten zum Ausdruck. Nicht unerheblich hat wohl zu den hohen Unterhaltungskosten der Umstand beigetragen, daß die Zahl der Brüche an dem durch die Aussparung für die Vorwärmertrommel geschwächten Rahmen ständig zunimmt. Allein im vergangenen Jahr waren es zwölf Rahmenbrüche bei einer Gesamtzahl von noch 28 Lokomotiven.

Den von der ZW Frankfurt ermittelten Ausbesserungskosten, denen noch die Mehrkosten für die Speisewasser-Innenaufbereitung zuzuschlagen sind, steht im günstigsten Fall eine Kohlenersparnis von 2,5 t je 1.000 Lokomotivkilometer – das sind bei einem Kohlenpreis von rd. 80,00 DM je t etwa 200,00 DM – gegenüber. Selbst in dem für die Lokomotiven mit Rauchgasvorwärmer günstigsten Jahr 1963 überwogen die Ausbesserungskosten mit 240,00 DM je 1.000 Lok-km, zu denen dann die genannten Kosten für die Speisewasser-Innenaufbereitung hinzukommen, die höchstmöglichen Ersparnisse. In den letzten Jahren jedoch sind die Mehrkosten auf ein Vielfaches der gün-

Anlage:

## Gegenüberstellung der AW- und Unterhaltungskosten der Lok BR $50^{40}$ und 50

| Jahr | BR $50^{40}$ | | | BR 50 | | | Unterschied in DM und % je 1.000 Lok-km | |
|---|---|---|---|---|---|---|---|---|
| | **Kosten je 1.000 Lok-km in DM** | | | | | | | |
| | AW | Bw | AW + Bw | AW | Bw | AW + Bw | BR $50^{40}$ : BR 50 | |
| 1962 | 712 | 271 | 983 | 383 | 282 | 665 | + 318 DM | + 47,8 % |
| 1963 | 711 | 253 | 964 | 411 | 313 | 724 | + 240 DM | + 33 % |
| 1964 | 974 | 282 | 1.256 | 471 | 335 | 806 | + 450 DM | + 55,8 % |
| 1965 | 1.426 | 334 | 1.760 | 497 | 373 | 870 | + 890 DM | + 102 % |
| | **Kosten in DM je Fahrzeug und Jahr** | | | | | | | |
| 1962 | 36.128 | 13.748 | 49.876 | 20.238 | 14.900 | 35.138 | + 14.738 DM | + 41,9 % |
| 1963 | 39.230 | 13.948 | 53.178 | 21.121 | 16.200 | 37.321 | + 15.857 DM | + 42,5 % |
| 1964 | 53.141 | 15.464 | 68.605 | 22.892 | 16.300 | 39.192 | + 29.413 DM | + 75,0 % |
| 1965 | 53.162 | 11.161 | 64.323 | 21.875 | 16.700 | 38.575 | + 25.748 DM | + 66,7 % |

Werte für 1965: 1. bis 3. Vierteljahr

Der letzte Umbau: Die kurzfristig beim Bw Rahden eingesetzten Maschinen wurden meist zuvor mit geringem Aufwand im AW Schwerte „fitgemacht" und erhielten dabei auch Läutewerke für den Nebenbahndienst. Mangels anderer Unterbringungsmöglichkeiten setzte man die Glocke meist vorne rechts auf den Umlauf, Kirchweyhe, Juli 1966. AUFN.: JÜRGEN MUNZAR

stigstenfalls erzielbaren Kohleneinsparungen angewachsen. Für das Jahr 1965 hätten sich ohne Zweifel noch weit höhere Kosten ergeben, wenn nicht drei Loks wegen außergewöhnlicher Schäden ausgemustert worden wären. Wegen der ständig schlechter werdenden Einsatzverhältnisse sind aber ohne Zweifel die eingesparten Kohlenmengen weit hinter den optimalen Zahlen zurückgeblieben. U. E. kann kein Zweifel daran bestehen, daß die Lok mit Rauchgasvorwärmer gesamtwirtschaftlich gesehen erheblich teurer sind als die Lok der Regelausführung.

Wir bitten anzuordnen, daß die Loks der BR $50^{40}$ abgestellt werden, wenn sie mit größeren Schäden oder zu einer Schadgruppe L 2 dem Ausbesserungswerk zugeführt werden müssen."

Bereits am 24. Mai 1966 entschied die HVB per Verfügung 21.211 Zlad1: Die Loks der BR $50^{40}$ werden aus dem Unterhaltungsbestand herausgenommen, weil die Loks mit Rauchgasvorwärmer gesamtwirtschaftlich erheblich teurer sind als Loks der BR 50 der Regelausführung. Die restlichen Loks der BR $50^{40}$ (BD Essen: 9, BD Münster: 14 ohne z-Loks) werden ab Sommerfahrplan 1966 noch im Plandienst eingesetzt und sollen bis zum Erreichen der Laufleitungsgrenze abgefahren werden."

Nur wenig mehr als ein Jahr später waren alle Maschinen abgestellt, fast alle wegen ablaufender Kesselfrist, einige wegen Rahmenbruchs.

Abschließend noch die Aufstellung der an den Maschinen nach dem Umbau noch durchgeführten Sonderarbeiten:

| | |
|---|---|
| SA 7.105 | Füllstücke an Kuppelstangen angeschweißt |
| SA 7.107 | Beilagen für Druckstangen |
| SA 7.111 | schwenkbare Lampe auf Lokführerseite |
| SA 242 | Regenschutz am Führerhaus angebracht |
| SA 1.262 | Entwässerung des Rauchgasvorwärmers |
| SA 1.269 | Entwässerung der Ausströmrohre |
| SA 1.270 | Halter für Verbandskasten angebracht |
| SA 1.279 | Rauchgasvorwärmer um 560 mm gekürzt |
| SA 279 | Konzentratbehälter angebracht |
| SA 285 | Dampfleitung zum Gärtner-Bläser mit Wärmeschutz versehen |
| SA 291 | Deichselöse eingeklebt |

Aus mehreren Betriebsbüchern werden stellvertretend die mit Kessel und Rauchgasvorwärmer zusammenhängenden Ausbesserungen aufgeführt:

## Kesselausbesserungen der 50 4013

**27.2. bis 13.3.1960**
Mischvorwärmer nach Zeichnung Fld 25.310 SK 1 geändert. 18 Stiftschrauben am FC-Vorwärmer gewechselt.

**12.1. bis 31.1.1961**
Undichtigkeiten am Kessel beseitigt, Ventilregler und Armaturen wiederhergestellt, 24 Rohre am FC-Vorwärmer gewechselt.

**17.8. bis 30.8.1961**
160 Rohre des FC-Vorwärmers gewechselt. Reglerknierohr und Ventilregler wiederhergestellt.

**6.3. bis 22.3.1962**
Undichtigkeiten am Steh- und Langkessel beseitigt. Der FC-Vorwärmer wurde um 560 mm gekürzt, der Mantel erneuert. In der hinteren Rohrwand ein neuer Rohrspiegel eingeschweißt. In der vorderen Rohrwand eine Waschluke neu. Ein Sicherheitsventil-Flansch erneuert, 160 Heizrohre im FC-Vorwärmer erneuert.

**29.6. bis 10.7.1962**
39 Heiz- und 24 Rauchrohre vorgeschuht und mit Spiel eingebaut. Undichtigkeiten beseitigt. Ventilregler wiederhergestellt. Gestra-Abschlammventil gewechsel.

**10.4. bis 2.5.1963**
39 Heiz- und 24 Rauchrohre vorgeschuht und mit Spiel eingebaut. Undichtigkeiten am Kessel beseitigt. Ventilregler, Speiseventil, Eichdruckwasserhahn, Wasserstände und Gestra wiederhergestellt. Im FC-Vorwärmer sämtliche Rohre gewechselt. Rostgruben ausgeschweißt. Anlagering hinten erneuert.

**4.10. bis 23.10.1963**
Risse in der Rauchkammer geschweißt. Undichtigkeiten am Kessel beseitigt. Ventilregler und Armaturen wiederhergestellt. Im FC-Vorwärmer 18 Rohre gewechselt.

**9.3. bis 5.4.1964**
Ventilregler getauscht.

**23.10. bis 28.10.1964**
39 Heiz- und 24 Rauchrohre gewechselt. Undichtigkeiten am Kessel beseitigt. Reglerknierohr, Ventilregler und Gestra-Ventil wiederhergestellt. Im FC-Vorwärmer 160 Rohre getauscht, Rostgruben ausgeschliffen.

**7.12. bis 30.12.1964**
Stehkesselvorderwand und unten Lukenfutter gewechselt.

**29.10. bis 17.11.1965**
170 Stehbolzenkontrollöcher aufgebohrt. 39 Heiz- und 24 Rauchrohre gewechselt. Am Rauchkammermantel oben und unten Verstärkungsbleche eingeschweißt und Risse ausgeschweißt. Im Vorwärmer 15 Rohre gewechselt. Rauchkammertür und Türen am Vorwärmer angerichtet. Reglerknierohr und Ventilregler wiederhergestellt. 2 Gestra-Ventile gewechselt.

**z am 18.11.1966**

Ein vollständiger Rohrwechsel im Vorwärmer wurde nach sehr unterschiedlichen Laufleistungen fällig:

| | | |
|---|---|---|
| 1. | kompletter Wechsel nach | 219.000 km (!) |
| 2. | " | 13.000 km (Vorwärmer neu) |
| 3. | " | 79.000 km |
| 4. | " | 90.000 km |

Gesamtlaufleistung: 444.000 km in 8 Jahren = 55.500 km/Jahr.

## Kesselausbesserungen der 50 4019

**9.10. bis 27.10.1959**
Mischvorwärmer geändert. 18 Schrauben am Rauchgasvorwärmer gewechselt. Reglerknierohr und Ventilregler wiederhergestellt.

**6.12. bis 27.12.1960**
163 Heizrohre im Rauchgasvorwärmer gewechselt. Ventilregler und Armaturen wiederhergestellt.

**17.4. bis 14.5.1962**
Undichtigkeiten am Kessel beseitigt. Ventilregler und 2 Gestra-Abschlammventile getauscht. Rauchgasvorwärmer: Mantel erneuert und um 560 mm gekürzt. 160 Heizrohre gewechselt. Vordere Rohrwand neu 1 Auswaschluke eingebaut und 1 Flansch für Sicherheitsventile angebaut. Undichtigkeiten am Kessel beseitigt.

**22.6. bis 12.7.1963**
39 Heiz- und 24 Rauchrohre gewechselt. Reglerknierohr, Ventilregler, Hauptabsperrventil, Speiseventile, Wasserstände und Gestra wiederhergestellt. Im Rauchgasvorwärmer 160 Rohre gewechselt. Rostnarben im Mantel wasserseitig ausgeschweißt. Rauchkammertüren angerichtet. Undichtigkeiten am Kessel beseitigt.

**23.7. bis 11.8.1964**
20 Heiz- und 14 Rauchrohre gewechselt. Verstärkungsblech oben eingeschweißt. An der oberen Rauchkammer Scheuerblech vorgeschuht. Undichtigkeiten beseitigt. Reglerknierohr, Ventilregler und sämtliche Armaturteile wiederhergestellt. Im Rauchgasvorwärmer 160 Rohre gewechselt. Rostgruben im Vorwärmer ausgeschweißt. An der vorderen Rauchkammertür Dichtring angeschweißt. Alle Türen angerichtet.

**4.8. bis 25.8.1965**
260 Stehbolzenkontrollöcher aufgebohrt. 4 Stehbolzen nachgeschweißt. 8 Heiz- und 3 Rauchrohre gewechselt. Undichtigkeiten am Kessel beseitigt. Wasserstände und Gestra wiederhergestellt. Rauchgasvorwärmer 160 Rohre gewechselt. Im Mantel vorn einen Flicken eingeschweißt. Hintere Rohrwand wasserseitig aufgeschweißt. Verstärkungsblech in der Rauchkammer eingeschweißt.

**z am 30.7.1966**

Ein kompletter Rohrwechsel wurde durchgeführt nach recht verschiedenen Laufleistungen.

| | | |
|---|---|---|
| 1. | kompletter Wechsel nach | 176.700 km |
| 2. | " | 84.700 km (Vorwärmer neu) |
| 3. | " | 56.000 km |
| 4. | " | 50.600 km |
| 5. | " | 60.000 km |

Gesamtlaufleistung: 428.000 km in 7,5 Jahren = 57.000 km/Jahr.

## Kesselausbesserungen der 50 4020

**7.10. bis 23.10.1959**
Mischvorwärmer geändert. Reglerknierohr und Ventilregler wiederhergestellt.

**11.11. bis 29.11.1960**
Ventilregler und Armaturen wiederhergestellt. 161 Rohre im Rauchgasvorwärmer gewechselt. Einzelne Abzehrungen am Boden des Rauchgasvorwärmers ausgeschweißt.

**8.3. bis 27.3.1962**
Ventilregler und Gestraventil wiederhergestellt. Undichtigkeiten am Steh- und Langkessel beseitigt.
Rauchgasvorwärmer: Vorwärmermantel erneuert (Blech Nr. 13-6657-D 31). 161 Heizrohre gewechselt. Rohrwand vorn eine neue Waschluke u.a.m. Vorwärmer einen Stutzen für Sicherheitsventil angebracht. Vorwärmer wurde um 560 mm gekürzt. Druckprobe ausgeführt. Undichtigkeiten beseitigt.

**22.4. bis 11.5.1963**
39 Heiz- und 24 Rauchrohre gewechselt. Undichtigkeiten am Kessel beseitigt. Ventilregler, Speiseventile, Eichdruckwasserhahn, Wasserstände und Gestra wiederhergestellt. Rauchgasvorwärmer: 160 Rohre gewechselt.

**31.10. bis 11.5.1963**
Ventilregler wiederhergestellt.

**3.6. bis 23.6.1964**
19 Heiz- und 12 Rauchrohre gewechselt. Undichtigkeiten am Kessel beseitigt. Reglerknierohr, Ventilregler und Armaturen wiederhergestellt. Rauchgasvorwärmer, Rostgruben im Mantel ausgeschweißt. 160 Rohre gewechselt.

**15.4. bis 13.5.1965**
Undichtigkeiten am Steh- und Langkessel beseitigt. Im Rauchgasvorwärmer 160 Rohre gewechselt und den hinteren Rohrspiegel erneuert. In der Rauchkammer vorne Verstärkungsbleche eingeschweißt. Rauchkammertür, Reglerknierohr, Ventilregler und Dampfsammelkasten wiederhergestellt. Die Armaturen teilweise getauscht.

Waff-waff – waff-waff ... Mit dem unverwechselbaren Auspuffschlag der Franco-Crosti-50er verläßt 50 4016 im September 1965 den Rangierbahnhof Hamm. AUFN.: LUDWIG ROTTHOWE

**4.11. bis 1.12.1965**
160 Stehbolzen-Kontrollöcher aufgebohrt. Speiseventil und Gestra wiederhergestellt.

**z am 12.4.1966**

Ein kompletter Rohrwechsel wurde durchgeführt nach recht unterschiedlichen Laufleistungen.

| | | |
|---|---|---|
| 1. | kompletter Wechsel nach | 174.000 km |
| 2. | " | 88.500 km (Vorwärmer neu) |
| 3. | " | 54.300 km |
| 4. | " | 54.400 km |
| 5. | " | 51.500 km |

Gesamtlaufleistung in 7 Jahren 467.500 km = 66.500 km/Jahr.

## Kesselausbesserungen der 50 4021

**25.7. bis 2.8.1960**
Mischvorwärmer geändert. Sämtliche Rohre im Franco-Crosti-Vorwärmer durch Normalstahlrohre ersetzt. 18 Paßschrauben am Vorwärmer gewechselt. Ventilregler und Armaturen wiederhergestellt.

**13.3. bis 2.4.1962**
Undichtigkeiten am Kessel beseitigt. Rauchgasvorwärmermantel erneuert und um 560 mm verkürzt. 160 Heizrohre gewechselt. Vordere Rohrwand eine Waschluke eingebaut und einen Stutzen für Sicherheitsventil neu eingeschweißt. Gestra wiederhergestellt.

**31.8. bis 30.9.62**
Reglerknierohr und Ventilregler wiederhergestellt.

**7.1. bis 5.2.1963**
31 Gelenkbolzen gewechselt. 7 Heiz- und 2 Rauchrohre vorgeschuht und mit Spiel eingebaut. Rauchkammertür, Reglerknierohr, Ventilregler und sämtliche Armaturteile wiederhergestellt. Undichtigkeiten am Steh- und Langkessel beseitigt. Rauchkammer oben 1 Flicken eingeschweißt. Rauchgasvorwärmer: 160 Rohre gewechselt und Rauchkammertüren angerichtet.

**14.2. bis 3.3.1964**
20 Heiz- und 14 Rauchrohre gewechselt. 2 Flicken in die vordere Rauchkammer eingeschweißt. 160 Heizrohre im Rauchgasvorwärmer gewechselt. Undichtigkeiten am Steh- und Langkessel beseitigt. Ventilregler und 2 Gestraventile wiederhergestellt.

**11.9. bis 7.10.1964**
Rauchgasvorwärmer hinteren Rohrspiegel erneuert. 160 Rohre gewechselt. 1 Gestra gewechselt.

**4.3. bis 4.4.1965**
7 Heiz- und 5 Rauchrohre gewechselt. Rauchkammermantel unten 1 Flicken eingeschweißt. Rauchkammertüren, Ventilregler, Eichdruckwasserhahn, Wasserstandshahn und 2 Gestraventile gewechselt. Undichtigkeiten am Steh- und Langkessel beseitigt. Rauchgasvorwärmer 160 Rohre gewechselt. Rostgruben am Vorwärmer wasserseitig ausgeschweißt. Risse in der unteren Rauchkammer vorne ausgeschweißt.

**z am 28.2.66**

Rohrwechsel im FC-Vorwärmer wurden nach folgenden Laufleistungen erforderlich:

| | | |
|---|---|---|
| 1. | kompletter Wechsel nach | 142.000 km |
| 2. | " | 112.800 km (Vorwärmer neu) |
| 3. | " | 43.400 km |
| 4. | " | 85.500 km |
| 5. | " | 23.500 km |

Gesamtlaufleistung in 7 Jahren 465.000 km = 66.400 km/Jahr

# Projekte in der Schublade

## Franco-Crosti-Kessel für die Baureihen $03^{10}$, 41 und 44?

Nach den zunächst überaus guten Betriebserfahrungen mit der 50 1412 sahen die Verantwortlichen im FC-Kessel die wohl beste Möglichkeit, die Dampflokomotive wirtschaftlicher zu machen. Bei einigen Mitgliedern des Lokomotiv-Fachausschusses war sogar die anfängliche Skepsis gegen die aufwendige Anlage einer allgemeinen Begeisterung gewichen. Zu diesen gehörte auch Friedrich Witte, der den FC-Kessel ursprünglich strikt abgelehnt hatte und dann ab 1954 sogar mehrere Konzepte zur Rauchgasvorwärmung selbst entwarf. Ein Grund für diesen Meinungswandel war wohl bei vielen Dampflokomotiv-Technikern die Erkenntnis, daß auch mit den Verfeinerungen der neuen Einheitslokomotiven das Grundübel der Dampflok, der geringe Energieumsatz gegenüber den anderen Traktionsarten, nicht behoben werden konnte.

So sahen die Befürworter eines, wenn auch begrenzten Weiterbaus von Dampflokomotiven wohl nur in der grundlegenden thermischen Verbesserung der Maschinen eine Möglichkeit, den Argumenten der strikten Dampflokgegner in der Bundesbahn-Hauptverwaltung und „konkurrierenden" Fachausschüssen zu begegnen.

Daß die Dampflok nicht am Ende ihrer Entwicklung angelangt war, ließ sich nun aus den Versuchsergebnissen mit 50 1412 trefflich belegen. Warum sich die Techniker aber gerade an dem technisch aufwendigen Franco-Crosti-Kessel regelrecht „festbissen", ist im Nachhinein auch mit der seit den dreißiger Jahren herrschenden Ideologie, um fast jeden Preis bei der einfachen Dampfdehnung zu bleiben, kaum vollständig zu erklären. Bekannt war es jedenfalls den deutschen Technikern, daß im Nachbarland Frankreich die von André Chapelon gestalteten Vierzylinderverbund-Lokomotiven eine Energieausnutzung von rund 12 Prozent erreichten. Andererseits, das sei nicht verschwiegen, stand inzwischen auch Chapelon der Franco-Crosti-Gesellschaft als Berater zur Seite und warb europaweit für deren Kesselbauart. Schließlich darf man nicht vergessen, daß das seit Jahren verfolgte Projekt der Baureihe 10 durch die auseinanderlaufenden Vorstellungen der Beteiligten nahezu ohne Fortschritt vor sich hindümpelte. So wurde es immer unwahrscheinlicher, daß es noch eine grundsätzlich verbesserte Neubaudampflok geben würde.

1955 waren bereits Überlegungen angestellt worden, in grossem Umfang Lokomotiven mit FC-Kesseln auszurüsten. Friedrich Witte am 14. Dezember 1955 im Lok-Fachausschuß: „Auf dem Gebiet der Speisewasservorwärmung hat sich insofern ein einschneidender Wandel vollzogen, als für den planmäßigen Ersatz von Kesseln der Baureihen 50, 41 und $03^{10}$ nunmehr die Abgas-Speisewasservorwärmung vorgesehen ist. Die Entscheidung ist bestimmt durch die hohen Kohleersparnisse, die mit solchen Anlagen erzielt worden sind."

Die fertigen Pläne wanderten allerdings in die Ablage, als bei 50 1412 die Kesselschäden nicht in den Griff zu bekommen waren. Die hohen Reparaturkosten zwangen zu weiteren Versuchen, für die man zunächst eine größere Anzahl von 50ern mit FC-Kesseln ausrüsten wollte. Das drängende Problem eines baldigen Ersatzes der immer kritischer werdenden St 47 K-Kessel der Baureihen $03^{10}$ und 41 erlaubte aber keinen Aufschub, so daß bereits im Frühjahr 1956 die Entscheidung fiel, beide Baureihen mit geschweißten Hochleistungskesseln herkömmlicher Bauart auszurüsten. Die Ausrüstung der BR 44 mit FC-Kessel hingegen erschien nicht dringlich. Der FC-Kessel erlaubte zwar die angestrebte Leistungssteigerung auf das Niveau der BR $01^{10}$, war aber unverhältnismäßig teuer. Bei den dreizylindrigen Lokomotiven mußte man ja bauartbedingt auf die Ausführung mit zwei seitlichen Vorwärmerkesseln zurückgreifen, die aufwendiger in Material, Herstellung und Lagerung auf dem Fahrwerk waren. So realisierte man stattdessen bald darauf die Leistungssteigerung durch den weit billigeren Einbau einer Ölhauptfeuerung.

Die damals aufgestellten Projekte sollen mit ihren Hauptdaten hier kurz vorgestellt werden.

**Baureihe 41, Henschel-Projekt vom Januar 1955**

Parallelentwicklung zur 50 1412 und mit dieser im Prinzip übereinstimmend. Also untenliegender Rauchgasvorwärmer mit Seitenschornstein, Anheizschornstein, Oberflächenvorwärmer, Steuerungsübertragung nach links durch verändertes Hebelwerk. Der Tender soll wie bei 50 1412 luftbetätigte Abdeckklappen erhalten. Wegen der bei der BR 41 auf 20 atü Kesseldruck ausgelegten Zylinder wird die Kesselanlage für einen Betrieb mit 18 atü ausgebildet.

**Baureihe $03^{10}$, Henschel-Projekt vom April 1955**

Bauart des Kessels mit zwei seitlichen Vorwärmern mit hinten liegenden flachen Seitenschornsteinen und je drei Blasrohrdüsen. Verdampfungskessel mit nur kleiner Verbrennungskammer und 5.800 mm langen Rohren. Vorne drei Rauchkammern mit einzelnen Reinigungstüren. Geschlossenes Führerhaus mit vorderen Klarsichtfenstern. Umhüllung der gesamten Kesselanlage mit einer stromlinienförmigen Blechverkleidung. Das Steuergestänge ist zwischen Verdampfungskessel und Vorwärmer durchgeführt und sonst gegenüber der Altbaulok unverändert. Ein Sandkasten unterhalb des Vorwärmers. Der Tender besitzt Kohlenvorschubschild und luftbetätigte Abdeckklappen.

Für dieses Projekt wurde auch der Entwurf einer Ölzusatzfeuerung mit zwei Brennern links und rechts neben der Feuertür, Ölbunker mit 4 t im hinteren Teil des Kohlenkastens und zusätzlichem Wasserhochbehälter mit 1,5 $m^3$ Fassungsvermögen hinter dem Kohlenkasten aufgestellt. In dieser Variation sollte eine weitergehende Stromlinienverkleidung ausgeführt werden; der Tender hätte äußerlich dann dem von 10 001 weitgehend geglichen.

**Baureihe 44, Henschel-Projekt vom 3. September 1955**

FC-Projekt mit dem vergleichsweise leistungsfähigsten Kessel, ausgelegt auf eine Dampfleistung von 15,5 t/h. Damit erreichbare indizierte Leistung ca. 2.400 PS. Bauart des Kessels mit zwei seitlichen, hintereinander geschalteten Vorwärmern, Umkehrung der Rauchgase und Saugzuganlage vorne. Die Lok ist ausgerüstet mit geschlossenem Neubauführerhaus mit vorderen Klarsichtscheiben, Einfachventil-Heißdampfregler, im Steuerpult zusammengefaßter Armaturentafel und nach vorne verlegter Steuerwelle. Zwei Sandkästen, einer hinter dem Vorwärmer, einer darunter. Der Tender besitzt wie beim $03^{10}$-Projekt Kohlenvorschubschild und luftbetätigte Abdeckklappen.

**Baureihe 41, Henschel-Projekt Fld 1.01 Bl. 061 vom 31. Oktober 1955**

Gegenüber dem Vorgängerprojekt deutlich gesteigerte Leistung des Kessels und Vergrößerung des Reibungsgewichtes. Bauart des Kessels mit zwei seitlichen, hintereinander geschalteten Vorwärmern, Umkehrung der Rauchgase und Saugzuganlage mit vier

Blasrohrdüsen und Flachschornstein vorne. Die Lok ist ausgerüstet mit geschlossenem Neubauführerhaus, Naßdampfregler. Das Steuergestänge ist zwischen Verdampfungskessel und Vorwärmer durchgeführt und sonst gegenüber der Altbaulok unverändert. Zwei Sandkästen unterhalb des Vorwärmers. Der Tender besitzt wie beim $03^{10}$-Projekt Kohlenvorschubschild und luftbetätigte Abdeckklappen.

**Baureihe $03^{10}$, Henschel-Projekt Fld 1.01, Bl. 060 vom 7. November 1955**

Gegenüber dem Vorgängerprojekt deutlich gesteigerte Leistung des Kessels und Vergrößerung des Reibungsgewichtes. Bauart des Kessels mit zwei seitlichen, hintereinander geschalteten Vorwärmern, Umkehrung der Rauchgase und Saugzuganlage mit vier Blasrohrdüsen und Flachschornstein vorne. Die Lok ist ausgerüstet mit geschlossenem Neubauführerhaus, Naßdampfregler. Der Oberflächenvorwärmer ist hinter den Schornstein verlegt. Das Steuergestänge ist zwischen Verdampfungskessel und Vorwärmer durchgeführt und sonst gegenüber der Altbaulok unverändert. Ein Sandkasten zwischen Kessel und Vorwärmer. Der Tender besitzt wie beim $03^{10}$-Projekt Kohlenvorschubschild und luftbetätigte Abdeckklappen.

Mit der Vergabe der Ersatzkessel für die Baureihen $03^{10}$ und 41 in Normalbauart, von der Henschel üppig profitierte, war für Henschel die Angelegenheit „Rauchgasvorwärmer" keineswegs erledigt. Teilweise in Zusammenarbeit mit Crosti, teilweise allein, führte die Fa. Henschel die Entwicklung weiter, sicher auch im Hinblick auf ihre Exportinteressen. Bereits am 8. September 1955 hatte das Unternehmen einen neuartigen Dampflokkessel zum Patent angemeldet. Als Erfinder wurde Werner Sydow aus Kassel genannt.

Hier war ein Abgasvorwärmer vorgesehen, bei dem vor den eigentlichen Langkessel eine Zwischenrauchkammer mit Überhitzersammelkasten und Oberflächenvorwärmer eingebaut war. Davor sollte in der Verlängerung der Kesselachse ein weiterer Kesselschuß mit eigenem Rohrbündel als Abgasvorwärmer fungieren. Davor hätte dann die Rauchkammer mit der Saugzuganlage gesessen. Das Patent wurde am Beispiel der BR 41 durchgezeichnet.

Interessant war auch ein Henschel-Umbauprojekt zur Baureihe 41 von 1958, für das ein modifizierter FC-Kessel entwickelt wurde. Auch hier gab es keinen konkreten Entwicklungsauftrag seitens der DB, höchstens „das Prinzip Hoffung". Bei diesem Kessel war der Vorwärmer zweigeteilt, so daß das Speisewasser und die Rauchgase nochmals umgelenkt wurden. Auch hier hätte die Lok wieder die Ideallinie mit vorn liegender Saugzuganlage gehabt. Diese Umkehrung des Speisewassers im Vorwärmer hätte wohl eine wesentlich größere Wasserströmung im Vorwärmer verursacht und das Ansetzen von Gasbläschen und damit die Quelle des Lochfraßes an Rohren und Kesselwandung verhindert. Einen Eindruck von dieser recht wohlgestaltet wirkenden Umbaulok geben die Zeichnungen. 1958 war der Umbau von zwei Loks der Baureihe 41 projektiert, die Hauptverwaltung der DB erteilte dann aber keinen Auftrag. Möglicherweise hätte der FC-Kessel damit seine endgültige Bauart erreicht. Eine Realisierung erlebte diese Bauart lediglich in einer 1'D-Lok der RENFE, die sich aber nicht bewährte.

## Die Hauptabmessungen der Projekte (keine Angabe: Angabe wie in voriger Spalte)

| Hauptabmessungen | | 41 | $03^{10}$ | 44 | 41 | $03^{10}$ |
|---|---|---|---|---|---|---|
| | | 1.1955 | 4.1955 | 9.1955 | 10.1955 | 11.1955 |
| Zylinderdurchmesser | mm | 2 x 520 | 3 x 470 | 3 x 550 | 2 x 520 | 3 x 470 |
| Kolbenhub | mm | 720 | 660 | 660 | 720 | 660 |
| Treibraddurchmesser | mm | 1.600 | 2.000 | 1.400 | 1.600 | 2.000 |
| Laufraddurchmesser vorne | mm | 1.000 | | 850 | 1.000 | |
| Laufraddurchmesser hinten | mm | 1.250 | | – | 1.250 | |
| fester Achsstand | mm | 3.700 | 2.250 | 3.400 | 3.700 | 2.250 |
| Gesamtachsstand | mm | 12.050 | 12.000 | 9.650 | 12.050 | 12.000 |
| Dampfdruck | $kg/cm^2$ | 16 (18) | 16 | | | |
| Rostfläche | $m^2$ | 3,29 | | 4,04 | 3,29 | 3,5 |
| Heizfläche der Feuerbüchse fb | $m^2$ | 18,1 | | 21 | 19,28 | 18,6 |
| Heizfläche der Rauchrohre fb | $m^2$ | 59 | | 72 | 65,5 | |
| Heizfläche der Heizrohre | $m^2$ | 35,5 | | 42,2 | 33,3 | |
| Verdampfungsheizfläche | $m^2$ | 112,6 | | 135,2 | 118,08 | 117,4 |
| Heizfläche des Überhitzers | $m^2$ | 56,2 | 56,6 | 72 | 66,35 | |
| Wasserraum des Vorwärmers | $m^2$ | 2,04 | 2 x 1,02 | ? | ? | |
| Heizfläche des Vorw. gasberührt | $m^2$ | 106 | 2 x 63 | 124 | 107 | |
| Vorschalt-Vorwärmer | OV | | | | | |
| Leergewicht | t | 93 | | 101,4 | 96,2 | 96,6 |
| Dienstgewicht | t | 104,5 | | 113,7 | 108 | 108,2 |
| Reibungsgewicht | t | 72/80 | 56 | 98,5 | 74/82 | 57 |
| kleinster Krümmungshalbmesser | m | 140 | | | | |
| zul. Höchstgeschwindigkeit | km/h | 90 | 140 | 80 | 90 | 140 |
| **Tender:** | | | | | | |
| Raddurchmesser | mm | 1.000 | | | | |
| Achsstand der Drehgestelle | mm | 1.900 | | | | |
| Gesamtachsstand | mm | 5.700 | | | | |
| Wasservorrat | $m^3$ | 34 | | | | |
| Kohlenvorrat | t | 10 | | | | |
| Leergewicht | t | 30 | 31 | | | |
| Dienstgewicht | t | 74,5 | 74 | 75 | | |

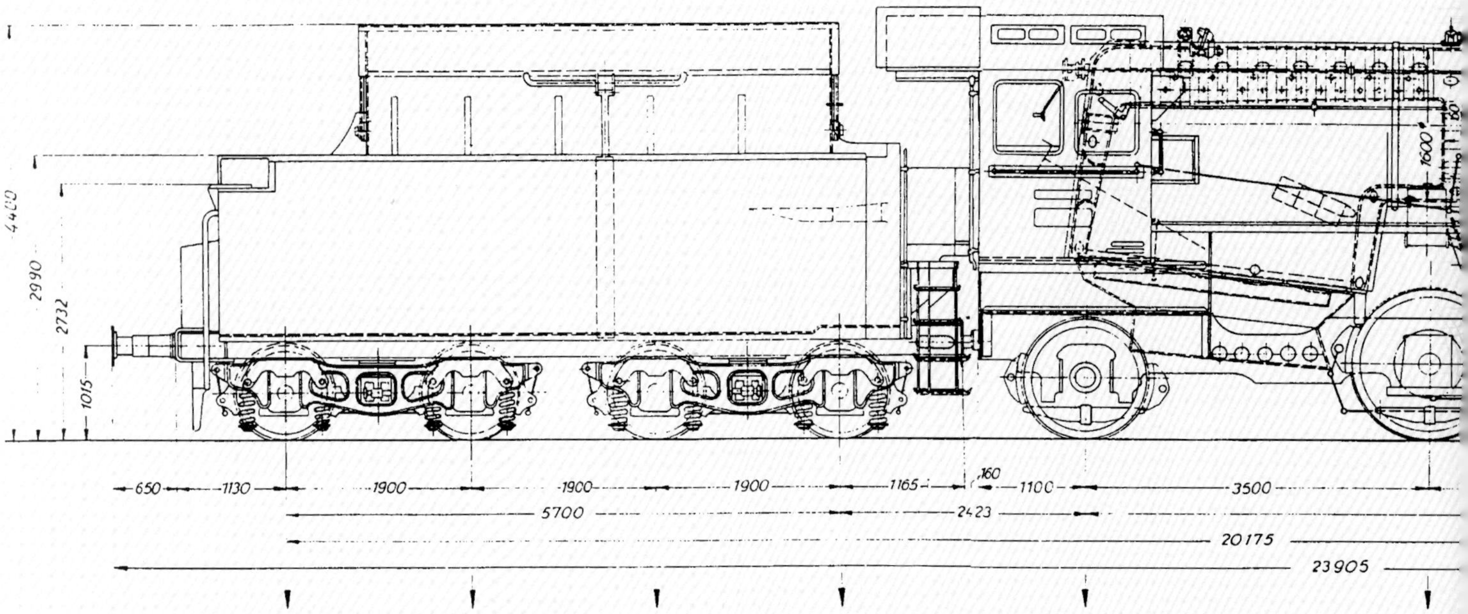


## Tender

### Hauptabmessungen

| | | | |
|---|---|---|---|
| Raddurchmesser | 1000 mm | Wasservorrat | 34 m³ |
| Achsstand des Drehgestelles | 1900 mm | Kohlenvorrat | 10 t |
| Gesamt-Achsstand | 5700 mm | Leergewicht | ≈ 30 t |
| Drehzapfenabstand | 3800 mm | Dienstgewicht | ≈ 74,5 t |

Zylinderdurchmesser
Kolbenhub
Treibraddurchmesser
Laufraddurchmesser
Fester Achsstand
Gesamt-Achsstand
Dampfdruck
Rostfläche
Heizfläche der Feuerbüc
Heizfläche der Rauchro

Neubaukesselprojekt für die BR 41 vom Januar 1955. Hier verhinderte kein Mitteltriebwerk die bessere Bauart mit einem Rauchgasvorwärmerkessel. Die vorgeschlagene Bauart entspricht weitestgehend der auf 50 1412. ABBILDUNG: SAMMLUNG JÜRGEN-ULRICH EBEL

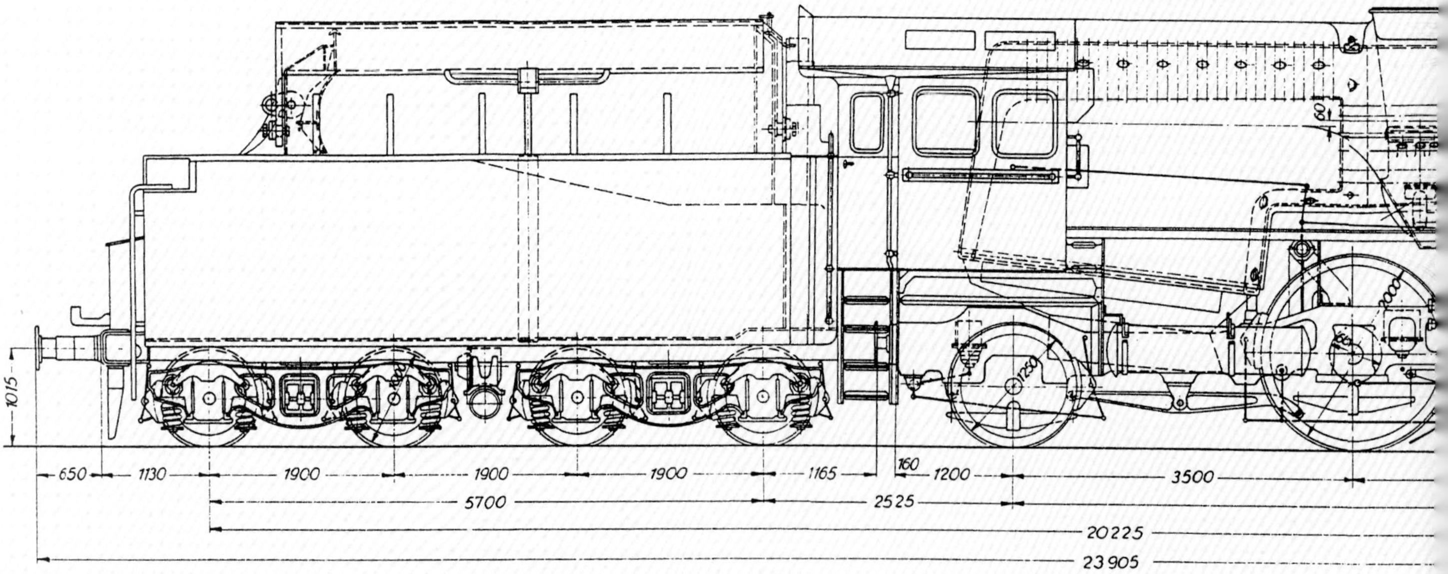


## Tender

### Hauptabmessungen

| | | | |
|---|---|---|---|
| Raddurchmesser | 1000 mm | Wasservorrat | 34 m³ |
| Achsstand des Drehgestelles | 1900 mm | Kohlenvorrat | 10 t |
| Gesamt-Achsstand | 5700 mm | Leergewicht | ≈ 31 t |
| Drehzapfenabstand | 3800 mm | Dienstgewicht | ≈ 74 t |

Zylinderdurchmesser
Kolbenhub
Treibraddurchmesser
Laufraddurchmesser
Fester Achsstand
Gesamt-Achsstand
Dampfdruck
Rostfläche
Heizfläche der Feuerbüchse
Heizfläche der Rauchrohre

Eine Zeitlang favorisierte die DB-Hauptverwaltung für die Neubekesselung der Baureihen $03^{10}$, 41, 44 und 50 die Bauart mit Franco-Crosti-Kessel. Projekt von April 1955 mit zwei seitlichen Rauchgasvorwärmern und zwei Seitenschornsteinen (wie BR $42^{90}$) für die BR $03^{10}$. Um den unförmigen Kessel zu verstecken, sollte die Lok im oberen Bereich eine Verkleidung erhalten. ABBILDUNG: SAMMLUNG JÜRGEN-ULRICH EBEL

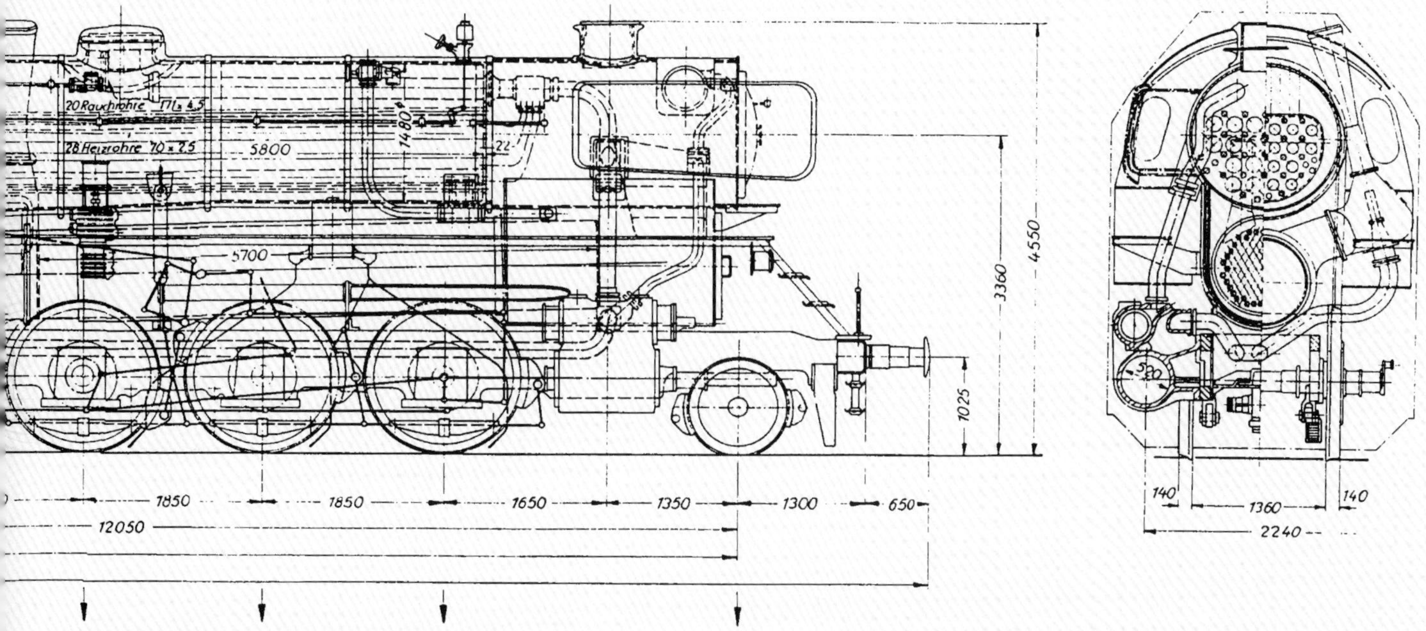


## Lokomotive

### Hauptabmessungen

| | |
|---|---|
| 520 mm | Heizfläche der Heizrohre fb 35,5 m² |
| 720 mm | Gesamt-Heizfläche fb 112,6 m² |
| 1600 mm | Heizfläche des Überhitzers 56,2 m² |
| 1000 / 1250 mm | Wasserrauminhalt des Vorwärmers 2,04 m³ |
| 3700 mm | Heizfläche des Vorwärmers, gasberührt 106 m² |
| 12050 mm | Leergewicht 93 t |
| 16 (18) kg/cm² | Dienstgewicht 104,5 t |
| 3,29 m² | Reibungsgewicht 72/80 t |
| 18,1 m² | Kleinster Krümmungshalbmesser 140 m |
| 59 m² | Zulässige Höchstgeschwindigkeit 90 km/h |

| Fa: Henschel u. Sohn | Tag | Name | Deutsche Bundesbahn<br>Bundesbahn-Zentralamt Minden, den 19 | Henschel u. Sohn G.m.b.H. Kassel<br>Abt: |
|---|---|---|---|---|
| bearbeitet | | | | |
| geprüft | | | | |
| normgeprüft | | | | |
| Maßstab 1:40 | | | **Entwurf der Lok BR 41**<br>mit Franco-Crosti-Abgasvorwärmer | **Fld 1.01 Bl.**<br>Ausgabe<br>Datum<br>Ersatz für: Ersetzt durch |

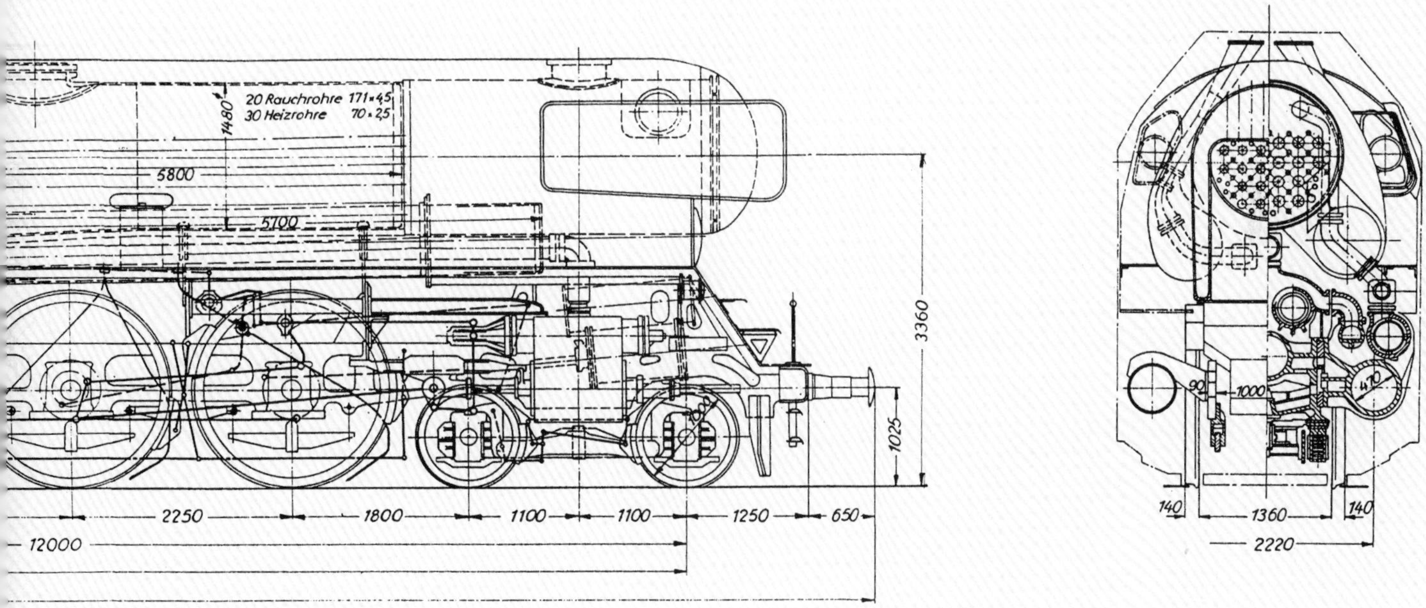


## Lokomotive

### Hauptabmessungen

| | |
|---|---|
| x 470 mm | Heizfläche der Heizrohre fb 35,5 m² |
| 660 mm | Gesamt-Heizfläche fb 112,6 m² |
| 2000 mm | Heizfläche des Überhitzers 56,2 m² |
| 00/1250 mm | Wasserrauminhalt des Vorwärmers 1,02 m³ |
| 4500 mm | Heizfläche des Vorwärmers, gasberührt 2 x 63 m² |
| 12000 mm | Leergewicht 93 t |
| 16 kgcm² | Dienstgewicht 104,5 t |
| 3,29 m² | Reibungsgewicht 56 t |
| 18,1 m² | Kleinster Krümmungshalbmesser 140 m |
| 59 m² | Zulässige Höchstgeschwindigkeit 140/50 km h |

| Fa.: Henschel u. Sohn | Tag | Name | Deutsche Bundesbahn<br>Bundesbahn-Zentralamt Minden, den..........19... | Henschel u. Sohn G.m.b.H. Kassel<br>Abt.: T.L.1 |
|---|---|---|---|---|
| bearbeitet | | | | |
| geprüft | | | | |
| normgeprüft | | | | |
| Maßstab: 1:40 | | | **Entwurf der Lok BR 03[10]**<br>mit Franco-Crosti-Abgasvorwärmer | **Fld 1.01 Bl.**<br>Ausgabe<br>Datum<br>Ersatz für: Ersetzt durch: |

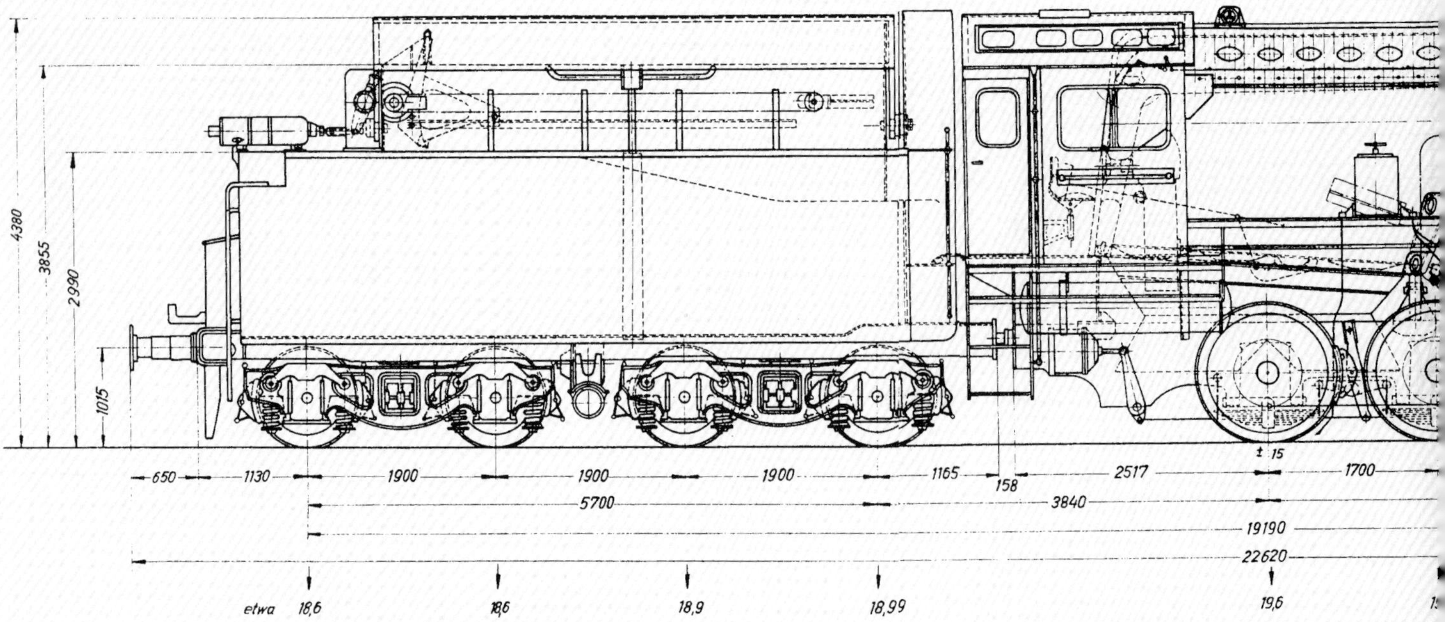


## Tender

### Hauptabmessungen

| | | | |
|---|---|---|---|
| Raddurchmesser | 1000 mm | Wasservorrat | 34 $m^3$ |
| Achsstand des Drehgestelles | 1900 mm | Kohlenvorrat | 10 t |
| Gesamtachsstand | 5700 mm | Leergewicht | etwa 31 t |
| Drehzapfenabstand | 3800 mm | Dienstgewicht | etwa 75 t |

Außenzylinderd
Jnnenzylinderd
Kolbenhub
Treibraddurc
Laufraddurch
Fester - Achss
Gesamt - Achss
Dampfdruck
Rostfläche
Heizfläche de

Vom September 1955 stammt ein Franco-Crosti-Projekt für die BR 44. Die beiden seitlichen Rauchgasvorwärmer sind hintereinandergeschaltet, so daß nur ein Schornstein an gewohnter Stelle nötig ist. Hier sollte die Lok mit geschlossenem Führerhaus und nach vorne verlegter Steuerwelle den Neubaudampfloks weitgehend angepaßt werden. Ungewöhnlich war die Kohlenvorschubeinrichtung. ABBILDUNG: SAMMLUNG JÜRGEN-ULRICH EBEL

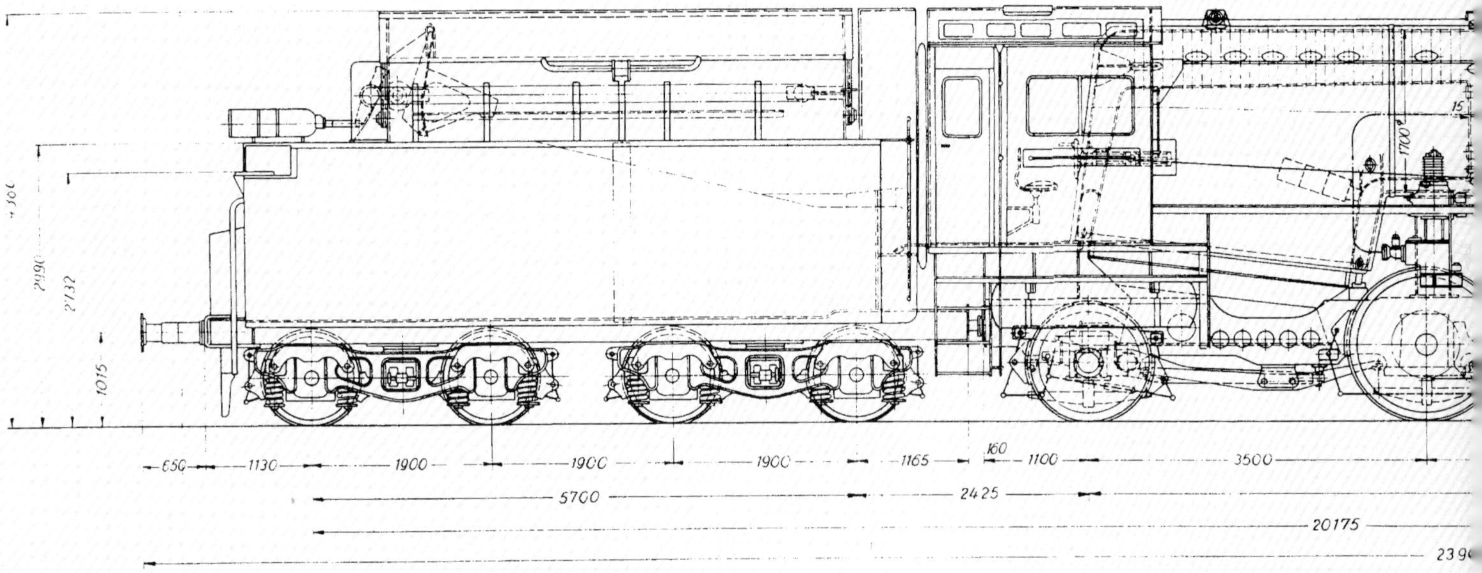


## Tender

### Hauptabmessungen

| | | | |
|---|---|---|---|
| Raddurchmesser | 1000 mm | Wasservorrat | 34 $m^3$ |
| Achsstand des Drehgestelles | 1900 mm | Kohlenvorrat | 10 t |
| Gesamt-Achsstand | 5700 mm | Leergewicht | etwa 31 t |
| Drehzapfenabstand | 3800 mm | Dienstgewicht | etwa 75 t |

Zylinderdurchmesser
Kolbenhub
Treibraddurchmesser
Laufraddurchmesser
Fester Achsstand
Gesamt-Achsstand
Dampfdruck
Rostfläche
Heizfläche der Feuerbüchse ... lb
Heizfläche der Rauchrohre ... lb

Das Parallelprojekt mit zwei hintereinander geschalteten Vorwärmerkesseln und vorne liegendem Schornstein vom Oktober 1955 für die BR 41. Auch hier fallen geschlossenes Führerhaus und Kohlennachschubeinrichtung auf. ABBILDUNG: SAMMLUNG JÜRGEN-ULRICH EBEL

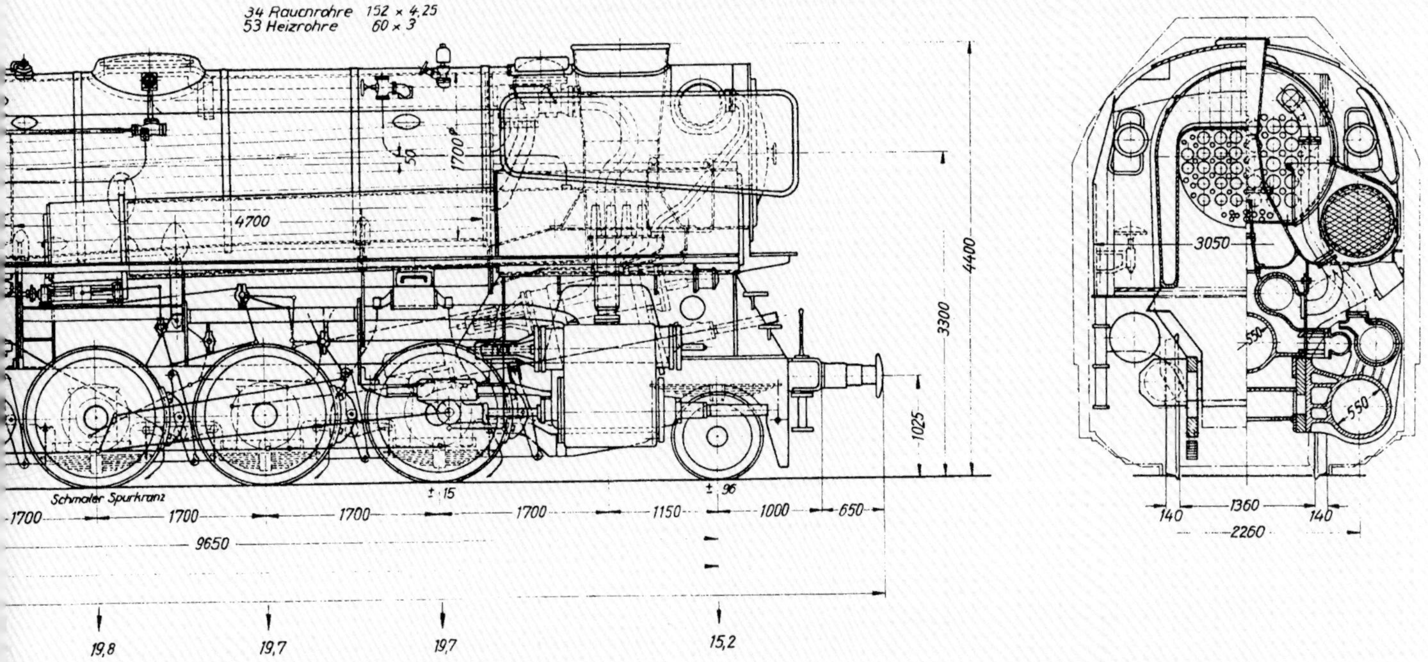


## Lokomotive

### Hauptabmessungen

| | | | | |
|---|---|---|---|---|
| …er | 550 mm | Heizfläche der Rauchrohre | | 72 m² |
| …er | 550 mm | Heizfläche der Heizrohre | | 42,2 m² |
| | 660 mm | Verdampfungsheizfläche | | 135,2 m² |
| | 1400 mm | Heizfläche des Überhitzers | | 72 m² |
| | 850 mm | Heizfläche der Abgasvorwärmer | | 124 m² |
| | 3400 mm | Verdampfungsoberfläche | | 12,5 m² |
| | 9650 mm | Leergewicht | etwa | 101,4 t |
| | 16 kg/cm² | Dienstgewicht | etwa | 113,7 t |
| | 4,04 m² | Reibungsgewicht | etwa | 98,5 t |
| …chse | 21 m² | Zulässige Höchstgeschwindigkeit | | 80 Km/h |

| | | | | |
|---|---|---|---|---|
| Fa: Henschel & Sohn | Tag | Name | Deutsche Bundesbahn<br>Bundesbahn-Zentralamt Minden, den ….. 19… | Henschel & Sohn G.m.b.H. Kassel<br>Abt.: T.L.1 |
| bearbeitet | 3.9.55 | Grosch | | |
| geprüft | | | | |
| normgeprüft | | | | |
| Maßstab: 1:40 | | | Entwurf<br>**1 E h 3 Güterzuglokomotive**<br>mit 2 Franco-Crosti Abgasvorwärmern<br>Umbau der Baureihe 44 | **Fld 1.01 Bl. 0**<br>1. Ausgabe Datum<br>Ersatz für / Ersetzt durch |

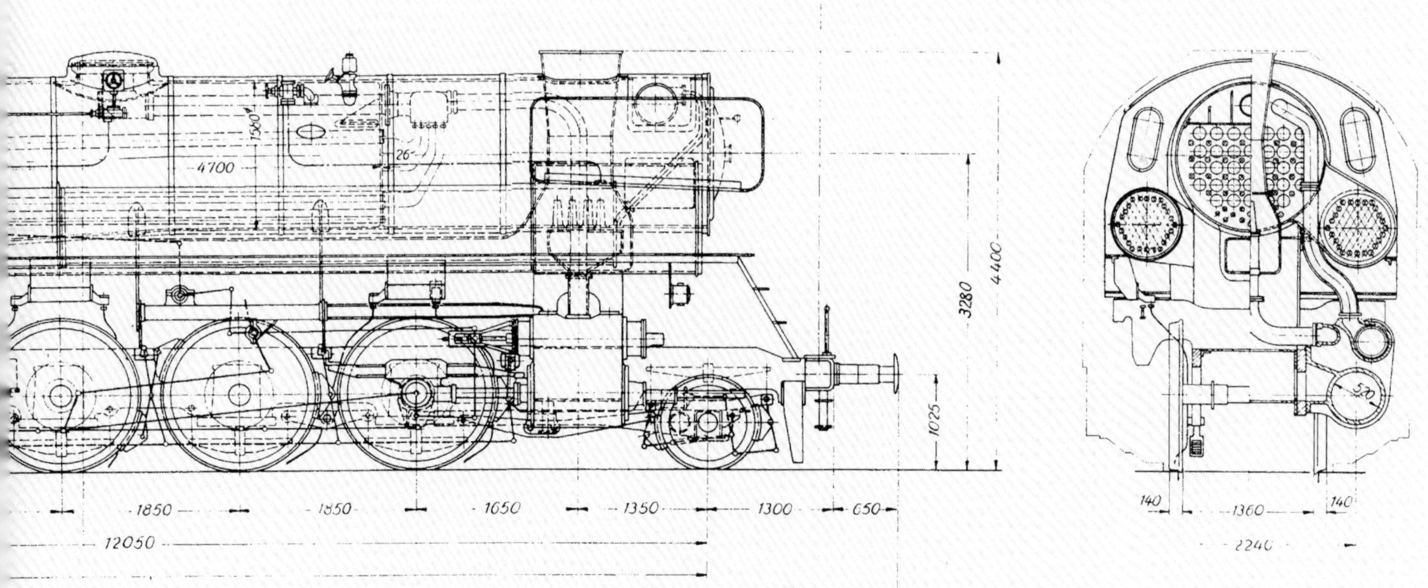


## Lokomotive

### Hauptabmessungen

| | | | | | | |
|---|---|---|---|---|---|---|
| …0 | mm | Heizfläche der Heizrohre | fb | | 33,3 | m² |
| …20 | mm | Gesamt-Heizfläche | fb | | 118,08 | m² |
| …00 | mm | Heizfläche des Überhitzers | fb | | 66,35 | m² |
| …50 | mm | Verdampfungsoberfläche | | etwa | 10,3 | m² |
| …00 | mm | Heizfläche der Vorwärmer | | | 107 | m² |
| …50 | mm | Leergewicht | | etwa | 96,2 | t |
| …16 | kg/cm² | Dienstgewicht | | etwa | 108 | t |
| …3,29 | m² | Reibungsgewicht | | etwa | 74/82 | t |
| …9,28 | m² | Kleinster Krümmungshalbmesser | | | 140 | m |
| …5,5 | m² | Zulässige Höchstgeschwindigkeit | | | 90 | km/h |

| | | | | |
|---|---|---|---|---|
| Fa: Henschel u. Sohn | Tag | Name | Deutsche Bundesbahn<br>Bundesbahn-Zentralamt Minden, den 24.11.1955 | Henschel u. Sohn G.m.b.H. Kassel<br>Abt.: T.L.1 |
| bearbeitet | | | | |
| geprüft | 31.10.55 | | | |
| normgeprüft | | | | |
| Maßstab: 1:40 | | | Entwurf einer<br>**1'D 1'h 2 Güterzuglokomotive**<br>mit 2 Franco-Crosti-Abgasvorwärmern<br>Umbau der Baureihe 41 | **Fld 1.01 Bl. 0 61**<br>1. 6.55 Ausgabe Datum<br>Ersatz für: / Ersetzt durch: |

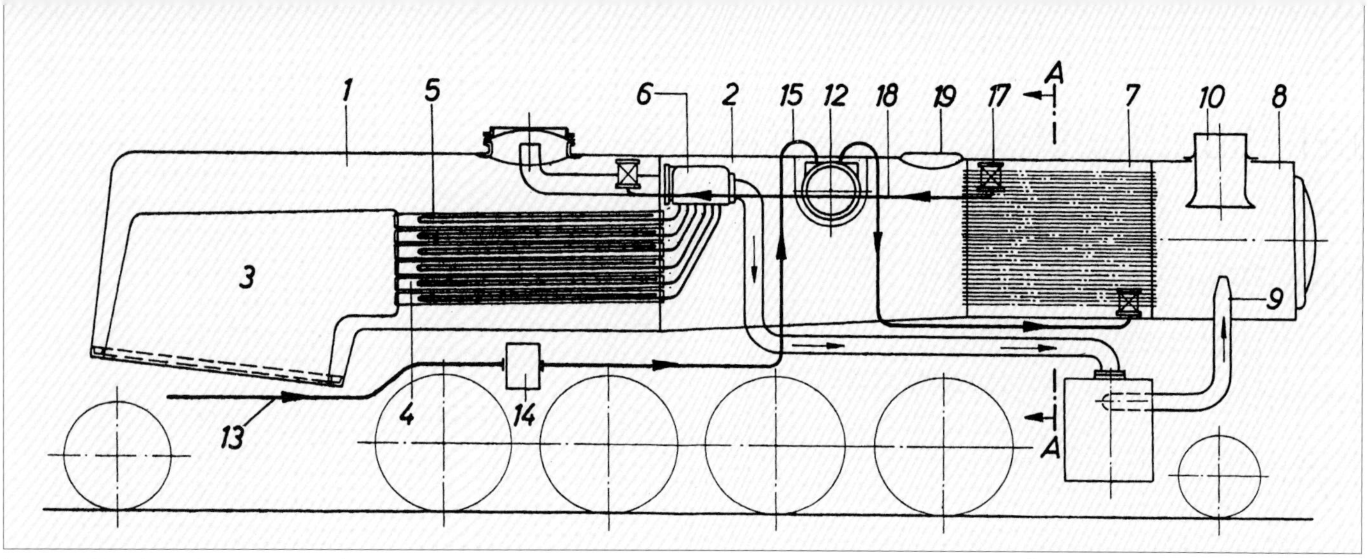


Patentanmeldung der Fa. Henschel von 1955 für einen neuartigen Kessel. Hinten Verdampfungsbereich, dann Zwischenrauchkammer mit Überhitzer und Oberflächenvorwärmer, davor Abgasvorwärmer und Rauchkammer. ABBILDUNG: SAMMLUNG JÜRGEN-ULRICH EBEL

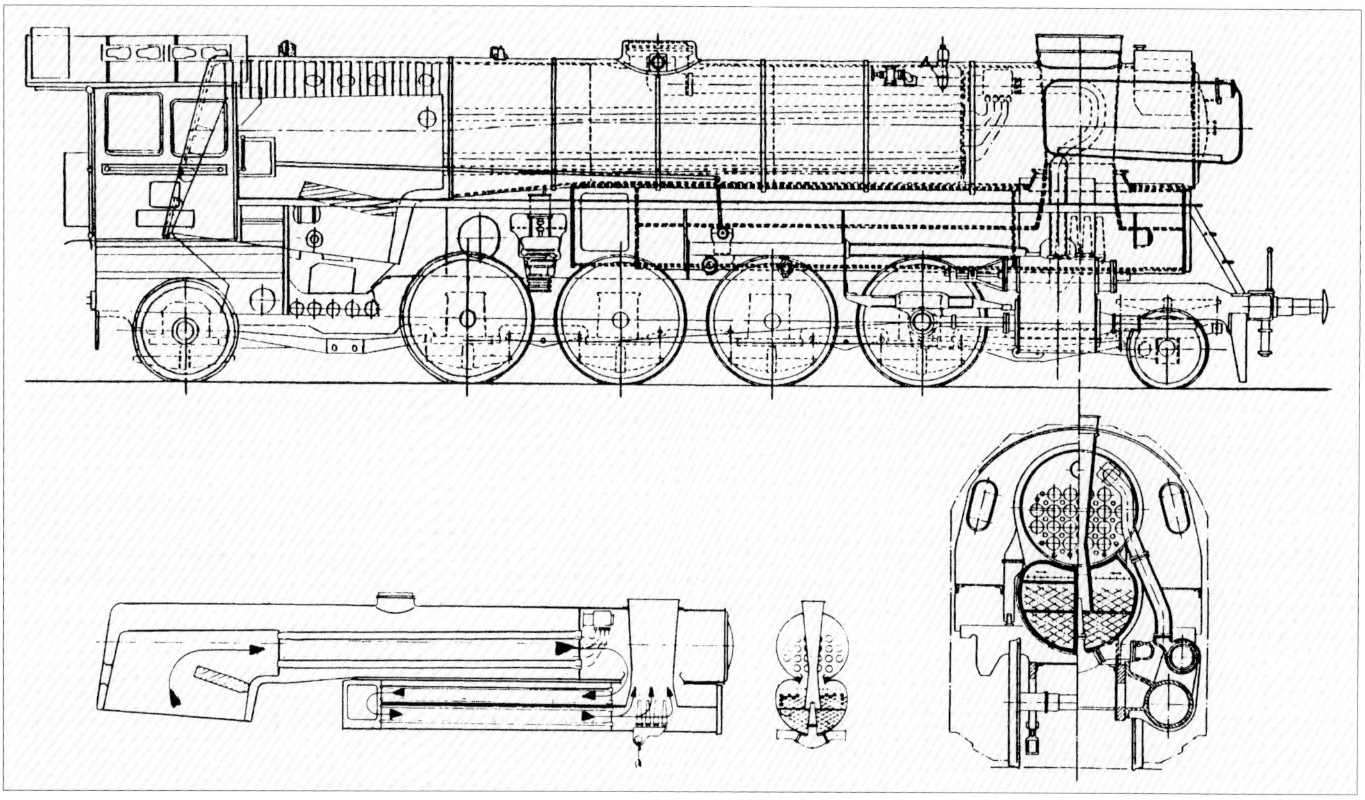

Der letzte Entwicklungsschritt: Henschel-Umbauprojekt für die BR 41 von 1959. Nur noch ein längs geteilter Rauchgasvorwärmer mit Rauchgasumkehrung ist vorhanden. Der Schornstein steht vorne, und die traditionelle Form der Dampflok ist wiedergewonnen. ABBILDUNG: SAMMLUNG JÜRGEN-ULRICH EBEL

# Ausblick

Verlockend ist es immer, an solcher Stelle zu überlegen, was wäre gewesen, wenn ... Hier soll nun diese Überlegung nicht weitergesponnen werden, zumal allgemein bekannt ist, daß die Entwicklung der Dampflok bei uns endete, als gerade die Erstarrung der letzten zwanzig Jahre aufgebrochen worden war. Auch in anderen Ländern, hier sei wieder auf die Französische Staatsbahn mit ihrem genialen Konstrukteur A. Chapelon verwiesen, brach die Entwicklung abrupt ab.

Daß das Ende der Dampflokentwicklung nicht nur rationale, technische Gründe hatte, ist ebenso bekannt. Nicht erst in den siebziger Jahren wurde deutlich, daß auch mit Brennstoffpreisen trefflich Politik zu machen ist.

Hier soll nicht unbedingt einer Sehnsucht nach der Dampflok vergangener Prägung das Wort geredet werden, aber unmöglich scheint zu einer Zeit, in der die Energie-Preise ständig steigen, nichts mehr zu sein. Und Überlegungen wurden schon von verschiedenen Bahnen, z.B. in den USA, angestellt, ob eine neuzeitliche Dampflok (die wohl auch Einzelachsantrieb, Staubfeuerung mit Entgiftung, Hochdruckkessel und Abgasvorwärmung hätte) nicht doch einer Großdiesellok überlegen ist.

Im übrigen ist die Abgasvorwärmung keineswegs tot: Bis in die achtziger Jahre standen bei der Italienischen Staatsbahn noch einige Franco-Crosti-Lokomotiven der Reihe 741 im Einsatz, ohne wesentliche technische Probleme. Außerdem wird in nahezu jeder Kesselanlage, sei es von Kraftwerken oder Heizkraftwerken, nach dem Prinzip des Rauchgasvorwärmers das Speisewasser vorgewärmt. Und hier schließt sich der Bogen wieder: Die Rauchgasvorwärmung macht auch die DB-Elektrolokomotiven wirtschaftlicher, denn die DB erzeugt ihren Fahrstrom überwiegend in kohlegefeuerten Kraftwerken.

# Beheimatungen und Einsätze

## Entwicklung des Bestandes und Beheimatungsverlauf

Die ersten deutschen Franco-Crosti-Lokomotiven 42 9000 und 9001 wurden am 3. Februar bzw. am 8. Februar 1951 im AW Kassel abgenommen und dem Bw Minden zugeteilt. Von dort aus kamen sie im Folgejahr zum Bw Bingerbrück. Als dritte Franco-Crosti-Lok kam 50 1412 am 11. November 1954 in Dienst. Buchmäßig war auch sie ab dem nächsten Tage in Bingerbrück beheimatet. Im Mai bzw. September 1958 kamen diese drei Maschinen zum Bw Oberlahnstein. Ab dem 15. September 1958 war 50 1412 als 50 4001 bezeichnet.

Abnahmen und Erst-Bw der Serienmaschinen:

| | | |
|---|---|---|
| 50 4002 | 26.08.1958 | Kirchweyhe |
| 50 4003 | 03.09.1958 | Kirchweyhe |
| 50 4004 | 09.09.1958 | Kirchweyhe |
| 50 4005 | 01.10.1958 | Kirchweyhe |
| 50 4006 | 01.10.1958 | Kirchweyhe |
| 50 4007 | 01.10.1958 | Kirchweyhe |
| 50 4008 | 01.10.1958 | Kirchweyhe |
| 50 4009 | 24.10.1958 | Kirchweyhe |
| 50 4010 | 12.10.1958 | Kirchweyhe |
| 50 4011 | 19.05.1959 | Kirchweyhe |
| 50 4012 | 12.11.1958 | Kirchweyhe |
| 50 4013 | 03.12.1958 | Kirchweyhe |
| 50 4014 | 03.12.1958 | Kirchweyhe |
| 50 4015 | 02.12.1958 | Kirchweyhe |
| 50 4016 | 17.12.1958 | Kirchweyhe |
| 50 4017 | 23.12.1958 | Kirchweyhe |
| 50 4018 | 13.01.1959 | Kirchweyhe |
| 50 4019 | 14.01.1959 | Kirchweyhe |
| 50 4020 | 22.01.1959 | Kirchweyhe |
| 50 4021 | 28.01.1959 | Kirchweyhe |
| 50 4022 | 16.02.1959 | Kirchweyhe |
| 50 4023 | 08.02.1959 | Kirchweyhe |
| 50 4024 | 23.02.1959 | Kirchweyhe |
| 50 4025 | 27.02.1959 | Osnabrück Hbf |
| 50 4026 | 10.06.1959 | Kirchweyhe |
| 50 4027 | 22.06.1959 | Kirchweyhe |
| 50 4028 | 30.06.1959 | Kirchweyhe |
| 50 4029 | 13.07.1959 | Kirchweyhe |
| 50 4030 | 05.08.1959 | Oberlahnstein |
| 50 4031 | 01.09.1959 | Oberlahnstein |

Kesselfabriknummern und Umbauloks sind auf Seite 100 aufgeführt.

Die Anfangsverteilung hatte nicht lange Bestand. Die für Osnabrück Hbf vorgesehen Loks kamen allesamt nach Kirchweyhe. Dieses Bw gab an das Bw Oberlahnstein im April 1959 die Loks 50 4016 bis 4023 ab. Als zweiter Stützpunkt in der BD Münster erhielt das Bw Osnabrück Rbf 1959 die Maschinen 50 4003 bis 4006, 4008 und 4009. 50 4006 und 4009 kamen bereits nach kurzer Einsatzzeit nach Kirchweyhe zurück und wurden gegen 50 4007 und 4013 ausgetauscht. 50 4012 war 1960 nur für einige Monate in Osnabrück.

Der Oberlahnsteiner Bestand reduzierte sich 1959/60 um 42 9000 und 9001, die ausgemustert wurden. 50 4001, 4016 bis

1958/59 stellte die DB 30 Umbaulokomotiven der Franco-Crosti-Serienbauart in Dienst. 50 4017 (Bw Kirchweyhe) war erst einige Wochen alt, als sie am 9. März 1959 mit einem gemischten Güterzug durch Osnabrück rollte. Wenig später wurde sie nach Oberlahnstein umbeheimatet. AUFNAHME: PETER KONZELMANN

Die Hammer Franco-Crosti-Loks, vorneweg 40 4019, standen noch bis zum Spätsommer 1968 im ehemaligen Bw Soest abgestellt, bevor sie im AW Lingen zerlegt wurden. Luftpumpe und Mischvorwärmer-Speisepumpe haben hier bereits anderwärtige Verwendung gefunden. AUFNAHME: BERND KAPPEL

4023, 4030 und 4031 kamen im Mai 1962 zum Bw Bingerbrück und nach nur zwei Jahren im Sommer 1964 zum Bw Hamm, wo sie bis zu ihrer Ausmusterung blieben. Die Osnabrücker Loks kamen im April und Mai 1965 zum Bw Kirchweyhe, so daß nun alle Maschinen bei nur zwei Stützpunkten beheimatet waren und überwiegend in der Relation Ruhrgebiet – Osnabrück – Hamburg fuhren. 1964 schieden die ersten beiden Maschinen aus, und ein Großteil der übrigen wurde im Jahr 1966 abgestellt. Letzte Betriebslok war 50 4025, z-gestellt am 24. Juni 1967.

Die Lok mit der längsten Einsatzzeit (knapp zwölf Jahre) und höchsten Kilometerleistung (727.000 km) war 50 4001, gefolgt von 42 9001 und 50 4003 mit jeweils 535.000 km. Das entspricht bei 50 4003 einer durchschnittlichen Jahresleistung von 66.875 km oder einer Monatslaufleistung von 5.573 km. Ihre höchste Laufleistung erreichte sie im August 1960 mit knapp 12.000 km. Die höchste Monatsleistung erreichte 50 1412 im April 1955 mit 12.274 km an 27 Einsatztagen (455 km/Tag), gefolgt von 50 4031 mit 12.251 km an 30 Tagen des Oktober 1959 (408 km/Tag). Weitere Leistungen von mehr als 12.000 km/Monat sind nicht bekannt. Die größte Jahresleistung erbrachte 50 4020. Sie fuhr 1960 insgesamt 95.736 km. Die Öllok 50 4011 erreichte als bestes Ergebnis im Jahr 1964 82.000 km. In Oberlahnstein erreichten die Loks nur in der ersten Zeit Kilometerleistungen bis 10.000 km im Monat. Zur Bingerbrücker oder Hammer Zeit lagen die Maschinen weit darunter, übertrafen aber ab 1964 die Osnabrücker und Kirchweyher FC-Loks.

## Die z-Stellungen der BR $42^{90}$ und $50^{40}$

| Datum | Lok-Nr. | Bw | Gesamtlaufleistung in km | km seit letzter L 2 | z-Stellungsgrund |
|---|---|---|---|---|---|
| $42^{90}$ | | | | | |
| 20.01.1959 | 9000 | Oberlahnstein | 507.000 | 30.000 | |
| 08.04.1960 | 9001 | Oberlahnstein | 535.000 | 65.000 | durch 50.40 ersetzt |
| $50^{40}$ | | | | | |
| 11.05.1964 | 4024 | Kirchweyhe | 358.000 | 152.000 | Rahmen- und Gleitbahnträgerbruch |
| 25.10.1964 | 4027 | Kirchweyhe | 386.000 | 5.000 | Unfall am 24.10.64 in Bremen |
| 16.04.1965 | 4008 | Osnabrück Rbf | 442.000 | 131.000 | Unfall am 01.03.65 bei Löhne |
| 05.08.1965 | 4012 | Kirchweyhe | – | 25.000 | ab 24.8.1965 i.D. (L 0) |
| 15.02.1966 | 4010 | Kirchweyhe | 399.000 | 14.000 | L 3-Zeitfrist |
| 15.02.1966 | 4029 | Kirchweyhe | 394.000 | 58.000 | L 3-Zeitfrist |
| 28.02.1966 | 4021 | Hamm | 465.000 | 167.000 | Rahmenbruch |
| 01.03.1966 | 4014 | Kirchweyhe | 391.000 | 28.000 | L 3-Zeitfrist |
| 12.04.1966 | 4020 | Hamm | 467.000 | 96.000 | Rahmen- u. Gleitbahnträgerbruch |
| 15.07.1966 | 4023 | Hamm | 470.000 | 105.000 | Kesselausbesserung über 7.000 DM |
| 30.07.1966 | 4019 | Hamm | 458.000 | 90.000 | L 3-Zeitfrist |
| 04.08.1966 | 4011 | Kirchweyhe | 463.000 | 127.000 | Rahmenbruch |
| 19.08.1966 | 4030 | Hamm | | 74.000 | Flankenfahrt |
| 24.08.1966 | 4009 | Kirchweyhe | 331.000 | 140.000 | L 3-Zeitfrist |
| 24.08.1966 | 4012 | Kirchweyhe | 438.000 | 33.000 | L 3-Zeitfrist, Rahmenbruch |
| 30.08.1966 | 4001 | Hamm | 727.000 | 147.000 | Rahmenbruch, L 3-Zeitfrist (20.09.1966) |
| 06.09.1966 | 4016 | Hamm | | 108.700 | L 2-Zeitfrist (19.08.1966) |
| 27.09.1966 | 4017 | Hamm | 472.000 | 142.000 | L 3-Zeitfrist |
| 28.09.1966 | 4003 | Kirchweyhe | 535.000 | 160.000 | L 3-Zeitfrist |
| 29.09.1966 | 4002 | Kirchweyhe | 474.000 | 165.000 | L 3-Zeitfrist |
| 18.11.1966 | 4013 | Kirchweyhe | 444.000 | 122.000 | L 3-Zeitfrist |
| 14.12.1966 | 4018 | Hamm | 495.000 | 100.000 | L 3-Zeitfrist |
| 20.12.1966 | 4006 | Kirchweyhe | 431.000 | 82.000 | 2 lose Radreifen |
| 23.01.1967 | 4022 | Hamm | | 105.000 | Kesselausbesserung über 7.000 DM |
| 10.04.1967 | 4031 | Hamm | 476.000 | 75.000 | L 3-Zeitfrist |
| 12.04.1967 | 4015 | Kirchweyhe | 451.000 | 53.000 | Unfall |
| 28.04.1967 | 4005 | Kirchweyhe | 424.000 | 117.000 | L 3-Zeitfrist |
| 04.05.1967 | 4004 | Kirchweyhe | 510.000 | 155.000 | L 3-Zeitfrist |
| 19.05.1967 | 4026 | Kirchweyhe | 435.000 | 83.000 | Unfall |
| 16.06.1967 | 4028 | Kirchweyhe | 411.000 | 34.000 | L 3-Zeitfrist |
| 17.06.1967 | 4007 | Kirchweyhe | 483.000 | 131.000 | L 3-Zeitfrist |
| 24.06.1967 | 4025 | Kirchweyhe | 466.000 | 114.000 | L 3-Zeitfrist |

Unterhaltungswerk der deutschen Franco-Crosti-Loks war das AW Schwerte. Zwischen 50 1216 und 50 1647 ist am 14. April 1962 50 4019 zu sehen, die während der $50^{40}$-Krise als Oberlahnsteiner Lok zur Vorwärmereparatur nach Schwerte geschleppt worden ist und das Werk im Mai 1962 als Bingerbrücker Lok wieder verlassen wird. AUFNAHME: WOLFGANG KÖLSCH

# Die Unterhaltung der Baureihen $42^{90}$ und $50^{40}$

Unterhaltungs-AW für alle Franco-Crosti-Loks der DB war immer das AW Schwerte (Ruhr), das auch die Loks 50 4002 bis 4031 umgebaut hatte. Kleinere Reparaturen, die nichts mit der FC-Spezialbauart zu tun hatten, führten in seltenen Fällen die AW Kaiserslautern ($42^{90}$ während der Bingerbrücker Zeit) und Bremen ($50^{40}$ des Bw Kirchweyhe) aus. Die Solleistung zwischen zwei L 2 lag anfangs bei 150.000 km, 1962/63 heraufgesetzt auf 210.000 km, entsprach also der der übrigen 50. Die Baureihe $42^{90}$ gehörte bis 1959 voll zum Unterhaltungsbestand. Dann schied sie als Splittergattung aus, zumal sie wesentlich aufwendiger zu unterhalten war als die inzwischen zur Verfügung stehende Baureihe $50^{40}$. In der Unterhaltungsgeschichte gibt es zwei herausragende Ereignisse: Zwischen Februar und April 1961 rückten alle Maschinen ins AW Schwerte ein, um diversen Bauartänderungen unterzogen zu werden, einige davon im Zusammenhang mit dem Rauchgasvorwärmer. Nur wenige Monate später mußte man im Oktober 1961 alle Maschinen wegen schwerwiegender Anrostungen in den Rauchgasvorwärmern abstellen. Erst nach Monaten waren alle repariert und kamen wieder in Dienst, großenteils mit Vorwärmerkesseln, die das AW Schwerte neu gebaut hatte.

Die BR $50^{40}$ zählte bis 1964 voll zum Unterhaltungsbestand. Am 22. August 1965 erging die Verfügung (ZW 112), daß Loks mit Abgasvorwärmer keine L 3 mehr erhalten sollten. L 2 waren nur noch nach Einzelfallprüfung durch die OBL West erlaubt. Die letzte L 2 einer $50^{40}$ erhielt 50 4009 am 23. August 1965. Ein Jahr später, im Juni 1966, waren die Loks aus dem Unterhaltungsbestand völlig ausgeschieden, nur Bedarfsausbesserungen (L 0) mit einem Kostengrenzwert von 5.000 DM waren noch zugelassen. Im Jahr 1966 erhielten übrigens noch etliche Maschinen L 0, als letzte 50 4031 am 5. Juli 1966. Abstellungen erfolgten ab diesem Zeitpunkt ausnahmslos nicht wegen Erreichens des Laufleistungskilometergrenzwertes von 210.000 Kilometern, sondern meist wegen Ablaufs der Kesselfrist und auch wegen aktueller kleiner Schäden.

Die BR $50^{40}$ war noch für die Umzeichnung auf EDV-Nummern vorgesehen. Dabei sollten die kohlegefeuerten Maschinen die neue Baureihenbezeichnung 054 bekommen, während für die Öllok 50 4011 die Baureihe 059 reserviert war. In der Umzeichnungsliste der DB vom Juni 1967 waren noch folgende Loks enthalten: 054 002-1, 054 003-9, 054 004-7, 054 005-4, 054 006-2, 054 007-0, 054 009-6, 054 010-4, 054 012-0, 054 013-8, 054 014-6, 054 015-3, 054 022-9, 054 025-2, 054 026-0, 054 028-6, 054 029-4, 054 031-0.

Als der neue Nummernplan der DB dann am 1. Januar 1968 in Kraft trat, waren alle $50^{40}$ bereits ausgemustert, so daß es nie eine 054 bei der DB gegeben hat, nicht einmal buchmäßig.

Die Zerlegung der $50^{40}$ übernahmen hauptsächlich die AW Bremen und Lingen. Die Loks 50 4003, 4006, 4009 bis 4012, 4014, 4015, 4025 und 4026 waren in den Jahren 1966 und 1967 zum Verkauf vorgesehen. Käufer fanden sich jedoch nicht, und so verschrottete man auch diese Loks. 50 4011 wurde nach der z-Stellung ins AW Schwerte überführt, wo sie im März 1967 noch anzutreffen war. Wenige Wochen später baute man im AW den Kessel aus und setzte ihn als Dampferzeuger in das DB-Kraftwerk in Penzberg (Oberbayern) um.

Als letzte $50^{40}$ überführte man im August 1968 die ehemaligen Hammer Maschinen 50 4001, 4019, 4020, 4022 und 4023 von ihrem Abstellort Soest nach Lingen und zerlegte sie dort bis Anfang Oktober 1968 im AW. Einzelne Ersatzteile wie Führerhäuser und Radsätze wurden weiterverwendet und wieder in normale 50er eingebaut.

# BD Essen/Bw Hamm

Hamm in Westfalen war seit jeher als östliche Begrenzung des Ruhrgebiets ein bedeutender Bahnknotenpunkt. Durch seine Lage an der Coeln-Mindener Eisenbahn war es schon in der Frühzeit dieses Verkehrsmittels seit 1847 eisenbahnmäßig erschlossen. Außer den Strecken der Ruhr-Lippe-Eisenbahn (RLE) gingen von hier die Staatsbahnstrecken nach Münster, Lünen, Dortmund, Unna, Soest und Bielefeld aus. Einem solchen Knoten angemessen verfügte Hamm über einen großen Personenbahnhof, den zeitweise größten Rangierbahnhof Europas und zwei benachbarte Betriebswerke: Hamm Pbf und Hamm Gbf.

In den fünfziger Jahren faßte man diese beiden Bw verwaltungsmäßig zusammen. Hamms Bw trat nicht nur stets durch seine Größe hervor, sondern vor allem auch durch seine berühmten oder exotischen Baureihen. Das Bild des Bws prägten in den fünfziger Jahren die in großen Stückzahlen vorhandenen Loks der Baureihen $01^{0}$, $38^{10}$, 41, 44, 50, $55^{25}$, $94^{5}$ und V $200^{0}$; vereinzelte Maschinen fanden sich zeitweise auch aus den Baureihen 05, $55^{0}$, $56^{2}$, $56^{20}$, 78, $89^{70}$, $91^{3}$ und $92^{5}$. In den sechziger Jahren verschwanden diese Exoten wie auch die 01 und $38^{10}$. Von den Dampfloks blieben nur die Baureihen 41, 44, 50, $55^{25}$ und $94^{5}$. Daneben betreute das Bw an Dieselfahrzeugen in den sechziger Jahren außer den Exoten V 300, V 320, ME 1500 und DE 2000 auch V 60, V $200^{0}$, Kleinloks der Leistungsgruppen II und III, VT95/VB142 und Turmtriebwagen.

Weil man die Maschinen der Baureihe $50^{40}$ in Bingerbrück nicht mehr sinnvoll einsetzen konnte, weil das AW Schwerte in der Nachbarschaft lag und wegen der Möglichkeit eines gemeinsamen Einsatzgebietes mit den Franco-Crosti-Loks der BD Münster beheimatete man die 50 4001, 4016 bis 4023, 4030 und 4031 zwischen Juni und August 1964 zum Bw Hamm um. Die Hammer Lokführer wurden nicht besonders auf den $50^{40}$ geschult, sondern erhielten nur einen Tag lang eine Unterweisung. So liefen die Loks dann zeitweise auch in den gleichen Plänen wie die normalen 50 des Bw Hamm. Die meisten Leistungen erbrachten die $50^{40}$ vor Güterzügen von Hamm über Münster nach Osnabrück und zurück. Durchläufe bis Kirchweyhe waren selten. Einen zweiten Einsatzschwerpunkt bildete die viergleisige Strecke in Richtung Hannover. Hier waren Bielefeld, Löhne und Minden die Wendebahnhöfe. Einsätze nach Süden, Südwesten und Westen blieben eher selten. Bekannt sind Planleistungen nach Hagen und Krefeld-Linn (quer durch das gesamte Ruhrgebiet) sowie Sonderdienste und Programmzüge, u.a. nach Oberhausen-Osterfeld. Als Mitte der sechziger Jahre der Rangierbahnhof Hamm umgebaut wurde, mußte Soest zeitweise einen Teil der Hammer Zugbildungen übernehmen. Auch im Pendelverkehr zwischen diesen beiden, 25 Kilometer auseinanderliegenden Rangierbahnhöfen machten sich die $50^{40}$ nützlich. Während der gesamten Zeit in Hamm (vom Sommerfahrplan 1964 bis 1966/67) leisteten die Loks in der Regel 4.000 bis 6.000 Kilometer pro Monat, womit sie ab 1965 leicht über den Kirchweyher $50^{40}$ lagen.

Ab Anfang 1966 stellte dann auch das Bw Hamm nach und nach die $50^{40}$ auf z, und zwar meist wegen aktueller Schäden wie Rahmenbrüchen und leichten Unfällen. Betrieblich benötigt und im Umlaufplan eingesetzt waren sie bis zum Ablauf des Sommerfahrplans 1966. Bereits am 10. März 1966 hatte die BD Essen er-

Im Bw Osnabrück Hbf begegnet die Hammer 50 4030 im Februar 1965 der 41 317 aus Bremerhaven und 44 085 aus Lehrte. AUFNAHME: JÜRGEN MUNZAR sucht, die Franco-Crosti-Loks von der Ausrüstung mit Indusi auszunehmen, da die Leistungen nach Osnabrück ab dem 1. Oktober 1966 wegen Elektrifizierung entfallen würden. Diesen Tag allerdings erlebten nur noch drei Maschinen betriebsfähig (50 4018, 4022 und 4031), so daß in den letzten Wochen des Sommerfahrplans verstärkt normale 50er im Plan mitliefen. Danach dienten die Franco-Crosti-Loks noch eine Zeitlang als Betriebsreserve. 50 4018 lief im Oktober noch 3.464, im November 3.764 km und im Dezember 1966 an fünf Tagen noch 786 km; danach kam sie nicht mehr zum Einsatz.

Als letzte stellte man 1967 die 50 4022 am 23. Januar 1967 und die 50 4031 am 10. April 1967 auf z. Im Januar 1967 fuhren beide Loks noch zusammen 1.446 Kilometer und erhielten 16,97 Tonnen Kohle. Auch 50 4031 war seit Januar nicht mehr eingesetzt.

**Beheimatungen:**

| | |
|---|---|
| 50 4001 | 26.08.1964 bis 22.11.1966 (+) |
| 50 4016 | 19.07.1964 bis 22.11.1966 (+) |
| 50 4017 | 06.08.1964 bis 22.11.1966 (+) |
| 50 4018 | 19.07.1964 bis 24.02.1967 (+) |
| 50 4019 | 19.07.1964 bis 22.11.1966 (+) |
| 50 4020 | 24.06.1964 bis 19.08.1966 (+) |
| 50 4021 | 16.06.1964 bis 20.06.1966 (+) |
| 50 4022 | 16.06.1964 bis 22.05.1967 (+) |
| 50 4023 | 09.07.1964 bis 22.11.1966 (+) |
| 50 4030 | 16.06.1964 bis 22.11.1966 (+) |
| 50 4031 | 29.07.1964 bis 05.07.1967 (+) |

In einer Symphonie aus Dampf und Rauch rollt 50 4017 (Bw Hamm) im Juni 1964 in der Nähe des Bahnhofs Brock-Ostbevern in Richtung Osnabrück. Auch der größere Mischvorwärmerkasten konnte gelegentliches Überkochen nicht verhindern, wie man sieht. Gerade erst waren die Maschinen nach Hamm umbeheimatet worden, und vermutlich hatte man den Mischvorwärmer noch nicht auf die dortigen Bedingungen eingestellt.
Aufnahme: Ludwig Rotthowe

50 4017 (Bw Hamm) hat im Osnabrücker Rangierbahnhof einen schweren Güterzug nach Hamm übernommen und muß sich noch anstrengen, um in Gang zu kommen, während sie durch den Bahnhof Osnabrück Pbf oben donnert, März 1965.
Aufnahme: Helmut Bittner

Bei Lengerich-Hohne fährt 50 4030 (Bw Hamm) auf die Hügelkette des Teutoburger Waldes zu, wird in einer großen Kurve Höhe gewinnen und den Höhenzug durch den Galgenbergtunnel unterqueren, Sommer 1964.

Aufnahme: Ludwig Rotthowe

Aus Richtung Minden kommend rollen 50 4020 (Bw Hamm) und eine Schwesterlok der Normalbauart über die Güterzugdurchfahrtsgleise des Bahnhofs Hamm auf den großen Rangierbahnhof zu, wo ihre Fahrt zu Ende ist, Februar 1965.

Aufnahme: Ludwig Rotthowe

Unten: 50 4019 (Bw Hamm) im Juli 1965 auf dem „Kanal" des Bw Osnabrück Hbf, der diesen Namen wirklich verdiente.

Aufnahme: Slg. Hansjürgen Rippin

Im Überholungsbahnhof „Ems“ zwischen Münster und Westbevern-Vadrup läßt 50 4001 (Bw Hamm) auf der Fahrt nach Norden der eiligen 41 308 mit ihrem Durchgangsgüterzug den Vortritt, bevor sie anschließend ihre gemischte Fuhre wieder in Gang bringt. AUFNAHME: LUDWIG ROTTHOWE

An der Meldestelle im Bw Osnabrück Hbf wartet 50 4017 (Bw Hamm), besser ihr Führer, auf Instruktionen für die Fahrt an den Zug, 2. Mai 1965. Vor dem Hintergrund der großen Ölbunker herrscht reges Treiben: 41 360, eine $01^{10}$-Kohle und eine der letzten Osnabrücker $93^5$ sind zu sehen. AUFNAHME: JÜRGEN MUNZAR

504016 (Bw Hamm) knallt im August 1965 durch Osnabrück Pbf oben auf der Fahrt nach Süden. Hier hängt mehr als ein Jahr vor der Betriebsumstellung der Fahrdraht bereits.

AUFNAHME: JÜRGEN MUNZAR

Kurz vor ihrer Abstellung erlitt 504030 (Bw Hamm) im Mai 1966 einen Kreuzkopfbruch, wurde aber noch repariert. Die Bilder zeigen sie im Bw Münster, als die linke Triebwerksseite für den Rücktransport nach Hamm bereits totgelegt ist. In der Seitenansicht sind die typischen Bauelemente der Franco-Crosti-50er einmal besonders gut zu erkennen: Von links Mischvorwärmer und Pumpe, Sandkästen auf dem Umlauf, Seitenschornstein, umstellbare Speiseleitung am Stehkessel, Luftbehälter unter dem Führerhaus, Rauchleitblech auf dem Dach.

BEIDE AUFNAHMEN: WOLFGANG FIEGENBAUM

Im Februar 1965 verläßt 50 4001 mit Güterzug Hamm in Richtung Minden. AUFNAHME: LUDWIG ROTTHOWE

Blick auf einen der beiden Rundschuppen im Bw Osnabrück Hbf, Großbekohlung und den Beginn der Wiehengebirgsrampe am nördlichen Ende des Osnabrücker Vorbahnhofs, wo sich gerade eine Öl-41er die Steigung hinaufmüht. 50 4017 (Bw Hamm) hat den Schuppen gerade verlassen und wird sich gleich durch den Rangierbahnhof bis zu ihrem Zug vorarbeiten. Das Bild entstand im Frühjahr 1966, als die Elektrifizierungsarbeiten hier schon fast beendet waren. AUFNAHME: CARL BELLINGRODT/EK-VERLAG

Bei der Fahrt ins Bw Osnabrück Hbf kollidierte 50 4030 (Bw Hamm) am 23. Juli 1966 mit der nicht profilfrei stehenden 01 1088. AUFNAHME: JOHANNES KLOSSEK, SLG. WENZEL

In weiten Bereichen schnurgerade verläuft die Strecke Hamm – Münster. Aus der Mittagssonne taucht 50 4017 (Bw Hamm) mit einem Güterzug nach Norden im Juni 1966 im Gebiet der Hohen Ward südlich von Hiltrup auf. Hier ist die Fahrleitung schon fertig, wird aber erst im September 1966 eingeschaltet. Die Elektrifizierung der Einsatzstrecken zwischen Ruhrgebiet und Osnabrück war direkter Anlaß für die Ausmusterung der BR $50^{40}$.
AUFNAHME: LUDWIG ROTTHOWE

Rechts: An der Besandung im Heimat-Bw Hamm steht hier im September 1966 50 4031. Wie man sieht, gab es hier Extrafüllrohre für Lokomotiven mit Sandkästen auf dem Umlaufblech. AUFNAHME: GERHARD MOLL

Mit einem Güterzug aus Osnabrück wartet 50 4019 in der Nähe des Bw Hamm auf die Weiterfahrt in den Rangierbahnhof. AUFNAHME: HELMUT GRIEBL

Am 15. März 1952 donnert 42 9000 mit einem Eilgüterzug, dem zwei Postwagen beigestellt sind, durch Bielefeld nach Norden. In den Mindener Diensten fuhren die starken Franco-Crosti-Loks durchweg mit nur geringer Anstrengung.
AUFNAHME: CARL BELLINGRODT/EK-VERLAG

# BD Hannover / Bw Minden / Versuchsanstalt Minden

Henschel lieferte am 30. Dezember 1950 die erste Franco-Crosti-Lok an die DB. Das Versuchsamt des EZA Minden/Westfalen untersuchte und erprobte die Lok zunächst eingehend. Laut Betriebsbuch war sie schon ab dem 13. Januar 1951 beim Bw Minden stationiert, obwohl ihre endgültige Abnahme erst am 3. Februar 1951 erfolgte. Bereits neun Tage zuvor, am 25. Januar 1951, hatte Henschel die zweite Lok 42 9001 geliefert. Nach ihrer Abnahme am 8. Februar 1951 kam auch diese Lok zum Bw Minden. Beide Loks hatten ein umfangreiches Versuchsprogramm zu absolvieren. Als Vergleichsobjekte dienten die nach dem Zweiten Weltkrieg gebauten Versuchsloks mit Mischvorwärmern 52 124 bis 143 des Bw Minden und 52 875 bis 888 des Bw Löhne. Die $42^{90}$ liefen daher häufig in den Plänen der Mindener 52, die „aus der Mitte heraus" Güterzüge hauptsächlich auf der teils viergleisigen Hauptstrecke Hamm Gbf – Bielefeld – Löhne – Minden – Seelze bespannten. Zum Sommerfahrplan 1952

Im April 1951, also unmittelbar zu Beginn des Planeinsatzes beim Bw Minden, entstand dieses Bild der 42 9001 im Wende-Bw Hamm. Vor wenigen Wochen erst hat die Lok Windleitbleche erhalten, ist aber noch grau lackiert. Der Anheizschornstein steht offen, und in diesem Zustand dürfte die Lok kaum zugdiensttauglich sein.
AUFNAHME: SAMMLUNG HAMMER EISENBAHNFREUNDE

gab Minden seine beiden $42^{90}$ zur weiteren Erprobung an das Bw Bingerbrück ab.

Zweieinhalb Jahre später tauchte in Minden die dritte Franco-Crosti-Lok der DB auf. Die bei Henschel umgebaute 50 1412 nahm das AW Göttingen am 11. November 1954 ab, und laut Betriebsbuch war schon ab dem 4. November Bingerbrück ihr Heimat-Bw. Tatsächlich aber fuhr sie bis zum 25. Januar 1955 unter Verfügungsgewalt des Lokversuchsamtes Minden in einem umfangreichen Versuchsprogramm. Buchmäßig war 50 1412 nie in Minden stationiert; erst am 26. Januar 1955 kam sie dann auch faktisch zu ihrem Heimat-Bw Bingerbrück.
Vom 1. Oktober bis zum 21. Dezember 1958 untersuchte das Lokversuchsamt Minden notwendige Änderungen an den Mischvorwärmern der Serien-$50^{40}$. Hierfür wurde in diesem Zeitraum 50 4003 nach Minden beordert. 1959 erschien abermals eine Franco-Crosti-Maschine in Minden. Die einzige mit Ölfeuerung ausgerüstete Lok 50 4011 erprobte das Versuchsamt des BZA Minden ab dem 20. Mai vor dem Meßwagen, bevor die Lok Ende August 1959 zum Bw Kirchweyhe kam. Am 4. Juni 1959 nahmen die Mitglieder des Fachausschusses für Lokomotiven an einer Meßfahrt mit 50 4011 von Minden nach Hamm teil und konnten sich dabei über die Leistung der Ölfeuerung und des FC-Kessels durch Mitfahrt auf der Lok und Beobachtung der Anzeigegeräte im Meßwagen unterrichten. Das Ergebnis interessierte allerdings niemanden mehr wirklich, da 1959 die Entscheidung gegen die Dampftraktion längst gefallen war.

**Beheimatungen:**

| | |
|---|---|
| 42 9000 | 13.01.1951 bis 24.05.1952 |
| 42 9001 | 09.02.1951 bis 24.05.1952 |

# Franco-Crosti-Loks in Farbe

Mit den Beschreibungen der Einsätze bei den Bw geht es weiter auf Seite 161.

Das Einfahrvorsignal des Bahnhofs Brock-Ostbevern an der Rollbahn zeigt „Halt erwarten", und 50 4005 (Bw Osnabrück Rbf) rollt vor ihrem gemischten Güterzug mit Fahrtrichtung Osnabrück aus, Juli 1962. Nun überschüssiger Dampf macht sich durch die Sicherheitsventile nutzlos davon.

AUFNAHME: LUDWIG ROTTHOWE

Ein Blick auf Rangierbahnhof und Bw Bingerbrück am 10. Juni 1963. Mit einem Güterzug in Richtung Kaiserslautern warten 50 4019 und 50 4001 (hintere Lok) auf Ausfahrt.

Am Nachmittag des kalten 1. Februar 1964 verläßt 50 4022 (Bw Bingerbrück) mit einem Güterzug die rheinseitigen Gütergleise in Bingerbrück. 50 4019 muß noch warten.

BEIDE AUFNAHMEN: PETER LÖSEL

Das Gesicht der Franco-Crosti-50er. 50 4031 des Bw Bingerbrück auf der Drehscheibe der Heimatdienststelle am 3. September 1963. Die Heizungskupplung offenbart, daß die Lok auch im Reisezugdienst eingesetzt wird.
AUFNAHME: PETER LÖSEL

Als Gerätewagenbereitschaft steht 50 4019 am 20. September 1963 im Bw Kaiserslautern.

AUFNAHME: ROLF HAHMANN

Im Juni 1964 waren 50 4021 (Mitte) und 50 4030 (unten) bereits unbenutzt und konserviert im Rangierbahnhof Bingerbrück abgestellt. Die Kohlenkastendeckel sind ausnahmsweise geschlossen.

AUFNAHMEN: MAX R. DELIE

Vor einem der Schuppen im Bw Osnabrück Hbf wartet am 30. April 1964 die 50 4018 (Bw Hamm) auf ihre Rückleistung in die westfälische Heimat. AUFNAHME: HELMUT DAHLHAUS

Porträt der Hammer 50 4017 während des Drehens im Bw Osnabrück Hbf im Mai 1966. Kurze Zeit später war die Lok überflüssig und wurde abgestellt. Am Stehkessel ist die aufgezweigte und zwischen Vorwärmer- und Direktspeisung verstellbare Injektorspeiseleitung gut zu erkennen. AUFNAHME: PETER PEKNY

Am Block Powe nördlich von Osnabrück hat der Heizer von 50 4025 noch einmal richtig aufgelegt, und mit knallendem Auspuff geht es die Wiehengebirgsrampe hoch, August 1961.
AUFNAHME: CARL BELLINGRODT

50 4027 rollt im Oktober 1962 mit einem Güterzug über das Güterzug-Durchfahrtsgleis durch den Hauptbahnhof Bremen gen Norden. Rechts wartet 03 141 mit einem Personenzug. 50 4027 beendete rund zwei Jahre später wenige Kilometer südlich ihre Laufbahn mit einem schweren Unfall.
AUFNAHME: ROLF HAHMANN

Ein Abstecher ins Unterhaltungs-AW Schwerte, wo im November 1963 die Hammer 50 4020 und einen Monat zuvor die Kirchweyher 50 4024 Bedarfsausbesserungen erhielten. Beide Bilder entstanden nach Fertigstellung der Maschinen vor dem Anheizschuppen, wie der Sonnenstand andeutet, kurz vor Feierabend. AUFNAHMEN: MANFRED VAN KAMPEN

Die einzige ölgefeuerte FC-Lok erreichte, wenn sie fuhr, hohe Kilometerleistungen und war der neubekesselten 41 fast ebenbürtig. 50 4011 im Heimat-Bw Kirchweyhe am 4. April 1965.

Aufnahme: Peter Pekny

Am 22. Mai 1966 standen 50 4002 (Mitte) und 50 4013 (unten) in pfingstlicher Ruhe im Einsatz-Bw Rahden, wo die Kirchweyher FC-Loks bis Mai 1967 ihr Gnadenbrot erhielten.

Aufnahmen: Peter Lösel

# BD Mainz/Bw Bingerbrück

Das Bw Bingerbrück (heute heißt der zugehörige Bahnhof Bingen Hbf) war nach dem Krieg das klassische Güterzuglok-Bw für die Baureihe 42, von der um 1950 rund 50 Maschinen nachgewiesen sind. Im Sommerfahrplan 1950 wurden von ihnen in vier Umlaufplänen 21 Loks eingesetzt, die durchschnittlich 252 Kilometer pro Tag fuhren. Daneben gab es für Nebenbahndienste Anfang der fünfziger Jahre einen Bestand aus mehreren $56^2$ und 64ern. Zudem gab es einen Rangierlokbestand, der sich 1950 aus sechs Loks der Reihe 94 zusammensetzte, von denen zwei zur ersten Bauart $94^2$ gehörten.

In den fünfziger Jahren machte das Bw Bingerbrück einen erheblichen „Strukturwandel" durch. Im Sommer 1951 ersetzte die BR 42 die 94er. Die 64er verschwanden ebenfalls, ihre Dienste übernahmen neu beheimatete $74^4$ und zusätzliche $56^2$. Ende1958 betrug der Bestand an $56^2$ 29 Loks, von denen allerdings elf schon z-gestellt waren, und der an $74^4$ zwölf Loks (davon sechs z-gestellt). Einsatzgebiete dieser beiden Baureihen waren neben dem Rangierdienst und Fahrten „rund um den Kirchturm" vor allem die südlich von Bingerbrück über Bad Kreuznach verlaufenden Strecken Richtung Kaiserslautern und Homburg (Saar). Daneben fanden Einsätze auch im Alzeyer Netz und im Raum Mainz/Wiesbaden/Rüsselsheim statt.

Vor allem auf der linken und rechten Rheinstrecke liefen die 42er, die in der ersten Hälfte der fünfziger Jahre zunehmend und bis 1957 vollständig abgestellt wurden. Ersatz kam in Form der Baureihe 50, darunter auch drei, später vier Loks mit Henschel-Mischvorwärmer (50 266, 2717, 2851 und 2915). Am 25. Mai 1952 kamen auch die beiden $42^{90}$ aus Minden nach Bingerbrück. Eigene Umlaufpläne sind für die beiden $42^{90}$ aus Bingerbrück nicht bekannt, sie liefen wohl zunächst in den Plänen der Baureihe 42, später in denen der 50 mit.

Am 12. November 1954 erhöhte sich die Bestandsvielfalt an Güterzugloks durch die gerade umgebaute FC-Lok 50 1412. Interessanterweise ist sie im Betriebsbogen bis zum 25. Januar 1955 als „an Dritte vermietet" geführt. Es ist zu vermuten, das dies mit Einsätzen für die Versuchsanstalt Minden zusammenhängt. In dieser Zeit vom 12. November 1954 bis zum 25. Januar 1955 fällt die Lok dementsprechend durch niedrige Kilometerleistungen auf. 1955 kamen auch noch 52 891 und 892 mit Heinl-Mischvorwärmer nach Bingerbrück. Sinn dieser Konzentration war ein Betriebsversuch, in dem geklärt werden sollte, welche Vorwärmertypen sich bei Lokomotiven der gleichen Grundbauart in der wirtschaftlichen Gesamtbilanz am günstigsten stellten. Bereits zum 1. Juli 1954, also Monate vor Fertigstellung der 50 1412, wurde ein neuntägiger Umlaufplan aufgestellt, für den der Einsatz der beiden $42^{90}$, der 50 1412, von drei 50ern mit Henschel-Mischvorwärmer und drei normalen 50ern mit Knorr-Oberflächenvorwärmer vorgesehen war. Später sollen dann, ganz gesichert ist dies allerdings nicht, sogar noch je eine der drei Henschel-MV-50 und eine der drei Knorr-OV-50 gegen die beiden Heinl-MV-52er in diesem Plan ersetzt worden sein. Der Plan war nicht nur hinsichtlich der eingesetzten Loks ein Mischplan, sondern auch hinsichtlich der zu fahrenden Leistungen. Das Rückgrat des Plans waren die Durchgangsgüterzüge der Relation Heidelberg/Mannheim – Mainz-Bischofsheim – Bingerbrück – Koblenz – Köln (Gremberg), allerdings immer nur auf Teilstrecken. Daneben gehörten zwei Nahgüterzugpaare vom Heimatort ins westlich gelegene Simmern, ein Nahgüterzugpaar nach Winnweiler auf der Strecke nach Kaiserslautern, ein Personenzugpaar Mainz – Worms – Ludwigshafen, ein Personenzugpaar Bingen – Koblenz und gut elf Stunden Rangierdienst zum Aufgabenbereich dieses Umlaufplans. In der Tageslaufleistung lagen die Maschinen im Verhältnis zu anderen Bw sehr hoch und nur wenig unter den Oberlahnsteiner 50ern, die damals auf der rechten Rheinstrecke höchste Tageslaufleistungen erreichten. Der Betriebsversuch endete vermutlich im Dezember 1955. Erwartungsgemäß schnitt die 50 1412 bei weitem am besten ab.

Nach dem Betriebsversuch blieben die drei FC-Loks in Bingerbrück. Eigene Umlaufpläne für diese Maschinen sind nicht bekannt. Man kann davon ausgehen, daß die Loks in den Plänen für die Baureihe 50 des Bw Bingerbrück mitliefen. Diese Umläufe waren fast ausschließlich auf den Güterzugverkehr auf den beiden Rheinstrecken zugeschnitten. Köln (Köln-Gereon, Köln-Eifeltor, Gremberg) war der nördliche Wendepunkt, Heidelberg und Karlsruhe waren die südlichen. Im Winterfahrplan 1957/58 etwa setzte das Bw Bingerbrück planmäßig 17 Loks der BR 50 ein. Der Einsatz auf den Rheinstrecken wurde nur von einzelnen Fülleistungen unterbrochen sowie vom Bw Bingerbrück zu erbringenden Leistungen, die in diesen Plan eingeflochten wurden: zwei Nah-

Zur Reparatur eines gebrochenen Treibzapfens mußte 42 9001 im Jahr 1954 das AW Kaiserslautern aufsuchen. Das Bild entstand an der Werksausfahrt während der Probefahrt. Für kurze Zeit hatte die Lok damals ein großes Rauchleitblech auf dem Führerhausdach.

AUFNAHME: GOTTFRIED KRAUS, SAMMLUNG KLAUS DECKER

Die Franco-Crosti-Lok der zweiten Generation – Sparwunder 50 1412 noch im Neuglanz im Heimat-Bw Bingerbrück im Frühjahr 1955. Sogar die Kohlenkastendeckel sind geschlossen. AUFNAHME: SAMMLUNG WOLFGANG LÖCKEL

güterzugpaare nach Simmern, eines nach Stromberg (auf der Simmerner Strecke) inklusive zwei zugehöriger Leerfahrten, ein Güterzugpaar nach Kirn, drei Güterzüge von Bingerbrück über Bad Kreuznach nach Einsiedlerhof bei Kaiserslautern und einer in die Gegenrichtung, ein Güterzug von Kaiserlautern nach Ludwigshafen, neun Stunden Arbeitszugdienst in Bingerbrück sowie als einziger Personenzug der P 1791 von Kaiserslautern nach Bad Münster am Stein. Diese Fülleistungen waren aber nicht prägend für die Zeit der Bingerbrücker 50er – prägend waren vielmehr Zugpaare wie Dg 5037/5038, vor denen Bingerbrücker 50 (oder $42^{90}$ oder 50 1412) von Heidelberg Rbf bis Köln-Gereon 292 Kilometer durchfuhren. Dies war für die Baureihe 50 Mitte der fünfziger Jahre der absolute Rekord bei der DB, längere Durchläufe hatten im Güterzugdienst nur noch die Baureihen 41 und 44, etwa Wanne-Eickeler 41er mit dem 360 Kilometer langen Durchlauf Kirchweyhe – Aachen West oder Fuldaer 41er auf der Relation Frankfurt (M) – Lehrte (359 Kilometer). Der längste bekannte planmäßige Durchlauf für Güterzugdampfloks war zwischen 1960 und 1962 Frankfurt/M. Egbf – Hannover-Linden mit 388 Kilometern durch Kasseler 41er.

Im Winterfahrplan 1957/58 wurde von Bingerbrücker 50ern und natürlich den drei FC-Loks der längste Durchlauf gefahren, den es bei der DB mit der Baureihe 50 je gab: der Dg 5034 von Köln-Gereon nach Karlsruhe West mit 328 Kilometern.

Die Tabelle gibt einen Überblick über bekannte Bingerbrücker Umlaufpläne für schwere Güterzugloks in den fünfziger Jahren.

Die längste Einsatzgeschichte beim Bw Bingerbrück hat die „Vorserienlok“ 50 1412 aufzuweisen. Ihre Einsätze zeichnen daher auch das ausführlichste Bild über die Bingerbrücker Einsätze. Von dieser Lok sind die Betriebsbögen erhalten. Eine statistische Auswertung der Laufleistungen dieser Lok ist in zwei Grafiken dargestellt.

Die erste Grafik zeigt die Jahresleistungen der Lok über ihren gesamten Einsatzzeitraum. Hier wird die Stellung des Bw Bingerbrück als Güterzuglok-Bw für beide Rheinstrecken mit hohen

## Umlaufpläne für Streckengüterzugloks in den fünfziger Jahren

| Fahrplan | Baureihe | Pläne | Lokzahl | Kilometerleistungen: Durchschn. | Min. | Max. |
|---|---|---|---|---|---|---|
| Sommer 1950 | 42 | 4 | 21 | 252 | 100 | 551 |
| Sommer 1953 | 42 | 1 | 6 | 339 | ? | ? |
| " | 50 | 1 | 11 | 380 | ? | ? |
| Sommer 1954 | $42^{90}$/50 | 1 | 9 | 250 | 120 | 432 |
| " | 50 | 1 | 7 | ca. 450 | ? | ? |
| Sommer 1956 | 50 | 2 | 18 | 394 | 221 | 545 |
| Winter 1957/58 | 50 | 2 | 17 | 367 | 190 | 568 |

Am 20. September 1952 verläßt 42 9000 im letzten Nachmittagslicht mit dem P 1366 Bingerbrück – Frankfurt (M) Hbf den Bahnhof Bingerbrück. Dem Zug beigestellt ist der Sonderwagen „Rollender Weinkeller". Endlich einmal zu sehen: Volldampf aus beiden Seitenschornsteinen. AUFNAHME: CARL BELLINGRODT/EK-VERLAG

Kilometerleistungen deutlich. 1954 kam die Lok 50 1412 erst Mitte November als FC-Lok zum Einsatz, was die niedrige Laufleistung in der Grafik erklärt. 1955 fuhr sie 101.792 Kilometer – dies ist die einzige von der BR $50^{40}$ bekannte Jahresleistung über 100.000 km. Auch den Rekord hinsichtlich der höchsten Monatsleistung hält die Lok. Im April 1955 fuhr sie 12.274 Kilometer, und das sogar bei zwei Ausbesserungstagen und einem Tag, an dem sie nicht benötigt wurde. Platz zwei belegt die 50 4031 (Bw Oberlahnstein) im Oktober 1959 mit 12.251 Kilometern an 30 Einsatztagen und einem Bw-Ausbesserungstag. Die hohen Laufleistungen beim Bw Bingerbrück zeigen sich in der Grafik für 50 4001 auch in den Jahren 1956 und 1957.

Die zweite Grafik gibt die durchschnittlichen Tageskilometerleistungen der 50 4001 für die Jahre 1955 bis 1966 wieder. Sie ist dafür, wie stark man die Maschine bei den verschiedenen Bw forderte insofern aussagekräftiger, als hier nur die Einsatztage berücksichtigt sind, nicht dagegen die Tage, an denen sie nicht benötigt wurde, sowie die Tage, an denen sie auf Ausbesserung wartete oder im Bw oder AW eine Ausbesserung erhielt. Auch an dieser Grafik zeigt sich das bisher über die Bingerbrücker Einsätze Gesagte. Es zeigt sich allerdings auch, daß die Leistungen beim Bw Oberlahnstein ebenbürtig waren.

Am 29. November 1957 stellte man 50 1412 auf „w" (Warten auf Aufnahme ins AW). Anfang 1958 kamen alle drei FC-Loks ins AW Schwerte (42 9001 am 5. Januar, 50 1412 am 18. März und 42 9000 am 9. April). Nach ihrer Rückkehr aus dem AW, 50 1412 war inzwischen nach ihrer L 3 in 50 4001 umgezeichnet worden, beheimatete man alle drei Loks zum Bw Oberlahnstein um, rund 50 Kilometer nördlich von Bingerbrück und rechtsrheinisch gelegen. Die Betriebsversuche waren abgeschlossen. Die von Süden fortschreitende Elektrifizierung der linken Rheinstrecke (1. Juni 1958: Mannheim – Ludwigshafen – Mainz – Koblenz – Remagen, 17. November 1958: Remagen – Köln) machte umfangreiche Umsetzungen in der BD Mainz notwendig, die auch das Bw Bingerbrück betrafen. So eröffnete die Abgabe der drei FC-Loks den Reigen. Von der Abgabe aller Dampfloks beim Bw Mainz im Dezember 1958 profitierte Bingerbrück in Form der Loks 23 024, 025 und 060 bis 075. Es folgten zum Sommerfahrplan im Juni 1959 die Kaiserslauterner 23 053 bis 059, während 23 073 bis 075 nach Oldenburg Hbf abgegeben wurden, so daß 22 Loks der Baureihe 23 in Bingerbrück verblieben. Als Ausgleich gab das Bw Bingerbrück zum Sommerfahrplan 1959 alle 50er ab. Mit 14 Maschinen und zusätzlich einer z-Lok erhielt Kaiserslautern den größten Brocken. Landau wurde aus dem Bingerbrücker Bestand mit vier, Cochem mit drei und Mayen mit einer Lok bedacht. Damit hatte sich das Bw Bingerbrück für eine Weile von einem Bw vorrangig für Güterzugloks in ein Personen- und Nebenbahnlok-Bw mit den Baureihen 23, $56^2$ und $74^4$ gewandelt, und auch der Einsatzschwerpunkt hatte sich vom Rhein weg verschoben.

Am 29. Mai 1961 nahm man den elektrischen Betrieb vom Saarland her über Homburg nach Kaiserlautern auf. Dies führte am 28. Mai 1961 zu einer erneuten Überweisung von 17 Loks der Baureihe 50 vom Bw Kaiserslautern zum Bw Bingerbrück, das fortan für die Bedienung der Nebenstrecken zuständig war, vor allem die nach Süden führenden. Zum gleichen Zeitpunkt bekam Kaiserslautern 17 Bingerbrücker Loks der Baureihe 23. Das Hin und Her zwischen Bingerbrück und Kaiserslautern schlug sich auch in der Personalgestellung nieder, das heißt, es fuhren in größerem Umfang Kaiserlauterner Lokpersonale auf Bingerbrücker Maschinen und umgekehrt.

Die Inbetriebnahme des elektrischen Betriebes am 27. Mai 1962 auf der gesamten rechten Rheinstrecke von Wiesbaden bis Köln führte zur Abgabe sämtlicher Oberlahnsteiner Dampfloks im Mai 1962. Elf verschiedene Bw erhielten Oberlahnsteiner

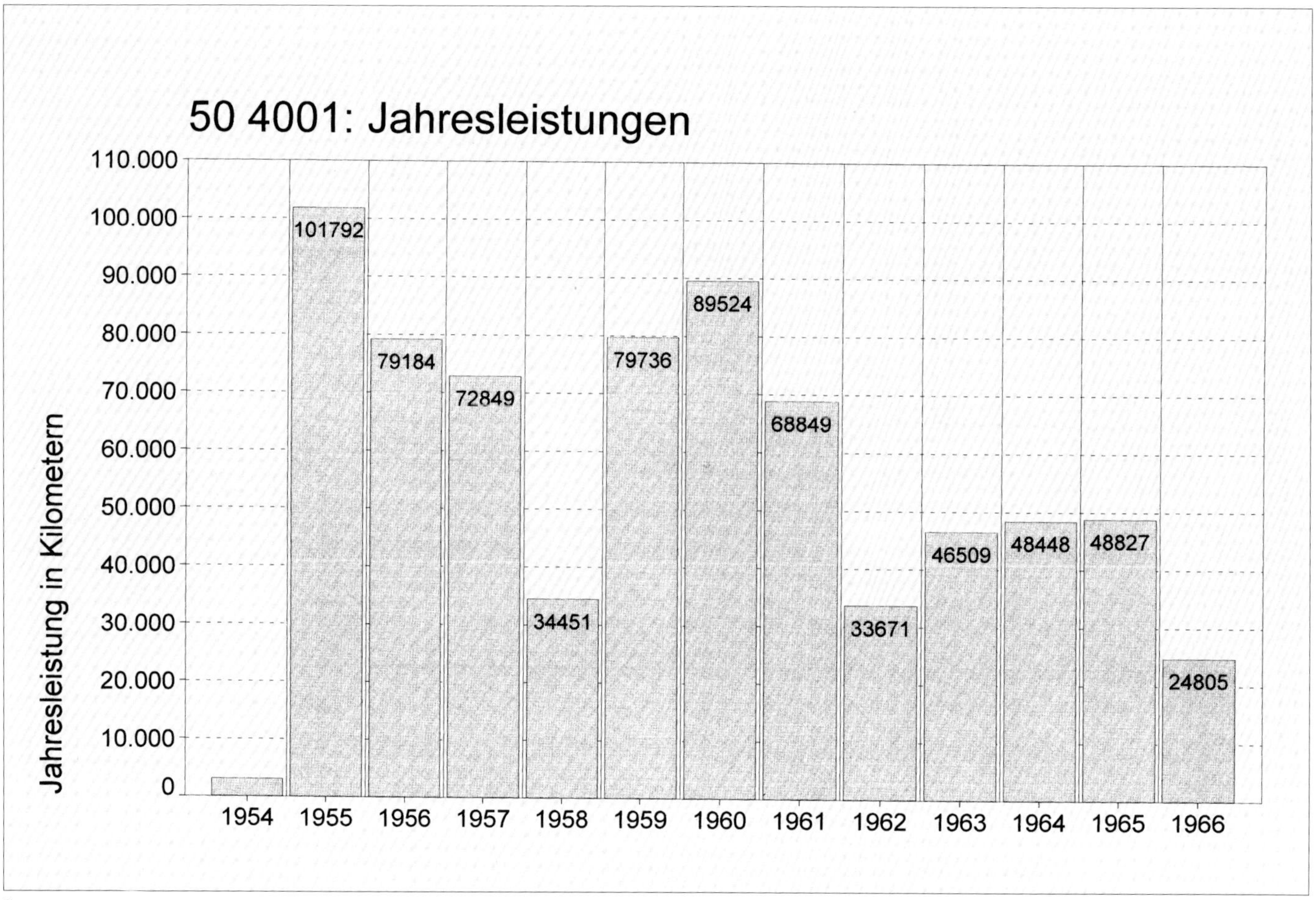


Übersicht über die Jahreskilometerleistungen der 50 4001. Als einzige Lok ihrer Baureihe kam sie 1955, und das trotz des Versuchsbetriebes, über 100.000 km.

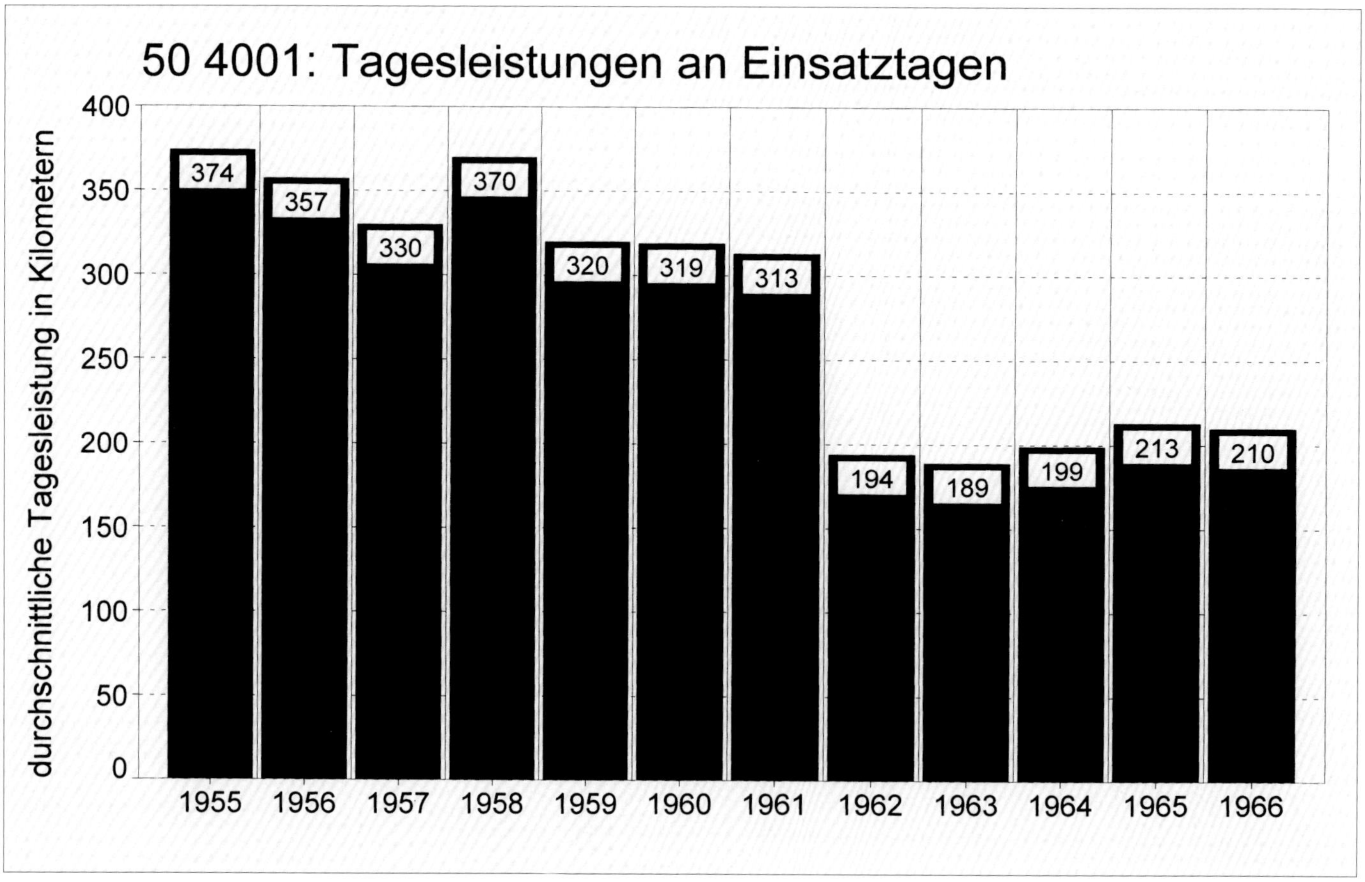


Die ergänzende Grafik über die durchschnittlichen Tagesleistungen an Einsatztagen.

BEIDE GRAFIKEN: RÜDIGER GÄNSFUSS

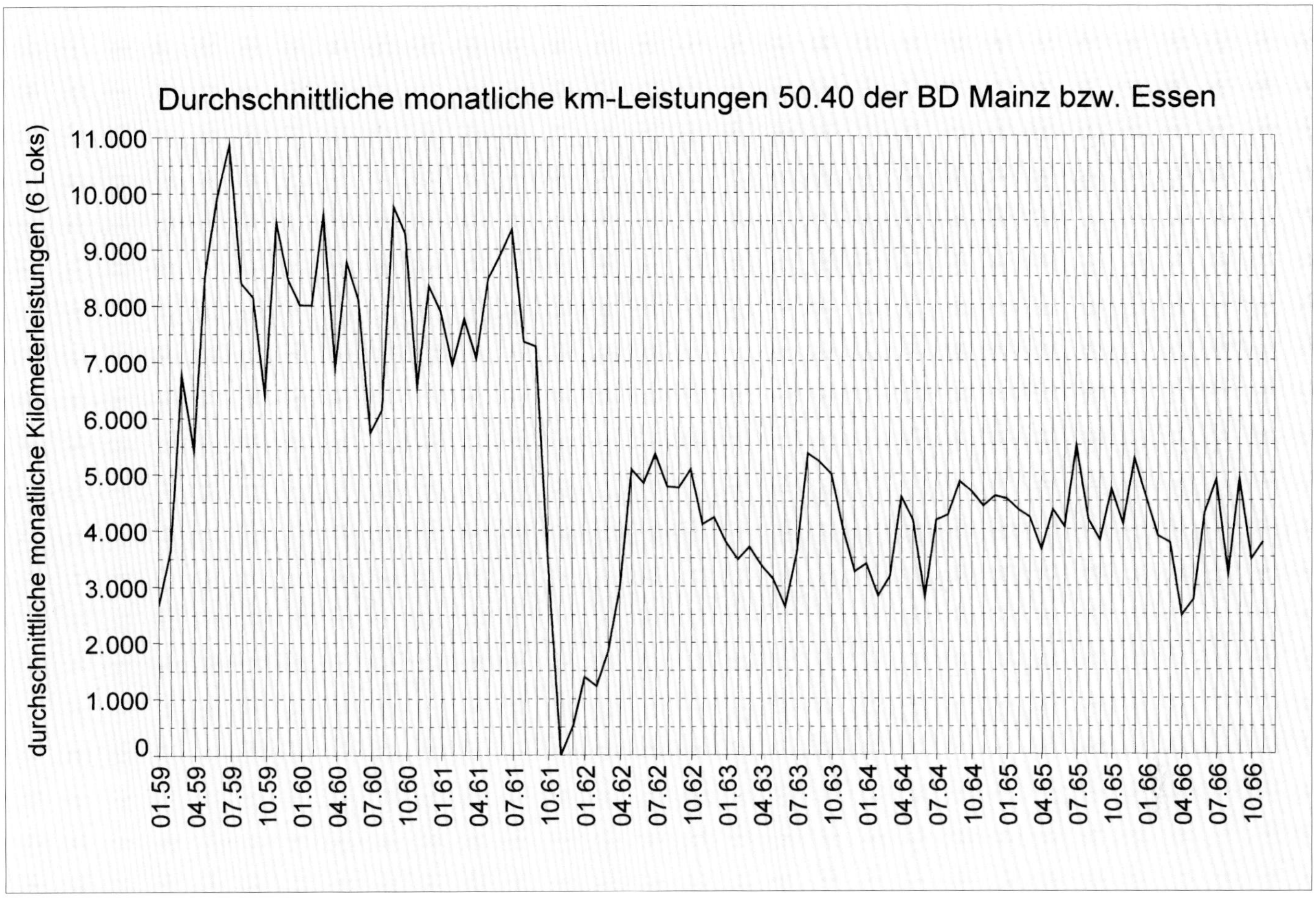


Der Verlauf der monatlichen Kilometerleistungen der Franco-Crosti-Loks in den Direktionen Münster und Mainz bzw. Essen. Die Auswirkungen der Kesselkrise sind unübersehbar, und in Bingerbrück konnten die Maschinen nicht mehr an das alte Leistungsniveau anknüpfen. BEIDE GRAFIKEN: RÜDIGER GÄNSFUSS

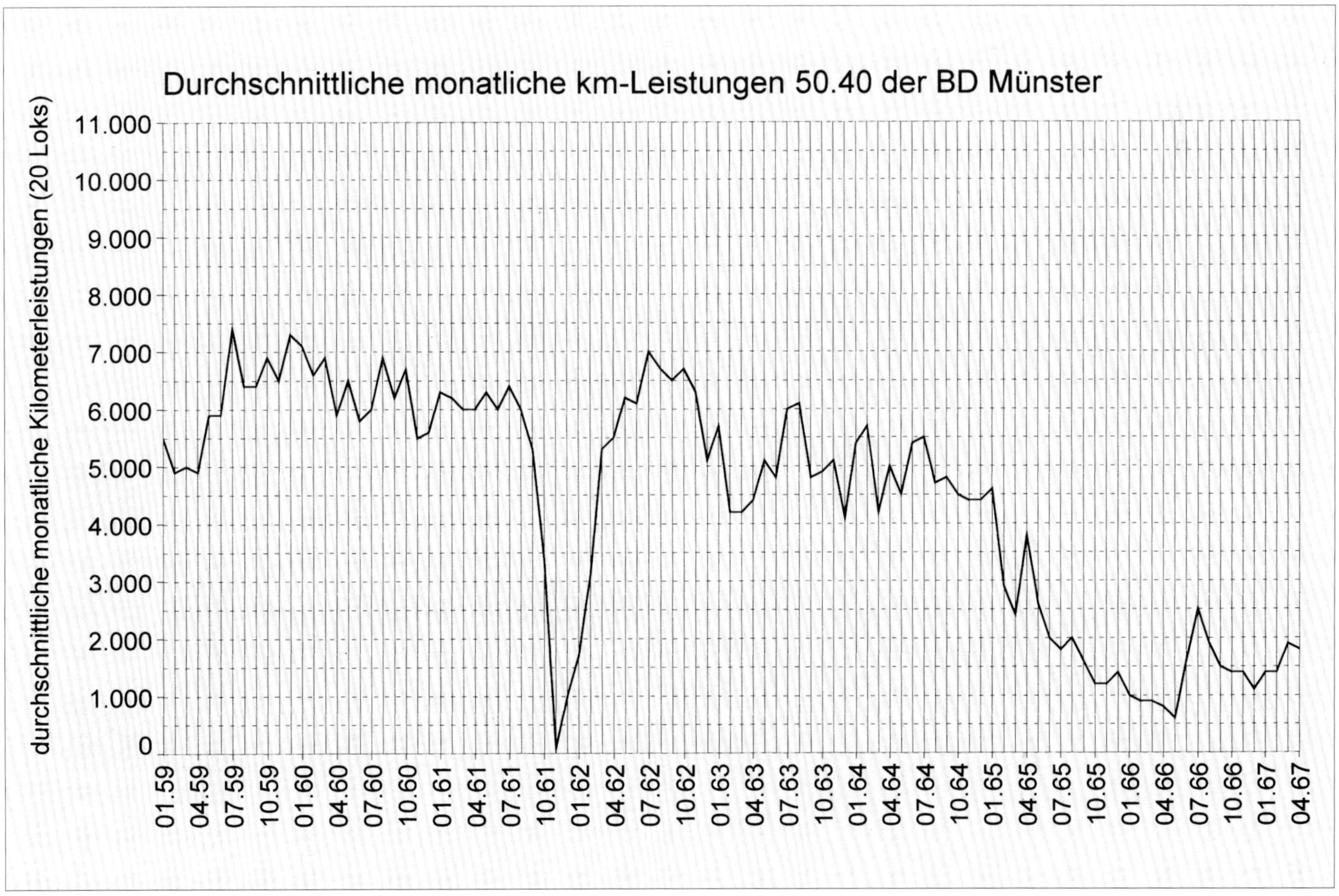

50 1412 mit Güterzug in voller Fahrt auf der linken Rheinstrecke vor Boppard, 25. Juni 1955. Endlich sieht man auch einmal den Verschlußdeckel des Anheizschornsteins.
AUFNAHME: CARL BELLINGRODT/EK-VERLAG

Loks: Bingerbrück profitierte davon in Form der elf $50^{40}$. Nach Zugang der FC-Loks beim Bw Bingerbrück sah der Lokbestand hier zum Jahresende am 31. Dezember 1962 wie folgt aus:

50 266, 1714, 1866, 2365, 2445, 2469, 2617, 2713, 2714, 2716, 2717, 2851, 2915, 2974 (14 Loks, davon vier mit Henschel-Mischvorwärmer; Nummern unterstrichen)
50 4001, 4016, 4017, 4018, 4019, 4020, 4021, 4022, 4023, 4030, 4031 (11 Loks)
56 245 z, 276, 351 z, 674, 739, 828 (6 Loks, davon zwei z-gestellt)

Die Einsätze sahen wegen der Elektrifizierung der beiden Rheinstrecken jetzt völlig anders aus als in der ersten Bingerbrücker Zeit bis Anfang 1958 und der Oberlahnsteiner Zeit bis zum Fahrplanwechsel im Mai 1962. Nicht mehr „Kilometerdreschen" vor Durchgangsgüterzügen am Rhein entlang war angesagt, sondern Nebenstreckendienst und gemäßigter Hauptbahndienst. Entsprechend sanken die Kilometerleistungen nach dem Wechsel der elf $50^{40}$ von Oberlahnstein nach Bingerbrück drastisch, wie der Grafik zu entnehmen ist. Sie lagen vor der „FC-Krise" mit durchschnittlich 7.000 bis 9.000 Kilometern pro Monat deutlich über den Leistungen der $50^{40}$ der BD Münster (6.000 bis 7.000 Kilometer pro Monat, obwohl auch diese Loks Hauptbahndienste auf langen Relationen verrichteten), danach mit 3.500 bis 5.000 Kilometern erheblich darunter. In diesem Zusammenhang muß erwähnt werden, daß das „zackigere" Profil der Maschinen der BD Mainz ein statistischer Artefakt sein dürfte. Sicherlich war der Arbeitsanfall der Oberlahnsteiner $50^{40}$ nicht deutlich unregelmäßiger als der der Kirchweyher und Osnabrücker Loks. Die größere Zahl an Daten ist vielmehr als Grund zu sehen. Für die BD Münster liegen die Angaben aller 20 Maschinen vor, für die BD Mainz nur für sechs (der elf vorhandenen). Entsprechend machen sich Ausfallzeiten einzelner Maschinen bei der BD Mainz mit einem Sechstel, bei der BD Münster aber nur mit einem Zwanzigstel in der Grafik bemerkbar, was die Kurven entsprechend zackig macht (BD Mainz) bzw. glättet. Um die dennoch deutlich zu Tage tretenden Unterschiede zwischen den Einsätzen beim Bw Oberlahnstein und beim Bw Bingerbrück einerseits und in der BD Münster andererseits deutlich zu machen, werden die vorliegenden Daten nochmals auf eine zeitlich höhere Ebene aggregiert. Dann ergibt sich folgendes Bild:

- BD Münster, Juni 1959 (Sofpl 1959) bis September 1961 (Sofpl 1961): 6.320 km pro Lok und Monat.
- Oberlahnstein, Juni 1959 (Sofpl 1959) bis September 1961 (Sofpl 1961): 8.140 km pro Lok und Monat.
- Bingerbrück, Juni 1962 (Sofpl 1962) bis Mai 1964 (Wifpl 1963/1964): 4.070 km pro Lok und Monat.
- BD Münster, Juni 1962 (Sofpl 1962) bis Mai 1964 (Wifpl 1963/1964): 5.360 km pro Lok und Monat.

Die weitgehende Konstanz bei der BD Münster ist mit gleichbleibendem Aufgabenbereich zu erklären, die starke Veränderung in der BD Mainz mit der durch die Rheinstreckenelektrifizierung bedingten Veränderung des Einsatzgebietes. Damit ist übrigens auch zu erklären, daß nach der „FC-Krise" die Kurve der erbrachten Leistungen in der BD Münster deutlich schneller ansteigt als in der BD Mainz. Während die BD Münster auf die Maschinen der Baureihe $50^{40}$ zur Abwicklung eines reibungslosen Verkehrs angewiesen war (was sich ja auch in dem an anderer Stelle dokumentierten Lokersatz zeigt), war in der BD Mainz bereits spürbar, daß das Bw Oberlahnstein keine sinnvollen Einsatzmöglichkeiten mehr bot. Entsprechend wurden zunächst die benötigten Loks der BD Münster ausgebessert, dann die nicht so dringend benötigten der BD Mainz.

Für den letzten Fahrplanabschnitt der $50^{40}$ beim Bw Bingerbrück, dem Winterfahrplan 1963/64, liegen die Umlaufpläne vor,

Der Rangierbahnhof Heidelberg begrenzte das Einsatzgebiet der BR $42^{90}$ nach Süden. Im Sommer 1957 ist 42 9001 mit einem Güterzug dort angekommen. An den Schornsteinen trägt sie kleine Windleitbleche. AUFNAHME: LOK-THEO, EK-ARCHIV

die typisch für die ganze zweite Franco-Crosti-Phase bei diesem Bw von 1962 bis 1964 sein dürften. Es gab zwei Umlaufpläne für sechs und vier Loks – bei einem Bestand von nur elf Maschinen dürften also immer wieder normale 50er in den beiden Plänen mitgefahren sein. Die durchschnittliche Kilometerleistung der zehn Plantage lag bei 243 Kilometern, das Minimum bei 160 und das Maximum bei 364. Das Personal stellten etwa je zur Hälfte Bingerbrück und Kaiserslautern (siehe weiter vorne). Es bestanden zwei Einsatzschwerpunkte. Zum einen fuhren die $50^{40}$ durch das Alsenztal, und zwar drei Güterzugpaare zwischen Bingerbrück und Einsiedlerhof bei Kaiserslautern sowie fünf Personenzüge und eine Leerfahrt zwischen Bad Kreuznach und Kaiserslautern. Zum anderen standen sechs Güterzugpaare zwischen Einsiedlerhof und Mannheim Rbf/Heidelberg Rbf auf dem Programm. Die restlichen Leistungen von Bingerbrück aus sahen wie folgt aus:

- Fahrten im Dreieck Bingerbrück – Bad Kreuznach – Gau Algesheim absolvierten die Loks mit Personenzügen, Leerreisezügen, Güterzügen, Übergaben und als Leerfahrten. Unter den Personenzügen gab es einen Leckerbissen für die damals noch sehr spärlich vorhandenen Eisenbahnfotografen (Fotos sind aber leider nicht bekannt). Den frühabendlichen P 2413 von Bad Kreuznach nach Bingerbrück bespannten eine DB-Umbau- und eine Neubaulok; vor diesem Zug lief eine Bingerbrücker $50^{40}$ als Leervorspann vor einer Kaiserslauterner 23!
- Ein Güterzug war über Bad Kreuznach hinaus nach Odernheim im Glantal zu befördern; die Rückleistung erfolgte als Leerfahrt.
- Von Bingerbrück nach Westen stand ein Güterzugpaar nach Stromberg (Strecke nach Simmern) auf dem Programm.
- Ein weiteres Güterzugpaar führte die $50^{40}$ nach Kirn im Nahetal.

Auch von Kaiserslautern aus gab es Fülleistungen:

- Auf der Strecke von Kaiserslautern nach Worms war ein abendlicher Güterzug von Grünstadt nach Einsiedlerhof zu bringen, wobei die Hinfahrt zu dieser Leistung als Leerfahrt erfolgte.
- Nach Südwesten ging ein Güterzug von Einsiedlerhof nach Pirmasens. Die Rückleistung stellte eine weitere Besonderheit dar, denn E 519 von Pirmasens nach Kaiserslautern war die einzige bekannte planmäßige $50^{40}$-Eilzugleistung.

Für die normalen Bingerbrücker 50 blieb laufplanmäßig nicht mehr viel übrig. Es gab ebenfalls zwei Laufpläne, aber nur für zwei und drei Loks, wobei der dreitägige Plan auch nur ein Bedarfsplan war. In den fünf Plantagen erbrachten die Loks durchschnittlich 148 Kilometer pro Tag, bei einem Minimum von 92 und einem Maximum von 208 Kilometern pro Tag. Diese Leistungen sind schnell aufgezählt:

- ein von der Baureihe $56^2$ „geerbtes" Nahgüterzugpaar zwischen Bingerbrück und Alzey,
- als weiteres „Erbstück" der $56^2$ vier Züge zwischen Alzey und Mainz,
- ein Zugpaar zwischen Bingerbrück und Bingen – auch dies war zuvor eine $56^2$-Leistung,
- der doppelt bespannte Güterzug 6562 von Bingerbrück nach Einsiedlerhof mit anschließender Doppelleerfahrt zurück nach Bingerbrück und
- ein Personenzugpaar Bingerbrück – Bad Kreuznach und zurück, wobei die Rückfahrt vor P 2414 als Leervorspann vor einer $50^{40}$ erfolgte.

Die Laufplanauswertung unterstreicht das, was im Alltagsbetrieb offenkundig war: Zum einen zeigt sie, daß die zweite Bingerbrücker Phase der Franco-Crosti-Loks sich wesentlich von den

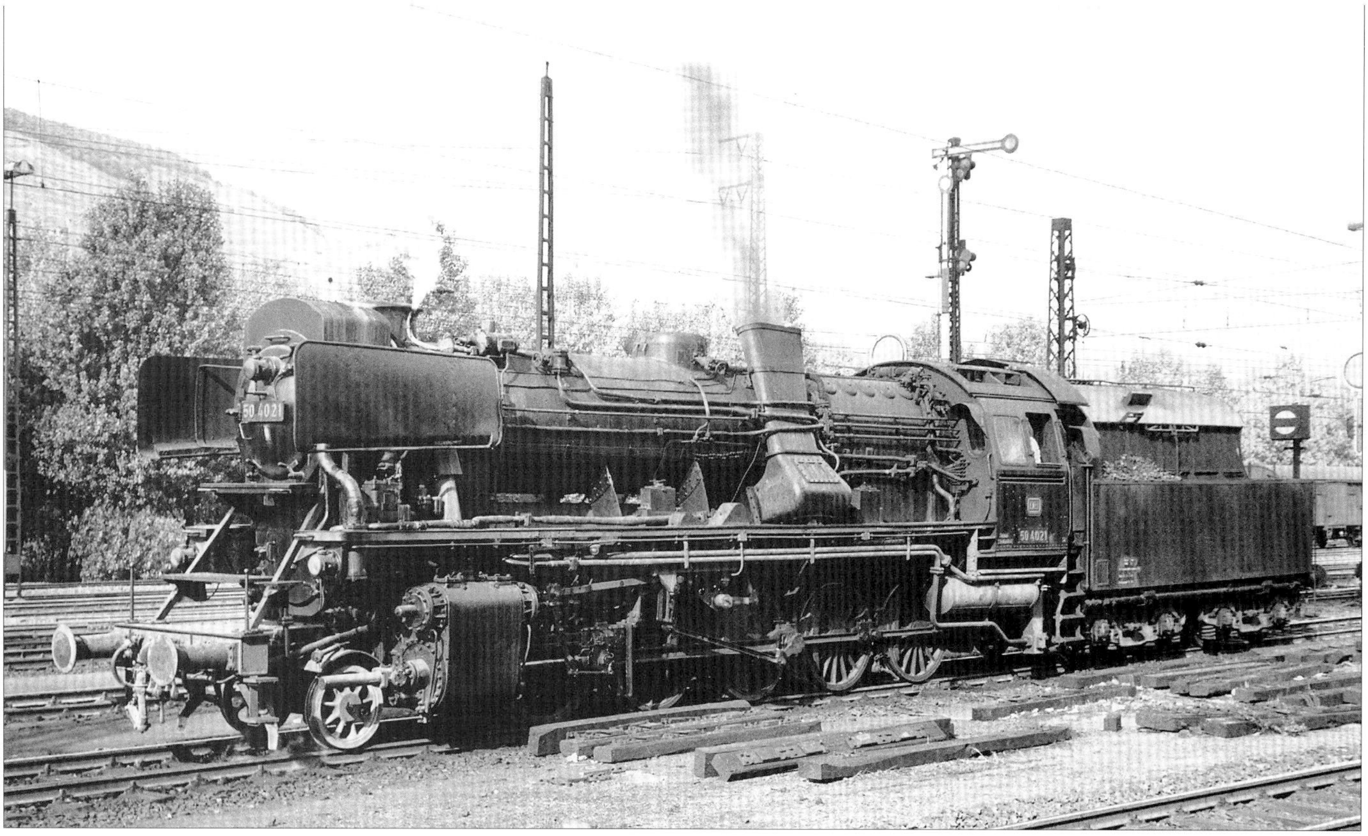

Im Mai 1962 begann nach vier Jahren Unterbrechung die zweite Beheimatungsperiode von FC-Loks in Bingerbrück. Drei Monate nach Wiederinbetriebnahme nach der Kesselkrise präsentiert sich 50 4021 im Heimat-Bw im Juli 1962 in gutem Zustand. Auch die Tenderklappen sind gangbar. Die Lok ist noch mit dem ursprünglichen Blechschornstein ausgerüstet.
AUFNAHME: PETER LÖSEL

Einsätzen bei diesem Bw in der ersten Phase, von denen beim Bw Oberlahnstein wie auch bei den Bw Kirchweyhe, Osnabrück und Hamm unterscheidet. Nicht das Hin- und Herschleppen von Güterzügen auf längeren, aber immer gleichen Relationen war von 1962 bis 1964 für die Loks angesagt, sondern eher ein „buntes Programm". Dies zeigt sich auch in dem ungewöhnlich hohen Personenzuganteil. Zum anderen zeigen sie, daß die $50^{40}$ hier unterfordert waren. Leistungsmäßig den normalen 50ern überlegen, „vertändelten" sie sich hier, und die im Vergleich zur BR 50 höheren Unterhaltungskosten machten ihren Einsatz unwirtschaftlich. Dies zeigt sich, wie bereits erwähnt, an der schleppenden Ausbesserung nach der „FC-Krise" 1961/62 genauso wie an den Laufleistungen und den Planleistungen.

Die Eröffnung des elektrischen Betriebes zwischen Ludwigshafen und Kaiserslautern am 12. März 1964 hatte den Wegfall einer der beiden verbliebenen Haupteinsatzschwerpunkte zur Folge, nämlich die von Kaiserlauterner Personal gefahrenen Güterzüge auf der West-Ost-Achse Einsiedlerhof – Mannheim/Heidelberg.

Im Sommerfahrplan 1964 (im Juni und Juli) kamen die elf Bingerbrücker $50^{40}$ zum Bw Hamm. Gründe für die Umstationierung waren außer dem Wegfall eines weiteren Einsatzschwerpunktes durch Elektrifizierung auch die schon davor bestehende Unterforderung beim Bw Bingerbrück, die größere Nähe des Bw Hamm zum AW Schwerte, wo sich die Loks ohnehin häufiger aufhalten mußten, und die Möglichkeit der Schaffung eines gemeinsamen Einsatzgebietes mit den $50^{40}$ der BD Münster.

Bingerbrück erfuhr als Ersatz nochmals eine Aufstockung des Bestandes an normalen 50ern, z.B. durch fünf (wegen der genannten Elektrifizierung) in Ludwigshafen freigewordene 50er am 31. Mai 1964 und die letzten beiden 50 des Bw Koblenz-Mosel. Zwei Jahre dümpelte das Bw dann noch mit Maschinen der Baureihe 50 vor sich hin. Verschiedene Umsetzungen konnten nicht mehr darüber hinwegtäuschen, daß Bingerbrück als Dampflok-Bw nicht mehr zu halten war. Nicht so konsequent wie in Oberlahnstein machte man mit Inbetriebnahme des elektrischen Betriebes auf den Rheinstrecken „den Laden dicht", denn Einsatzmöglichkeiten boten sich noch. Die ständige Verengung des Einsatzgebietes durch Elektrifizierung und Verdieselung einerseits und die schon seit Anfang der sechziger Jahre bestehende, mehrfach erwähnte Verquickung der verbleibenden Einsatzgebiete mit dem Bw Kaiserlautern andererseits führten im Mai 1966 zum Ende des Bw Bingerbrück: Drei Loks erhielt das Bw Mannheim, zwei das Bw Haltingen, und der Rest (10 Loks und eine z-Lok) kam – natürlich – zum Bw Kaiserslautern. Da in Bingerbrück nie etwas anderes als Dampflokomotiven beheimatet war, konnte dieses Bw als Heimatbetriebswerk für Triebfahrzeuge auch nicht so traurig enden wie Kirchweyhe, das erst knapp acht Jahre nach der Abgabe der letzten Dampflok seine Auflösung mit der Abgabe der letzten Kleinloks erfuhr. Bingerbrück, ohne irgendwelche Kleinloks oder Akkutriebwagen (siehe Oberlahnstein) war am 22. Mai 1966 mit der Abgabe der verbliebenen 50er nach Kaiserslautern abgewickelt. Als Personaleinsatz-Bw und Wendestelle für Kaiserslauterner Maschinen (23 und 50) bestand es allerdings noch fast bis in die Mitte der siebziger Jahre. Selbst als der Bingerbrücker Lokschuppen bereits abgerissen war, wendeten hier von Süden kommend noch Kaiserlauterner Dampfloks.

**Beheimatungen:**

| | |
|---|---|
| 42 9000 | 25.05.1952 bis 09.04.1958 |
| 42 9001 | 25.05.1952 bis 05.01.1958 |
| 50 1412 | 12.11.1954 bis 18.03.1958 |
| 50 4001 | 12.06.1962 bis 28.07.1964 |
| 50 4016 | 18.05.1962 bis 18.07.1964 |
| 50 4017 | 25.05.1962 bis 20.07.1964 |
| 50 4018 | 29.05.1962 bis 18.07.1964 |
| 50 4019 | 23.05.1962 bis 18.07.1964 |
| 50 4020 | 29.05.1962 bis 23.06.1964 |
| 50 4021 | 15.05.1962 bis 15.06.1964 |
| 50 4022 | 15.05.1962 bis 15.06.1964 |
| 50 4023 | 18.05.1962 bis 18.06.1964 |
| 50 4030 | 28.05.1962 bis 15.06.1964 |
| 50 4031 | 28.05.1962 bis 28.07.1964 |

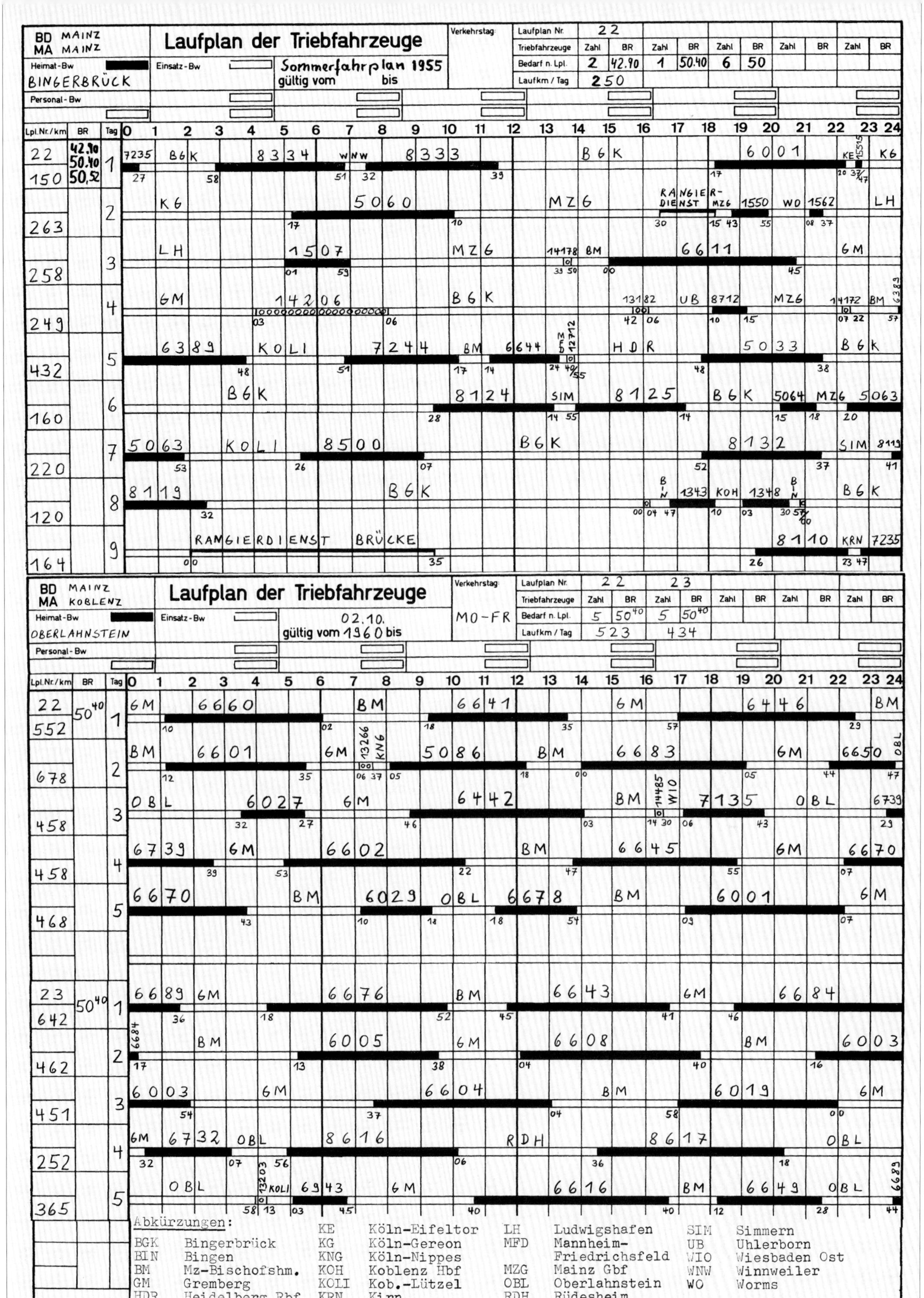


Laufplan 22 des Bw Bingerbrück für neun Lokomotiven der Baureihen $42^{90}$, 50, 50 1412 und 52 mit Heinl-MV, gültig im Sommerfahrplan 1955. Durchschnittlich fuhren die Maschinen nur 250 km am Tag. Unten Laufpläne 22 und 23 des Bw Oberlahnstein für insgesamt zehn Loks der BR $50^{40}$, gültig ab dem 1. Oktober 1960. An zwei Tagen wurden mit 678 bzw. 642 km bemerkenswert hohe Laufleistungen erreicht. GRAFIKEN: RÜDIGER GÄNSFUSS

Kurz nach der Umbeheimatung nach Bingerbrück entstand am 21. Juli 1962 das Bild der 50 4016 im ehemaligen Heimat-Bw Oberlahnstein.

AUFNAHME: HANS SCHMIDT

Am 18. Juni 1964 verläßt 50 4001 das Bw Bingerbrück, um an den Zug zu fahren. Gußschornstein, Glocke für Nebenbahndienste und der Serie angepaßter Rauchkammeraufstieg sind als Umbauten zu benennen.

AUFNAHME: PETER LÖSEL

50 4018 und 4022 vor der Lokleitung im Heimat-Bw Bingerbrück am Abend des 30. April 1963.

AUFNAHME: PETER LÖSEL

# Bw Oberlahnstein

Der Raum Koblenz verfügte 1950 über immerhin vier Bahnbetriebswerke: die linksrheinischen Bw Koblenz-Mosel und Koblenz-Lützel und die rechtsrheinischen Niederlahnstein und Oberlahnstein. Aufgabengebiete des Bw Oberlahnstein waren vorrangig die Güterzugbeförderung auf der rechten Rheinseite zwischen Mainz und Köln (das sogenannte Fahren aus der Mitte heraus) und der schwere Rangierdienst. Entsprechend setzte sich in der zweiten Hälfte der fünfziger Jahre der Triebfahrzeugbestand vor allem aus den Baureihen 50 und $94^5$ (später auch $93^5$) zusammen. Neben einigen $56^2$ und $91^3$ gab es auch noch eine Akkutriebwagengruppe, die anfangs aus den alten Wittfeld-Triebwagen bestand, später aus ETA 150.

Nach ihren AW-Aufenthalten wurden die beiden $42^{90}$ zum Sommerfahrplan 1958 und 50 4001 am 16. September 1958 beim Bw Oberlahnstein beheimatet, weil wegen der Elektrifizierung der linken Rheinstrecke von Bingerbrück aus kein sinnvoller Einsatz für diese Hochleistungsloks mehr gegeben war und die Betriebsversuche dort beendet waren. Die $42^{90}$ liefen zunächst noch auf der rechten Rheinstrecke auf voller Länge, schon bald engte sich ihr Einsatzgebiet aber auf den Abschnitt zwischen Mainz-Bischofsheim und Oberlahnstein ein. Bereits am 20. Januar 1959 stellte man die 42 9000 auf z, während 42 9001 noch bis zum 7. April 1960 im Einsatzbestand blieb. Nach einer HVB-Verfügung vom 28. Januar 1959 sollte Oberlahnstein als Ersatz für die beiden abgängigen $42^{90}$ werksfrisch aus dem AW Schwerte 50 4026 und 4027 erhalten. Diese Planung war schnell überholt, da Loküberhänge in Kirchweyhe eine Neuverteilung nötig machten (siehe auch dort).

Ende April 1959 erhielt Oberlahnstein von Kirchweyhe 50 4016 bis 50 4023 und am 6. August bzw. 2. September 1959 auch 50 4030 und 50 4031 neu vom AW Schwerte. Damit hatte das Bw Oberlahnstein von September 1959 bis zur z-Stellung der 42 9001 am 8. April 1960 seinen höchsten Franco-Crosti-Lokbestand mit den zwölf Loks 42 9001 und 50 4001, 4016 bis 4023, 4030, 4031.

Die folgende Tabelle gibt einen Überblick über die bekannten Oberlahnsteiner Dampflokpläne während der Beheimatungsphase der Franco-Crosti-Maschinen.

## Damplokumlaufpläne beim Bw Oberlahnstein 1959 bis 1961

| Fahrplan | Baureihe | Plannummer | Lokzahl | Kilometerleistungen: Durchschn. | Min. | Max. |
|---|---|---|---|---|---|---|
| Sommer 1959 | 50 ($50^{40}$) | 21 | 6 | 492 | 376 | 558 |
| “ | 50 ($50^{40}$) | 22 | 6 | 454 | 379 | 483 |
| “ | 50 | 23 | 3 | 477 | 334 | 556 |
| “ | 50 | 24 | 3 | 339 | 146 | 470 |
| “ | $93^5$ | 25 | 2 | 194 | 191 | 197 |
| “ | $93^5$ | 26 | 2 | 109 | 103 | 114 |
| “ | 50 | 27 | 2 | 563 | 552 | 574 |
| “ | $94^5$ | 31 | 3 | 155 | 154 | 156 |
| “ | $91^3$ | 32 | 1 | 115 | – | – |
| “ | 50 | 41 | 3 | 241 | 171 | 368 |
| “ | $94^5$ | 42 | 3 | 168 | 132 | 199 |
| Sommer 1960 | $50^{40}$ | 21 | 6 | 530 | 462 | 640 |
| “ | 50 ($50^{40}$) | 22 | 6 | 470 | 383 | 552 |
| “ | 50 | 23 | 6 | 456 | 338 | 557 |
| “ | 50 | 24 | 3 | 445 | 379 | 548 |
| “ | $93^5$ | 25 | 4 | 181 | 158 | 236 |
| “ | $94^5$ | 31 | 3 | 154 | 154 | 154 |
| “ | 50 | 41 | 3 | 226 | 171 | 289 |
| “ | $94^5$ | 42 | 3 | 149 | 84 | 191 |
| Sommer 1961 | $50^{40}$ | 21 | 5 | 523 | 407 | 642 |
| “ | $50^{40}$ | 22 | 5 | 498 | 458 | 552 |
| “ | 50 | 23 | 5 | 439 | 230 | 556 |
| “ | 50 | 24 | 5 | 479 | 380 | 552 |
| “ | $94^5$ | 31 | 3 | 154 | 154 | 154 |
| “ | 50 | 41 | 4 | 181 | 109 | 299 |
| “ | 50 | Sd-Lok | 1 | 210 | – | – |
| “ | $94^5$ | 42 | 2 | 128 | 108 | 148 |
| “ | $94^5$ | Sd-Lok | 1 | 84 | – | – |
| Winter 1961/62 | 50 ($50^{40}$) | 21 | 6 | 450 | 368 | 544 |
| “ | 50 ($50^{40}$) | 22 | 6 | 398 | 347 | 466 |
| “ | $94^5$ | 31 | 3 | 154 | 154 | 154 |
| “ | 50 | 41 | 6 | 192 | 88 | 285 |
| “ | $94^5$ | 42 | 2 | 107 | 87 | 127 |

Vor einem endlos erscheinenden Güterzug rollen 50 4022 (Bw Oberlahnstein) und eine Schwesterlok der Normalbauart im Sommer 1959 auf der rechten Rheinstrecke nahe beim Heimatstandort nach Norden. Kleiner Mischvorwärmerkasten und Blechschornstein der FC-Lok markieren den Ursprungszustand. AUFNAHME: A. E. DURRANT

Mit einem schweren Güterzug „brettert“ 50 4021 durch Oberlahnstein, 1960 AUFNAHME: HELLMUTH FRÖHLICH, SAMMLUNG HELMUT GRIEBL

Treffen in Gremberg: Dort begegnen sich am 9. Mai 1959 die frisch vom Bw Kirchweyhe nach Oberlahnstein umbeheimatete 50 4022 und die vor dem Ende ihrer Karriere stehende 42 9001. Erstere besitzt noch den ursprünglichen kleinen Mischvorwärmerkasten, letztere fällt durch kleine DB-Lampen und Rauchleitbleche an den Seitenschornsteinen auf.

Aufnahmen: Hans Schmidt

Die Tabelle zeigt, daß das Bw Oberlahnstein nur phasenweise eine saubere Trennung zwischen den normalen und den Franco-Crosti-50ern vornahm; meist liefen die $50^{40}$ in Plänen der Baureihe 50 mit. Dies dürfte nur im Sommer 1961 nicht der Fall gewesen sein, wo die Pläne 21 und 22 beide für $50^{40}$ vorgesehen waren – einem Planbedarf für zehn Maschinen standen nur elf vorhandene Loks gegenüber. Weiter ist ersichtlich, daß neben den „Hochleistungsplänen" – wie dem für sechs $50^{40}$ im Sommer 1960 mit durchschnittlich 530 Kilometern je Laufplantag – auch mit Plan 41 stets ein „Nebenbahnplan" mit niedrigen Laufleistungen bestand, wie zum Beispiel einem Plantag für die Baureihe 50 mit nur 88 Kilometern im Winterfahrplan 1961/62. Dieser Plantag war Bestandteil eines sechstägigen Umlaufs für die Baureihe 50, der mit durchschnittlich 192 Kilometern pro Tag (Tag 1: 285 km; Tag 2: 185 km; Tag 3: 165 km; Tag 4: 88 km; Tag 5: 281 km; Tag 6: 152 km) den Schnitt der restlichen Oberlahnsteiner 50 und $50^{40}$ drückte.

Die für die $50^{40}$ in Oberlahnstein beispielhaften Laufpläne bestanden, wie bereits erwähnt, im Sommerfahrplan 1961, als man für die Pläne 21 und 22 zehn Loks benötigte, die durchschnittlich 511 Kilometer pro Tag erbrachten. Das Einsatzgebiet ist schnell beschrieben, denn es waren fast ausschließlich Güterzüge auf der rechten Rheinstrecke zwischen Mainz-Bischofsheim und Gremberg bei Köln:

- 10 Güterzugpaare auf voller Länge (ein Zugpaar: 368 Kilometer),
- 3 Güterzugpaare auf dem südlichen Teilabschnitt nach Mainz-Bischofsheim (ein Zugpaar: 188 Kilometer),
- 4 Güterzugpaare auf dem nördlichen Teilabschnitt nach Gremberg (ein Zugpaar: 180 Kilometer),
- 2 Leerfahrten nach Koblenz-Lützel und 2 Güterzüge zurück (ein Fahrtenpaar: 20 Kilometer) und
- 1 Güterzugpaar nach Limburg (98 Kilometer).

Damit ist auch schon das Einsatzgebiet der normalen 50er im wesentlichen beschrieben. Neben den Durchgangsgüterzügen zwischen Bischofsheim und Gremberg standen auf dem Programm: Nahgüterzüge von Oberlahnstein auf der rechten Rheinstrecke südlich bis Rüdesheim bzw. nördlich bis Linz/Rhein, Übergaben und Leerfahrten im Raum Oberlahnstein/Koblenz/Neuwied, Güter- und Personenzüge auf der Lahntalstrecke nach Nassau und Limburg sowie Nahgüterzüge von Neuwied in den Westerwald nach Siershahn.

Die Elektrifizierung der rechten Rheinstrecke machte sich zum Winterfahrplan 1961/62 bemerkbar, als alle Leistungen auf dem südlichen Abschnitt nach Mainz-Bischofsheim wegfielen. Die Aufgabe von sechs Plantagen und sinkende Kilometerleistungen waren die Folge, wie auch aus der Tabelle zu ersehen ist. Dennoch stellten die verbleibenden 90 Kilometer zwischen Oberlahnstein und Gremberg auf der rechten Rheinstrecke ein respektables Einsatzgebiet für die $50^{40}$ und auch die 50 dar.

Doch wenig später nahm die fortschreitende Elektrifizierung dem Bw Oberlahnstein die Existenzgrundlage. Am 3. Februar 1962 wurde der elektrische Betrieb von Koblenz nach Oberlahnstein eröffnet, am 27. Mai 1962 ging die gesamte rechte Rheinstrecke von Wiesbaden bis Köln in Betrieb. Sämtliche Oberlahnsteiner Dampfloks wurden im Mai 1962 abgegeben: Während alle $56^{2}$ und $94^{5}$ nach Koblenz-Mosel und alle $50^{40}$ nach Bingerbrück kamen, verteilte man die 50er auf zehn verschiedene Bw.

Dem Bw Oberlahnstein verblieben nur noch die Akkutriebwagen der Baureihe ETA 150, von denen die ersten vier direkt ab Werk im August und September 1955 hier eingetroffen waren. Zum Zeitpunkt der Abgabe aller Oberlahnsteiner Dampfloks wechselte auch ein ETA 150 nach Worms, sechs weitere blieben noch einen Sommer. Aber zum Winterfahrplan 1961/62 löste man mit Abgabe der ETA-Gruppe das Bw Oberlahnstein ganz auf: Je zwei ETA 150 gingen nach Worms, Limburg und ins entfernte Recklinghausen.

**Beheimatungen:**

| | |
|---|---|
| 42 9000 | 31.05.1958 bis 23.07.1959 (+) |
| 42 9001 | 28.04.1958 bis 30.09.1960 (+) |
| 50 4001 | 16.09.1958 bis 02.05.1962 |
| 50 4016 | 30.04.1959 bis 17.05.1962 |
| 50 4017 | 30.04.1959 bis 23.04.1962 |
| 50 4018 | 27.04.1959 bis 28.05.1962 |
| 50 4019 | 29.04.1959 bis 26.04.1962 |
| 50 4020 | 28.04.1959 bis 28.05.1962 |
| 50 4021 | 28.04.1959 bis 14.05.1962 |
| 50 4022 | 27.04.1959 bis 14.05.1962 |
| 50 4023 | 29.04.1959 bis 17.05.1962 |
| 50 4030 | 06.08.1959 bis 27.05.1962 |
| 50 4031 | 02.09.1959 bis 27.05.1962 |

Am 18. April 1959 verläßt 42 9001 (Bw Oberlahnstein) vor einem Güterzug den Bahnhof Wiesbaden Ost. Der kastenförmige 52er-Dachlüfter ist inzwischen vom Führerhausdach verschwunden.

AUFNAHME: EDGAR FISCHER, SLG. WENZEL

Zwei schöne Porträts einer Vorbeifahrt der fabrikneuen 50 4031 (Bw Oberlahnstein), September 1959 in Oberlahnstein. Diese Maschine besitzt ab AW Schwerte bereits den Mischvorwärmer mit großem Kasten. Dennoch treten hier erhebliche Dampfmengen aus. AUFNAHMEN: A. E. DURRANT

Am 19. Mai 1959 schmaucht 504016 (Bw Oberlahnstein) vor einem leichten Güterzug auf der rechten Rheinstrecke bei Kaub nach Norden. Typisch waren aus dem kleinen Mischvorwärmer austretender Dampf und flach über die Lok streichende Rauchgase. AUFNAHME: CARL BELLINGRODT/EK-VERLAG

Im Wende-Bw Mainz-Bischofsheim wird 504023 (Bw Oberlahnstein) einer kurzen Inspektion unterzogen, bevor es an den nächsten Güterzug geht, 26. Mai 1960. Diese Lok hat schon den vergrößerten Vorwärmer erhalten. AUFNAHME: HANS SCHMIDT

Sie fährt immer noch: 42 9001 (Bw Oberlahnstein) am 6. März 1960 im Bw Bingerbrück. Die Rauchleitbleche an den Seitenschornsteinen sind abermals größer geworden.

AUFNAHMEN: JÜRGEN MUNZAR

Scheinbar gefiel es dem Beamten auf Block Bornhofen nicht besonders, daß der Fotograf für sein wunderschönes Bild der auf der rechten Rheinstrecke nach Norden fahrenden 50 4023 (Bw Oberlahnstein) so nah am Gegengleis stand, 8. September 1960. AUFNAHME: HANS SCHMIDT

Gedränge im Bw Oberlahnstein: 50 4020 soll gleich an den Zug fahren, und die beiden Lokmänner freuen sich über den fotografierenden Kollegen, 15. April 1961. AUFN.: GERHARD MOLL

Am 10. Mai 1961 rollt 50 4018 auf der rechten Rheinstrecke durch Goarshausen. AUFNAHME: HELLMUTH FRÖHLICH, SAMMLUNG HELMUT GRIEBL

Endstation: 42 9000 und 9001, abgestellt im Heimat-Bw Oberlahnstein am 4. Mai 1960. AUFNAHME: HANS SCHMIDT

504001 auf der Fahrt nach Süden, unter bereits fertiggestellter Fahrleitung bei Block Bornhofen am 18. Mai 1961. Es sind nur noch wenige Monate bis zum Herbst, dann werden alle FC-Loks wegen gefährlicher Vorwärmerschäden vorläufig abgestellt werden, und nach der Reparatur finden sie auf der anderen Rheinseite in Bingerbrück eine neue Heimat.

Ob hier die Tenderklappen wieder klemmten? 504023 im Heimat-Bw Oberlahnstein am 26. Mai 1960.

BEIDE AUFNAHMEN: HANS SCHMIDT

50 4020 strebt durch Rüdesheim nach Süden, 25. Februar 1961, am Posten 93. 50er fuhren auf dieser Strecke damals fast im Blockabstand, und ein rheinseitiges Zimmer im Hotel „Traube" wäre sicher der Traum jedes Eisenbahn-Liebhabers gewesen. Doch bald wird die Herrlichkeit vorbei sein; die Fundamente für die Fahrleitungsmasten sind bereits betoniert.

Wohl eines der spätesten Bilder Oberlahnsteiner Franco-Crosti-Loks: 50 4030 rollt am 17. Mai 1962 durch Niederlahnstein. BEIDE AUFNAHMEN: HANS SCHMIDT

# BD Münster / Bw Kirchweyhe

Das Bw Kirchweyhe vor den Toren Bremens war mit seinen zwei großen Ringlokschuppen stets vornehmlich ein Güterzuglok-Bw. Der Personenzugdienst war von untergeordneter Bedeutung; Mitte der fünfziger Jahre waren drei 78er vorhanden, die man 1957 durch drei (später vier) $38^{10}$ ersetzte. 1959 übernahm das Bw Osnabrück Vbf die $38^{10}$ und deren Dienste, nachdem um den Jahreswechsel 1958/59 für ein knappes Vierteljahr drei 24er in Kirchweyhe gewesen waren.

Für den großen Rangierbahnhof hielt das Bw fünf bis sechs $94^{5}$ vor, die es 1956 durch eine gleiche Anzahl von $93^{5}$ ersetzte. Die Bedeutung des Rangierbahnhofes sank ständig, die Funktion Kirchweyhes reduzierte sich immer mehr auf die eines Lokwechselbahnhofes. Nach Abstellung der 93 1085 im August 1961 und der 93 1055 einen Monat später verblieben nur noch drei $93^{5}$.

In erster Linie war Kirchweyhe Umspannbahnhof für die Durchgangsgüterzüge auf der Rollbahn Ruhrgebiet – Hamburg. Bereits im Sommer 1952 gab es auf den Relationen Wanne-Eickel/Hamm – Kirchweyhe und Osnabrück – Hamburg-Wilhelmsburg/-Eidelstedt 50 Durchläufe je Tag. Beteiligt an diesen Langläufen waren in erster Linie die Baureihen 41 der Bahnbetriebswerke Wanne-Eickel und Osnabrück Hbf sowie 50 aus Kirchweyhe. So stand das Bw Kirchweyhe im Sommer 1953 mit einem Laufplan für Loks der Baureihe 50 mit durchschnittlich 473 Kilometern pro Tag an zweiter Stelle aller DB-Güterzugdampfloks. Diese Spitzenleistungen gingen kurze Zeit später an die Baureihe 41: 1955 beheimatete Kirchweyhe acht 41er und rund dreißig 50er. Von 1957 bis Sommer 1958 stieg die Zahl der 41er auf zwölf, der Bestand bei der Baureihe 50 nahm entsprechend ab.

Als 1958 die Umrüstung von dreißig Loks der Baureihe 50 mit Franco-Crosti-Kesseln begann, erschien es sinnvoll, sie zum größten Teil in Kirchweyhe zu beheimaten, da hier für den Dienst auf der Rollbahn die 50er nicht vollständig durch 41er zu ersetzen waren. So verfügte die HVB, daß die BD Münster werksfrisch aus dem AW Schwerte die Maschinen 50 4002 bis 4025 erhalten sollte. Am 27. August 1958 erhielt deshalb das Bw Kirchweyhe als erste Franco-Crosti-Lok die 50 4002. Im folgenden Zeitraum von einem Jahr kamen bis auf 50 4001, 4030 und 4031 alle $50^{40}$ zumindest zeitweise zum Bw Kirchweyhe.

Kontinuierlich stockte man ab Spätsommer 1958 beim Bw Kirchweyhe den Bestand an Loks der Baureihe $50^{40}$ durch neu umgebaute Maschinen auf. So trafen zum Beispiel am 2. Oktober 1958 gleich vier Loks (50 4005 bis 4008) aus dem AW Schwerte ein. Die Maschinen erschienen der Nummer nach, wobei es allerdings vier Ausnahmen gab: 50 4010 (12. November 1958) wurde vor 50 4009 (24. Oktober 1958) abgenommen, 50 4014 (2. Dezember 1958) vor 50 4013 (3. Dezember 1958), 50 4023 (8. Februar 1959) vor 50 4022 (16. Februar 1959), und 50 4011 erschien buchmäßig (tatsächlich war sie bis Juni 1959 bei der Lokversuchsanstalt Minden) erst am 20. Mai 1959 beim Bw Kirchweyhe, fast zwei Monate nach Ablieferung der 50 4025.

Am 28. Januar 1959 verfügte die HVB, daß auch 50 4028 bis 4031 als Vertreterinnen der zweiten Serie mit Chromstahl-Vorwärmerrohren hierher kommen sollten, so daß im Endzustand 28 Loks vorhanden gewesen wären. Damals war geplant, die noch zu erwartenden Loks und 50 4025 in Osnabrück Hbf zu stationieren. So war laut Betriebsbuch die 50 4025 auch nach ihrer Abnahme im AW Schwerte für knapp einen Monat (vom 28. Februar bis 26. März 1959) im Bw Osnabrück Hbf beheimatet. Wegen Vorwärmerschäden war die Lok allerdings die ganze Zeit im Heimat-Bw

In schneller Folge liefen dem Bw Kirchweyhe seit dem August 1958 aus dem AW Schwerte 28 Franco-Crosti-Serienloks zu. Seit dem 2. Dezember 1958 war 50 4014 hier beheimatet. Wenige Wochen später stellte sich die noch fabrikfrisch wirkende Maschine im Rangierbahnhof Kirchweyhe dem Fotografen der BD Münster.

AUFNAHME: DB (QUEBE), SAMMLUNG JÜRGEN-ULRICH EBEL

abgestellt, so daß sich ein weiteres Eingehen auf ein „Bw Osnabrück Hbf" als eigenes Unterkapitel erübrigt.

Ab 27. März 1959 (nach Eintreffen der 50 4025) hatte das Bw Kirchweyhe dann für genau einen Monat seinen Höchstbestand an $50^{40}$ erreicht und damit den höchsten Bestand an Franco-Crosti-Loks, den je ein DB-Bw besaß. Mit 50 4002 bis 4010 und 4012 bis 4025 waren hier 23 Loks der Franco-Crosti-Bauart beheimatet. Im Gegenzug für die $50^{40}$ gab man normale 50er ab. Die einzigen 50 mit Mischvorwärmer der BD Münster (50 2742, 2743, 2745, 2749, 2759, 2812, 2903 und 3039) kamen im Sommer 1958 geschlossen zum Bw Emden, weitere Loks verschob die BD Münster innerhalb des Bezirks (vor allem nach Gronau) oder überwies sie an andere Direktionen. So waren schließlich im Frühjahr 1959 nur noch sechs normale 50er vorhanden, die sich in eher untergeordneten Diensten verdingten.

Der Zuteilungsplan der HVB war bereits teilweise von den Realitäten überholt, als sich diese am 20. April 1959 mit einem neuen Zuteilungsplan erneut meldete. Dieser wurde mit Verkehrsrückgängen auf der Rollbahn begründet, durch die in der BD Münster nur noch 20 Franco-Crosti-Loks wirtschaftlich einzusetzen seien. Dem Zuteilungsplan zufolge sollte das Bw Oberlahnstein zu seiner 50 4001 die neuen 50 4026 und 4027 sowie aus Kirchweyhe 50 4018 bis 4025 erhalten. Kirchweyhe sollten 50 4002 bis 4010, 4012 bis 4017 und aus Neuablieferung 50 4028 bis 4031 verbleiben. Die ölgefeuerte 50 4011 sei in Osnabrück Hbf zu beheimaten. Auch dieses Vorhaben war nicht der Weisheit letzter Schluß, und so rollten letztlich zum Teil andere Lokomotiven nach Süden ab, und auf Betreiben der BD Münster wurde der Kirchweyher Bestand weiter geschmälert und ein Teil der Maschinen zum Bw Osnabrück Vbf umgesetzt.

Am Fahrdienstleiterstellwerk von Sudmühle wechselt im März 1959 die Kirchweyher 50 4008 auf die Durchfahrtsgleise der Rollbahn. Der Zug kommt aus Richtung Hamm und hat auf der münsterschen Güterumgehungsbahn die Großstadt umfahren. Wenige Wochen später wird die Lok zum Bw Osnabrück Vbf umbeheimatet.
AUFNAHME: LUDWIG ROTTHOWE

50 4018 (noch Bw Kirchweyhe) rollt mit einem aus Richtung Münster kommenden Güterzug über die Gütergleise im Bahnhof Hamm Richtung Rangierbahnhof, Frühjahr 1959. Angesichts der offenstehenden Schornsteinklappe wird man sich den Zustand des Feuers vorstellen können. Einen längeren Zug als diese 16 Wagen hätte sie wohl kaum befördern können.
AUFNAHME: CARL BELLINGRODT, SAMMLUNG EBEL

Zwei Bilder aus Bremen Hbf, die beide 50 4025 (Bw Kirchweyhe) zeigen. Auf dem oberen wartet sie am 8. August 1959 nördlich der großen Bahnhofshalle auf Lz-Fahrt vor einem Signal, auf dem unteren Bild steht sie am 21. Juli 1959 vor einem Abteilwagen-Personenzug abfahrbereit. Viel Freude dürfte der Heizer an dieser Fahrt nicht haben, denn der Anheizschornstein steht offen, und dem Feuer wird jeglicher Saugzug fehlen.

Aufnahmen: Hans Schmidt (oben) und Hans de Herder

Unter mächtiger Dampfwolke verläßt 50 4010 (Bw Kirchweyhe) mit einem Eilgüterzug den Hammer Rangierbahnhof in Richtung Norden, 10. September 1959.
Rund 340 Kilometer waren es von hier bis zum nördlichen Ende des Einsatzgebietes der Kirchweyher-FC-Loks in Hamburg.

Aufnahme: Gerhard Moll

Auf dem damaligen Gütergleis Hamburg-Eidelstedt – Altona ist im Juni 1962 die Kirchweyher 50 4015 unterwegs. Im Betriebsbahnhof Langenfelde sind zwei 78er mit dem Holen oder Wegsetzen von Wagenzügen beschäftigt. In der Mitte verläuft das Hauptgleis Kiel – Altona. Man ahnt: Um solche Motive überhaupt zu finden, mußte man schon selbst Lokführer sein.

AUFNAHME: KLAUS JAKOB

Weiter nach Norden kamen die Franco-Crosti-Loks nicht. Die ölgefeuerte 50 4011 (Bw Kirchweyhe) rastet im Bw Hamburg-Altona neben der Uelzener 38 3730, Mai 1961. In Altona konnte die Lok übrigens Heizöl bunkern, da für die langen Durchläufe der Bebraer $01^{10}$ hier Versorgungseinrichtungen vorhanden waren.

AUFNAHME: BERND SCHÄFER, SAMMLUNG WENZEL

Ende April 1959 gab man innerhalb von vier Tagen die acht Loks 50 4016 bis 4023 an das Bw Oberlahnstein ab, und ab Mitte Mai baute das Bw Osnabrück Vbf einen $50^{40}$-Bestand von sechs Loks (geplant waren ursprünglich bis Sommer 1960 acht) auf. Während Kirchweyhe die sechs Maschinen 50 4003 bis 4006, 4008 und 4009 an das Bw Osnabrück Vbf abgab, erhielt Kirchweyhe wiederum die fünf neu abgelieferten Loks 50 4011 und 4026 bis 4029. Der Bestand an normalen 50ern wurde auf durchschnittlich neun Maschinen aufgestockt.

Am Jahresende hatte sich dann der $50^{40}$-Bestand des Bw Kirchweyhe (und damit auch der Bw Osnabrück Vbf und Oberlahnstein) weitgehend stabilisiert. 1960 kam es zwischen Kirchweyhe und Osnabrück Vbf noch zu drei Loktäuschen, und zwar:

- am 29. Januar 1960: 50 4012 (nach Osnabrück Vbf) gegen 50 4009,
- am 11. November 1960: 50 4013 (nach Osnabrück Vbf) gegen 50 4006 und
- am 28. Dezember 1960: 50 4007 (nach Osnabrück Vbf) gegen 50 4012.

Somit ergab sich zum Jahresende 1960 für das Bw Kirchweyhe ein Bestand von 14 Loks der Baureihe $50^{40}$: 50 4002, 4006, 4009 bis 4012, 4014, 4015 und 4024 bis 4029. Dieser Bestand änderte sich über vier Jahre hinweg nicht mehr. Zum selben Zeitpunkt waren an normalen 50ern die neun Maschinen 50 1337, 1348, 1513, 1566, 1662, 1699, 1705, 2318 und 2623 vorhanden.

Ein Sonderling in jeder Beziehung war 50 4011 des Bw Kirchweyhe. Sie war am 9. November 1958 im AW Schwerte abgenommen worden, kam dann aber nicht wie die anderen Maschinen zum Bw Kirchweyhe, sondern zum Einbau einer Ölhauptfeuerung zur Firma Henschel in Kassel. Am 4. Mai 1959 nahm das AW Kassel die 50 4011 provisorisch ab, dann kam sie wieder ins AW Schwerte und erhielt dort als L 3 ihre endgültige Abnahme am 19. Mai 1959. Anschließend erprobte das Versuchsamt Minden die Lok eingehend.

Nachdem sich das Bw Kirchweyhe geweigert hatte, die 50 4011 zu übernehmen, weil im Bw keine Betankungsanlage für Öllokomotiven zur Verfügung stand, wollte die BD Münster die Lok gemeinsam mit 50 4025 bis 4029 in Osnabrück Hbf stationieren. Jedoch weigerte sich nach dem Beschluß, die 50 4025 bis 4029 nun doch in Kirchweyhe zu beheimaten, auch das Bw Osnabrück Hbf, die Öllok 50 4011 anzunehmen. Zwar standen dort wegen der beheimateten Öl-$01^{10}$- und -41 schon Behandlungsanlagen für Loks mit Ölhauptfeuerung zur Verfügung, doch lehnte das Bw die 50 4011 mit der Begründung ab, es habe keine für die Unterhaltung von Franco-Crosti-Maschinen geschulten Schlosser. Das Bw Osnabrück Vbf endlich bekam zu dieser Zeit zwar seine ersten $50^{40}$ von Kirchweyhe, hatte aber wie dieses keine Behandlungsanlagen für Öllloks. Der C-Gruppenleiter des Bw Kirchweyhe willigte schließlich doch ein, die 50 4011 zu übernehmen, allerdings unter der Bedingung, daß Kirchweyhe auch 41 Öl aus der zweiten Umbauaktion (zweites Halbjahr 1960) erhalte. Wann genau 50 4011 tatsächlich in Kirchweyhe eintraf, ist nicht bekannt. Die Meßfahrten dauerten jedenfalls noch bis in den August hinein. Am 11. und 12. August 1959 fanden Leistungsmeßfahrten zwischen Löhne und Rheine statt. Für Juli und August 1959 sind im Betriebsbogen nur 11 und 19 Betriebstage und 1.101 bzw. 5.663 km eingetragen, so daß anzunehmen ist, daß die Maschine kurz nach der Fahrt vom 12. August in die Verfügungsgewalt des Bw Kirchweyhe überging. Ab September (29 Betriebstage) wurde dann „stramm" gefahren, mit ansehnlichen 40.000 km bis zum Jahresende.

Zunächst bestand die Ölbehandlungsanlage des Bw Kirchweyhe für die 50 4011 aus Kesselwagen mit schwerem Heizöl, die im Lokschuppen „Süd" des Bw untergebracht und durch eine Leitung nach draußen mit der Zapfstelle verbunden waren. Um 1960 ersetzte dann eine feste Bunkeranlage dieses Provisorium. Am 18. August 1960 erhielt das Bw Kirchweyhe mit 41 310 (vor Ausrüstung mit Ölfeuerung Bw Wanne-Eickel) seine erste Öl-41. Ihr folgten weitere elf Umbauten, als letzte 41 245 am 12. Januar 1961. Die Kohle-41 gingen als Ausgleich an die entsprechenden Bw, die die umzubauenden 41er gestellt hatten; als letzte kam die ebenfalls zum Umbau vorgesehene 41 186 einen Tag nach Zugang der letzten Öl-41 nach Osnabrück Hbf, das seinerseits am selben Tag 41 101 an das Bw Köln-Eifeltor abgab.

Bis Herbst 1966 (Aufnahme des elektrischen Betriebes von Süden her bis Osnabrück) tauchten die 41 Öl (wie vorher schon die 41 Kohle) sowohl des Bw Kirchweyhe als auch des Bw Osnabrück Hbf auf den vordersten Plätzen der kilometerintensiven Güterzugdampflokumläufe der DB auf, wobei Laufpläne mit 450 bis 500 Kilometern pro Lok und Tag üblich waren. Spitzenleistung beim Bw Kirchweyhe war ein sechstägiger Laufplan mit einer Durchschnittsleistung von 493 Kilometern pro Tag im Sommerfahrplan 1966. Das Bw Osnabrück Hbf überschritt zeitweise sogar die 500-km-Marke, so im Sommer 1962, als fünf 41er planmäßig 527 Kilometer pro Lok und Tag erreichten. An solche Laufleistungen kamen die $50^{40}$ bei weitem nicht heran, obwohl sie deutlich über den normalen 50ern lagen. Die Grafik „Monatliche Durchschnittsleistungen der Güterzugdampfloks in 1.000 km" (Seite 187) veranschaulicht dies.

Wiedergegeben sind je Baureihe die durchschnittlich erbrachten Laufleistungen pro Lok und Monat, vom Winterfahrplan 1959/60 bis zum Sommerfahrplan 1968 jeweils für einen Fahrplanabschnitt zusammengefaßt. Eine Ausnahme bei den $50^{40}$ war wiederum die 50 4011. Sie erreichte oftmals Monatsleistungen von über 8.000, ja mitunter sogar über 10.000 Kilometern und konnte damit fast mit den 41 Öl mithalten. Aus der Grafik läßt sich diese Besonderheit jedoch jeweils nur für die Sommerfahrplanabschnitte der Jahre 1962 bis 1965 ablesen, was seinen Grund in einer weiteren Eigenart dieser Lok hat. In ihrer Einsatzzeit erhielt sie außer zwei L 2-Untersuchungen noch 19 Untersuchungen der Schadgruppe L 0, während der Durchschnitt bei der Baureihe $50^{40}$ bei sieben bis acht L 0 lag. Wenn sie lief, lief sie wegen ihrer Ölfeuerung entsprechend viel, was wiederum zu häufigeren Ausfällen führte.

Das Haupteinsatzgebiet der Kirchweyher $50^{40}$ war, wie bereits erwähnt, die bekannte Rollbahn. Sie zogen schwere Güterzüge von Bremen/Kirchweyhe über Osnabrück und Münster ins Ruhrgebiet, vor allem nach Hamm und Wanne-Eickel. 50 4011 kam dagegen vorzugsweise zwischen Osnabrück und Hamburg zum Einsatz. Das hatte seinen Grund darin, daß die $50^{40}$-Laufpläne auf Kohlemaschinen und deren Bekohlungsintervalle ausgelegt waren. Eigene Bunkerintervalle für die eine vorhandene Öllok (ca. alle 700 km) hatte man im Laufplan nicht untergebracht, und südlich von Osnabrück gab es nur für die $01^{10}$ eine Bunkermöglichkeit im Bw Köln Bbf. $50^{40}$-Züge wurden, wenn sie besonders schwer waren, gerne mit zwei Maschinen bespannt. Es war allerdings reiner Zufall, daß dann zwei Franco-Crosti-Loks vor dem Zug fuhren, denn die Vorspannloklok kam aus der Betriebsreserve und konnte genauso gut eine Öl-41 oder Altbau-50 sein. Wenngleich die $50^{40}$ wegen ihrer geringeren Leistung gewöhnlich vor der Öl-41 lief, gab es doch auch (umlaufplanbedingt) Züge, bei denen die Öl-41 als Vorspann vor der $50^{40}$ war. Neben den Einsätzen ins Ruhrgebiet fuhren die $50^{40}$ in die andere Richtung bis Hamburg-Eidelstedt und Hamburg-Wilhelmsburg. Außerdem standen Leistungen unterschiedlichster Art im Raum Bremen auf dem Programm, so Anfang der sechziger Jahre auch einige Personenzüge.

Kirchweyher Franco-Crosti-Loks, die nach Sonderleistungen in Eidelstedt oder Wilhelmsburg standen, mußten regelmäßig von Hamburger Personalen nach Kirchweyhe zurückgebracht werden. Es verstand sich, daß man in Hamburg, wenn dort „Not am Mann war", das Warten auf eine geeignete Rückleistung etwas ausdehnte und die Loks selbst für Sonderleistungen nutzte. Lokführer Klaus Jakob erinnerte sich, daß er mit den Loks mehrfach Güterzüge nach Berlin bis in den Grenzbahnhof Büchen gebracht hat. Er teilte auch mit, daß die FC-Loks normalen 50ern im Anzug fühlbar überlegen waren. So sank bei ihnen im Steigungsabschnitt zwischen Hamburg-Harburg und Buchholz (Nordheide) die Geschwindigkeit nicht unter 40 km/h.

Das Jahr 1961 wurde zum Krisenjahr. Zunächst mußten zwischen Februar und April alle Loks zu Bedarfsausbesserungen ins AW Schwerte, weil Bauartänderungen durchzuführen waren. Als am 18. Oktober 1961 im AW Schwerte beim Wasserdruckversuch der Vorwärmerkessel der 50 4012 aufriß, stellte man in Kirchweyhe sofort alle $50^{40}$ ab. Diesmal war die Korrosion von der Rauchgasseite ausgegangen und hatte die vorne in die Rauchkammer 2 hineinragenden Vorwärmer stark angegriffen. 50 4002 war seit dem 8. Oktober 1961 bereits im AW Schwerte, die übrigen Loks zog das Bw zwischen dem 20. und 22. Oktober 1961 aus dem Verkehr. Bei 50 4012, 4014, 4024, 4027 und 4028 führte man die notwendigen Arbeiten im Rahmen einer L 2 aus, weil diese Loks bereits vor dem Bekanntwerden der Schäden zur L2 vorgemeldet waren. Auch bei 50 4009, 4010 und 4029 entschloß man sich, eine L 2 auszuführen, während 50 4002, 4006, 4015, 4025 und 4026 im Rahmen einer L 0 ihren neuen Vorwärmer erhielten.

Eine Ausnahme bildete wieder einmal die 50 4011. Sie war erst am 17. Oktober 1961 von einer L 2 aus dem AW Schwerte zurückgekehrt und ging bereits am 22. Oktober wieder außer Betrieb. Da das AW ihren Vorwärmer gerade gründlich überarbeitet hatte, war bei ihr als einziger Lok kein Vorwärmertrommeltausch nötig, und so kehrte sie am 16. November 1961 als erste $50^{40}$ der BD Münster wieder aus dem AW zurück und war im November die einzige $50^{40}$, die sich bewegte. Die anderen Maschinen kamen dagegen teilweise erst im Februar 1962 zurück. Während die Osnabrücker Maschinen durch 50er aus der eigenen BD ersetzt werden konnten, erhielt Kirchweyhe zwischen dem 20. und 26. Oktober 1961 durch eine Verfügung der OBL West vom 19. Oktober 1961 elf Loks aus anderen Direktionen (drei von der BD Wuppertal und je zwei der BD Essen, Hamburg, Hannover und Köln).

In den Bahnhof Emden Süd verirrten sich sonst nie Franco-Crosti-Loks. 504011 kam im Sommer 1959 mit dem Meßzug aus Osnabrück hierher.

AUFNAHME: SAMMLUNG HELMUT GRIEBL

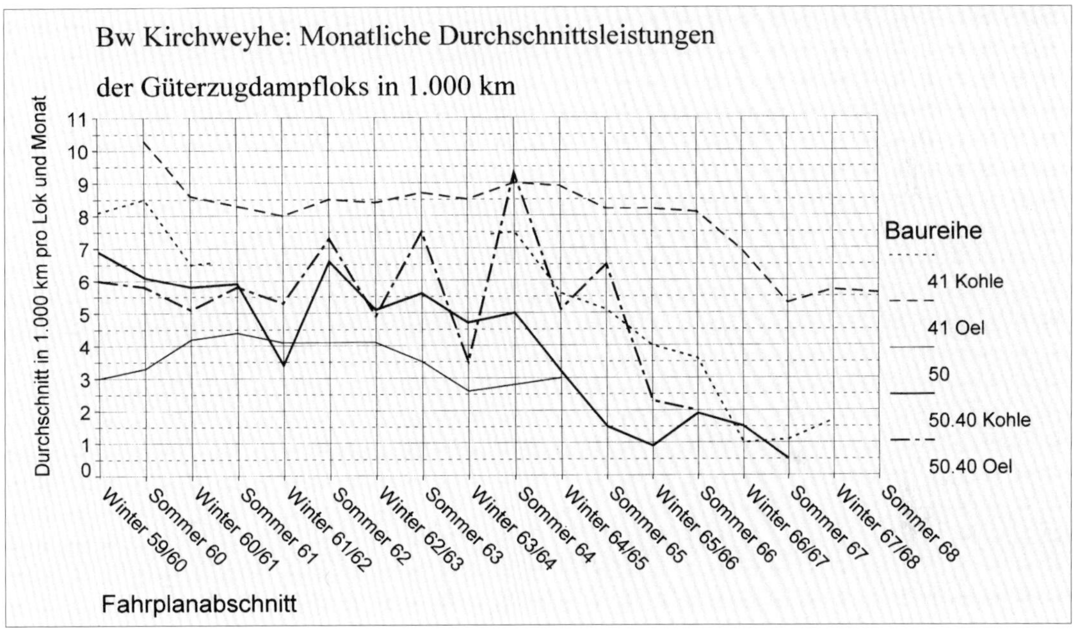


Die Entwicklung der monatlichen Durchschnittsleistungen von Güterzugdampfloks während der Beheimatungszeit der BR $50^{40}$ in Kirchweyhe.

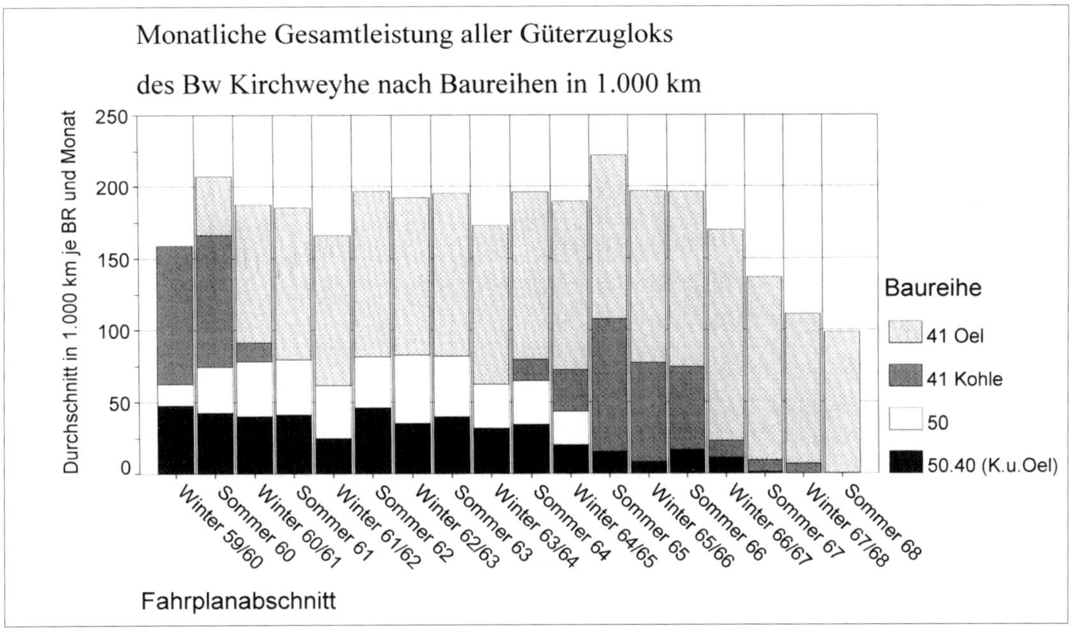


Ergänzend dazu die monatliche Gesamtleistung aller Güterzugdampfloks in Kirchweyhe. Hier wird die überragende Rolle der Öl-41er auf der Rollbahn besonders deutlich.

BEIDE GRAFIKEN: RÜDIGER GÄNSFUSS

Die ölgefeuerte 50 4011 in der Nähe von Kirchweyhe unter einer der früher für die Rollbahn typischen Backsteinbrücken. Ein guter Heizer konnte nicht nur mit dieser Öllok über den ganzen Leistungsbereich rauchlos fahren.

Aufnahme: Rolf Engelhardt

50 4027 (Bw Kirchweyhe) kommt mit einem Güterzug in Richtung Süden zwischen Westbevern-Vadrup und Sudmühle angehechelt. Die bereits abgelängten Fichtenstämme fanden damals noch massenhaft Verwendung für die Verbauung von Bergwerksstollen. Der Kilometerstein markiert die Entfernung von Wanne-Eickel, wo die Rollbahn ihren Ausgang nimmt.

Aufnahme: Ludwig Rotthowe

Treffen auf den Freiständen im Bw Kirchweyhe: 50 4006 und 50 191, beide dort beheimatet, rasten im Oktober 1963 neben 41 059 des Bw Hamburg-Eidelstedt.

Aufnahme: Rolf Engelhardt

Kirchweyher 50$^{40}$ wendeten in den frühen sechziger Jahren täglich in Münster. Hier ist 50 4029 im Juli 1962 auf dem dortigen „Kanal" zu sehen. Aus Platzmangel mußte man die Lokbehandlungs- und Abstellgleise außerhalb des eigentlichen Bw Münster neben der Strecke nach Hamm anordnen. Das Dach des Lokschuppens ist im Hintergrund schwach über der 50 mit Kabinentender zu sehen. Für Münsteraner Lokmänner war dieser Bereich „die Heide", weil man von der Lokleitung erst einmal 400 Meter laufen mußte, um zu übernehmen.

Nun ein Blick auf den auch heute noch, wenn auch ungenutzt stehenden, Münsteraner Lokschuppen von 1890. 50 4002 kommt im Juli 1962 aus der „Heide", wo sie die Vorräte ergänzt hat, und wird nun rückwärts auf die Drehscheibe fahren.

BEIDE AUFNAHMEN: JÜRGEN-ULRICH EBEL

Die BD Münster selbst steuerte ebenfalls zwei Loks bei: 50 1086, die bereits seit August Leihlok in Kirchweyhe war, und deren Aufenthalt sich nun verlängerte, sowie 50 200, die Kirchweyhe nicht wieder zurückgab und die bis zu ihrer z-Stellung am 30. April 1964 hier blieb. Die Zugänge und Rückgaben:

| Lok | Bw | Zugang | Abgabe |
|---|---|---|---|
| 50 200 | Osnabrück Hbf | 24.10.1961 | (30.04.1964) |
| 50 659 | Hannover Hgbf | 23.10.1961 | 02.02.1962 |
| 50 716 | Hagen Rbf | 20.10.1961 | 09.02.1962 |
| 50 1086 | Oldenburg Vbf | (07.08.1961) | 30.11.1961 |
| 50 1242 | Wuppertal-Langerfeld | 20.10.1961 | 21.12.1961 |
| 50 1446 | Hannover Hgbf | 21.10.1961 | 01.02.1962 |
| 50 1455 | Bochum-Langendreer | 21.10.1961 | 06.02.1962 |
| 50 1469 | Dortmund Rbf | 20.10.1961 | 21.12.1961 |
| 50 2636 | Lübeck | 21.10.1961 | 03.02.1962 |
| 50 2868 | Lübeck | 21.10.1961 | 02.03.1962 |
| 50 2977 | Wuppertal-Langerfeld | 26.10.1961 | 22.03.1962 |
| 50 3080 | Gremberg | 20.10.1961 | 25.01.1962 |
| 50 3106 | Gremberg | 20.10.1961 | 18.11.1961 |

Nach dieser Krise kamen die $50^{40}$ wieder voll zum Einsatz und erreichten eine Durchschnittsleistung von 6.000 bis 7.000 Kilometern pro Lok und Monat, womit sie ziemlich genau zwischen den normalen 50ern (gut 4.000 Kilometer) und den Öl-41 (um 8.500 Kilometer) lagen. 50 4011 wurde als einzige Lok ihrer Baureihe bei der Hamburger Sturmflut am 16./17. Februar 1962 in Mitleidenschaft gezogen. Im Schuppen des Bw Hamburg-Wilhelmsburg stand sie tagelang in meterhohem Wasser und mußte anschließend im AW Schwerte ausgebessert werden.

Im Jahr 1963 sanken die Kilometerleistungen langsam auf 5.000 bis 6.000 Kilometer pro Lok, 1964 um weitere 1.000 Kilometer auf durchschnittlich 4.000 bis 5.000 Kilometer. Diese Tendenz war auch bei den normalen Kirchweyher 50ern zu beobachten, die sich 1963 und 1964 um 3.000 Kilometer je Lok und Monat einpendelten, während die Leistungen der Öl-41 unverändert hoch blieben.

1964 schieden die ersten beiden $50^{40}$ aus. 50 4024 wurde am 9. Mai 1964 nach einem Rahmenbruch z-gestellt. Mit 50 4027 geschah am frühen Morgen des 24. Oktober 1964, eines Samstages, der schwerste Unfall mit Beteiligung einer Franco-Crosti-Lok. Die Maschine befuhr gegen 6.05 Uhr als Lz 90 306 in Bremen-Hastedt ein Gütergleis, das ohne Schutzweiche vor der Brücke über die Hastedter Heerstraße in die Durchfahrtsgleise der Strecke Bremen – Osnabrück einmündete. Der Lokführer beachtete das in Warnstellung stehende Vorsignal nicht, bezog das auf Fahrt stehende Hauptsignal des Durchfahrtsgleises statt des daneben „Halt“ zeigenden auf sich, und fuhr ohne nennenswerten Bremsvorgang dem von hinten ankommenden E 526 Bremen – Köln (Zuglok $01^{10}$ Öl) in Höhe des dritten Wagens in die Seite. Zuglok und Postwagen kamen hinter der Straßenbrücke zum Stehen, der Packwagen kippte um und rutschte auf der Seite durch den Brükkenüberbau, die folgenden drei Personenwagen, alles Silberlinge, entgleisten, und der vorderste wurde durch den Brückenüberbau auf die Hälfte seiner Länge zusammengestaucht. Die hinteren Wagen blieben weitgehend unbeschädigt. Lok 50 4027 kippte um, wurde aber durch Brückenüberbau und Widerlager am Absturz auf die Straße gehindert. Im zerstörten Silberling kamen sechs

Die Aufräumungsarbeiten in Bremen-Hastedt dauern am 24. Oktober 1964 noch an. Hier hat man 50 4027 bereits rückwärts aus dem Brückenbauwerk hervorgezogen und aufgerichtet, aber noch nicht wieder eingegleist. Die Lok ist schwer geschädigt, so sind beide Zylinder zerstört und die Stangen verbogen. AUFNAHME: MIELKE

Montag, 26. Oktober 1964 WESER-KURIER BREMER TAGESZEITUNG Nr. 250 Seite 13

**BREMEN**

## Höheres Risiko?

**Kn.** Auf dieser Seite sollte heute eine die ganze Breite am unteren Rand einnehmende Anzeige der Deutschen Eisenbahn Reklame GmbH stehen. Der Inhalt dieses Inserats lautete gekürzt: „So reisen Sie sicher! Fahr lieber mit der Bundesbahn: Ein beruhigendes Gefühl der Sicherheit." Die Werbeleute, die sich dieses zugkräftige Motto ausgedacht hatten, handelten besten Wissens. Denn auch nach diesem Unglück, das sich gestern in Hastedt ereignete, wird sich die Eisenbahn auf die zahlreichen Beweise der Statistik berufen können und weiterhin behaupten, daß in unserer Welt der sicherste Verkehrsweg noch immer die Schiene sei.

Es hat nicht erst dieses schweren Unglücks vom Sonnabend bedurft, um zu zeigen, wie ungefestigt diese Behauptung jedoch tatsächlich ist. Das klug ausgedachte System der Sicherheiten bricht zusammen, wenn sich ein einziges Rädchen nicht mitdreht, wenn ein Hebel klemmt, wenn ein Mensch versagt. Wer könnte angesichts des entsetzlichen Ereignisses auf der Kölner Strecke deshalb die Frage unterdrükken, was wirklich schuld an der Häufung dieser verhängnisvollen Vorfälle ist. Ist das menschliche Reaktionsvermögen der technischen Entwicklung nicht gewachsen? Ist die Beanspruchung des Dienstpersonals zu groß, um von ihm stets Wachsamkeit, Aufmerksamkeit und schnelles Handeln erwarten zu können? Oder befindet sich die Bundesbahn in einem Stadium des Übergangs zu besserer automatischer Sicherheitsorganisation und hat das größere, gefährlichere Risiko womöglich nicht erkannt?

Die Bundesbahn wird darauf antworten müssen. Sie hat am Unglückstage und darauf bereitwillig und schonungslos jede Auskunft gegeben und die Darstellung des Vorgangs nicht zu verschleiern gesucht. Das beweist nicht nur die wirkende Erkenntnis einer Pflicht der beunruhigten Öffentlichkeit gegenüber. Es macht auch das eigene Erschrecken sichtbar. Denn das Unglück in Bremen ist ein schlechter Vorbote der vielversprechend angekündigten Zeit schnellster Züge auf elektrifizierter Strecke.

Es kann einem angst und bange werden.

## Zugunglücke seit 1960

**6. 8. 1960:** Eine Lokomotive rast in Walle in den Abgrund. Der Lokführer wird getötet. **23. 11. 1961:** Eine Lokomotive und fünf Güterwagen entgleisen auf dem Bremer Verschiebebahnhof. 80 000 Mark Sachschaden. **7. 2. 1963:** Vier Wagen eines Güterzuges entgleisen in Huchting und kippen vom Bahndamm. **3. 3. 1963:** Zwei Güterzüge stoßen auf dem Bahndamm in Oslebshausen frontal zusammen. Ein Heizer wird leicht verletzt. Elf Waggons werden zum Teil schwer beschädigt. **10. 1. 1964:** Auf dem Delmenhorster Güterbahnhof prallt ein fahrender Güterzug auf einen haltenden Güterzug. Lokführer und Heizer werden leicht verletzt. 600 000 bis 700 000 Mark Sachschaden. **16. 7. 1964:** Auf dem Bahnhof Kirchweyhe entgleist der Schnellzug „Gambrinus". 18 Personen werden zum Teil schwer verletzt. Der Sachschaden beträgt etwa 480 000 Mark.

**Am späten Nachmittag wurden die Toten geborgen, die im ersten Personenwagen des Eilzuges eingeklemmt waren.**

# Sieben Tote und elf Verletzte bei schwerem Zugzusammenstoß

## Erste Untersuchung ergab: Lokführer überfuhr Haltsignal

Von Jürgen Bettmann und Hans Henning Schmidt

**Das schwere Eisenbahnunglück, das sich am Sonnabendmorgen um 6.05 Uhr auf der Strecke Bremen—Osnabrück auf der Eisenbahnbrücke über die Hastedter Heerstraße ereignete, hat sieben Tote und elf Verletzte gefordert. Es waren mehr Opfer, als anfangs angenommen worden war. Der Sachschaden wird auf mindestens 850 000 Mark geschätzt. Inzwischen rollen über die Unglücksstelle wieder die Reisezüge. Schneller als erwartet, wurden die gröbsten Spuren des Unglücks beseitigt. Sonntag früh um 4.50 Uhr, knapp 23 Stunden nach dem Zusammenstoß, war das Gleis Bremen—Osnabrück geräumt und wieder befahrbar. Gestern um 17.15 Uhr standen auch für den zweiten Schienenstrang in Richtung Hemelingen zum ersten Male nach dem Unglück wieder alle Signale auf „Freie Fahrt". Mit einer Einschränkung: Die Geschwindigkeit der Züge bleibt vorerst auf 30 Kilometer in der Stunde begrenzt. Die aus ihren Widerlagern geschobene Hälfte der Eisenbahnbrücke über die Hastedter Heerstraße wurde nur provisorisch wiederhergerichtet, ist aber voll betriebssicher. Parallel zur vollständigen Bergung der Waggontrümmer wird auch die Untersuchung über die Ursache des schweren Zusammenstoßes fortgesetzt.**

**Die Bundesbahn in Bremen teilte gestern abend mit, der Führer der Rangierlokomotive sei von ihr noch nicht vernommen worden. Trotzdem wird es vermutlich bei der Feststellung bleiben, die von der Bundesbahndirektion Hannover und dem Bremer Ersten Staatsanwalt Siewert schon wenige Stunden nach dem Unglück getroffen worden war: Der Lokführer hat das Haltesignal übersehen und fuhr deshalb dem Eilzug Bremen—Köln mit unvermindertem Tempo in die Seite.**

Der genaue Ort des Zusammenstoßes ist eine Weiche unmittelbar vor der Überführung. Das Güterzuggleis Hauptbahnhof—Hastedt trifft dort im spitzen Winkel auf die Strecke Bremen—Osnabrück. 200 Meter vor der Weiche in Richtung Stadt: das Stellwerk. Die bisherigen Ermittlungen ergaben, daß von dort das Hauptsignal an der Güterzugstrecke, das 500 Meter vor der Weiche steht, einwandfrei auf „Halt" geschaltet worden war. Es gibt nur eine Erklärung für das Unglück: Der Führer der Rangierlokomotive muß dieses Signal aus irgendeinem Grunde mißachtet, übersehen oder mißverstanden haben.

**Statt anzuhalten, fuhr seine Maschine mit unvermindertem Tempo — wahrscheinlich etwa 50 Kilometer in der Stunde — auf die Weiche zu. Um 6.05 Uhr bohrte sie sich mit ohrenbetäubendem Krachen in den Eilzug 526, der den Hauptbahnhof fahrplanmäßig um 6 Uhr mit etwa 40 Reisenden verlassen hatte. Der Eilzug hatte wahrscheinlich eine Geschwindigkeit von 80 Kilometern in der Stunde. Die Rangierlokomotive muß den Eilzug zwischen dem Packwagen und dem ersten Personenwaggon getroffen haben.**

Die Eilzuglokomotive und der Postwagen überstanden den Aufprall unbeschädigt. Sie hatten zur Zeit des Zusammenstoßes schon fast die Überführung passiert. Der Packwagen hingegen mit seinem Holzaufbau wurde zur Hälfte aufgerissen und kippte um. Das Fahrgestell brach auseinander.

Am schwersten wurde der erste Personenwagen von dem Zusammenstoß betroffen: er fiel auf die Seite, wurde aus den Schienen und — fast quer zu den Gleisen liegend — mit unglaublicher Gewalt gegen einen Brückenbogen geworfen. Dabei wurde die vordere Hälfte des Waggons auf ein Drittel ihrer ursprünglichen Länge zusammengedrückt. Wie eine Ziehharmonika wurde der Waggonaufbau zusammengefaltet und das Innere wie unter einer riesigen Schrottpresse zusammengedrückt.

Das andere Ende des Waggons ragte zusammen mit dem Vorderteil des nächstfolgenden, ebenfalls entgleisten und aufgerissenen Wagens mehrere Meter über die Bahndammböschung. Ein dritter Personenwaggon sprang lediglich vorn aus den Schienen. Waggon Nummer vier blieb völlig unbeschädigt.

**Die Rangierlokomotive war bei dem Aufprall umgekippt. Der mächtige Pfeiler der Eisenbahnbrücke verhinderte, daß sie den Bahndamm hinab und auf die Hastedter Heerstraße rollte!**

Die erste Sorge der Feuerwehr und der Polizei galt den Verletzten. Sie kletterten verstört zwischen Bergen aus Stahl, Leichtmetall und Holz herum. Andere irrten auf der Straße umher. Eine Kolonne von Unfallwagen transportierte sie in die Chirurgie der Städtischen Krankenanstalten. Bis auf zwei konnten sie nach ambulanter Behandlung entlassen werden.

Als erster wurde der 36 Jahre alte Zugschaffner Fridolin Gabele aus Bremen, Müdener Straße 31, tot aufgefunden. Er lag unter den Trümmern des Packwagens. Kurz darauf hörten Feuerwehrleute, die den ersten Personenwaggon nach Überlebenden abhorchten, schwache Rufe. Mit Trennscheibe und mit Sägen arbeiteten sie sich durch ein Fenster von Abteil zu Abteil. Sie fanden einen nur leicht verletzten Reisenden, der während des Unglücks auf seiner Bank gelegen hatte und jetzt aufrecht stehend eingeklemmt war. Eine Stunde nach dem Unglück war er frei.

Kurz nach 7 Uhr trafen an der Unglücksstelle zwei Anästhesisten, ein Pfleger, mehrere Krankenschwestern und Ärzte sowie ein Unfallchirurg ein. Sie konnten jedoch wieder zurückgeschickt werden. Es bestand keine Hoffnung mehr, jemanden retten zu können.

Stundenlang wurde weiter nach Toten gesucht. Schließlich wurde eine Männerhand entdeckt. Gleich darauf sah man zwei Füße. Aber es dauerte bis zum späten Nachmittag, bis die Toten geborgen werden konnten. Eine böse Überraschung: Zugleich wurden vier weitere Opfer entdeckt.

**Es dauerte weitere Stunden, bis die Namen der tödlich verunglückten sechs Reisenden mit Sicherheit feststanden. Es sind: die beiden Bremer Schulleiter Georg Ficke und Willi Hildebrand, der 70 Jahre alte Johann Gruis aus Bremen, Bismarckstraße 353, der 22 Jahre alte Bundeswehrsoldat Hans-Georg Hackmann aus Hüde (Kreis Diepholz), der 24 Jahre alte Bahnarbeiter Burckhard Harmsen aus Syke, der 28 Jahre alte Heinrich Kappe aus Espelkamp-Mittwald bei Lübbecke in Westfalen.**

Die noch im Krankenhaus liegenden Verletzten sind: der in Kirchweyhe stationierte Heizer der Rangierlokomotive und ein Reisender aus Diepholz. (Fortsetzung nächste Seite.)

**Die Feuerwehr versuchte, sich mit Schneidbrennern an die Toten heranzuarbeiten.**

**Nach dem Zusammenstoß mit dem Eilzug kippte die Rangierlokomotive auf die Seite.**

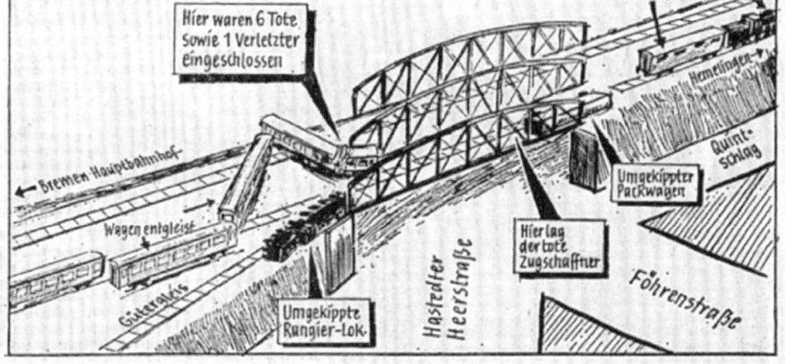


Das ist die Unfallstelle in Hastedt. Die Zeichnung zeigt die Lage der verunglückten Rangierlok und der Eilzugwaggons nach dem Zusammenstoß auf der Weiche an der Brücke.

## Jede Rettung kam zu spät

**Der Papierstreifen auf dem Fernschreiber in der Hauptfeuerwache Am Wandrahm und die Eintragungen im Tagebuch des Kommissars vom Dienst der Polizei wurden zu Logbüchern des schweren Unglücks sowie der Bergung der Verletzten und Toten. Die Rückmeldungen der Einsatzwagenbesatzungen an ihre Zentralen lassen erkennen: Das wahre Ausmaß des Zusammenstoßes wurde erst nach und nach erkennbar. 17.46 Uhr, dramatischer Höhepunkt der stundenlangen fieberhaften Suche nach möglicherweise noch Überlebenden: Nach der Bergung von zwei Toten werden noch vier weitere in dem Wrack des zerfetzten, zusammengedrückten ersten Personenwaggons entdeckt. 18.30 Uhr stellt die Feuerwehr endgültig fest: Insgesamt sieben Tote geborgen, elf Verletzte befreit.**

Hier die wichtigsten Phasen der Bergungsarbeiten:

**6.08 Uhr:** Zug entgleist. Von der Feuerwache 2 an der Bennigsenstraße rücken je ein Löschzug, Pionierwagen, Unfallwagen und Krankenwagen aus. Ein Tanklöschfahrzeug und ein Krankenwagen verlassen die Feuerwache 3 an der Grenzpappel. In der Hauptfeuerwache Am Wandrahm wird für ein Löschfahrzeug, einen schweren Gerätewagen, einen Großunfallwagen, einen Unfallwagen und einen Krankenwagen Alarm ausgelöst.

**6.23 Uhr:** Erste Rückmeldung. Fünf Verletzte. Eine Person ist eingeklemmt.

**6.45 Uhr:** Vier Personen aus den Trümmern befreit. Zwei noch eingeklemmt.

**7.17 Uhr:** Sieben Verletzte gerettet. Einen Zugschaffner tot aufgefunden. Wir arbeiten uns in dem zusammengeschobenen Personenwaggon von Abteil zu Abteil vor.

**8.15 Uhr:** Einen Verletzten ins Krankenhaus gebracht.

**9.05 Uhr:** Kranwagen der Feuerwehr versucht, zertrümmerten Personenwaggon vom Brückenbogen zu ziehen. Das Vorhaben scheitert.

**11.40 Uhr:** In dem Trümmerpaket vor dem Brückenbogen zwei Tote entdeckt.

**17.46 Uhr:** Zwei Tote geborgen. Vier weitere festgestellt.

**18.11 Uhr:** Vier Tote geborgen. Feuerwehr zum Abrücken von der Unglücksstelle fertig.

**19.13 Uhr:** Alle Feuerwehrfahrzeuge wieder in den einzelnen Wachen. Nur eine Gruppe der Verkehrsbereitschaft der Polizei bleibt die Nacht über an der Unglücksstelle.

Bild auf der linken Seite und oben: Am 24. Oktober 1964 fuhr in Bremen die 50 4027 auf einer Straßenbrücke dem E 526 in die Seite. Dabei gab es sieben Todesopfer und 36 Verletzte. Die Lok stürzte um und verkeilte sich in dem Brückenaufbau. Der Bremer „Weser-Kurier" berichtete ausführlich und mit einer Sonderseite.

Nach einem Rahmenbruch mußte man am 9. Mai 1964 die 50 4024 abstellen. Zwei Jahre später stand sie immer noch im Heimat-Bw Kirchweyhe, wo man sie offensichtlich bereits als Ersatzteilspender benutzte.

AUFNAHME: JÜRGEN MUNZAR

Reisende ums Leben, weitere 36 im Zug wurden verletzt. Der Zugführer wurde aus dem umstürzenden Packwagen geschleudert und ebenfalls getötet. Bereits nach einem Tag konnte die Strecke provisorisch hergerichtet wieder für den Zugbetrieb freigegeben werden. Die Lok, die seit ihrer letzten L 2 am 29. September 1964 erst rund 5.000 Kilometer gefahren war, wechselte einen Tag nach ihrem Unfall in den z-Bestand über.

50 4029 verläßt im Oktober 1963 den Rangierbahnhof in Kirchweyhe-Lahausen mit einem Güterzug in Richtung Osnabrück. AUFNAHME: ROLF ENGELHARDT

Ebenfalls 1964 gab es bei den normalen 50ern die ersten Abstellungen, weitere Maschinen gingen an andere Bw. Die Ersatz-Baureihe tauchte erstmals am 21. Juli 1964 in Form der kohlegefeuerten 41 060 vom Bw Osnabrück Hbf auf. Die sich nun abzeichnenden Umstrukturierungen zogen sich über den Winterfahrplanabschnitt 1964/65 hin und hatten ihren Höhepunkt im Mai und Juni 1965. So ergab sich mit Beginn des Sommerfahrplans 1965 eine völlig veränderte Struktur des Kirchweyher Lokbestandes: Der Bestand an Öl-41 war auf 14 Loks angewachsen, der der Kohle-41 sogar auf 18. Die sechs Osnabrücker $50^{40}$ (buchmäßig auch die bereits z-gestellte 50 4008) erhöhten im Mai und Juni den Kirchweyher $50^{40}$-Bestand auf 17 Maschinen, die Unterhaltung der normalen 50er gab das Bw Kirchweyhe dafür ganz auf.

Da für die schnellen Dienste nun ausreichend viele 41er zur Verfügung standen, blieb für die große Zahl von $50^{40}$ nicht mehr viel zu tun übrig. Ab Mai bzw. Juni 1965 standen 50 4009, 4010, 4012, 4028 und 4029 kalt. Interessant dabei ist, daß 50 4010 im Februar 1965 und 50 4028 im Mai 1965 gerade L 2-Fahrwerksausbesserungen erhalten hatten. Besonders kraß war die Situation bei 50 4009. Sie hatte am 23. August 1965 gerade die letzte L 2 einer $50^{40}$ erhalten, fuhr danach zwei Tage und 443 km und wurde am 26. August als kalte Reserve weggestellt. Von den genannten Maschinen kehrten 50 4009, 4010 und 4029 überhaupt nicht mehr in den Betrieb zurück.

Bis zum Februar 1966 blieb der Bestand buchmäßig bei 17 Loks, danach verminderte er sich laufend, weil man die schon länger kalt stehenden Loks und solche mit auch nur kleineren Schäden (festgelegt war ein Kostengrenzwert von 5.000 DM) oder einer fälligen Kesseluntersuchung abstellte. Den Tiefpunkt der Einsätze gab es im Mai 1966, als die vierzehn $50^{40}$ des Bw Kirchweyhe nur noch 9.000 Kilometer fuhren – alle zusammen wohlgemerkt. Das waren im Durchschnitt 600 Kilometer pro Lok und Monat.

Ab Sommerfahrplan 1966 ging es dann noch einmal ein wenig aufwärts mit den $50^{40}$. Acht Loks erhielten zwischen April und Juni noch eine auf-

50 4012, 50 4005 und 50 4015 vom Bw Kirchweyhe in Rahden, 22. Mai 1966 AUFNAHME: PETER LÖSEL, SAMMLUNG EK-VERLAG

Auch nach Rahden kamen die Kirchweyher FC-Loks. Dort rangiert 50 4025 am 10. August 1965 den Packwagen ihres Nahgüterzuges um. AUFNAHME: HERBERT E. STEMMLER

Dem Bild auf der rechten Seite sei eines gegenübergestellt, das 50 4025 am Anfang ihrer Laufbahn im Sommer 1959 auf der Lombardsbrücke in Hamburg zeigt. Noch glänzt sie werksfrisch. AUFNAHME: K. PFEIFFER, SAMMLUNG HELMUT GRIEBL

Alltag auf der Nordsteigung der Wiehengebirgsrampe bei Ostercappeln. Im März 1965 muß 50 4012 noch arbeiten, bis sie in fünf Minuten im Osnabrücker Rangierbahnhof verschnaufen kann. Der von einer Osnabrücker $01^{10}$-geführte Hamburger Schnellzug hat seine Steigungsfahrt bereits hinter sich, darf aber erst nach der Brücke über den Mittellandkanal auf die Plangeschwindigkeit von 135 km/h hochziehen. AUFNAHME: LUDWIG ROTTHOWE

Einen schönen Überblick über die schnurgerade verlaufende Rollbahn bot die Blockstelle „Heide" zwischen Brock-Ostbevern und Westbevern. Im Juni 1964 ist 50 4025 mit einem gemischten Güterzug unterwegs, vermutlich nach Hamm, wo der Zug aufgelöst wird. Im Hintergrund über dem Zug grüßen die 20 Kilometer entfernten Höhenzüge des Teutoburger Waldes.
AUFNAHME: LUDWIG ROTTHOWE

Im Bw Hamburg-Wilhelmsburg waren eigentlich fast immer Wendeloks der BR $50^{40}$ anzutreffen. Hier wartet 50 4015 am 13. März 1965 auf ihre Rückleistung, daneben 94 1319 und 94 600.
AUFNAHME: HANS SCHMIDT

wendige L 0 im AW Schwerte, das am 5. Juli 1966 die 50 4026 als letzte $50^{40}$ ausbesserte. Einer der Gründe dafür war das Bw Rahden als neues Einsatz-Bw (siehe dort). Nachdem im Juli 1966 das Bw Osnabrück Rbf eine weitere V 100 erhalten hatte und alle 14 VT 246-Einheiten eingetroffen waren, setzte ab August 1966 eine wahre z-Stellungswelle ein, die den Bestand schnell zusammenschrumpfen ließ. Als letzte Rahdener $50^{40}$ kam zu Beginn des Sommerfahrplans 1967 die 50 4028 nach Kirchweyhe zurück, kam dort aber nicht mehr zum Einsatz. 50 4025 gab das Bw Kirchweyhe Anfang Juni 1967 (zu diesem Zeitpunkt waren nur noch 50 4007, 4025 und 4028 betriebsfähig) leihweise an das Bw Münster ab, weil Kirchweyhe für eine dort durch Nachlässigkeit schadhaft gewordene 50 des Einsatz-Bw Münster Ersatz stellen mußte. In Münster wußte man mit der ungewöhnlichen und heruntergekommenen Lok nicht viel anzufangen. Während der rund drei Wochen in Münster diente sie nur als Reservelok; es sind aber immerhin Einsätze nach Gronau bekannt. Nach ihrer Rückkehr ins Heimat-Bw stellte dieses die inzwischen letzte Franco-Crosti-Lok der DB sofort auf z. So endete am 24. Juni 1967 vollkommen unbeachtet der ehemals wohl vielversprechendste Versuch der DB mit Dampfloks.

Dem einstmals so bedeutenden Bw Kirchweyhe selbst war durch die fortschreitende Elektrifizierung auch kein langes Leben mehr beschieden. Zum Sommerfahrplanwechsel 1968 kamen am 26. Mai 1968 die letzten Kohle-41 (017, 135, 291 und die z-Lok 304) nach Rheine. Mit Aufnahme des elektrischen Betriebs auf der Strecke Osnabrück – Bremen – Hamburg war auch der Bestand an Öl-41 überflüssig geworden. Die letzten 18 kamen am 29. September 1968 ebenfalls zum Bw Rheine. Von den zwei Ringlokschuppen konnte einer an eine Kesselreinigungsfirma vermietet werden, der zweite stand für Gleisbaumaschinen, einen Unterrichtswagen der BD Münster und die wenigen verbliebenen Kleinloks der Leistungsgruppe II zur Verfügung. Im Sommer 1975 endete dann die Beheimatung von Triebfahrzeugen beim Bw Kirchweyhe endgültig, als am 1. Juli 1975 fünf 323 zum Bw Bremen Rbf und am 1. August 1975 drei 323 zum Bw Rahden kamen.

**Beheimatungen:**

| | |
|---|---|
| 50 4002 | 27.08.1958 bis 22.05.1967 (+) |
| 50 4003 | 04.09.1958 bis 09.07.1959 |
| | 08.05.1965 bis 22.05.1967 (+) |
| 50 4004 | 10.09.1958 bis 10.06.1959 |
| | 16.06.1965 bis 14.11.1967 (+) |
| 50 4005 | 02.10.1958 bis 19.05.1959 |
| | 18.05.1965 bis 14.11.1967 (+) |
| 50 4006 | 02.10.1958 bis 27.09.1959 |
| | 11.11.1960 bis 22.05.1967 (+) |
| 50 4007 | 02.10.1958 bis 09.12.1960 |
| | 20.05.1965 bis 14.11.1967 (+) |
| 50 4008 | 02.10.1958 bis 18.04.1959 |
| | 17.05.1965 bis 01.09.1965 (+) |
| 50 4009 | 24.10.1958 bis 03.12.1959 |
| | 30.01.1960 bis 22.05.1967 (+) |
| 50 4010 | 13.10.1958 bis 22.05.1967 (+) |
| 50 4011 | 20.05.1959 bis 24.02.1967 (+) |
| 50 4012 | 13.11.1958 bis 28.01.1960 |
| | 29.12.1960 bis 22.05.1967 (+) |
| 50 4013 | 01.12.1958 bis 09.11.1960 |
| | 21.05.1965 bis 22.05.1967 (+) |
| 50 4014 | 02.12.1958 bis 22.05.1967 (+) |
| 50 4015 | 10.12.1958 bis 05.07.1967 (+) |
| 50 4016 | 18.12.1958 bis 29.04.1959 |
| 50 4017 | 24.12.1958 bis 29.04.1959 |
| 50 4018 | 14.01.1959 bis 26.04.1959 |
| 50 4019 | 15.01.1959 bis 28.04.1959 |
| 50 4020 | 22.01.1959 bis 27.04.1959 |
| 50 4021 | 27.01.1959 bis 27.04.1959 |
| 50 4022 | 17.02.1959 bis 26.04.1959 |
| 50 4023 | 09.02.1959 bis 28.04.1959 |
| 50 4024 | 24.02.1959 bis 01.09.1965 (+) |
| 50 4025 | 27.03.1959 bis 14.11.1967 (+) |
| 50 4026 | 11.06.1959 bis 14.11.1967 (+) |
| 50 4027 | 23.06.1959 bis 01.09.1965 (+) |
| 50 4028 | 01.07.1959 bis 14.11.1967 (+) |
| 50 4029 | 14.07.1959 bis 22.05.1967 (+) |

Seit Mai 1965, als die Osnabrücker Franco-Crosti-Loks den Kirchweyher Bestand verstärkten, standen mehrere Maschinen nur noch kalt als Reserve herum, darunter 50 4010. Im Februar 1965 hatte sie noch eine L 2 erhalten und war danach nur 14.000 km gelaufen. Am 15. Februar 1966 bereits folgte die z-Stellung. Noch am 2. Juli 1967 stand sie unverändert im Heimat-Bw.

Aufnahme: Wolfgang Fiegenbaum

Die letzte Betriebslok: 50 4025 war im Mai und Juni 1967 als Reservelok an das Bw Münster verliehen. Dort entstand am 2. Juni 1967 dieses Bild.

Aufnahme: Sammlung Jürgen-Ulrich Ebel

Das Ende – 50 4013 wird am 22. Juli 1967 im AW Lingen zerlegt.

Aufnahme: Bernd Kappel

# Osnabrück Rbf

In Osnabrück gab es bis 1972 für die reichlich anfallenden Leistungen auf den sich hier in zwei Ebenen kreuzenden Magistralen (Ruhrgebiet –) Münster – Osnabrück – Bremen – Hamburg und (Hannover –) Löhne – Osnabrück – Rheine (– Bentheim – Niederlande) sowie den Nebenstrecken Osnabrück – Bramsche – Oldenburg, Bramsche – Delmenhorst und Osnabrück – Brackwede – (Bielefeld) zwei selbständige Bahnbetriebswerke, die sich in den fünfziger und sechziger Jahren die Triebfahrzeuge wie folgt aufteilten: Osnabrück Hbf, von Eisenbahnern „Kamerun" genannt, beheimatete die Schnellzugloks ($01^{0}$ von 1960 bis 1964, $03^{0}$ bis 1961, Kohle-$01^{10}$ bis 1967 und Öl-$01^{10}$ von 1957 bis 1968), einen Teil der Güterzugloks (Kohle-41 bis 1965, Öl-41 von 1958 bis 1969, Kohle-44 1965/66, Öl-44 von 1964 bis 1969 und 50 bis 1964) und Tenderloks ($74^{4}$ bis 1958 und $93^{5}$ bis 1966). Ab September 1966 war das Bw Osnabrück Hbf auch Ellok-Bw (E40, E 41 und ab 1968 104).

Osnabrück Rbf, das bis Mai 1961 Osnabrück Vbf hieß, beheimatete die Personenzugloks (23 von 1965 bis 1968 und $38^{10}$ bis 1965), kohlegefeuerte Güterzugloks (44 von 1965 bis 1968, 50 bis 1968 und $50^{40}$ von 1959 bis 1965), Tenderloks ($74^{4}$ bis 1956 und $94^{5}$ bis 1968), Dieseltriebfahrzeuge der Baureihen V 60 (ab 1960), V 100 (ab 1964), VT $24^{6}$ (ab 1965) und VT $69^{9}$ (bis 1961) sowie Kleinloks, Schienenbusse und Turmtriebwagen.

Das Bw Osnabrück Hbf sollte die Maschinen 50 4025 bis 4029 und die Öllok 50 4011 erhalten. Laut Betriebsbuch war 50 4025 hier tatsächlich einen Monat beheimatet (28. Februar bis 26. März 1959). aber auch während dieser Zeit unterhielt das Bw Kirchweyhe die Lok (siehe dort).

Nur wenige Monate später erhielt dann das Bw Osnabrück Vbf von Kirchweyhe die Loks 50 4005 (20. Mai 1959), 4008 (10. Juni 1959), 4004 (11. Juni 1959), 4003 (21. Juli 1959) und als Nachzügler die 50 4006 (30. November 1959) und 4009 (7. Dezember 1959). 1960 tauschte man die Loks 50 4006 und 4009 gegen die Kirchweyher 50 4007 und 4013; dieser Bestand von sechs Loks (50 4003 bis 4005, 4007, 4008 und 4013) blieb bis April 1965 konstant. Gleichzeitig sank wegen der Franco-Crosti-Loks der Bestand an normalen 50ern von durchschnittlich 33 auf 27.

Die Einsätze der Osnabrücker $50^{40}$ waren mit denen der Kirchweyher fast identisch. Die Hauptaufgabe der Osnabrücker Maschinen bestand in der Beförderung von Güterzügen auf der Rollbahn Bremen/Kirchweyhe – Osnabrück – Münster – Ruhrgebiet. Außerdem kamen die Loks auch noch auf der Strecke Osnabrück – Löhne – Seelze/Hannover Hgbf sowie in der Gegenrichtung über Osnabrück hinaus nach Rheine und Bentheim zum Einsatz. Demzufolge wichen die Laufleistungen im allgemeinen auch nicht auffallend von denen der Kirchweyher $50^{40}$ ab. Bis Sommer 1962 einschließlich waren sie allerdings deutlich mehr im Einsatz als die normalen 50er des Bw Osnabrück Rbf, wenngleich zu dieser Baureihe die Differenz nicht so kraß ausfiel wie in Kirchweyhe.

Genau wie beim Bw Kirchweyhe waren nach der Feststellung der Schäden an den Vorwärmertrommeln die Osnabrücker $50^{40}$ von der Außerdienststellung betroffen. Am 20. Oktober 1961 stellte man die 50 4005 und 4008 ab, einen Tag später die restlichen vier Loks. Lokhilfe kam ausschließlich aus dem Bereich der BD Münster in Form von fünf 50ern. Die sechste Lok gewann man durch die Reaktivierung der eigenen 50 3082, die den Sommerfahrplan 1961 über Reservelok gewesen und nicht zum Einsatz gekommen war.

Mit einem Güterzug nach Hamm überquert 50 4005 im August 1961 südlich von Hiltrup den Dortmund-Ems-Kanal. Auch im Hochsommer sorgen die tief herunter gekühlten Rauchgase für „Volldampf".

Aufnahme: Ludwig Rotthowe

Volldampf! 50 4008 (Bw Osnabrück Vbf) verläßt im August 1960 Osnabrück Rbf in Richtung Löhne. Im Hintergrund ist die Schinkel-Kurve zu sehen, über die aus Richtung Rheine gekommene Züge in den oberen Teil des Osnabrücker Hauptbahnhofes fahren können. Aufnahme: Karl-Heinz Bebensee

An der Meldestelle im Heimat-Bw Osnabrück Rbf: 50 4005 im April 1963. Aufnahme: Jürgen Munzar

Mit einem schier endlosen Kohlewagen-Leerpark ist im April 1960 50 4005 (Bw Osnabrück Vbf) bei Westbevern in Richtung Ruhrgebiet unterwegs. Sie ist noch mit dem kleinen Vorwärmerkasten ausgerüstet. AUFNAHME: LUDWIG ROTTHOWE

Bei Vehrte rollt 50 4004 im Juli 1964 die nördliche Hälfte der Wiehengebirgsrampe herunter. Im Hintergrund markieren eine Linkskurve und eine darüberführende Brücke den Brechpunkt. AUFNAHME: LUDWIG ROTTHOWE

| Lok | Bw | Zugang | Abgabe |
|---|---|---|---|
| 50 015 | Osnabrück Hbf | 19.10.1961 | 09.12.1961 |
| " | " | 17.01.1962 | 10.03.1962 |
| 50 467 | Oldenburg Vbf | 19.10.1961 | 29.11.1961 |
| 50 813 | Emden | 22.10.1961 | 21.11.1961 |
| 50 1316 | Emden | 22.10.1961 | 10.12.1961 |
| 50 1674 | von Emden, nach Münster | 10.12.1961 | 17.01.1962 |
| 50 2751 | Oldenburg Vbf | 21.10.1961 | 27.02.1962 |

Bemerkenswert ist, daß alle sechs Osnabrücker $50^{40}$ ihren Vorwärmertausch nur im Rahmen einer L 0 erhielten und erst nach den Kirchweyher Loks ausgebessert wurden. Von der Abstellung am 20./21. Oktober 1961 bis Ende Februar 1962 war daher beim Bw Osnabrück Rbf keine Lok der Baureihe $50^{40}$ im Einsatz, und erst im März 1962 gingen alle sechs wieder in Betrieb. Von den Leihloks gab man dennoch vier bis Anfang Dezember 1961 wieder zurück (50 015 half nochmals von Januar bis März 1962 aus): Der große Bestand an eigenen 50ern erlaubte es, sich weitgehend dadurch zu behelfen, daß man die Maschinen intensiver nutzte. Lagen die monatlichen Laufleistungen der Loks vor der Abstellung der $50^{40}$ bei durchschnittlich 5.000 Kilometern je Lok und Monat, so erbrachten sie nun von November 1961 bis März 1962 zwischen 5.500 und 5.800 Kilometer, um sich ab April wieder bei ihrem normalen Wert einzupendeln. Die $50^{40}$ beanspruchte man nach der Krise dagegen nicht mehr stärker als die normalen 50er, da ihre Laufleistungen sich jetzt denen der 50er anglichen. Ob sie mit diesen sogar in gemeinsamen Plänen liefen, ist unbekannt.

Am 27. September 1964 übernahm das Bw Osnabrück Rbf vom benachbarten Bw Hbf dessen 50er (50 460, 498, 667, 856, 995, 1082, 1776, 2623 und 2888) und erreichte damit seinen Höchstbestand von 36 Loks der Baureihe 50 (neben den sechs $50^{40}$). Der nächste Fahrplanwechsel im Frühsommer 1965 brachte noch größere Veränderungen: Nachdem am 16. April 1965 die 50 4008 nach einem Unfall bei Löhne z-gestellt worden war, gab Osnabrück Rbf alle $50^{40}$ am 8. Mai 1965 (50 4003 und 4007), am 17. Mai 1965 (50 4005 und die z-Lok 4008) und am 21. Mai 1965 (50 4004 und 4013) an das Bw Kirchweyhe ab. Ersatz kam aber nicht in Form von normalen 50ern, sondern in Form von neun „Jumbos" (44 1219, 1535, 1661 und 1676 aus Rheine sowie 44 587, 950, 1190, 1647 und 1653 aus der BD Wuppertal). Osnabrück Rbf blieb allerdings Wende-Bw und vermutlich auch Personaleinsatz-Bw für die Kirchweyher $50^{40}$.

In den folgenden Jahren baute das Bw Osnabrück Rbf den 44-Bestand aus und den 50-Bestand ab. Mit Aufnahme des elektrischen Betriebs auf der Strecke Osnabrück – Bremen – Hamburg am 1. September 1968 (Planbetrieb 29. September 1968) gab das Bw Osnabrück Rbf Ende September 1968 die eigene Dampflok-Unterhaltung auf: Zwei 44er erhielt die BD Essen, sechzehn 44er (davon zwei z-Loks) gingen nach Emden. Die zwanzig 50er (darunter immerhin neun z-gestellte) bekam ebenfalls das Bw Emden, während die vier noch verbliebenen $94^{5}$ eine neue Heimat in Rheine fanden. Die fünf 23er schließlich gingen nach Crailsheim (23 083 und 084) und Emden (23 090 bis 092).

**Beheimatungen:**

| | |
|---|---|
| 50 4003 | 21.07.1959 bis 07.05.1965 |
| 50 4004 | 11.06.1959 bis 18.05.1965 |
| 50 4005 | 20.05.1959 bis 17.05.1965 |
| 50 4006 | 30.11.1959 bis 10.11.1960 |
| 50 4007 | 28.12.1960 bis 25.04.1965 |
| 50 4008 | 10.06.1959 bis 16.05.1965 |
| 50 4009 | 07.12.1959 bis 29.01.1960 |
| 50 4012 | 29.01.1960 bis 28.12.1960 |
| 50 4013 | 10.11.1960 bis 20.05.1965 |

50 4013 war von 1960 bis 1965 beim Bw Osnabrück Rbf beheimatet. Wie die Kirchweyher Loks waren sie und die anderen Osnabrücker FC-Loks mehr auf der Rollbahn als auf der Strecke Rheine – Löhne eingesetzt. Hier fährt 50 4013 auf der Rollbahn bei Brock-Ostbevern in Richtung Osnabrück. AUFNAHME: LUDWIG ROTTHOWE

Die Osnabrücker FC-Loks kamen planmäßig über Löhne bis Hannover. Am 8. August 1964 steht im Bw Seelze 50 4004 und wartet auf ihre Rückleistung. AUFNAHME: KLAUS HOLZBORN

Nochmals die nördliche Wiehengebirgsrampe: 50 4003 leistet der ölgefeuerten 41 096 vor einem Ölzug Richtung Süden Vorspann, März 1965. Bei Ostercappeln gewinnt die Strecke in weiten Kurven Höhe. 50 4003 hatte als erste einen vergrößerten Vorwärmerkasten erhalten, der sich in der Form von dem der später umgebauten Loks unterschied. AUFN.: LUDWIG ROTTHOWE

# Bw Rahden

Wenngleich das Bw Rahden nie eigene $50^{40}$ im Bestand hatte, so soll ihm doch ein eigener Abschnitt gewidmet werden. Rahden war ein typisches Nebenbahn-Bw, das die drei Strecken von Bünde über Rahden und Sulingen (Han) nach Bassum, von Diepholz über Sulingen nach Nienburg (Weser) und von Rahden nach Nienburg zu bedienen hatte. Dafür besaß das Bw Mitte der fünfziger Jahre einen Bestand von knapp zehn 24ern und etwa fünfzehn $56^2$. Es war Auslauf-Bw der BD Münster für beide Baureihen. Mit 56 271 ging am 15. Februar 1961 die letzte $56^2$ der BD Münster außer Betrieb; dafür erschien ab 28. November 1960 die 93 897 als einzige Lok ihrer Gattung in Rahden. Daneben unterhielt das Bw Osnabrück Vbf auch Fahrzeuge für das Einsatz-Bw Rahden, im Sommer 1959 beispielsweise vier 50er und acht VT 95. 1962 dezimierte sich der Bestand an 24ern durch z-Stellungen von elf auf vier Maschinen, so daß neben Kleinloks am Jahresende 1962 nur noch die fünf Loks 24 007, 047, 056, 058 und 93 897 in Rahden beheimatet waren. Die zu fahrenden Leistungen wurden in erster Linie von 50, VT 95 und VT 98 des Bw Osnabrück Rbf sowie 50 des Bw Kirchweyhe übernommen.

Das war allerdings noch nicht das Ende des Bw Rahden. Ab 1963 wurde es turbulent. Im Januar 1963 kamen die durch neugelieferte V $100^{10}$ in Münster freigewordenen 78 059, 077 und 522 zur Verstärkung der 24er. Am 11. Juli 1963 wurde 24 007 z-gestellt. Von Ende September bis Ende Dezember 1963 baute man eine Diesellokgruppe auf, die aus fünf in Münster durch V $100^{20}$ ersetzte V $100^{10}$ (1096, 1097, 1099, 1100 und 1322) und V60 652 aus Oldenburg bestand; im selben Zeitraum gingen dafür die 78er nach Münster (522) und Gronau (059, 077). Die V60 machte sich im Februar auf den Weg nach Emden, die V 100 wechselten am 31. Mai 1964 nach Osnabrück Rbf. Nun war das Ende wirklich

50 4028 wenige Tage vor ihrem letzten Einsatz am 17. Mai 1967 im Wende-Bw Bielefeld. Gut sind bei ihr der Rauchkammeraufstieg der zweiten Bauform und die Glocke auf dem Umlauf zu erkennen. AUFNAHME: SAMMLUNG JÜRGEN-ULRICH EBEL

Als Leihloks erlebten in Rahden einige Kirchweyher Franco-Crosti-Loks noch einmal eine kleine Scheinblüte. Am 12. März 1967 standen gleich vier $50^{40}$ im Lokschuppen des Bw Rahden. Bis auf 50 4025 tragen sie links auf dem Umlauf eine Druckluftglocke. AUFNAHME: MANFRED FISCHER

Auf der Strecke 219 (Bielefeld) – Herford – Rahden – Bassum) bespannten die FC-Loks als V 100-Ersatz sogar planmäßige Personenzüge. Hier steht 40 4025 im März 1967 in Bielefeld Hbf mit dem mittäglichen P 1377 nach Rahden zur Abfahrt bereit. Normalerweise verwendete man die Loks nicht im Reisezugdienst, weil die übelriechenden Abgase auch in die Wagen drangen. AUFNAHME: HELMUT BEYER

absehbar. Die vier verbliebenen Loks stellte man am 8. Dezember 1964 (24 058), 5. Februar 1965 (93 897), 5. Mai 1965 (24 056) und 9. Juli 1965 (24 047) auf z, so daß Rahden nur noch Kleinloks behielt. Die Leistungen übernahmen wiederum 50, VT 95 und VT 98 und den ex-Rahdener V $100^{10}$ des Bw Osnabrück Rbf.

Ab Sommerfahrplan 1966 griff man dann auf $50^{40}$ des Bw Kirchweyhe zurück. Unmittelbarer Grund dafür war der Lokbedarf auf der Rollbahn, auf der man nur noch Maschinen einsetzen wollte, die Indusi besaßen. Die sollten die Franco-Crosti-Loks eben nicht mehr erhalten, so daß man die normalen 50er noch umbaute und die Franco-Crosti-Loks in Rahden abfuhr.

Nachgewiesen sind in Rahden Einsätze der 50 4002, 4004 bis 4007, 4012, 4013, 4015, 4025, 4026 und 4028. Außer 50 4002 und 4015 erhielten die Loks bei ihrer letzten L 0 (siehe hierzu auch die Liste der Untersuchungen) eine Druckluftglocke, die direkt neben der Luftpumpe auf dem rechten Umlaufblech plaziert war. Nur 50 4006 und 4025 erhielten eine Glocke auf dem Kessel. Nötig war der Umbau, weil es auf den zu befahrenden Nebenstrecken viele unbeschrankte Bahnübergänge gab. Alle anderen $50^{40}$ hatten als Warneinrichtung nur die Dampfpfeife.

Zwar war man in Rahden nicht gerade glücklich über diese „eigenartigen Franco-Crosti-Dinger", aber man setzte sie doch ein, zum Teil sogar vor Personenzügen im Rahdener Raum und vor Personen- und Güterzügen bis nach Bielefeld. So konnten die 14 Loks des Bw Kirchweyhe vor allem durch die Leistungen des Einsatz-Bw Rahden noch einmal rund 2.500 Kilometer pro Lok im Juli 1966 vorweisen. Die letzte Rahdener Leihlok war 50 4028. Sie leistete noch im Mai 1967 rund 3.000 Kilometer. Daß die Rahdener Einsätze nicht mehr als ein verglühendes letztes Fünkchen darstellten, wird aus der weiter hinten abgedruckten Aufstellung aller Kilometerleistungen aus den Jahren 1966 und 1967 deutlich.

Nochmals die BR $50^{40}$ im Personenzugdienst. Am 9. April 1967 wartet 50 4007 als V 100-Ersatz im Bahnhof Rahden auf Ausfahrt in Richtung Sulingen – Bassum. AUFN.: PETER SCHEFFLER

Noch eines der so raren Betriebsbilder im Reisezugdienst: 50 4028 im Mai 1967 vor P 1377 Bielefeld – Rahden im Haltepunkt Neue Mühle. AUFNAHME: HELMUT BITTNER

Im April 1967 bedient 50 4007 in Bielefeld Ost ein Anschlußgleis an der Übergabe zur früheren Bielefelder Kreisbahn. AUFNAHME: HELMUT BEYER

# Monatliche Laufleistungen

In der folgenden Aufstellung sind die monatlichen Kilometerleistungen (angegeben in vollen Tausend) der in der BD Münster beheimateten $50^{40}$ vollständig aufgeführt. Es fehlen die Angaben des Jahres 1958, die nur in der Summe bekannt sind. Von den übrigen Maschinen sind Kilometerangaben aus Betriebsbögen nur von 50 4001, 4018, 4019, 4020, 4021 und 4031 bekannt. Auch ihre Angaben sind abgedruckt.

Folgende Zeichen wurden verwendet:
- \- die Lok war nicht oder weniger als die Hälfte eines Monats hier beheimatet.
- L0 die Lok erhielt in diesem Monat eine L0.
- L2 die Lok erhielt in diesem Monat eine L2.
- z die Lok war mindestens über die Hälfte eines Monats von der Ausbesserung zurückgestellt.
- w die Lok wartete länger auf Ausbesserung.

Unter den einzelnen Loks eines Bw sind jeweils pro Monat der Einsatzbestand (also ohne z-Loks) und die Durchschnittsleistungen der Loks (Gesamtleistung aller Loks dividiert durch die Anzahl der Loks) angegeben.

## 1955

**Bw Bingerbrück**

| Lok | Jan | Feb | Mär | Apr | Mai | Jun | Jul | Aug | Sep | Okt | Nov | Dez |
|---|---|---|---|---|---|---|---|---|---|---|---|---|
| 50 1412 | 4 | 10 | 11 | 12 | 10 | 12 | 9 | 11 | 0 | 10 | 4 L2 | 0 L2 |

## 1956

**Bw Bingerbrück**

| Lok | Jan | Feb | Mär | Apr | Mai | Jun | Jul | Aug | Sep | Okt | Nov | Dez |
|---|---|---|---|---|---|---|---|---|---|---|---|---|
| 50 1412 | 0 L2 | 9 | 12 | 10 | 8 | 5 L0 | 2 L0 w | 0 L0 | 10 | 11 | 8 L0 | 5 L0 |

## 1957

**Bw Bingerbrück**

| Lok | Jan | Feb | Mär | Apr | Mai | Jun | Jul | Aug | Sep | Okt | Nov | Dez |
|---|---|---|---|---|---|---|---|---|---|---|---|---|
| 50 1412 | 10 | 8 | 6 | 5 L0 | 6 L0 | 7 | 8 | 9 | 3 w | 2 L0 | 9 | 0 w |

## 1958

**Bw Bingerbrück**

| Lok | Jan | Feb | Mär | Apr | Mai | Jun | Jul | Aug | Sep | Okt | Nov | Dez |
|---|---|---|---|---|---|---|---|---|---|---|---|---|
| 50 1412 | 0 w | 0 w | 0 w | - | - | - | - | - | - | - | - | - |

**Bw Oberlahnstein**

| Lok | Jan | Feb | Mär | Apr | Mai | Jun | Jul | Aug | Sep | Okt | Nov | Dez |
|---|---|---|---|---|---|---|---|---|---|---|---|---|
| 50 4001 | - | - | - | - | - | - | - | - | 4 | 10 | 9 | 7 |

**Bw Kirchweyhe**

| | | | |
|---|---|---|---|
| 50 4002 | 39 | 50 4009 | 14 |
| 50 4003 | 14 | 50 4010 | 18 |
| 50 4004 | 29 | 50 4012 | 10 |
| 50 4005 | 22 | 50 4013 | 6 |
| 50 4006 | 25 | 50 4014 | 4 |
| 50 4007 | 21 | 50 4015 | 3 |
| 50 4008 | 19 | 50 4016 | 1 |

## 1959

**Bw Oberlahnstein**

| Lok | Jan | Feb | Mär | Apr | Mai | Jun | Jul | Aug | Sep | Okt | Nov | Dez |
|---|---|---|---|---|---|---|---|---|---|---|---|---|
| 50 4001 | 3 w | 2 L0 | 10 | 10 | 7 | 8 | 10 | 6 | 5 w | 3 L0 | 7 | 8 |
| 50 4018 | - | - | - | - | 9 | 11 | 10 | 2 w L0 | 10 | 9 | 9 | 10 |
| 50 4019 | - | - | - | - | 8 | 11 | 11 | 12 | 6 w | 1 L0 | 10 | 9 |
| 50 4020 | - | - | - | - | 10 | 10 | 12 | 11 | 7 w | 2 L0 | 10 | 9 |
| 50 4021 | - | - | - | - | 9 | 10 | 12 | 10 | 11 | 11 | 10 | 10 |
| 50 4031 | - | - | - | - | - | - | - | - | 11 | 12 | 11 | 4 |

**Bw Kirchweyhe**

| Lok | Jan | Feb | Mär | Apr | Mai | Jun | Jul | Aug | Sep | Okt | Nov | Dez |
|---|---|---|---|---|---|---|---|---|---|---|---|---|
| 50 4002 | 7 | 5 | 4 | 5 | 4 | 4 | 8 | 6 | 7 | 8 | 6 | 7 |
| 50 4003 | 6 | 5 | 5 | 4 | 6 | 6 | 3 L 0 | - | - | - | - | - |
| 50 4004 | 8 | 6 | 5 | 5 | 7 | - | - | - | - | - | - | - |
| 50 4005 | 8 | 7 | 7 | 3 | 0 | - | - | - | - | - | - | - |
| 50 4006 | 9 | 6 | 8 | 9 | 4 | 8 | 8 | 6 | 2 | 0 | 0 L 0 | - |
| 50 4007 | 6 | 8 | 7 | 6 | 8 | 7 | 4 w | 3 L0 | 7 | 7 | 8 | 8 |
| 50 4008 | 8 | 8 | 6 | 2 | 0 | - | - | - | - | - | - | - |
| 50 4009 | 5 | 2 w | 1 L 0 | 5 | 5 | 6 | 8 | 4 | 5 | 0 | 0 | - |
| 50 4010 | 6 | 4 | 6 | 6 | 7 | 6 | 8 | 5 | 7 | 8 | 4 | 4 |
| 50 4011 | - | - | - | - | - | 4 | 1 | 6 | 11 | 11 | 11 | 8 |
| 50 4012 | 4 w | 6 | 6 | 2 | 8 | 7 | 8 | 4 | 3 | 8 | 6 | 7 |
| 50 4013 | 2 | 0 | 7 | 5 | 8 | 9 | 8 | 7 | 7 | 8 | 8 | 9 |
| 50 4014 | 6 | 5 | 3 | 2 | 6 | 8 | 7 | 4 | 5 | 3 | 0 | 6 L 0 |
| 50 4015 | 4 | 8 | 7 | 8 | 9 | 4 w | 3 L 0 | 7 | 9 | 9 | 8 | 6 |
| 50 4016 | 5 | 6 | 5 | 6 | - | - | - | - | - | - | - | - |
| 50 4017 | 5 | 5 | 5 | 7 | - | - | - | - | - | - | - | - |
| 50 4018 | 4 | 2 | 6 | 6 | - | - | - | - | - | - | - | - |
| 50 4019 | 1 | 6 | 6 | 4 | - | - | - | - | - | - | - | - |
| 50 4020 | - | 7 | 7 | 6 | - | - | - | - | - | - | - | - |
| 50 4021 | - | 2 | 5 | 0 | - | - | - | - | - | - | - | - |
| 50 4022 | - | - | 9 | 4 | - | - | - | - | - | - | - | - |
| 50 4023 | - | 0 | 0 | 0 | - | - | - | - | - | - | - | - |
| 50 4024 | - | - | 0 | 8 | 9 | 6 | 9 | 8 | 5 | 9 | 7 | 8 |
| 50 4025 | - | - | 0 | 9 | 8 | 7 | 10 | 8 | 7 | 8 | 9 | 8 |
| 50 4026 | - | - | - | - | - | 2 | 10 | 8 | 7 | 3 L 0 | 8 | 9 |
| 50 4027 | - | - | - | - | - | - | 10 | 8 | 6 | 11 | 8 | 8 |
| 50 4028 | - | - | - | - | - | - | 8 | 8 | 8 | 8 | 9 | 7 |
| 50 4029 | - | - | - | - | - | - | 9 | 3 | 10 | 8 | 9 | 8 |
| | | | | | | | | | | | | |
| Bestand | 17 | 20 | 23 | 23 | 15 | 14 | 17 | 16 | 16 | 16 | 16 | 14 |
| ø km/Lok | 5,5 | 4,9 | 5,0 | 4,9 | 5,9 | 6,0 | 7,2 | 5,9 | 6,6 | 5,8 | 6,3 | 7,4 |

**Bw Osnabrück Vbf**

| Lok | Jan | Feb | Mär | Apr | Mai | Jun | Jul | Aug | Sep | Okt | Nov | Dez |
|---|---|---|---|---|---|---|---|---|---|---|---|---|
| 50 4003 | - | - | - | - | - | - | - | 8 | 3 L 0 | 10 | 8 | 7 |
| 50 4004 | - | - | - | - | - | 7 | 9 | 8 | 3 w | 4 L 0 | 8 | 7 |
| 50 4005 | - | - | - | - | - | 5 | 7 | 9 | 8 | 6 | 6 | 6 |
| 50 4006 | - | - | - | - | - | - | - | - | - | - | - | 9 |
| 50 4008 | - | - | - | - | - | 4 L 0 | 10 | 7 | 8 | 8 | 6 | 8 |
| 50 4009 | - | - | - | - | - | - | - | - | - | - | - | 6 L 0 |
| | | | | | | | | | | | | |
| Bestand | - | - | - | - | - | 3 | 3 | 4 | 4 | 4 | 4 | 6 |
| ø km/Lok | - | - | - | - | - | 5,3 | 8,7 | 8,0 | 5,5 | 7,0 | 7,0 | 7,2 |

**gesamt BD Münster**

| | Jan | Feb | Mär | Apr | Mai | Jun | Jul | Aug | Sep | Okt | Nov | Dez |
|---|---|---|---|---|---|---|---|---|---|---|---|---|
| Bestand | 17 | 20 | 23 | 23 | 15 | 17 | 20 | 20 | 20 | 20 | 20 | 20 |
| ø km/Lok | 5,5 | 4,9 | 5,0 | 4,9 | 5,9 | 5,9 | 7,4 | 6,4 | 6,4 | 6,9 | 6,5 | 7,3 |

# 1960

**Bw Oberlahnstein**

| Lok | Jan | Feb | Mär | Apr | Mai | Jun | Jul | Aug | Sep | Okt | Nov | Dez |
|---|---|---|---|---|---|---|---|---|---|---|---|---|
| 50 4001 | 6 w | 7 | 9 | 8 | 8 | 9 | 0 w L 0 | 6 L 0 | 9 | 11 | 8 | 9 |
| 50 4018 | 8 | 9 | 10 | 2 L 0 | 10 | 9 | 10 | 10 | 10 | 10 | 10 | 7 |
| 50 4019 | 10 | 12 | 10 | 9 | 7 | 10 | 8 | 4 | 11 | 9 | 4 | 2 L 2 |
| 50 4020 | 11 | 3 | 8 | 6 | 11 | 10 | 10 | 8 | 8 | 7 | 2 L 2 | 12 |
| 50 4021 | 10 | 10 | 10 | 8 | 9 | 3 | 0 w | 5 L 2 | 10 | 10 | 8 | 9 |
| 50 4031 | 4 | 9 | 10 | 7 | 9 | 9 | 7 | 4 L 0 | 10 | 10 | 7 | 11 |

**Bw Kirchweyhe**

| Lok | Jan | Feb | Mär | Apr | Mai | Jun | Jul | Aug | Sep | Okt | Nov | Dez |
|---|---|---|---|---|---|---|---|---|---|---|---|---|
| 50 4002 | 8 | 7 | 5 | 6 | 6 | 6 | 6 | 7 | O L 2 | 7 | 6 | 7 |
| 50 4006 | - | - | - | - | - | - | - | - | - | - | 11 | 0 |
| 50 4007 | 8 | 3 | 6 | 7 | 7 | 7 | 7 | 7 | 4 | 7 | 6 | 1 L 2 |
| 50 4009 | - | 8 | 9 | 6 | 6 | 7 | 5 | 7 | 6 | 2 | 4 w | 6 L 0 |
| 50 4010 | 1 w | 1 L 0 | 8 | 6 | 7 | 4 | 6 | 1 | 6 | 5 | 5 | 4 |
| 50 4011 | 9 | 9 | 7 | 0 w | 5 L 0 | 6 | 9 | 3 L 0 | 5 | 6 L 0 | 5 w | 4 L 0 |
| 50 4012 | 5 | - | - | - | - | - | - | - | - | - | - | - |
| 50 4013 | 8 | 2 w | 4 L 0 | 7 | 7 | 7 | 6 | 8 | 7 | 7 | - | - |
| 50 4014 | 7 | 8 | 8 | 6 | 7 | 5 | 6 | 7 | 5 | 6 | 3 | 7 |
| 50 4015 | 8 | 8 | 6 | 7 | 5 | 7 | 6 | 7 | 7 | 5 w | 3 L 0 | 7 |
| 50 4024 | 7 | 7 | 8 | 7 | 8 | 6 | 6 | 7 | 7 | 6 | 6 | 7 |
| 50 4025 | 7 | 9 | 9 | 4 | 8 | 6 | 7 | 8 | 6 | 7 | 5 | 3 L 2 |
| 50 4026 | 6 | 8 | 8 | 9 | 9 | 7 | 6 | 7 | 7 | 7 | 5 | 6 |
| 50 4027 | 9 | 8 | 10 | 7 | 9 | 6 | 7 | 6 | 8 | 6 | 7 | 7 |
| 50 4028 | 7 | 7 | 9 | 8 | 8 | 8 | 6 | 6 | 4 | 7 | 6 | 3 L 0 |
| 50 4029 | 8 | 9 | 5 | 8 | 3 w | 4 L 0 | 7 | 6 | 8 | 8 | 3 | 9 |
| | | | | | | | | | | | | |
| Bestand | 14 | 14 | 14 | 14 | 14 | 14 | 14 | 14 | 14 | 14 | 14 | 14 |
| ø km/Lok | 7,0 | 6,7 | 7,3 | 6,3 | 6,8 | 6,1 | 6,4 | 6,2 | 5,7 | 6,1 | 5,4 | 5,1 |

**Bw Osnabrück Vbf**

| Lok | Jan | Feb | Mär | Apr | Mai | Jun | Jul | Aug | Sep | Okt | Nov | Dez |
|---|---|---|---|---|---|---|---|---|---|---|---|---|
| 50 4003 | 8 | 5 | 6 | 2 w | 5 L 0 | 5 | 6 | 12 | 8 | 8 | 8 | 7 |
| 50 4004 | 7 | 7 | 8 | 5 | 8 | 7 | 6 L 2 | 9 | 9 | 8 | 8 | 6 L 0 |
| 50 4005 | 7 | 9 | 5 | 3 | 6 | 8 | 5 L 2 | 6 | 6 | 9 | 3 L 0 | 8 |
| 50 4006 | 7 | 0 w | 3 L 0 | 5 | 2 L 0 | 4 | 4 L 0 | 10 | 6 | 7 | - | - |
| 50 4008 | 7 | 7 | 8 | 8 | 7 | 0 w | 7 L 2 | 9 | 7 | 7 | 7 | 7 |
| 50 4009 | 7 | - | - | - | - | - | - | - | - | - | - | - |
| 50 4012 | - | 7 | 6 | 6 | 6 | 5 | 2 w | 4 L 0 | 7 | 8 | 8 | 7 |
| 50 4013 | - | - | - | - | - | - | - | - | - | - | 1 | 5 |
| | | | | | | | | | | | | |
| Bestand | 6 | 6 | 6 | 6 | 6 | 6 | 6 | 6 | 6 | 6 | 6 | 6 |
| ø km/Lok | 7,2 | 6,2 | 6,0 | 4,8 | 5,7 | 4,8 | 5,0 | 8,3 | 7,2 | 7,8 | 5,8 | 6,7 |

**gesamte BD Münster**

| | | | | | | | | | | | | |
|---|---|---|---|---|---|---|---|---|---|---|---|---|
| Bestand | 20 | 20 | 20 | 20 | 20 | 20 | 20 | 20 | 20 | 20 | 20 | 20 |
| ø km/Lok | 7,1 | 6,6 | 6,9 | 5,9 | 6,5 | 5,8 | 6,0 | 6,9 | 6,2 | 6,7 | 5,5 | 5,6 |

# 1961

**Bw Oberlahnstein**

| Lok | Jan | Feb | Mär | Apr | Mai | Jun | Jul | Aug | Sep | Okt | Nov | Dez |
|---|---|---|---|---|---|---|---|---|---|---|---|---|
| 50 4001 | 9 | 8 | 4 | 4 L 0 | 9 | 10 | 9 | 3 | 8 | 5 w | 0 w | 0 w |
| 50 4018 | 5 L 2 | 7 | 9 | 10 | 10 | 9 | 8 | 7 | 4 L 0 | 4 w | 0 w | 0 w |
| 50 4019 | 10 | 9 | 10 | 3 L 2 | 9 | 9 | 10 | 8 | 10 | 4 w | 0 w | 0 w |
| 50 4020 | 8 | 8 | 7 L 0 | 10 | 7 | 8 | 11 | 8 | 6 | 5 w | 0 w | 0 w |
| 50 4021 | 9 | 6 | 8 L 0 | 8 | 8 | 9 | 8 | 8 | 6 | 1 w | 0 w | 0 w |
| 50 4031 | 7 | 4 L 0 | 8 | 7 | 8 | 9 | 11 | 10 | 10 | 0 L 2 | 0 L 2 | 3 L 2 |

**Bw Kirchweyhe**

| Lok | Jan | Feb | Mär | Apr | Mai | Jun | Jul | Aug | Sep | Okt | Nov | Dez |
|---|---|---|---|---|---|---|---|---|---|---|---|---|
| 50 4002 | 7 | 5 | 7 | 7 | 6 | 7 | 6 | 7 | 7 | 2 | 0 w | 0 w |
| 50 4006 | 6 | 12 | 4 w | 3 L 2 | 6 | 7 | 8 | 7 | 4 L 0 | 4 | 0 w | 0 w |
| 50 4009 | 7 | 6 | 5 L 0 | 5 | 5 | 7 | 5 | 7 | 6 | 3 | 0 w | 0 w |
| 50 4010 | 3 | 7 L 0 | 6 L 0 | 5 | 5 | 5 | 5 | 5 | 6 | 4 | 0 w | 3 L 2 |
| 50 4011 | 3 L 0 | 6 | 5 L 0 | 4 | 8 | 6 | 7 | 8 | 2 w | 1 L 2 | 2 L 0 | 8 |
| 50 4012 | 8 | 6 | 6 L 0 | 5 | 2 | 7 | 7 | 6 | 6 | 1 w | 0 L 2 | 9 |
| 50 4014 | 7 | 3 L 0 | 4 | 7 | 5 | 6 | 6 | 8 | 6 | 3 | 0 w | 0 w |
| 50 4015 | 8 | 5 | 6 L 0 | 6 | 5 | 3 | 6 | 2 w | 5 L 2 | 5 | 0 w | 0 w |
| 50 4024 | 8 | 5 | 6 L 0 | 7 | 6 | 5 | 7 | 8 | 5 | 2 | 0 w | 0 w |
| 50 4025 | 8 | 5 | 6 L 0 | 6 | 7 | 6 | 7 | 4 w | 3 L 0 | 4 | 0 w | 0 w |
| 50 4026 | 6 | 6 | 4 L 0 | 7 | 6 | 6 | 6 | 7 | 2 L 0 | 5 | 0 w | 0 w |
| 50 4027 | 4 L 0 | 7 | 6 L 0 | 8 | 6 | 7 | 8 | 6 | 6 | 4 | 0 w | 0 w |

| Lok | Jan | Feb | Mär | Apr | Mai | Jun | Jul | Aug | Sep | Okt | Nov | Dez |
|---|---|---|---|---|---|---|---|---|---|---|---|---|
| 50 4028 | 7 | 7 | 7 L 0 | 7 | 6 | 4 | 6 | 5 | 7 | 4 | 0 w | 0 w |
| 50 4029 | 8 | 7 | 5 w | 5 L 0 | 6 | 5 | 7 | 6 | 7 | 4 | 0 w | 0 w |
| | | | | | | | | | | | | |
| Bestand | 14 | 14 | 14 | 14 | 14 | 14 | 14 | 14 | 14 | 14 | 14 | 14 |
| ø km/Lok | 6,1 | 6,2 | 5,5 | 5,9 | 5,6 | 5,8 | 6,5 | 6,1 | 5,1 | 3,3 | 0,1 | 1,4 |

**Bw Osnabrück Rbf**

| Lok | Jan | Feb | Mär | Apr | Mai | Jun | Jul | Aug | Sep | Okt | Nov | Dez |
|---|---|---|---|---|---|---|---|---|---|---|---|---|
| 50 4003 | 9 | 2 L 2 | 7 | 6 | 6 | 7 | 5 L 0 | 8 | 8 | 5 | 0 w | 0 w |
| 50 4004 | 8 | 7 | 7 | 5 L 0 | 12 | 4 w | 4 L 0 | 7 | 5 | 3 L 0 | 0 w | 0 w |
| 50 4005 | 8 | 8 | 8 | 6 L 0 | 8 | 7 | 8 | 6 | 4 | 4 | 0 w | 0 w |
| 50 4007 | 8 | 7 | 7 L 0 | 8 | 6 | 7 | 7 | 4 | 3 L 0 | 2 | 0 w | 0 w |
| 50 4008 | 6 | 5 | 7 | 6 L 0 | 5 | 7 | 6 | 7 | 6 | 2 | 0 w | 0 w |
| 50 4013 | 1 w | 7 L 2 | 7 L 0 | 6 | 9 | 7 | 6 | 2 L 0 | 8 | 5 | 0 w | 0 w |
| | | | | | | | | | | | | |
| Bestand | 6 | 6 | 6 | 6 | 6 | 6 | 6 | 6 | 6 | 6 | 6 | 6 |
| ø km/Lok | 6,7 | 6,0 | 7,2 | 6,2 | 7,7 | 6,5 | 6,0 | 5,7 | 5,7 | 3,5 | 0,0 | 0,0 |

**gesamte BD Münster**

| | | | | | | | | | | | | |
|---|---|---|---|---|---|---|---|---|---|---|---|---|
| Bestand | 20 | 20 | 20 | 20 | 20 | 20 | 20 | 20 | 20 | 20 | 20 | 20 |
| ø km/Lok | 6,3 | 6,2 | 6,0 | 6,0 | 6,3 | 6,0 | 6,4 | 6,0 | 5,3 | 3,4 | 0,1 | 1,0 |

# 1962

**Bw Oberlahnstein**

| Lok | Jan | Feb | Mär | Apr | Mai | Jun | Jul | Aug | Sep | Okt | Nov | Dez |
|---|---|---|---|---|---|---|---|---|---|---|---|---|
| 50 4001 | 0 w | 0 w | 0 w | 0 w | - | - | - | - | - | - | - | - |
| 50 4018 | 0 w | 0 w | 0 w | 0 L 0 | 5 L 0 | - | - | - | - | - | - | - |
| 50 4019 | 0 w | 0 w | 0 w | 0 L 0 | 1 L 0 | - | - | - | - | - | - | - |
| 50 4020 | 0 w | 0 w | 1 L 0 | 4 | 8 | - | - | - | - | - | - | - |
| 50 4021 | 0 w | 0 w | 0 L 0 | 6 L 0 | 3 | - | - | - | - | - | - | - |
| 50 4031 | 8 | 7 | 10 | 7 | 8 | - | - | - | - | - | - | - |

**Bw Bingerbrück**

| Lok | Jan | Feb | Mär | Apr | Mai | Jun | Jul | Aug | Sep | Okt | Nov | Dez |
|---|---|---|---|---|---|---|---|---|---|---|---|---|
| 50 4001 | - | - | - | - | 0 L 0 | 3 L 0 | 5 | 5 | 6 | 5 | 4 | 5 |
| 50 4018 | - | - | - | - | - | 5 | 5 | 6 | 5 | 5 | 2 | 4 |
| 50 4019 | - | - | - | - | 1 L 0 | 4 | 6 | 5 | 5 | 5 | 2 L 0 | 5 |
| 50 4020 | - | - | - | - | - | 6 | 6 | 5 | 5 | 5 | 6 | 4 |
| 50 4021 | - | - | - | - | 3 | 5 | 5 | 3 L 0 | 4 | 6 | 5 | 4 |
| 50 4031 | - | - | - | - | - | 5 | 5 | 6 | 4 | 5 | 5 | 3 L 0 |

**Bw Kirchweyhe**

| Lok | Jan | Feb | Mär | Apr | Mai | Jun | Jul | Aug | Sept | Okt | Nov | Dez |
|---|---|---|---|---|---|---|---|---|---|---|---|---|
| 50 4002 | 3 L 0 | 5 | 7 | 5 | 6 | 6 | 7 | 8 | 6 | 7 | 7 | 1 L 2 |
| 50 4006 | 0 w | 3 L 0 | 4 | 4 | 5 | 7 | 7 | 3 L 0 | 6 | 8 | 7 | 5 |
| 50 4009 | 1 L 2 | 4 | 6 | 3 | 5 | 5 | 7 | 8 L 0 | 5 | 7 | 6 | 5 |
| 50 4010 | 7 | 6 | 6 | 6 | 7 | 7 | 7 | 9 | 7 | 7 | 1 w | 5 L 0 |
| 50 4011 | 7 | 5 | 3 L 0 | 8 | 8 | 7 | 8 | 7 | 7 | 1 L 0 L 0 | 7 w | 3 L 0 |
| 50 4012 | 8 | 7 | 6 | 6 | 6 | 6 | 8 | 7 | 7 | 4 w | 3 L 0 | 6 |
| 50 4014 | 0 w | 4 L 2 | 4 | 6 | 5 | 6 | 7 | 8 | 6 | 7 | 5 | 4 |
| 50 4015 | 0 w | 3 L 0 | 5 | 6 | 5 | 4 | 5 | 8 | 7 | 6 | 6 | 6 |
| 50 4024 | 4 L 2 | 5 | 7 | 5 | 5 | 5 | 8 | 8 | 7 | 6 | 6 | 6 |
| 50 4025 | 2 L 0 | 6 | 5 | 6 | 4 | 5 | 7 | 8 | 6 | 7 | 6 | 4 |
| 50 4026 | 0 w | 4 L 0 | 6 | 5 | 5 | 6 | 7 | 5 | 7 | 7 | 6 | 7 |
| 50 4028 | 1 L 2 | 6 | 5 | 6 | 7 | 6 | 7 | 3 L 0 | 7 | 7 | 6 | 6 |
| 50 4028 | 0 w | 2 L 2 | 7 | 5 | 6 | 6 | 8 | 8 | 7 | 7 | 7 | 6 |
| 50 4029 | 0 w | 2 L 2 | 7 | 5 | 7 | 5 | 8 | 8 | 6 | 9 | 7 | 5 |
| | | | | | | | | | | | | |
| Bestand | 14 | 14 | 14 | 14 | 14 | 14 | 14 | 14 | 14 | 14 | 14 | 14 |
| ø km/Lok | 2,4 | 4,4 | 5,6 | 5,4 | 5,8 | 5,8 | 7,2 | 7,0 | 6,5 | 6,4 | 6,2 | 4,9 |

**Bw Osnabrück Rbf**

| Lok | Jan | Feb | Mär | Apr | Mai | Jun | Jul | Aug | Sep | Okt | Nov | Dez |
|---|---|---|---|---|---|---|---|---|---|---|---|---|
| 50 4003 | 0 w | 0 w | 6 L 0 | 7 | 7 | 7 | 5 | 3 | 7 | 6 | 5 | 6 |
| 50 4004 | 0 w | 0 w | 6 L 0 | 7 | 8 | 8 | 7 | 3 w | 8 L 0 | 7 | 6 | 4 L 0 |
| 50 4005 | 0 w | 0 w | 4 L 0 | 1 w | 4 L 0 L 0 | 6 | 8 | 6 | 6 | 8 | 6 | 6 L 0 |
| 50 4007 | 0 w | 0 w | 3 L 0 | 6 | 8 | 7 | 6 | 8 | 7 | 8 | 6 | 4 w |
| 50 4008 | 0 w | 0 L 0 | 8 | 6 | 7 | 7 | 6 | 8 | 6 | 7 | 8 | 5 |
| 50 4013 | 0 w | 0 w | 1 L 0 | 7 | 8 | 6 | 7 L 0 | 7 | 5 | 8 | 7 | 8 |
| | | | | | | | | | | | | |
| Bestand | 6 | 6 | 6 | 6 | 6 | 6 | 6 | 6 | 6 | 6 | 6 | |
| ø km/Lok | 0,0 | 0,0 | 4,7 | 5,7 | 7,0 | 6,8 | 6,5 | 5,8 | 6,5 | 7,3 | 6,3 | 5,5 |

**gesamte BD Münster**

| | Jan | Feb | Mär | Apr | Mai | Jun | Jul | Aug | Sep | Okt | Nov | Dez |
|---|---|---|---|---|---|---|---|---|---|---|---|---|
| Bestand | 20 | 20 | 20 | 20 | 20 | 20 | 20 | 20 | 20 | 20 | 20 | 20 |
| ø km/Lok | 1,7 | 3,1 | 5,3 | 5,5 | 6,2 | 6,1 | 7,0 | 6,7 | 6,5 | 6,7 | 6,3 | 5,1 |

## 1963

**Bw Bingerbrück**

| Lok | Jan | Feb | Mär | Apr | Mai | Jun | Jul | Aug | Sep | Okt | Nov | Dez |
|---|---|---|---|---|---|---|---|---|---|---|---|---|
| 50 4001 | 5 | 4 | 4 | 5 | 3 w | 0 w | 0 L 2 | 6 | 5 | 6 | 5 | 4 |
| 50 4018 | 6 | 4 | 5 | 4 | 1 w | 2 L 0 | 1 | 6 | 6 | 6 | 3 | 2 |
| 50 4019 | 4 | 4 | 4 | 5 | 2 w | 0 w | 2 L 2 | 5 | 6 | 6 | 5 | 5 |
| 50 4020 | 4 | 1 w | 0 w | 0 w | 3 L 0 | 5 | 5 | 6 | 5 | 3 | 2 L 0 | 3 |
| 50 4021 | 0 w | 3 L 2 | 5 | 2 | 5 | 4 | 6 | 6 | 5 | 4 | 5 | 5 |
| 50 4031 | 4 | 4 | 5 | 4 | 5 | 5 | 6 | 4 | 4 | 4 | 4 | 2 w |

**Bw Kirchweyhe**

| Lok | Jan | Feb | Mär | Apr | Mai | Jun | Jul | Aug | Sep | Okt | Nov | Dez |
|---|---|---|---|---|---|---|---|---|---|---|---|---|
| 50 4002 | 8 | 7 | 8 | 5 | 6 | 5 | 7 | 8 | 4 | 6 | 6 | 5 |
| 50 4006 | 6 | 0 w | 3 L 0 | 6 | 7 | 6 | 6 | 7 | 7 | 6 | 6 | 6 |
| 50 4009 | 4 | 0 w | 0 w | 0 w | 0 w | 0 w | 0 w | 0 w | 0 w | 0 w | 1 L 0 | 3 |
| 50 4010 | 4 | 5 | 5 | 5 | 5 | 6 | 6 | 6 | 6 | 6 | 4 | 0 w |
| 50 4011 | 8 | 8 | 7 | 5 | 0 w | 5 L 0 | 8 | 8 | 9 | 0 L 0 | 0 | 0 w |
| 50 4012 | 7 | 7 | 6 | 7 | 6 | 5 | 8 | 6 | 6 | 6 | 2 | 0 w |
| 50 4014 | 6 | 1 w | 6 L 0 | 5 | 4 | 6 | 6 | 6 | 5 | 3 | 5 | 2 w |
| 50 4015 | 6 | 3 w | 0 w | 4 L 0 | 5 | 5 | 8 | 6 | 5 | 6 | 6 | 4 |
| 50 4024 | 1 L 0 | 7 | 7 | 6 | 6 | 5 | 6 | 6 | 5 | 2 L 0 | 6 | 5 |
| 50 4025 | 5 | 4 w | 0 w | 0 L 0 | 5 | 6 | 7 | 7 | 6 | 6 | 7 | 6 |
| 50 4026 | 4 w | 3 L 0 | 6 | 6 | 7 | 6 | 6 | 6 | 7 | 6 | 6 | 4 |
| 50 4027 | 6 | 1 L 0 | 7 | 7 | 7 | 6 | 5 | 8 | 6 | 6 | 6 | 7 |
| 50 4028 | 6 | 5 | 2 L 0 | 4 | 6 | 5 | 7 | 7 | 1 | 5 | 5 | 6 |
| 50 4029 | 7 | 4 L 0 | 0 w | 3 L 0 | 7 | 6 | 7 | 7 | 6 | 6 | 6 | 6 |
| | | | | | | | | | | | | |
| Bestand | 14 | 14 | 14 | 14 | 14 | 14 | 14 | 14 | 14 | 14 | 14 | 14 |
| ø km/Lok | 5,6 | 3,9 | 4,1 | 4,5 | 5,1 | 5,1 | 6,2 | 6,3 | 5,2 | 4,6 | 4,7 | 3,9 |

**Bw Osnabrück Rbf**

| Lok | Jan | Feb | Mär | Apr | Mai | Jun | Jul | Aug | Sep | Okt | Nov | Dez |
|---|---|---|---|---|---|---|---|---|---|---|---|---|
| 50 4003 | 2 | 7 | 0 w | 2 L 0 | 1 w | 3 L 0 | 8 | 6 | 5 | 8 | 2 w | 2 L 0 |
| 50 4004 | 7 | 1 | 8 | 6 | 7 | 5 | 2 | 2 | 4 w | 2 L 2 | 9 | 7 |
| 50 4005 | 7 | 6 | 3 | 6 | 0 w | 0 w | 4 L 2 | 6 | 4 w | 6 L 0 | 3 | 0 w |
| 50 4007 | 5 L 0 | 7 | 8 | 8 | 8 | 7 | 8 | 10 | 0 L 2 | 8 | 8 | 7 |
| 50 4008 | 6 | 1 w | 4 L 2 | 3 L 0 | 7 | 5 | 7 | 7 | 7 | 8 | 7 | 5 |
| 50 4013 | 8 | 7 | 4 | 0 w | 8 L 0 | 8 | 4 | 3 w | 2 L 0 | 2 L 2 | 7 | 6 |
| | | | | | | | | | | | | |
| Bestand | 6 | 6 | 6 | 6 | 6 | 6 | 6 | 6 | 6 | 6 | 6 | 6 |
| ø km/Lok | 5,8 | 4,8 | 4,5 | 4,2 | 5,2 | 4,0 | 5,5 | 5,7 | 3,7 | 5,7 | 6,0 | 4,5 |

**gesamte BD Münster**

| | Jan | Feb | Mär | Apr | Mai | Jun | Jul | Aug | Sep | Okt | Nov | Dez |
|---|---|---|---|---|---|---|---|---|---|---|---|---|
| Bestand | 20 | 20 | 20 | 20 | 20 | 20 | 20 | 20 | 20 | 20 | 20 | 20 |
| ø km/Lok | 5,7 | 4,2 | 4,2 | 4,4 | 5,1 | 4,8 | 6,0 | 6,1 | 4,8 | 4,9 | 5,1 | 4,1 |

# 1964

**Bw Bingerbrück**

| Lok | Jan | Feb | Mär | Apr | Mai | Jun | Jul | Aug | Sep | Okt | Nov | Dez |
|---|---|---|---|---|---|---|---|---|---|---|---|---|
| 50 4001 | 5 | 5 | 3 | 4 | 5 | 4 | 3 | - | - | - | - | - |
| 50 4018 | 2 | 2 L 0 | 5 | 5 | 5 | 3 | 2 | - | - | - | - | - |
| 50 4019 | 4 | 4 | 2 | 3 | 5 | 2 | 2 L 2 | - | - | - | - | - |
| 50 4020 | 5 | 5 | 5 | 5 | 2 | 2 L 2 | - | - | - | - | - | - |
| 50 4021 | 4 | 1 w | 4 L 0 | 6 | 4 | - | - | - | - | - | - | - |
| 50 4031 | 0 L 0 | 0 L 0 | 0 L 0 | 4 L 0 | 4 | 2 | 3 | - | - | - | - | - |

**Bw Hamm**

| Lok | Jan | Feb | Mär | Apr | Mai | Jun | Jul | Aug | Sep | Okt | Nov | Dez |
|---|---|---|---|---|---|---|---|---|---|---|---|---|
| 50 4001 | - | - | - | - | - | - | - | 1 L 0 | 6 | 2 L 0 | 6 | 5 |
| 50 4018 | - | - | - | - | - | - | 2 | 6 | 5 | 5 | 3 | 2 L 2 |
| 50 4019 | - | - | - | - | - | - | - | 4 L 2 | 6 | 7 | 5 | 5 |
| 50 4020 | - | - | - | - | - | - | 6 | 6 | 7 | 4 | 5 | 5 |
| 50 4021 | - | - | - | - | - | - | 6 | 5 | 0 w | 4 L 0 | 4 | 5 |
| 50 4031 | - | - | - | - | - | - | 1 | 4 | 6 | 6 | 5 | 5 |

**Bw Kirchweyhe**

| Lok | Jan | Feb | Mär | Apr | Mai | Jun | Jul | Aug | Sep | Okt | Nov | Dez |
|---|---|---|---|---|---|---|---|---|---|---|---|---|
| 50 4002 | 0 w | 6 L 0 | 5 | 7 | 5 | 6 | 6 | 3 w | 4 L 0 | 5 | 5 | 6 |
| 50 4006 | 7 | 6 | 1 w | 4 L 2 | 6 | 7 | 7 | 1 w | 5 L 0 | 6 | 4 | 2 |
| 50 4009 | 7 | 5 | 6 | 8 | 4 | 1 w | 1 L 0 | 5 | 4 | 6 | 3 | 6 |
| 50 4010 | 6 L 0 | 5 | 3 | 5 | 5 | 6 | 7 | 4 | 5 | 2 w | 3 L 0 | 6 |
| 50 4011 | 3 L 0 | 10 | 10 | 4 w | 1 L 2 | 8 | 11 | 8 | 10 | 5 | 5 L 0 | 7 |
| 50 4012 | 7 L 0 | 6 | 6 | 5 | 2 | 3 L 0 | 6 | 6 | 6 | 5 | 2 L 2 | 6 |
| 50 4014 | 0 w | 3 L 0 | 7 | 5 | 5 | 5 | 5 | 5 | 5 | 4 | 5 | 5 |
| 50 4015 | 6 | 7 | 3 w | 0 L 0 | 6 | 7 | 6 | 6 | 4 | 6 | 3 | 6 |
| 50 4024 | 2 | 6 | 7 | 4 L 0 | z | z | z | z | z | z | z | z |
| 50 4025 | 7 | 5 | 5 | 1 | 5 L 2 | 7 | 6 | 7 | 5 | 4 | 4 | 4 |
| 50 4026 | 7 | 1 w | 5 L 0 | 8 | 5 | 1 L 0 | 6 | 1 w | 4 L 2 | 6 | 4 | 1 |
| 50 4027 | 7 | 1 w | 4 L 0 | 7 | 2 w | 5 L 0 | 7 | 6 | 1 L 2 | 4 | z | z |
| 50 4028 | 6 | 6 | 3 | 2 | 5 | 8 | 4 | 5 | 5 | 4 | 4 | 4 |
| 50 4029 | 8 | 6 | 0 w | 3 L 0 | 4 L 2 | 6 | 7 | 7 | 6 | 6 | 4 | 2 |
| | | | | | | | | | | | | |
| Bestand | 14 | 14 | 14 | 14 | 13 | 13 | 13 | 13 | 13 | 13 | 12 | 12 |
| ø km/Lok | 5,2 | 5,2 | 4,6 | 4,5 | 4,2 | 5,4 | 6,1 | 4,9 | 4,9 | 4,8 | 3,8 | 4,6 |

**Bw Osnabrück Rbf**

| Lok | Jan | Feb | Mär | Apr | Mai | Jun | Jul | Aug | Sep | Okt | Nov | Dez |
|---|---|---|---|---|---|---|---|---|---|---|---|---|
| 50 4003 | 8 | 8 | 6 | 6 | 6 | 5 | 2 | 1 | 0 w | 2 L 2 L 0 | 7 | 7 |
| 50 4004 | 8 | 6 | 7 | 7 | 6 | 8 | 7 | 7 | 1 L 0 | 8 | 7 | 6 |
| 50 4005 | 4 L 0 | 5 | 0 L 0 | 7 | 6 | 7 | 5 | 2 L 0 | 10 | 1 | 3 | 6 |
| 50 4007 | 6 | 7 | 4 | 6 | 0 w | 2 L 0 | 5 L 0 | 1 L 0 | 4 | 7 | 5 | 0 L 0 |
| 50 4008 | 6 | 8 | 2 w | 4 L 0 | 6 | 5 | 4 | 7 | 8 | 4 | 6 | 5 |
| 50 4013 | 3 | 6 | 0 w | 7 L 0 | 7 | 6 | 8 | 7 | 5 | 1 L 0 | 6 | 0 L 0 |
| | | | | | | | | | | | | |
| Bestand | 6 | 6 | 6 | 6 | 6 | 6 | 6 | 6 | 6 | 6 | 6 | 6 |
| ø km/Lok | 5,8 | 6,7 | 3,2 | 6,2 | 5,2 | 5,5 | 5,2 | 4,2 | 4,7 | 3,8 | 5,7 | 4,0 |

**gesamte BD Münster**

| | Jan | Feb | Mär | Apr | Mai | Jun | Jul | Aug | Sep | Okt | Nov | Dez |
|---|---|---|---|---|---|---|---|---|---|---|---|---|
| Bestand | 20 | 20 | 20 | 20 | 19 | 19 | 19 | 19 | 19 | 19 | 18 | 18 |
| ø km/Lok | 5,4 | 5,7 | 4,2 | 5,0 | 4,5 | 5,4 | 5,5 | 4,7 | 4,8 | 4,5 | 4,4 | 4,4 |

# 1965

**Bw Hamm**

| Lok | Jan | Feb | Mär | Apr | Mai | Jun | Jul | Aug | Sep | Okt | Nov | Dez |
|---|---|---|---|---|---|---|---|---|---|---|---|---|
| 50 4001 | 3 | 4 | 4 | 4 | 4 | 3 | 5 | 3 L 0 | 2 L 0 | 6 | 5 | 5 |
| 50 4018 | 3 L 2 | 5 | 5 | 6 | 5 | 5 | 6 | 5 | 6 | 2 | 4 | 5 |
| 50 4019 | 5 | 4 | 5 | 5 | 5 | 3 | 5 | 1 L 0 | 2 L 0 | 6 | 5 | 6 |
| 50 4020 | 6 | 4 | 5 | 2 | 3 L 0 | 5 | 6 | 5 | 3 | 5 | 0 w | 4 L 0 |
| 50 4021 | 5 | 5 | 0 w | 5 L 0 | 5 | 6 | 6 | 5 | 5 | 5 | 5 | 6 |
| 50 4031 | 5 | 4 | 5 | 1 L 2 | 3 L 2 | 2 | 6 | 6 | 5 | 4 | 5 | 4 |

**Bw Kirchweyhe**

| Lok | Jan | Feb | Mär | Apr | Mai | Jun | Jul | Aug | Sep | Okt | Nov | Dez |
|---|---|---|---|---|---|---|---|---|---|---|---|---|
| 50 4002 | 4 | 3 | 0 | 3 | 1 | 3 | 4 | 2 | 1 L 0 | 3 | 2 | 2 |
| 50 4003 | - | - | - | - | 3 | 0 | 0 | 2 | 0 L 0 | 0 | 0 | 0 |
| 50 4004 | - | - | - | - | - | 2 L 0 | 2 | 3 | 5 | 2 | 1 | 3 |
| 50 4005 | - | - | - | - | - | 0 | 0 | 1 | 1 | 0 | 0 | 0 |
| 50 4006 | 5 | 4 | 3 | 2 w | 2 L 0 | 3 | 3 | 1 | 3 | 0 | 1 | 2 |
| 50 4007 | - | - | - | - | 0 L 0 | 5 | 3 | 2 | 2 | 2 | 1 | 2 |
| 50 4008 | - | - | - | - | - | z | z | z | z | - | - | - |
| 50 4009 | 3 | 3 | 3 | 3 | 2 | 0 w | 0 w | 0 L 0 | 0 | 0 | 0 | 0 |
| 50 4010 | 1 w | 2 L 2 | 4 | 4 | 4 | 0 w | 0 w | 0 | 0 | 0 | 0 | 0 |
| 50 4011 | 7 | 0 w | 3 L 0 L 0 | 7 | 7 | 8 | 5 | 8 | 5 L 0 | 7 | 6 | 2 |
| 50 4012 | 5 | 4 | 3 | 5 | z | z | z | 0 L 0 | 0 | 0 | 0 | 0 |
| 50 4013 | - | - | - | - | - | 0 | 0 | 1 | 1 | 0 w | 1 L 0 | 4 |
| 50 4014 | 3 | 1 | 1 L 2 | 0 | 1 | 0 | 2 | 2 | 2 | 4 | 5 | 4 |
| 50 4015 | 4 | 1 | 3 | 3 L 2 | 4 | 3 | 2 | 1 | 2 | 0 | 0 | 1 |
| 50 4024 | z | z | z | z | z | z | z | z | z | - | - | - |
| 50 4025 | 3 | 1 w | 0 w | 0 w | 1 L 0 | 5 | 4 | 6 | 2 | 2 | 2 | 2 |
| 50 4026 | 4 L 0 | 3 | 1 | 4 | 0 w | 2 L 0 | 5 | 5 | 3 | 1 | 2 | 1 |
| 50 4027 | z | z | z | z | z | z | z | z | z | - | - | - |
| 50 4028 | 3 | 1 | 2 | 0 w | 2 L 2 | 2 | 0 | 0 | 0 | 0 | 0 | 0 |
| 50 4029 | 3 | 1 L 0 | 3 | 4 | 4 | 1 | 0 | 0 | 0 | 0 | 0 | 0 |
| | | | | | | | | | | | | |
| Bestand | 12 | 12 | 12 | 12 | 13 | 16 | 16 | 17 | 17 | 17 | 17 | 17 |
| ø km/Lok | 3,8 | 2,0 | 2,2 | 3,1 | 2,4 | 2,0 | 1,8 | 2,0 | 1,6 | 1,2 | 1,2 | 1,4 |

**Bw Osnabrück Rbf**

| Lok | Jan | Feb | Mär | Apr | Mai | Jun | Jul | Aug | Sep | Okt | Nov | Dez |
|---|---|---|---|---|---|---|---|---|---|---|---|---|
| 50 4003 | 7 | 5 | 7 | 6 | - | - | - | - | - | - | - | - |
| 50 4004 | 6 | 5 | 1 w | 6 L 0 | 2 | - | - | - | - | - | - | - |
| 50 4005 | 7 | 4 | 0 L 0 | 8 | 5 | - | - | - | - | - | - | - |
| 50 4007 | 7 | 7 | 4 | 2 | - | - | - | - | - | - | - | - |
| 50 4008 | 4 | 5 | 0 | z | z | - | - | - | - | - | - | - |
| 50 4013 | 7 | 2 w | 6 L 0 | 6 | 4 | - | - | - | - | - | - | - |
| | | | | | | | | | | | | |
| Bestand | 6 | 6 | 6 | 5 | 3 | - | - | - | - | - | - | - |
| ø km/Lok | 6,3 | 4,7 | 3,0 | 5,6 | 3,7 | - | - | - | - | - | - | - |

**gesamte BD Münster**

| | Jan | Feb | Mär | Apr | Mai | Jun | Jul | Aug | Sep | Okt | Nov | Dez |
|---|---|---|---|---|---|---|---|---|---|---|---|---|
| Bestand | 18 | 18 | 18 | 17 | 16 | 16 | 16 | 17 | 17 | 17 | 17 | 17 |
| ø km/Lok | 4,6 | 2,9 | 2,4 | 3,8 | 2,6 | 2,0 | 1,8 | 2,0 | 1,6 | 1,2 | 1,2 | 1,4 |

# 1966

**Bw Hamm**

| Lok | Jan | Feb | Mär | Apr | Mai | Jun | Jul | Aug | Sep | Okt | Nov | Dez |
|---|---|---|---|---|---|---|---|---|---|---|---|---|
| 50 4001 | 4 | 4 | 3 | 0 | 1 | 4 | 5 | 4 | z | z | z | - |
| 50 4018 | 2 L 0 | 2 L 0 | 5 | 5 | 5 | 5 | 4 | 2 | 5 | 3 | 4 | 1 z |
| 50 4019 | 6 | 5 | ? | ? | ? | ? | ? | z | z | z | z | - |
| 50 4020 | 5 | 5 | 4 | z | z | z | z | z | - | - | - | - |
| 50 4021 | 5 | 4 | z | z | z | z | - | - | - | - | - | - |
| 50 4031 | 5 | 4 | ? | ? | ? | L 0 | ? | ? | ? | ? | ? | ? |

**Bw Kirchweyhe**

| Lok | Jan | Feb | Mär | Apr | Mai | Jun | Jul | Aug | Sep | Okt | Nov | Dez |
|---|---|---|---|---|---|---|---|---|---|---|---|---|
| 50 4002 | 0 | 0 | 0 | 0 | 1 | 2 | 0 | 0 | 0 | z | z | z |
| 50 4003 | 0 | 0 | 0 | 0 | 1 | 1 | 1 | 1 | 1 | z | z | z |
| 50 4004 | 0 | 0 | 0 | 0 | 2 L0 | 4 | 3 | 3 | 1 | 0 | 0 | 0 |
| 50 4005 | 0 | 0 | 0 | 1 L0 | 1 | 6 | 2 | 2 | 3 | 0 | 0 | 0 |
| 50 4006 | 0 | 0 | 0 | 0 | 0 | 2 L0 | 1 | 1 | 3 | 1 | 3 | 0 |
| 50 4007 | 0 | 0 | 3 | 1 | 0 | 2 L0 | 2 | 3 | 2 | 2 | 2 | 0 |
| 50 4009 | 0 | 0 | 0 | 0 | 0 | 0 | 0 | 0 | z | z | z | z |
| 50 4010 | 0 | 0 | z | z | z | z | z | z | z | z | z | z |
| 50 4011 | 3 L0 | 0 | 0 | 0 | 0 | 1 | 3 | z | z | z | z | z |
| 50 4012 | 0 | 0 | 0 | 0 | 1 | 2 | 3 | 2 | z | z | z | z |
| 50 4013 | 3 | 2 | 3 | 2 | 3 | 0 | 4 | 2 | 0 | 0 | 0 | z |
| 50 4014 | 4 | 5 | z | z | z | z | z | z | z | z | z | z |
| 50 4015 | 2 | 3 | 2 | 1 w | 0 L0 | 1 | 2 | 1 | 1 | 4 | 3 | 2 |
| 50 4025 | 3 | 3 | 2 | 4 | 0 w | 1 L0 | 6 | 4 | 3 | 2 | 1 | 3 |
| 50 4026 | 2 | 2 | 2 | 2 | 0 | 0 | 5 L0 | 2 | 1 | 0 | 3 | 2 |
| 50 4028 | 0 | 0 | 0 | 0 | 0 | 1 L0 | 3 | 4 | 2 | 4 | 1 | 2 |
| 50 4029 | 0 | 0 | z | z | z | z | z | z | z | z | z | z |
| | | | | | | | | | | | | |
| Bestand | 17 | 17 | 14 | 14 | 14 | 14 | 14 | 13 | 11 | 9 | 9 | 8 |
| ø km/Lok | 1,0 | 0,9 | 0,9 | 0,8 | 0,6 | 1,6 | 2,5 | 1,9 | 1,5 | 1,4 | 1,4 | 1,1 |

**gesamte BD Münster: wie Bw Kirchweyhe**

# 1967

**Bw Hamm**

| Lok | Jan | Feb | Mär | Apr | Mai | Jun | Jul | Aug | Sep | Okt | Nov | Dez |
|---|---|---|---|---|---|---|---|---|---|---|---|---|
| 50 4018 | z | z | - | - | - | - | - | - | - | - | - | - |
| 50 4022 | 1 | z | z | z | - | - | - | - | - | - | - | - |
| 50 4031 | 1 | z | z | z | z | z | - | - | - | - | - | - |

**Bw Kirchweyhe**

| Lok | Jan | Feb | Mär | Apr | Mai | Jun | Jul | Aug | Sep | Okt | Nov | Dez |
|---|---|---|---|---|---|---|---|---|---|---|---|---|
| 50 4002 | z | z | z | z | z | z | - | - | - | - | - | - |
| 50 4003 | z | z | z | z | z | z | - | - | - | - | - | - |
| 50 4004 | 0 | 0 | 0 | 0 | z | z | z | z | z | z | z | - |
| 50 4005 | 0 | 0 | 0 | 0 | z | z | z | z | z | z | z | - |
| 50 4006 | z | z | z | z | z | z | - | - | - | - | - | - |
| 50 4007 | 1 | 0 | 2 | 2 | 2 | 0 | z | z | z | z | z | - |
| 50 4009 | z | z | z | z | z | z | - | - | - | - | - | - |
| 50 4010 | z | z | z | z | z | z | - | - | - | - | - | - |
| 50 4011 | z | z | z | - | - | - | - | - | - | - | - | - |
| 50 4012 | z | z | z | z | z | z | - | - | - | - | - | - |
| 50 4013 | z | z | z | z | z | z | - | - | - | - | - | - |
| 50 4014 | z | z | z | z | z | z | - | - | - | - | - | - |
| 50 4015 | 2 | 3 | 2 | z | z | z | z | - | - | - | - | - |
| 50 4025 | 1 | 2 | 3 | 3 | 2 | 1 | z | z | z | z | z | - |
| 50 4026 | 3 | 3 | 4 | 3 | 2 | z | z | z | z | z | z | - |
| 50 4028 | 3 | 2 | 2 | 3 | 3 | z | z | z | z | z | z | - |
| 50 4029 | z | z | z | z | z | z | - | - | - | - | - | - |
| | | | | | | | | | | | | |
| Bestand | 7 | 7 | 7 | 6 | 4 | 2 | - | - | - | - | - | - |
| ø km/Lok | 1,4 | 1,4 | 1,9 | 1,8 | 2,3 | 0,5 | - | - | - | - | - | - |

**gesamte BD Münster: wie Bw Kirchweyhe**

# Anhang

## Lebensläufe der deutschen Franco-Crosti-Lokomotiven

### 42 9000

| | |
|---|---|
| Rahmen: | Henschel 28313/1950 |
| Kessel: | Henschel 28313/1950 |
| Anlieferung: | 30.12.1950 |
| Abnahme, AW: | 03.02.1951, AW Kassel |

Beheimatungen:

| | | | |
|---|---|---|---|
| Bw Minden | 04.02.1951 | bis | 24.05.1952 |
| Bw Bingerbrück | 25.05.1952 | bis | 09.04.1958 |
| Bw Oberlahnstein | 31.05.1958 | bis | 08.1959 |

| | |
|---|---|
| z-Stellung am: | 20.01.1959 |
| Ausmusterung: | 23.07.1959 (HVB) |

### 42 9001

| | |
|---|---|
| Rahmen: | Henschel 28314/1950 |
| Kessel: | Henschel 28314/1950 |
| Tender: | ? 588/1944 von 52 574 |
| Anlieferung: | 25.01.1951 |
| Abnahme, AW: | 08.02.1951, AW Kassel |

Beheimatungen:

| | | | |
|---|---|---|---|
| Bw Minden | 09.02.1951 | bis | 24.05.1952 |
| Bw Bingerbrück | 25.05.1952 | bis | 05.01.1958 |
| Bw Oberlahnstein | 28.04.1958 | bis | 10.1960 |

| | |
|---|---|
| z-Stellung am: | 08.04.1960 |
| Grund: | durch BR $50^{40}$ ersetzt |
| Ausmusterung: | 30.09.1960 (HVB) |
| Verschrottung: | 07.1961, Fa. Schuy, Limburg |

### 50 4001 ex 50 1412

| | |
|---|---|
| Rahmen: | Floridsdorf 9213/1941 aus 50 1412 |
| Kessel: | Henschel 28774/1954 |
| Tender: | Floridsdorf 2253/1941 von 50 1028 |
| Umbaubeginn: | 08.06.1954 |
| Abnahme, AW: | 11.11.1954, AW Göttingen |
| Probefahrt: | 09.11.1954 Göttingen – Bebra u. zurück |

Beheimatungen:

| | | | |
|---|---|---|---|
| Bw Bingerbrück | 12.11.1954 | bis | 18.03.1958 |
| | (buchmäßig ab 04.11.1954) | | |
| Bw Oberlahnstein | 16.09.1958 | bis | 02.05.1962 |
| Bw Bingerbrück | 12.06.1962 | bis | 28.07.1964 |
| | (buchmäßig bis 25.08.1964) | | |
| Bw Hamm | 26.08.1964 | bis | 14.12.1966 |

| | |
|---|---|
| z-Stellung am: | 30.08.1966 |
| Grund: | Rahmenbruch, L 3-Frist (20.09.1966) |
| Laufleistung: | 726.883 km |
| Ausmusterung: | 22.11.1966 (HVB) |
| Verschrottung: | 09.1968, AW Lingen |
| Bemerkungen: | 08.06. bis 11.07.1954, AW Esslingen (L4) |
| | 12.07. bis 03.11.1954, Fa. Henschel (Umbau) |
| | Nummer mit Verf. vom 10.04.1958 am 15.09.1958 auf 50 4001 geändert. |

### 50 4002 ex 50 1887

| | |
|---|---|
| Rahmen: | BMAG 11785/1941 aus 50 1887 |
| Kessel: | Henschel 29732/1958 |
| Tender: | BMAG 11785/1941 von 50 1887 |
| Umbaubeginn: | 20.05.1958 |
| Abnahme, AW: | 26.08.1958, AW Schwerte |

Beheimatungen:

| | | | |
|---|---|---|---|
| Bw Kirchweyhe | 27.08.1958 | bis | 15.06.1967 |

| | |
|---|---|
| z-Stellung am: | 29.09.1966 |
| Grund: | L 3-Zeitfrist abgelaufen |
| Laufleistung: | 472.000 km |
| Ausmusterung: | 22.05.1967 (HVB) |

### 50 4003 ex 50 1509

| | |
|---|---|
| Rahmen: | BZA Minden 591 (Herkunft unbekannt) |
| Kessel: | Henschel 29729/1958 |
| Tender: | Henschel 26760/1942 von 50 2047 ab 22.03.1962 Schichau 3491/1941 von 50 4018 |
| Umbaubeginn: | 26.06.1958 |
| Abnahme, AW: | 03.09.1958, AW Schwerte |

Beheimatungen:

| | | | |
|---|---|---|---|
| Bw Kirchweyhe | 04.09.1958 | bis | 09.07.1959 |
| Bw Osnabrück Vbf | 21.07.1959 | bis | 07.05.1965 |
| Bw Kirchweyhe | 08.05.1965 | bis | 15.06.1967 |

| | |
|---|---|
| z-Stellung am: | 28.09.1966 |
| Grund: | L 3-Zeitfrist abgelaufen |
| Laufleistung: | 421.652 km |
| Ausmusterung: | 22.05.1967 (HVB) |
| Verschrottung: | AW Bremen |

### 50 4004 ex 50 044

| | |
|---|---|
| Rahmen: | Henschel 25752/1940 aus 50 534 |
| Kessel: | Henschel 29735/1958 |
| Tender: | Henschel 24998/1940 von 50 533 |
| Umbaubeginn: | 08.07.1958 |
| Abnahme, AW: | 09.09.1958, AW Schwerte |

Beheimatungen:

| | | | |
|---|---|---|---|
| Bw Kirchweyhe | 10.09.1958 | bis | 10.06.1959 |
| Bw Osnabrück Vbf | 11.06.1959 | bis | 18.05.1965 |
| | (buchmäßig bis 20.05.1965) | | |
| Bw Kirchweyhe | 16.06.1965 | bis | 01.12.1967 |
| | (buchmäßig ab 21.05.1965) | | |

| | |
|---|---|
| z-Stellung am: | 04.05.1967 |
| Grund: | L 3-Zeitfrist abgelaufen |
| Laufleistung: | 508.000 km |
| Ausmusterung: | 14.11.1967 (HVB) |
| Bemerkungen: | „Rahmenspender“ 50534 blieb mit unbekanntem Rahmen weiter in Betrieb |

## 50 4005 ex 50 2828

| | |
|---|---|
| Rahmen: | Henschel 26319/1941 aus 50 1509 |
| Kessel: | Henschel 29731/1958 |
| Tender: | Krupp 2584/1941 von 50 1509 |
| Umbaubeginn: | 24.09.1958 |
| Abnahme, AW: | 01.10.1958, AW Schwerte |

Beheimatungen:

| | | | |
|---|---|---|---|
| Bw Kirchweyhe | 02.10.1958 | bis | 19.05.1959 |
| Bw Osnabrück Vbf | 20.05.1959 | bis | 17.05.1965 |
| Bw Kirchweyhe | 18.05.1965 | bis | 01.12.1967 |

| | |
|---|---|
| z-Stellung am: | 28.04.1967 |
| Grund: | L 3-Zeitfrist abgelaufen |
| Laufleistung: | 420.000 km |
| Ausmusterung: | 14.11.1967 (HVB) |

## 50 4006 ex 50 2814

| | |
|---|---|
| Rahmen: | BZA Minden 596 (Herkunft unbekannt) |
| Kessel: | Henschel 29734/1958 |
| Tender: | Floridsdorf 3310/1939 von 50 2162 |
| Umbaubeginn: | 13.08.1958 |
| Abnahme, AW: | 01.10.1958, AW Schwerte |

Beheimatungen:

| | | | |
|---|---|---|---|
| Bw Kirchweyhe | 02.10.1958 | bis | 27.09.1959 |
| Bw Osnabrück Vbf | 30.11.1959 | bis | 10.11.1960 |
| Bw Kirchweyhe | 11.11.1960 | bis | 15.06.1967 |

| | |
|---|---|
| z-Stellung am: | 20.12.1966 |
| Grund: | 2 lose Radreifen |
| Laufleistung: | 428.000 km |
| Ausmusterung: | 22.05.1967 (HVB) |

## 50 4007 ex 50 346

| | |
|---|---|
| Rahmen: | BMAG 11860/1942 aus 50 2610 |
| Kessel: | Henschel 29730/1958 |
| Tender: | Henschel 24639/1939 von 50 2616 |
| Umbaubeginn: | 15.07.1958 |
| Abnahme, AW: | 01.10.1958, AW Schwerte |

Beheimatungen:

| | | | |
|---|---|---|---|
| Bw Kirchweyhe | 02.10.1958 | bis | 09.12.1960 |
| | (buchmäßig bis 27.12.1960) | | |
| Bw Osnabrück Vbf | 28.12.1960 | bis | 25.04.1965 |
| | (buchmäßig bis 07.05.1965) | | |
| Bw Kirchweyhe | 20.05.1965 | bis | 01.12.1967 |
| | (buchmäßig ab 08.05.1965) | | |

| | |
|---|---|
| z-Stellung am: | 17.06.1967 |
| Grund: | L 3-Zeitfrist abgelaufen |
| Laufleistung: | 484.000 km |
| Ausmusterung: | 14.11.1967 (HVB) |
| Bemerkungen: | „Rahmenspender“ 50 2610 blieb mit unbekanntem Rahmen weiter in Betrieb |

## 50 4008 ex 50 077

| | |
|---|---|
| Rahmen: | Henschel 24664/1939 aus 50 044 |
| Kessel: | Henschel 29733/1958 |
| Tender: | Henschel 26666/1942 von ?<br>ab 12.03.1965 Henschel 26938/1942 von 50 4021<br>ab 25.03.1965 Floridsdorf 1981/1940 von 50 4015 |
| Umbaubeginn: | 08.09.1958 |
| Abnahme, AW: | 01.10.1958, AW Schwerte |
| Probefahrt: | 29.09.1958 Schwerte – Neheim-Hüsten und zurück |

Beheimatungen:

| | | | |
|---|---|---|---|
| Bw Kirchweyhe | 02.10.1958 | bis | 18.04.1958 |
| Bw Osnabrück Vbf | 10.06.1959 | bis | 16.05.1965 |
| Bw Kirchweyhe | 17.05.1965 | bis | 15.09.1965 |

| | |
|---|---|
| z-Stellung am: | 16.04.1965 |
| Grund: | Unfall am 01.03.1965 bei Löhne |
| Laufleistung: | 435.934 km |
| Ausmusterung: | 01.09.1965 (HVB) |

## 50 4009 ex 50 1434

| | |
|---|---|
| Rahmen: | BMAG 11766/1941 aus 50 1868 |
| Kessel: | Henschel 29736/1958 |
| Tender: | BMAG 11766/1941 von 50 1868 |
| Umbaubeginn: | 04.08.1958 |
| Abnahme, AW: | 24.10.1958, AW Schwerte |
| Probefahrt: | 06.10.1958 Schwerte – Neheim-Hüsten und zurück |

Beheimatungen:

| | | | |
|---|---|---|---|
| Bw Kirchweyhe | 24.10.1958 | bis | 03.12.1959 |
| | (buchmäßig bis 06.12.1959) | | |
| Bw Osnabrück Vbf | 07.12.1959 | bis | 29.01.1960 |
| Bw Kirchweyhe | 30.01.1960 | bis | 15.06.1967 |

| | |
|---|---|
| abgestelllt seit: | 26.08.1965 |
| z-Stellung am: | 24.08.1966 |
| Grund: | L 3-Zeitfrist abgelaufen |
| Laufleistung: | 332.638 km |
| Ausmusterung: | 22.05.1967 (HVB) |
| Bemerkungen: | „Rahmenspender“ 50 1868 blieb mit Rahmen Krauss-Maffei 16195/1942 aus 50 1652 in Betrieb<br>Laufleistung zwischen letzter L2 (23.08.1965) und z-Stellung (24.08.66): 443 km! |

## 50 4010 ex 50 362

| | |
|---|---|
| Rahmen: | Henschel 24980/1940 aus 50 346 |
| Kessel: | Henschel 29737/1958 |
| Tender: | Henschel 24980/1940 von 50 346 |
| Abnahme, AW: | 12.10.1958, AW Schwerte |

Beheimatungen:

| | | | |
|---|---|---|---|
| Bw Kirchweyhe | 13.10.1958 | bis | 15.06.1967 |

| | |
|---|---|
| abgestellt seit: | 06.1965 |
| z-Stellung am: | 15.02.1966 |
| Grund: | L 3-Zeitfrist abgelaufen |

Laufleistung: 405.000 km
Ausmusterung: 22.05.67 (HVB)

## 50 4011 ex 50 1422

| | |
|---|---|
| Rahmen: | BMAG 11820/1941 aus 50 2570 |
| Kessel: | Henschel 29738/1958 |
| Tender: | Borsig 14972/1940 von 50 382 |
| Umbaubeginn: | 06.09.1958 |
| Abnahme, AW: | 19.05.1959 AW Schwerte |
| Probefahrt: | 15.05.1959 Schwerte – Neheim-Hüsten und zurück |

Beheimatungen:

| | | | |
|---|---|---|---|
| Bw Kirchweyhe | 20.05.1959 | bis | 15.03.1967 |

| | |
|---|---|
| z-Stellung am: | 04.08.1966 |
| Grund: | Rahmenbruch |
| Laufleistung: | 458.054 km |
| Ausmusterung: | 24.02.1967 (HVB) |
| Bemerkungen: | 06.09. bis 04.11.1958, AW Schwerte (L3)<br>05.11.1958 bis 04.05.1959, Henschel (Einbau Ölfeuerung)<br>05.05.1959 bis 19.05.1959, AW Schwerte (Abnahmeuntersuchung) |

## 50 4012 ex 50 619

| | |
|---|---|
| Rahmen: | Krauss-Maffei 16331/1942 aus 50 2814 |
| Kessel: | Henschel 29803/1958 |
| Tender: | Krauss-Maffei 16331/1942 von 50 2814 |
| Abnahme, AW: | 12.11.1958, AW Schwerte |

Beheimatungen:

| | | | |
|---|---|---|---|
| Bw Kirchweyhe | 13.11.1958 | bis | 28.01.1960 |
| Bw Osnabrück Vbf | 29.01.1960 | bis | 28.12.1960 |
| Bw Kirchweyhe | 29.12.1960 | bis | 15.06.1967 |

| | |
|---|---|
| z-Stellung am: | 11.05. bis 04.08.1965 und 18.11.1966 |
| Grund: | L 3-Zeitfrist abgelaufen, Rahmenbruch |
| Laufleistung: | 442.000 km |
| Ausmusterung: | 22.05.1967 (HVB) |

## 50 4013 ex 50 379

| | |
|---|---|
| Rahmen: | Henschel 24697/1939 von 50 077 |
| Kessel: | Henschel 29805/1958 |
| Tender: | Schichau 3541/1942 von 50 077 |
| Umbaubeginn: | 24.10.1958 |
| Abnahme, AW: | 03.12.1958, AW Schwerte |
| Probefahrt: | 28.11.1958 Schwerte – Neheim-Hüsten und zurück |

Beheimatungen:

| | | | |
|---|---|---|---|
| Bw Kirchweyhe | 04.12.1958 | bis | 09.11.1960 (buchmäßig ab 01.12.1958) |
| Bw Osnabrück Vbf | 10.11.1960 | bis | 20.05.1965 |
| Bw Kirchweyhe | 21.05.1965 | bis | 15.06.1967 |

| | |
|---|---|
| z-Stellung am: | 18.11.1966 |
| Grund: | L 3-Zeitfrist abgelaufen |
| Laufleistung: | 444.000 km |
| Ausmusterung: | 22.05.1967 (HVB) |

## 50 4014 ex 50 875

| | |
|---|---|
| Rahmen: | Henschel 26244/1941 aus 50 1434 |
| Kessel: | Henschel 29804/1958 |
| Tender: | Henschel 25872/1941 von 50 1434 |
| Umbaubeginn: | 03.11.1958 |
| Abnahme, AW: | 01.12.1958, AW Schwerte |
| Probefahrt: | 24.11.1958 Schwerte – Neheim-Hüsten und zurück |

Beheimatungen:

| | | | |
|---|---|---|---|
| Bw Kirchweyhe | 02.12.1958 | bis | 15.06.1967 |

| | |
|---|---|
| z-Stellung am: | 16.03.1966 (01.03.1966 laut BD Münster) |
| Grund: | L 3-Zeitfrist abgelaufen |
| Laufleistung: | 391.000 km |
| Ausmusterung: | 22.05.1967 (HVB) |

## 50 4015 ex 50 969

| | |
|---|---|
| Rahmen: | Floridsdorf 9119/1940 aus 50 761 |
| Kessel: | Henschel 29806/1958 |
| Tender: | Floridsdorf 1981/1940 von 50 761<br>ab 25.03.65 Henschel 26938/1942 von 50 4008 |
| Abnahme, AW: | 09.12.1958, AW Schwerte |

Beheimatungen:

| | | | |
|---|---|---|---|
| Bw Kirchweyhe | 10.12.1958 | bis | 25.07.1967 |

| | |
|---|---|
| z-Stellung am: | 12.04.1967 |
| Grund: | Unfall |
| Laufleistung: | 450.000 km |
| Ausmusterung: | 05.07.1967 (HVB) |
| Bemerkungen: | „Rahmenspender" 50 761 blieb mit Rahmen Krauss-Maffei 16345/1942 aus 50 2828 in Betrieb |

## 50 4016 ex 50 2380

| | |
|---|---|
| Rahmen: | Henschel 25838/1940 aus 50 619 |
| Kessel: | Henschel 29807/1958 |
| Tender: | Borsig 15078/1941 von 50 619 |
| Umbaubeginn: | 11.11.1958 |
| Abnahme, AW: | 17.12.1958, AW Schwerte |

Beheimatungen:

| | | | |
|---|---|---|---|
| Bw Kirchweyhe | 18.12.1958 | bis | 29.04.1959 |
| Bw Oberlahnstein | 30.04.1959 | bis | 17.05.1962 |
| Bw Bingerbrück | 18.05.1962 | bis | 18.07.1964 |
| Bw Hamm | 19.07.1964 | bis | 14.12.1966 |

| | |
|---|---|
| z-Stellung am: | 06.09.1966 |
| Grund: | L 2-Zeitfrist (19.08.1966) |
| Ausmusterung: | 22.11.1966 (HVB) |

## 50 4017 ex 50 1319

| | |
|---|---|
| Rahmen: | MBA 13652/1941 aus 50 1751 |
| Kessel: | Henschel 29808/1958 |
| Tender: | MBA 930084/1941 von 50 1751 |
| Umbaubeginn: | 04.11.1958 |
| Abnahme, AW: | 23.12.1958, AW Schwerte |
| Probefahrt: | 23.12.1958 Schwerte – Hamm und zurück |

| | | | |
|---|---|---|---|
| Beheimatungen: | | | |
| Bw Kirchweyhe | 24.12.1958 | bis | 29.04.1959 |
| Bw Oberlahnstein | 30.04.1959 | bis | 23.04.1962 |
| Bw Bingerbrück | 25.05.1962 | bis | 20.07.1964 |
| Bw Hamm | 06.08.1964 | bis | 14.12.1966 |

| | |
|---|---|
| z-Stellung am: | 27.09.1966 |
| Grund: | L 3-Zeitfrist abgelaufen (27.08.1966) |
| Laufleistung: | ca. 490.000 km |
| Ausmusterung: | 22.11.1966 (HVB) |
| Bemerkungen: | „Rahmenspender“ 50 1751 blieb mit Rahmen Henschel 24996/1940 aus 50 362 in Betrieb |

## 50 4018 ex 50 216

| | |
|---|---|
| Rahmen: | Floridsdorf 9552/1942 aus 50 2965 |
| Kessel: | Henschel 29809/1958 |
| Tender: | Floridsdorf 2476/1942 von 50 2965<br>ab 05.12.1960 Schichau 3491/1941 von 50 4019<br>ab 22.03.62 Henschel 26760/1942 von 50 4003 |
| Umbaubeginn: | 05.12.1958 |
| Abnahme, AW: | 13.01.1959, AW Schwerte |
| Probefahrt: | 13.01.1959 Schwerte – Hamm und zurück |

| | | | |
|---|---|---|---|
| Beheimatungen: | | | |
| Bw Kirchweyhe | 14.01.1959 | bis | 26.04.1959 |
| Bw Oberlahnstein | 27.04.1959 | bis | 28.05.1962 |
| Bw Bingerbrück | 29.05.1962 | bis | 18.07.1964 |
| Bw Hamm | 19.07.1964 | bis | 14.03.1967 |

| | |
|---|---|
| z-Stellung am: | 14.12.1966 |
| Grund: | L 3-Zeitfrist abgelaufen |
| Laufleistung: | 495.183 km |
| Ausmusterung: | 24.02.1967 (HVB) |
| Bemerkungen: | „Rahmenspender“ 50 2965 blieb mit Rahmen Henschel 26232/1941 aus 50 1422 in Betrieb |

## 50 4019 ex 50 3015

| | |
|---|---|
| Rahmen: | Krauss-Maffei 16085/1941 aus 50 875 |
| Kessel: | Henschel 29810/1958 |
| Tender: | Schichau 3491/1941 von 50 875<br>ab 05.12.60 Floridsdorf 2476/1942 von 50 4018 |
| Umbaubeginn: | 10.12.1958 |
| Abnahme, AW: | 14.01.1959, AW Schwerte |
| Probefahrt: | 01.1959 Schwerte – Hamm und zurück |

| | | | |
|---|---|---|---|
| Beheimatungen: | | | |
| Bw Kirchweyhe | 15.01.1959 | bis | 28.04.1959 |
| Bw Oberlahnstein | 29.04.1959 | bis | 26.04.1962 |
| Bw Bingerbrück | 23.05.1962 | bis | 18.07.1964 |
| Bw Hamm | 19.07.1964 | bis | 14.12.1966 |

| | |
|---|---|
| z-Stellung am: | 30.07.1966 |
| Grund: | L 3-Zeitfrist abgelaufen |
| Laufleistung: | 428.000 km |
| Ausmusterung: | 22.11.1966 (HVB) |
| Verschrottung: | 09.1968, AW Lingen |

## 50 4020 ex 50 1326

| | |
|---|---|
| Rahmen: | Borsig 14969/1940 aus 50 379 |
| Kessel: | Henschel 29811/1958 |
| Tender: | Jung 9276/1941 von 50 ??? |
| Umbaubeginn: | 10.12.1958 |
| Abnahme, AW: | 22.01.1959, AW Schwerte |

| | | | |
|---|---|---|---|
| Beheimatungen: | | | |
| Bw Kirchweyhe | 22.01.1959 | bis | 27.04.1959 |
| Bw Oberlahnstein | 28.04.1959 | bis | 28.05.1962 |
| Bw Bingerbrück | 29.05.1962 | bis | 23.06.1964 |
| Bw Hamm | 24.06.1964 | bis | 09.1966 |

| | |
|---|---|
| z-Stellung am: | 12.04.1966 |
| Grund: | rechts Rahmen- und Gleitbahnträgerbruch |
| Laufleistung: | 467.000 km |
| Ausmusterung: | 19.08.1966 (HVB) |

## 50 4021 ex 50 820

| | |
|---|---|
| Rahmen: | Krauss-Maffei 16255/1940 aus 50 2380 |
| Kessel: | Henschel 29812/1958 |
| Tender: | Jung 9276/1941 von 50 ???<br>ab 01.09.1964 Henschel 26938/1942 von 50 4024<br>ab 12.03.1965 ? |
| Umbaubeginn: | 24.12.1958 |
| Abnahme, AW: | 26.01.1959, AW Schwerte |

| | | | |
|---|---|---|---|
| Beheimatungen: | | | |
| Bw Kirchweyhe | 27.01.1959 | bis | 27.04.1959 |
| Bw Oberlahnstein | 28.04.1959 | bis | 14.05.1962 |
| Bw Bingerbrück | 15.05.1962 | bis | 15.06.1964 |
| Bw Hamm | 16.06.1964 | bis | 07.1966 |

| | |
|---|---|
| z-Stellung am: | 28.02.1966 |
| Grund: | Rahmenbruch |
| Laufleistung: | 465.000 km |
| Ausmusterung: | 20.06.1966 (HVB) |

## 50 4022 ex 50 097

| | |
|---|---|
| Rahmen: | Krupp 2334/1941 aus 50 969 |
| Kessel: | Henschel 29814/1958 |
| Tender: | Krupp 2334/1941 von 50 969 |
| Umbaubeginn: | 18.12.1958 |
| Abnahme, AW: | 16.02.1959, AW Schwerte |

| | | | |
|---|---|---|---|
| Beheimatungen: | | | |
| Bw Kirchweyhe | 17.02.1959 | bis | 26.04.1959 |
| Bw Oberlahnstein | 27.04.1959 | bis | 14.05.1962 |
| Bw Bingerbrück | 15.05.1962 | bis | 15.06.1964 |
| Bw Hamm | 16.06.1964 | bis | 06.1967 |

| | |
|---|---|
| z-Stellung am: | 23.01.1967 |
| Grund: | Kesselausbesserung über 7.000 DM |
| Ausmusterung: | 22.05.1967 (HVB) |

## 50 4023 ex 50 942

| | |
|---|---|
| Rahmen: | BMAG 11613/1941 aus 50 1319 |
| Kessel: | Henschel 29813/1958 |
| Tender: | BMAG 11613/1941 von 50 1319 |
| Umbaubeginn: | 02.01.1959 |

| | |
|---|---|
| Abnahme, AW: | 08.02.1959, AW Schwerte |
| Probefahrt: | 05.02.1959 Schwerte – Hamm und zurück |

Beheimatungen:

| | | | |
|---|---|---|---|
| Bw Kirchweyhe | 09.02.1959 | bis | 28.04.1959 |
| Bw Oberlahnstein | 29.04.1959 | bis | 17.05.1962 |
| Bw Bingerbrück | 18.05.1962 | bis | 18.06.1964 |
| Bw Hamm | 09.07.1964 | bis | 14.12.1966 |

| | |
|---|---|
| z-Stellung am: | 15.07.1966 |
| Grund: | Kesselausbesserung über 7.000 DM |
| Laufleistung: | ca. 460.000 km |
| Ausmusterung: | 22.11.1966 (HVB) |
| Verschrottung: | 1968, AW Lingen |

## 50 4024 ex 50 1272

| | |
|---|---|
| Rahmen: | Krupp 2082/1939 aus 50 216 |
| Kessel: | Henschel 29815/1958 |
| Tender: | Krupp 2082/1939 von 50 216<br>ab 14.01.62 Henschel 26938/<br>1942 von 50 4031 |
| Umbaubeginn: | 09.01.1959 |
| Abnahme, AW: | 23.02.1959, AW Schwerte |

Beheimatungen:

| | | | |
|---|---|---|---|
| Bw Kirchweyhe | 24.02.1959 | bis | 15.09.1965 |

| | |
|---|---|
| z-Stellung am: | 11.05.1964 |
| Grund: | Rahmenbruch |
| Laufleistung: | 358.000 km |
| Ausmusterung: | 01.09.1965 (HVB) |

## 50 4025 ex 50 1885

| | |
|---|---|
| Rahmen: | Esslingen 4506/1942 aus 50 3015 |
| Kessel: | Henschel 29816/1958 |
| Tender: | Esslingen 4506/1942 von 50 3015 |
| Abnahme, AW: | 27.02.1959, AW Schwerte |

Beheimatungen:

| | | | |
|---|---|---|---|
| Bw Osnabrück Hbf | 28.02.1959 | bis | 26.03.1959 |
| Bw Kirchweyhe | 27.03.1959 | bis | 01.12.1967 |

| | |
|---|---|
| z-Stellung am: | 24.06.1967 |
| Grund: | L 3-Zeitfrist abgelaufen |
| Laufleistung: | 466.000 km |
| Ausmusterung: | 14.11.1967 (HVB) |

## 50 4026 ex 50 636

| | |
|---|---|
| Rahmen: | BMAG 11620/1941 aus 50 1326 |
| Kessel: | Henschel 29817/1959 |
| Tender: | Jung 9810/1941 von 50 1272 |
| Umbaubeginn: | 19.01.1959 |
| Abnahme, AW: | 10.06.1959, AW Schwerte |

Beheimatungen:

| | | | |
|---|---|---|---|
| Bw Kirchweyhe | 11.06.1959 | bis | 01.12.1967 |

| | |
|---|---|
| z-Stellung am: | 19.05.1967 |
| Grund: | Unfall |
| Laufleistung: | 435.000 km |
| Ausmusterung: | 14.11.1967 (HVB) |

## 50 4027 ex 50 1651

| | |
|---|---|
| Rahmen: | Krauss-Maffei 16029/1940 aus 50 820 |
| Kessel: | Henschel 29818/1959 |
| Tender: | BMAG 11620/1941 von 50 1326<br>ab 15.02.62 Krupp 2627/<br>1942 von 50 4028 |
| Abnahme, AW: | 22.06.1959, AW Schwerte |

Beheimatungen:

| | | | |
|---|---|---|---|
| Bw Kirchweyhe | 23.06.1959 | bis | 15.09.1965 |

| | |
|---|---|
| z-Stellung am: | 25.10.1964 |
| Grund: | Flankenfahrt am 24.10.1964 in Bremen |
| Laufleistung: | 386.000 km |
| Ausmusterung: | 01.09.1965 (HVB) |

## 50 4028 ex 50 2464

| | |
|---|---|
| Rahmen: | Krupp 2629/1942 aus 50 2464 |
| Kessel: | Henschel 29819/1959 |
| Tender: | Krupp 2629/1942 von 50 2464<br>ab 15.02.62 BMAG 11620/<br>1941 von 50 4027 |
| Umbaubeginn: | 28.02.1959 |
| Abnahme, AW: | 30.06.1959, AW Schwerte |

Beheimatungen:

| | | | |
|---|---|---|---|
| Bw Kirchweyhe | 01.07.1959 | bis | 01.12.1967 |

| | |
|---|---|
| z-Stellung am: | 16.06.1967 |
| Grund: | L 3-Zeitfrist abgelaufen |
| Laufleistung: | 411.000 km |
| Ausmusterung: | 14.11.1967 (HVB) |

## 50 4029 ex 50 980

| | |
|---|---|
| Rahmen: | Krupp 2345/1941 aus 50 980 |
| Kessel: | Henschel 29820/1959 |
| Tender: | Henschel 26645/1942 von 50 980 |
| Umbaubeginn: | 22.01.1959 |
| Abnahme, AW: | 13.07.1959, AW Schwerte |

Beheimatungen:

| | | | |
|---|---|---|---|
| Bw Kirchweyhe | 14.07.1959 | bis | 15.06.1967 |

| | |
|---|---|
| abgestellt seit: | 06.1965 |
| z-Stellung am: | 15.02.1966 |
| Grund: | L 3-Zeitfrist abgelaufen |
| Laufleistung: | 394.000 km |
| Ausmusterung: | 22.05.1967 (HVB) |

## 50 4030 ex 50 194

| | |
|---|---|
| Rahmen: | Krupp 2060/1939 aus 50 194 |
| Kessel: | Henschel 29821/1959 |
| Tender: | Krupp 2060/1939 von 50 194 |
| Umbaubeginn: | 09.02.1959 |
| Abnahme, AW: | 05.08.1959, AW Schwerte |

Beheimatungen:

| | | | |
|---|---|---|---|
| Bw Oberlahnstein | 06.08.1959 | bis | 27.05.1962 |
| Bw Bingerbrück | 28.05.1962 | bis | 15.06.1964 |
| Bw Hamm | 16.06.1964 | bis | 14.12.1966 |

z-Stellung am: 19.08.66
Grund: Flankenfahrt
Ausmusterung: 22.11.66 (HVB)

## 50 4031 ex 50 1781

Rahmen: Schichau 3482/1941 aus 50 1781
Kessel: Henschel 29822/1959
Tender: Henschel 26938/1942 von 50 1781 ab 14.12.1961 Krupp 2082/1939 von 50 4024
Umbaubeginn: 20.01.1959
Abnahme, AW: 01.09.1959, AW Schwerte
Probefahrt: 01.09.1959 Schwerte – Neheim-Hüsten und zurück

Beheimatungen:

| | | | |
|---|---|---|---|
| Bw Oberlahnstein | 02.09.1959 | bis | 27.05.1962 |
| Bw Bingerbrück | 28.05.1962 | bis | 28.07.1964 |
| Bw Hamm | 29.07.1964 | bis | 07.1967 |

abgestellt seit:
z-Stellung am: 10.04.1967
Grund: L 3-Zeitfrist abgelaufen
Laufleistung: 435.370 km
Ausmusterung: 05.07.1967 (HVB)

# Untersuchungen und Ausbesserungen der BR $50^{40}$

| Lok | Unt. | Datum | 1.000 km seit Abnahme |
|---|---|---|---|
| 50 4001 | **L 4** | 11.07.1954 | - |
| | **L 2** | 31.01.1956 | 104 |
| | L 0 | 16.06.1956 | 144 |
| | L 0 | 28.08.1956 | 150 |
| | L 0 | 11.12.1956 | 172 |
| | L 0 | 12.05.1957 | 212 |
| | L 0 | 16.10.1957 | 246 |
| | **L 3** | 15.09.1958 | 257 |
| | L 0 | 22.02.1959 | 290 |
| | L 0 | 19.10.1959 | 348 |
| | **L 2** | 08.08.1960 | 413 |
| | L 0 | 28.02.1961 | 472 |
| | L 0 | 17.04.1961 | 477 |
| | L 0 | 11.06.1962 | 525 |
| | **L 2** | 30.07.1963 | 579 |
| | L 0 | 25.08.1964 | 634 |
| | L 0 | 25.10.1964 | 641 |
| | L 0 | 19.09.1965 | 684 |
| 50 4002 | **L 3** | 26.08.1958 | - |
| | **L 2** | 29.09.1960 | 160 |
| | L 0 | 19.01.1962 | 241 |
| | **L 2** | 21.12.1962 | 307 |
| | L 0 | 04.02.1964 | 383 |
| | L 0 | 07.09.1964 | 421 |
| | L 0 | 28.09.1965 | 462 |
| 50 4003 | **L 3** | 03.09.1958 | - |
| | L 0 | 12.11.1958 | ? |
| | L 0 | 20.07.1959 | 49 |
| | L 0 | 20.09.1959 | 60 |
| | L 0 | 05.05.1960 | 106 |
| | **L 2** | 22.02.1961 | 175 |
| 50 4003 | L 0 | 14.07.1961 | 203 |
| | L 0 | 02.03.1962 | 229 |
| | L 0 | 21.03.1962 | 233 |
| | L 0 | 09.08.1962 | 261 |
| | L 0 | 22.04.1963 | 299 |
| | L 0 | 11.06.1963 | 300 |
| | L 0 | 09.02.1963 | 332 |
| | **L 2** | 06.10.1964 | 376 |
| | L 0 | 27.10.1964 | 378 |
| | L 0 | 27.09.1965 | 422 |
| 50 4004 | **L 3** | 09.09.1958 | - |
| | L 0 | 14.09.1959 | 88 |
| | **L 2** | 07.07.1960 | 147 |
| | L 0 | 29.12.1960 | 193 |
| | L 0 | 03.04.1961 | 215 |
| | L 0 | 14.07.1961 | 236 |
| | L 0 | 11.10.1961 | 252 |
| | L 0 | 08.03.1962 | 255 |
| | L 0 | 03.09.1962 | 294 |
| | L 0 | 11.12.1962 | 315 |
| | **L 2** | 10.10.1963 | 357 |
| | L 0 | 27.09.1964 | 436 |
| | L 0 | 01.04.1965 | 469 |
| | L 0 | 15.06.1965 | 477 |
| | L 0 | 02.05.1966 | 495 |
| 50 4005 | **L 3** | 01.10.1958 | - |
| | **L 2** | 13.07.1960 | 128 |
| | L 0 | 20.11.1960 | 154 |
| | L 0 | 04.04.1961 | 189 |
| | L 0 | 11.03.1962 | 232 |
| | L 0 | 01.05.1962 | 237 |
| | L 0 | 17.05.1962 | 237 |
| | L 0 | 19.12.1962 | 281 |
| | **L 2** | 13.07.1962 | 313 |
| | L 0 | 04.10.1963 | 323 |
| | L 0 | 14.01.1964 | 332 |
| | L 0 | 19.03.1964 | 341 |
| | L 0 | 26.08.1964 | 366 |
| | L 0 | 30.03.1965 | 399 |
| | L 0 | 27.04.1966 | 415 |
| 50 4006 | **L 3** | 01.10.1958 | - |
| | L 0 | 29.11.1959 | 82 |
| | L 0 | 09.03.1960 | 98 |
| | L 0 | 17.05.1960 | 106 |
| | L 0 | 02.08.1960 | 112 |
| | **L 2** | 16.04.1961 | 169 |
| | L 0 | 21.09.1961 | 201 |
| | L 0 | 07.02.1962 | 208 |
| | L 0 | 28.08.1962 | 238 |
| | L 0 | 18.03.1963 | 272 |
| | **L 2** | 13.04.1964 | 346 |
| | L 0 | 01.09.1964 | 371 |
| | L 0 | 10.05.1965 | 402 |
| | L 0 | 07.06.1966 | 417 |
| 50 4007 | **L 3** | 01.10.1958 | - |
| | L 0 | 16.08.1959 | 67 |
| | **L 2** | 27.12.1960 | 170 |
| | L 0 | 27.03.1961 | 193 |
| | L 0 | 06.09.1961 | 225 |
| | L 0 | 14.03.1962 | 229 |
| | L 0 | 14.01.1963 | 292 |
| | **L 2** | 29.09.1963 | 353 |
| | L 0 | 03.06.1964 | 399 |
| | L 0 | 09.07.1964 | 401 |

| Lok | Unt. | Datum | 1.000 km seit Abnahme |
|---|---|---|---|
| 50 4007 | L 0 | 27.08.1964 | 411 |
| | L 0 | 29.12.1964 | 423 |
| | L 0 | 19.05.1965 | 443 |
| | L 0 | 19.06.1966 | 464 |
| 50 4008 | **L 3** | 01.10.1958 | - |
| | L 0 | 09.06.1959 | 43 |
| | **L 2** | 04.07.1960 | 129 |
| | L 0 | 05.04.1961 | 190 |
| | L 0 | 27.02.1962 | 229 |
| | **L 2** | 12.03.1963 | 306 |
| | L 0 | 22.04.1963 | 310 |
| | L 0 | 15.04.1964 | 382 |
| 50 4009 | **L 3** | 24.10.1958 | - |
| | L 0 | 23.03.1959 | 20 |
| | L 0 | 02.12.1959 | 55 |
| | L 0 | 01.12.1960 | 128 |
| | L 0 | 21.03.1961 | 152 |
| | **L 2** | 30.01.1962 | 191 |
| | L 0 | 25.11.1963 | 257 |
| | L 0 | 28.07.1964 | 293 |
| | L 0 | 23.08.1965 | 331 |
| 50 4010 | **L 3** | 12.10.1958 | - |
| | L 0 | 23.02.1960 | 90 |
| | L 0 | 08.02.1961 | 143 |
| | L 0 | 20.03.1961 | 153 |
| | L 0 | 18.12.1961 | 191 |
| | L 0 | 02.12.1962 | 264 |
| | L 0 | 08.01.1964 | 327 |
| | L 0 | 05.11.1964 | 375 |
| | **L 2** | 17.02.1965 | 391 |
| 50 4011 | **L 3** | 05.11.1958 | - |
| | Abn. | 19.05.1959 | - |
| | L 0 | 10.05.1960 | 77 |
| | L 0 | 29.08.1960 | 100 |
| | L 0 | 02.10.1960 | 104 |
| | L 0 | 06.12.1960 | 116 |
| | L 0 | 10.01.1961 | 120 |
| | L 0 | 24.03.1961 | 132 |
| | **L 2** | 16.10.1961 | 169 |
| | L 0 | 15.11.1961 | 170 |
| | L 0 | 20.03.1962 | 192 |
| | L 0 | 24.10.1962 | 240 |
| | L 0 | 30.10.1962 | 241 |
| | L 0 | 19.12.1962 | 248 |
| | L 0 | 10.06.1963 | 278 |
| | L 0 | 21.10.1963 | 309 |
| | L 0 | 29.12.1963 | 309 |
| | **L 2** | 26.05.1964 | 335 |
| | L 0 | 06.11.1964 | 378 |
| | L 0 | 10.03.1965 | 397 |
| | L 0 | 17.03.1965 | 397 |
| | L 0 | 16.09.1965 | 435 |
| | L 0 | 12.01.1966 | 455 |
| 50 4012 | **L 3** | 12.11.1958 | - |
| | L 0 | 21.01.1959 | 14 |
| | L 0 | 15.08.1960 | 116 |
| | L 0 | 15.03.1961 | 164 |
| | **L 2** | 26.11.1961 | 204 |
| | L 0 | 13.11.1962 | 278 |
| | L 0 | 02.01.1964 | 353 |
| | L 0 | 15.06.1964 | 379 |
| | **L 2** | 15.11.1964 | 409 |
| | L 0 | 23.08.1965 | 434 |
| 50 4013 | **L 3** | 30.11.1958 | - |

| Lok | Unt. | Datum | 1.000 km seit Abnahme |
|---|---|---|---|
| 50 4013 | L 0 | 13.03.1960 | 93 |
| | **L 2** | 31.01.1961 | 160 |
| | L 0 | 29.03.1961 | 174 |
| | L 0 | 30.08.1961 | 204 |
| | L 0 | 22.03.1962 | 218 |
| | L 0 | 10.07.1962 | 236 |
| | L 0 | 02.05.1963 | 297 |
| | L 0 | 20.09.1963 | 320 |
| | **L 2** | 23.10.1963 | 322 |
| | L 0 | 05.04.1964 | 346 |
| | L 0 | 28.10.1964 | 387 |
| | L 0 | 30.12.1964 | 394 |
| | L 0 | 09.03.1965 | 403 |
| | L 0 | 18.11.1965 | 420 |
| 50 4014 | **L 3** | 02.12.1958 | - |
| | L 0 | 08.12.1959 | 53 |
| | L 0 | 26.02.1961 | 148 |
| | **L 2** | 05.02.1962 | 189 |
| | L 0 | 07.03.1963 | 258 |
| | L 0 | 13.02.1964 | 306 |
| | **L 2** | 16.03.1965 | 363 |
| 50 4015 | **L 3** | 09.12.1958 | - |
| | L 0 | 20.07.1959 | 44 |
| | L 0 | 14.11.1960 | 151 |
| | L 0 | 14.03.1961 | 173 |
| | **L 2** | 04.09.1961 | 200 |
| | L 0 | 15.02.1962 | 214 |
| | L 0 | 04.04.1963 | 280 |
| | L 0 | 27.04.1964 | 345 |
| | **L 2** | 13.04.1965 | 397 |
| | L 0 | 05.05.1965 | 421 |
| 50 4016 | **L 3** | 17.12.1958 | - |
| | **L 2** | 13.11.1960 | 165 |
| | L 0 | 01.03.1961 | ? |
| | L 0 | 03.05.1962 | ? |
| | L 0 | 17.07.1963 | ? |
| | **L 2** | 19.08.1964 | ? |
| | L 0 | 28.01.1965 | ? |
| | L 0 | 05.09.1965 | ? |
| 50 4017 | **L 3** | 23.12.1958 | - |
| | **L 2** | 07.09.1960 | 155 |
| | L 0 | 02.03.1961 | 210 |
| | L 0 | 01.08.1961 | 250 |
| | L 0 | 24.05.1962 | 272 |
| | **L 2** | 23.07.1963 | 330 |
| | L 0 | 05.08.1964 | 381 |
| | L 0 | 26.08.1965 | 443 |
| | L 0 | 07.04.1966 | 462 |
| 50 4018 | **L 3** | 13.01.1959 | - |
| | L 0 | 31.08.1959 | 52 |
| | L 0 | 24.04.1960 | 116 |
| | L 0 | 25.07.1960 | 135 |
| | **L 2** | 07.02.1961 | 198 |
| | L 0 | 06.03.1961 | 205 |
| | L 0 | 10.09.1961 | 258 |
| | L 0 | 04.05.1962 | 267 |
| | L 0 | 25.06.1963 | 323 |
| | L 0 | 17.02.1964 | 351 |
| | **L 2** | 14.01.1965 | 395 |
| | L 0 | 15.02.1966 | 461 |
| 50 4019 | **L 3** | 14.01.1959 | - |
| | L 0 | 27.10.1959 | 66 |
| | **L 2** | 26.12.1960 | 177 |
| | L 0 | 07.03.1961 | 199 |

| Lok | Unt. | Datum | 1.000 km seit Abnahme |
|---|---|---|---|
| 50 4019 | L 0 | 02.05.1961 | 211 |
| | L 0 | 14.05.1962 | 262 |
| | L 0 | 18.11.1962 | 290 |
| | L 0 | 13.07.1963 | 318 |
| | **L 2** | 11.08.1964 | 368 |
| | L 0 | 25.08.1965 | 428 |
| | L 0 | 20.09.1965 | 428 |
| 50 4020 | **L 3** | 22.01.1959 | - |
| | L 0 | 23.10.1959 | 70 |
| | **L 2** | 29.11.1960 | 174 |
| | L 0 | 10.03.1961 | 202 |
| | L 0 | 28.03.1962 | 262 |
| | L 0 | 14.05.1963 | 317 |
| | L 0 | 20.11.1963 | 344 |
| | **L 2** | 23.06.1964 | 371 |
| | L 0 | 13.05.1965 | 422 |
| | L 0 | 01.12.1965 | 449 |
| 50 4021 | **L 3** | 28.01.1959 | - |
| | **L 2** | 12.08.1960 | 142 |
| | L 0 | 10.03.1961 | 200 |
| | L 0 | 02.04.1962 | 255 |
| | L 0 | 30.08.1962 | 279 |
| | **L 2** | 05.02.1963 | 298 |
| | L 0 | 03.03.1964 | 353 |
| | L 0 | 07.10.1964 | 384 |
| | L 0 | 05.04.1965 | 407 |
| 50 4022 | **L 3** | 16.02.1959 | - |
| | L 0 | 17.12.1959 | ? |
| | L 0 | 29.09.1960 | ? |
| | L 0 | 06.11.1960 | ? |
| | L 0 | 10.03.1961 | ? |
| | **L 2** | 05.05.1961 | 208 |
| | L 0 | 05.04.1962 | ? |
| | L 0 | 30.09.1962 | ? |
| | L 0 | 26.05.1963 | ? |
| | L 0 | 15.06.1964 | ? |
| | L 0 | 12.07.1964 | ? |
| | **L 2** | 26.03.1965 | ? |
| | L 0 | 10.03.1966 | ? |
| 50 4023 | **L 3** | 08.02.1959 | - |
| | L 0 | 30.03.1960 | ? |
| | L 0 | 10.05.1960 | ? |
| | **L 2** | 09.04.1961 | 193 |
| | L 0 | 12.04.1962 | 273 |
| | L 0 | 03.06.1963 | 307 |
| | **L 2** | 08.07.1964 | 365 |
| | L 0 | 12.08.1965 | 427 |
| | L 0 | 29.03.1966 | 460 |
| 50 4024 | **L 3** | 23.02.1959 | - |
| | L 0 | 15.01.1961 | 151 |
| | L 0 | 16.03.1961 | 162 |
| | **L 2** | 14.01.1962 | 206 |
| | L 0 | 23.01.1963 | 278 |
| | L 0 | 23.10.1963 | 327 |
| | L 0 | 22.04.1964 | 357 |
| 50 4025 | **L 3** | 27.02.1959 | - |
| | **L 2** | 18.12.1960 | 150 |
| | L 0 | 20.03.1961 | 170 |
| | L 0 | 10.09.1961 | 202 |
| | L 0 | 25.01.1962 | 209 |
| | L 0 | 25.04.1963 | 284 |
| | **L 2** | 10.05.1964 | 352 |
| | L 0 | 25.05.1965 | 398 |
| | L 0 | 22.06.1966 | 434 |
| 50 4026 | **L 3** | 10.06.1959 | - |
| | L 0 | 22.10.1959 | 29 |
| | L 0 | 23.03.1961 | 146 |
| | **L 2** | 20.09.1961 | 180 |
| | L 0 | 05.02.1962 | 187 |
| | L 0 | 17.02.1963 | 256 |
| | L 0 | 01.03.1964 | 327 |
| | L 0 | 25.06.1964 | 346 |
| | **L 2** | 09.09.1964 | 352 |
| | L 0 | 06.01.1965 | 367 |
| | L 0 | 02.06.1965 | 379 |
| | L 0 | 04.07.1966 | 406 |
| 50 4027 | **L 3** | 22.06.1959 | - |
| | L 0 | 24.01.1961 | 144 |
| | L 0 | 26.03.1961 | 158 |
| | **L 2** | 28.01.1962 | 203 |
| | L 0 | 22.08.1962 | 241 |
| | L 0 | 19.02.1963 | 276 |
| | L 0 | 08.03.1964 | 350 |
| | L 0 | 07.06.1964 | 363 |
| | **L 2** | 28.09.1964 | 381 |
| 50 4028 | **L 3** | 30.06.1959 | - |
| | L 0 | 22.12.1960 | 125 |
| | L 0 | 25.01.1961 | ? |
| | L 0 | 05.03.1961 | 141 |
| | **L 2** | 15.02.1962 | 187 |
| | L 0 | 24.03.1963 | 268 |
| | L 0 | 22.04.1964 | 330 |
| | **L 2** | 16.05.1965 | 377 |
| | L 0 | 14.06.1965 | 381 |
| 50 4029 | **L 3** | 13.07.1959 | - |
| | L 0 | 31.05.1960 | 80 |
| | L 0 | 06.04.1961 | 145 |
| | **L 2** | 20.02.1962 | 185 |
| | L 0 | 19.02.1963 | 265 |
| | L 0 | 15.04.1963 | 265 |
| | **L 2** | 10.05.1964 | 336 |
| | L 0 | 17.02.1965 | 381 |
| 50 4030 | **L 3** | 05.08.1959 | - |
| | L 0 | 30.05.1960 | ? |
| | L 0 | 12.03.1961 | ? |
| | **L 2** | 23.08.1961 | 200 |
| | L 0 | 25.04.1962 | ? |
| | L 0 | 19.06.1963 | ? |
| | L 0 | 20.07.1964 | ? |
| | **L 2** | 18.08.1965 | ? |
| | L 0 | 13.01.1966 | ? |
| 50 4031 | **L 3** | 01.09.1959 | - |
| | L 0 | 25.08.1960 | 96 |
| | L 0 | 02.03.1961 | 145 |
| | **L 2** | 14.12.1961 | 207 |
| | L 0 | 04.01.1963 | 285 |
| | L 0 | 08.04.1964 | 337 |
| | **L 2** | 09.05.1965 | 391 |
| | L 0 | 05.05.1966 | 442 |
| | L 0 | 05.07.1966 | 446 |

# Literaturverzeichnis


## Bücher, Sammelwerke

**Arbeitsgemeinschaft Dieselschienenverkehr:** Dieselfahrzeuge im Schienenverkehr. Eine vergleichende Betrachtung gegenüber Dampf- und elektrischer Zugförderung. Darmstadt und Köln 1954

**Ebel, Jürgen-Ulrich und Gänsfuß, Rüdiger:** Franco-Crosti. Münster (Lok-Report) 1980

**Ebel, Jürgen-Ulrich:** Die Neubau-Dampflokomotiven der Deutschen Bundesbahn. Band 1: Technik und Geschichte der Schlepptenderloks BR 23 und 10. Stuttgart/Berlin/Köln/Mainz (Kohlhammer) 1984

**Ebel, Jürgen-Ulrich und Wenzel, Hansjürgen:** Die Baureihe 50. Band 2: Deutsche Bundesbahn. Freiburg (Eisenbahn-Kurier) 1988

**Eisenbahn-Lehrbücherei** der Deutschen Bundesbahn, Dampflokomotivkunde Band 134, 2. Auflage, Starnberg 1959

**Griebl, Helmut und Wenzel, Hansjürgen:** Geschichte der deutschen Kriegslokomotiven, Wien (Slezak) 1971

**Henschel-Lokomotiv-Taschenbuch**: Ausgabe 1952. Kassel 1952

**Lehmann, Raimar:** Dampflok-Sonderbauarten, Berlin (transpress) 1983

**Mascherpa, Erminio und Turchi, Gian Guido:** La Regina delle Locomotive – Storia del Gruppo 685. (Salo, Italien (ETR) 1984

**Morgan, John Scott:** The „9Fs", BR's Heavy Freighth-Locomotives, Shepperton, Surray (Ian Allen) 1994

**Niederstraßer, Leopold:** Leitfaden für den Dampflokomotivdienst, 8. Auflage, Frankfurt 1954

**Pieper, Oskar:** Lokomotivverzeichnis der Deutschen Reichsbahn (DB + DR), Band 4 Baureihe 41-51.70, Krefeld 1971

## Aufsätze in Zeitschriften, Jahrbüchern usw.

**Derkum. G:** Abdampf- und Abgasvorwärmer System Franco-Crosti. Erschienen in: Lokomotiv- und Werkstättentechnik, Mai/Juni 1951

**Flemming, Friedrich, Dipl.-Ing.:** Die Fortentwicklung der Dampflokomotive bei der Deutschen Bundesbahn seit 1945. Erschienen in: Die Bundesbahn 1951, S. 354 ff.

**Kinkeldei, L.:** Die innere Korrosion in den Kesseln der Dampflokomotiven. Erschienen in: Glasers Annalen 2/1952

**Kinkeldei, L.:** Die innere Speisewasseraufbereitung bei den amerikanischen Dampflokomotiven nach dem Nalco-Verfahren. Erschienen in: Glasers Annalen April 1952

**Klingensteiner, Josef, und Ebner, Ernst:** Der Zugförderungsdienst im Fahrplanjahr ... (verschiedene Jahrgänge von 1951 bis 1970). Die Bundesbahn, verschiedene Jahrgänge

**Messerschmidt, Wolfgang:** Auftakt vor sechzig Jahren, Anfang und Ende der Franco-Crosti-Lokomotiven. Erschienen in: Lok-Magazin, Heft 69, 70 und 71

**Messerschmidt, Wolfgang:** Die spanischen Franco-Crosti-Lokomotiven. Erschienen in: DGEG-Nachrichten Nr. 57, November 1983

**Metzeltin, Erich:** Lokomotive mit Abgasvorwärmer Bauart Franco. Erschienen in: Organ für die Fortschritte des Eisenbahnwesens 4/1937

**Metzeltin, Erich:** Die Entwicklung der Franco-Lokomotive. Erschienen in: Die Lokomotive 12/43

**Metzeltin, Erich:** Die Entwicklung der Franco-Lokomotive. Erschienen in: Glasers Annalen, April 1948.

**Müller, Carl-Theodor, Dr.-Ing.:** Meßwagenversuche mit einem Franco-Crosti-Rauchgasvorwärmer. Erschienen in: Eisenbahntechnische Rundschau, Heft 4/1953

**Munder, Utz:** Die Franco-Crosti-Loks 50 4020 und 50 4021. Erschienen in: Die Dampfbahn Nr. 02, Mai 1974

**Munzar, Jürgen:** Abschied von der Baureihe 50.40 der DB. Erschienen in: Lok-Magazin 31 (August 1968)

**Robrade, J.:** Alte Probleme der Dampflokomotive in neuzeitlicher Lösung. Erschienen in: Die Bundesbahn Bd. 31 (1958), Heft 7

**Schneider, L.:** Speisewasser-Vorwärmung bei Lokomotiven. Erschienen in: Organ für die Fortschritte des Eisenbahnwesens 1914, S. 176

**Witte, Friedrich, Dipl.-Ing.:** Zwei Franco-Crosti-Lokomotiven für die DB. Erschienen in: Glasers Annalen, März 1951

**Witte, Friedrich, Dipl.-Ing.:** Lokomotive 50 1412 mit Franco-Crosti-Kessel. Erschienen in: Glasers Annalen, September 1955

**Witte, Friedrich, Dipl.-Ing.:** Untersuchung der DB-Dampflokomotive 50 4011 mit Franco-Crosti-Kessel, Mischvorwärmer und Ölfeuerung. Erschienen in: Eisenbahntechnische Rundschau, Heft 5/1960.

**Ohne Autorennennung:** Die Verhütung von Kesselsteinablagerungen und von Korrosionen in den Rauchgasvorwärmern der Franco-Crosti-Lokomotiven. Erschienen in: Glasers Annalen, Januar 1957.

**Ohne Autorennennung:** Englische Dampflokomotiven mit Franco-Crosti-Rauchgasvorwärmer. Erschienen in: Glasers Annalen, Februar 1956

**Ohne Autorennennung:** Neue Versuchsdampflokomotiven für die DB. Erschienen in: Lokomotiv- und Werkstättentechnik, Mai/Juni 1951

## Dienstbeschreibungen, Protokolle

**Deutsche Bundesbahn, BZA Minden:** Beschreibung für die Lokomotiven mit Franco-Crosti-Vorwärmer (DV 930 86), Minden 1951

**Deutsche Bundesbahn, BZA Minden:** Beschreibung der Lok 50 1412 mit Franco-Crosti-Abgasvorwärmer (DV 930 86/1), Minden 1955

**Deutsche Bundesbahn, BZA Minden:** Beschreibung der Lokomotiven BR 50.40 (DV 930 90), Minden 1959

**Deutsche Bundesbahn, BZA Minden:** Beschreibung der Mischvorwärmeranlage Bauart Henschel MVR (DV 999 373), Minden 1954.

**Deutsche Bundesbahn, BZA Minden:** Beschreibung der Mischvorwärmeranlage Bauart 1957 (DV 999 388), Minden 1958.

**Deutsche Bundesbahn, Versuchsamt für Lokomotiven Minden:** Untersuchung der Lok 42 9000 mit Franco-Crosti-Vorwärmer, Versuchsauftrag Nr. 250, Bericht vom 8. Oktober 1951

**Deutsche Bundesbahn, Versuchsamt für Lokomotiven Minden:** Untersuchung der Lok 50 1412 mit Franco-Crosti-Rauchgasvorwärmer, Versuchsauftrag Nr. 34/54, Bericht vom 30. März 1955

**Deutsche Bundesbahn, Versuchsamt für Lokomotiven Minden:** Mischvorwärmeranlage 1957 der Lok BR 50.40 mit Rauchgasvorwärmer, Versuchslok 50 4003, Versuchsauftrag Nr. 27/58, Bericht vom 30. März 1955

**Deutsche Bundesbahn:** Merkbuch für die Schienenfahrzeuge der Deutschen Bundesbahn, Dampflokomotiven und Tender (Regelspur). Gültig vom 1. Juli 1953 an (DV 939 a) – dazu: Nachtrag 2 (gültig vom 1. Oktober 1960 an)

**Deutsche Bundesbahn:** Betriebsbücher der Lokomotiven 50 4001, 4003, 4008, 4009, 4011, 4013, 4017, 4017, 4018, 4019, 4020, 4021, 4023, 4031

**Deutsche Reichsbahn:** Niederschrift der 3. Beratung des Fachausschusses Lokomotiven vom 19.-21. Oktober 1948. Tagesordnungspunkt 4: Speisewasservorwärmer für Dampflokomotiven.

**Deutsche Reichsbahn:** Niederschrift der 4. Beratung des Fachausschusses Lokomotiven vom 5.-6. April 1949. Tagesordnungspunkt 5: Wirtschaftlichkeitsvergleich der Vorwärmer.

**Deutsche Bundesbahn:** Niederschrift der 12. Beratung des Fachausschusses Lokomotiven vom 6.-8. Juli 1955. Tagesordnungspunkt 4: Wirtschaftlichkeit der einzelnen Vorwärmersysteme.

**Deutsche Bundesbahn:** Niederschrift der 14. Beratung des Fachausschusses Lokomotiven vom 7.-8. Juni 1956. Tagesordnungspunkt 8: Sind bei erforderlichem Ersatz Franco-Crosti-Kessel oder Regelkessel zu empfehlen?

**Deutsche Bundesbahn:** Niederschrift der 16. Beratung des Fachausschusses Lokomotiven vom 12.-13. Februar 1958. Tagesordnungspunkt 11: Stand der Konstruktion der Ölfeuerung für Dampfloks. Tagesordnungspunkt 12: Versuchsergebnisse mit der Ölfeuerung für Dampflok. Tagesordnungspunkt 13: Stand der Konstruktion von Ersatzkesseln für Dampflok.

**Deutsche Bundesbahn:** Niederschrift der 18. Beratung des Fachausschusses Lokomotiven vom 2.-4. Juni 1959. Tagesordnungspunkt 1: Abgasvorwärmer Franco-Crosti.

**Deutsche Bundesbahn:** Niederschrift der 19. Beratung des Fachausschusses Lokomotiven vom 24. März 1960. Tagesordnungspunkt 8: Berichte über Versuchsergebnisse und Betriebserfahrungen mit neuen Lokbauteilen.

**Deutsche Bundesbahn:** Niederschrift der 20. Beratung des Fachausschusses Lokomotiven vom 18.-19. April 1961. Tagesordnungspunkt 2: Beherrschung der Korrosion im Abgasvorwärmer der Lokbaureihe $50^{40}$.

**Henschel & Sohn:** Niederschrift Nr. 5 über die Konstruktionsbesprechung (Franco-Crosti-Lok) mit Herrn Apr. Witte am 1. Juni 1954 in Minden

**Henschel & Sohn:** Angebot: Ausrüstung der Baureihe 50 mit Kessel und einem Abgasvorwärmer Bauart Franco-Crosti vom Dezember 1954

**Henschel & Sohn:** Angebot: Umbau Baureihe 03.10, Baureihe 41 mit Franco-Crosti-Abgasvorwärmer vom April 1955

**Henschel & Sohn:** Angebot: Ausrüstung der Baureihe 50 mit Kessel und 2 Abgasvorwärmern Bauart Franco-Crosti vom September 1955

**Henschel & Sohn:** Angebot: Ausrüstung der Baureihe 44 mit Kessel und 2 Abgasvorwärmern Bauart Franco-Crosti vom September 1955

**Henschel & Sohn:** Angebot: Ausrüstung der BR 03.10 mit Kessel und Abgasvorwärmer Bauart Franco-Crosti vom November 1955

**Henschel & Sohn:** Angebot: Ausrüstung der BR 41 mit Kessel und Abgasvorwärmer Bauart Franco-Crosti vom November 1955

**Henschel & Sohn:** Angebot: Umbau der Lok 42.90 (Franco-Crosti) vom Mai 1956

## Zeitschriften, Jahrbücher allgemein

**Die Deutsche Bundesbahn vor 25 Jahren:** Jahrgänge 1959 bis 1974. Freiburg (EK) verschiedene Jahre

# Weitere Baureihen-Bücher beim EK-Verlag

Den 56 rekonstruierten Lokomotiven der Baureihe 58$^{30}$ der DR ist dieses Baureihenbuch gewidmet, das EK-Autor Rainer Heinrich und Technik-Fachmann Heinz Schnabel verfaßt haben. Ein Band, der sich auch mit den widersprüchlichen Hintergründen des DR-Rekonstruktionsprogramms ausführlich beschäftigt und damit endlich ein Stück DR-Geschichte anhand vieler Originaldokumente beleuchtet: Wußten Sie eigentlich, dass es die „Reko-G 12" gar nicht geben sollte, weil man statt dessen Skoda-Loks der Baureihe 556 aus der CSSR importieren wollte? War Ihnen bekannt, dass man ursprünglich 225 Loks der Gattung G 12 zu Zweizylinderlokomotiven rekonstruieren wollte? Und wussten Sie, dass man für die Lok anfangs keine neuen Tender hatte und später das Reko-Programm für diese Maschine ganz „kippen" wollte? Diese und viele weitere Fragen beantwortet dieses spannend geschriebene Buch. Mit umfangreichen technischen Beschreibungen der Loks und der Rekonstruktion im Raw Zwickau wird die 23-jährige Betriebs- und Einsatzgeschichte der „Reko-G 12" in allen Bahnbetriebswerken erläutert.

***Großformat: 210 x 297 mm***
***192 Seiten mit ca. 280 Abbildungen,***
***teilweise in Farbe***
***Bestellnr. 158, € 39,90***

Nur 67 Einheits-Rangierloks baute die DRG zwischen 1927 und 1938, obwohl die BR 80 im Einheitslok-Programm als Muttertyp für alle Tenderloks des 17,5-t- und des 15-t-Typenprogramms gedient hatte. Die Entwicklungsgeschichte der Einheitsloks begann mit Überlegungen für eine neue C-Rangierlok. Es ist der Verdienst der Autoren, anhand der großteils erstmals ausgewerteten Betriebsbücher viele Informationslücken zu schließen. Auch wird die Geschichte der zahlreichen bei Werks- und Industriebahnen verbliebenen Loks beleuchtet.

***Großformat: 210 x 297 mm***
***256 Seiten mit ca. 270 Abbildungen,***
***Bestellnr. 181, € 39,90***

**EK-Verlag – Eisenbahn-Kurier • Postfach 500 111 • D-79027 Freiburg**
**Telefon (0761) 7 03 10-0 • Fax (0761) 7 03 10-50**
**Internet: www.eisenbahn-kurier.de • E-mail: service@eisenbahn-kurier.de**

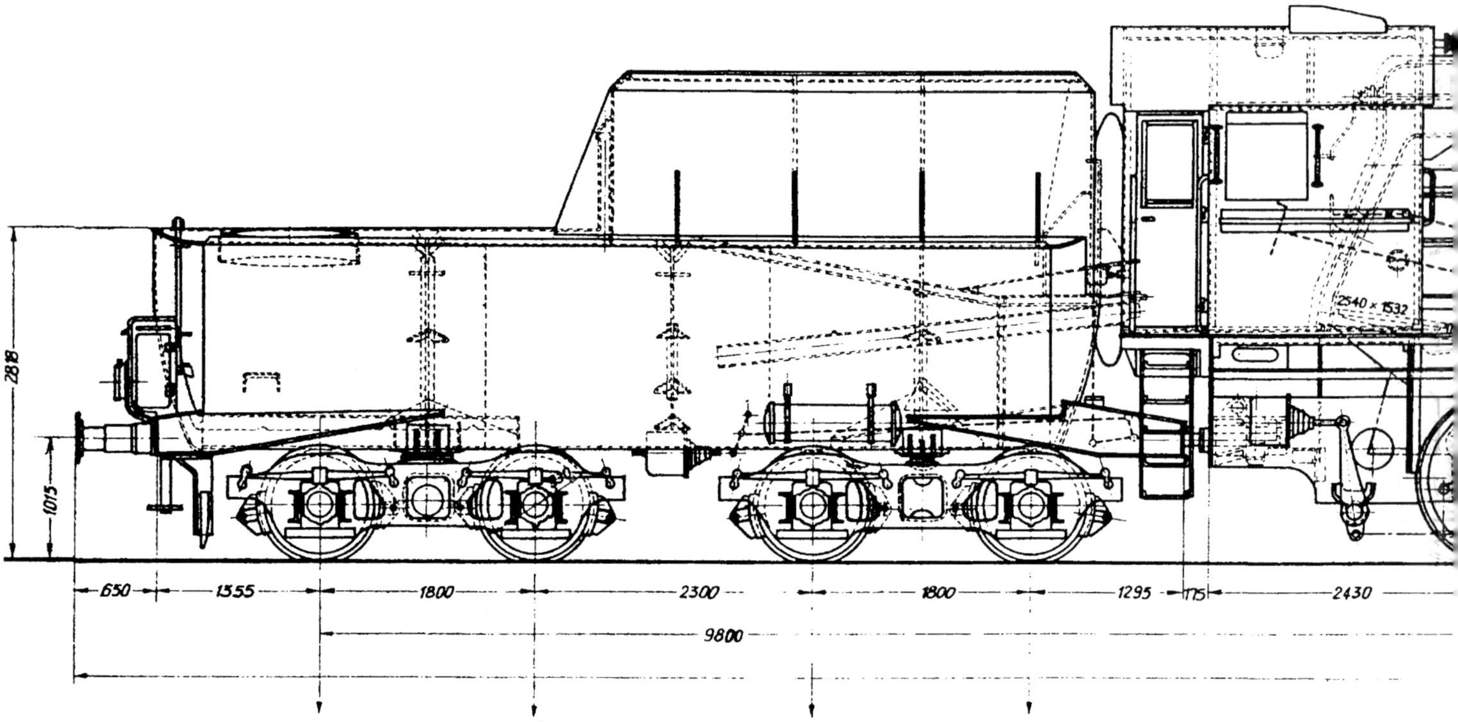


## 2'2' T30 Tender

### Hauptabmessungen

| | | | |
|---|---|---|---|
| Raddurchmesser | 930 mm | Wasservorrat | 30 m³ |
| Achsstand des Drehgestelles | 1800 mm | Kohlenvorrat | 10 t |
| Fester Achsstand | 1800 mm | Leergewicht | 18 720 kg |
| Gesamt Achsstand | 5900 mm | Dienstgewicht | 58 720 kg |

Zylinderdurchmesser
Kolbenhub
Treibraddurchmesser
Laufraddurchmesser
Fester Achsstand
Gesamt Achsstand
Dampfdruck
Rostfläche
Heizfläche der Feuerb
Heizfläche der Rauch
Heizfläche der Heizro

| | Tag | N |
|---|---|---|
| bearbeitet | 29.12.50 | |
| geprüft | 12.50 | |

Maßstab:
1 : 40

1'E h

mit